国家社会科学基金资助项

基于语义的馆藏资源深度聚合与可视化展示理论与方法研究

夏立新　翟姗姗　程秀峰　伍革新　著

科学出版社
北京

内 容 简 介

本书在理解、梳理语义网、馆藏资源聚合相关理论、方法与技术的基础上，以用户需求为导向，采用用户行为、本体、关联数据等理论思想，以及相关方法工具，以探究馆藏的知识内容以及知识单元的语义关系，通过关联、聚类、融合和分类，使得散乱和独立的资源再次组织成为一个有序整体，用以服务于用户对馆藏中所需的规律、模式、特色等知识单元以及知识之间的关联关系，最终实现基于语义的资源聚合和可视化展示平台。

本书可作为从事图书馆用户信息行为研究、信息构建、知识组织和实践的人员的参考用书；亦可作为情报学、图书馆学、档案学、计算机应用等专业的本科生、研究生教材。

图书在版编目(CIP)数据

基于语义的馆藏资源深度聚合与可视化展示理论与方法研究 / 夏立新等著.—北京：科学出版社，2017.9

ISBN 978-7-03-052743-1

Ⅰ.①基… Ⅱ.①夏… Ⅲ.①数字图书馆-馆藏管理-研究 Ⅳ.G250.76

中国版本图书馆 CIP 数据核字（2017）第 101267 号

责任编辑：李 敏 / 责任校对：彭 涛
责任印制：张 倩 / 封面设计：李姗姗

科学出版社 出版
北京东黄城根北街 16 号
邮政编码：100717
http://www.sciencep.com

中国科学院印刷厂 印刷

科学出版社发行 各地新华书店经销

*

2017 年 9 月第 一 版 开本：787×1092 1/16
2017 年 9 月第一次印刷 印张：17 1/4
字数：400 000

定价：120.00 元

（如有印装质量问题，我社负责调换）

前　言

2015 年 11 月，《中共中央关于制定国民经济和社会发展第十三个五年规划的建议》发布，继续强调了国家文化事业发展的重要战略意义，指出："十三五"期间要继续展开文化体制改革，建设重大文化工程，完善公共文化的产业、市场和服务体系发展。而图书馆作为文化传播和保障公民文化需求的重镇，应继续发挥其优势，并不断发展和变革，为广大人民群众提供更优质的服务。

进入互联网时代，图书馆资源由传统的实体走向数字化和网络化，用户对信息的需求也由原来的信息查找转向对知识的获取与个性化服务。历年来，各地、各级单位图书馆的建设通过不断扩大其规模来满足读者的信息需求，但却造成"馆藏资源孤岛"和"馆藏资源超载"两大困境。而用户的需求不再仅仅是从无数馆藏中快速找到所要信息，还要求获得信息中蕴含的知识内容及逻辑关系，以进行知识的理解、使用和创造。针对图书馆的这种困境和数字化资源环境中用户更高的阅读需求等问题，通过多种途径、多种方法来揭示和关联日益丰富的数字资源，以利于用户对信息资源的有效获取和知识内容的共建共享。所以，如何对馆藏资源进行深层次揭示、聚合和有效地展示、利用成为业界关注的热点问题。

基于此，本书从理论、方法和实践角度探讨了如何从具有丰富语义信息的馆藏中进行资源的语义聚合和可视化展示，以期能够通过资源聚合更好地服务于用户。只有在馆藏资源的语义化基础上，才能通过共通的语义形式从多个方面对资源进行关联，进而实现从资源聚合到知识的创新。本书以用户需求为导向，采用用户行为、本体、关联数据等理论思想，以及相关方法工具，以探究馆藏的知识内容以及知识单元的语义关系，通过关联、聚类、融合和分类等过程，使得散乱和独立的资源再次组织成为一个有序整体，用以服务于用户对馆藏中所需的规律、模式、特色等知识单元以及知识之间的关联关系，最终实现基于语义的资源聚合和可视化展示平台。

全书共分为 10 章，每章的主要内容简述如下。

第 1 章，首先，从全局概述开展数字图书馆馆藏资源语义聚合的背景和意义，并从数字资源聚合、数字资源聚合的方式、数字资源聚合技术和数字资源聚合的实践探索四个角度对当前馆藏资源语义聚合的基本现状进行梳理和述评。其次，根据现有馆藏资源的聚合方式及存在问题，总结得出在关联数据基础上的资源聚合的优缺点，其后提出完善馆藏资源的服务内容的研究思路和方法。最后，对本书的主要内容及创新之处进行了总结。

第 2 章，分析了当前数字资源聚合的基本概念和方法，根据数字图书馆中资源聚合出现的问题，归纳了当前数字资源聚合所面临的困境。在用户行为相关研究的基础上，阐述了国内外学者对用户行为的不同认识，给出了本书对用户行为的理解。进一步分析基于用户行为的数字资源语义聚合理论框架，具体从用户行为定义、用户行为理论和方法、用户行为数据聚合三个方面做了详细阐述。

第 3 章，论述了基于语义的馆藏资源语义聚合的相关理论。首先，对语义网及语义标注相关理论进行了阐述，主要包括语义网的发展、语义标注相关技术，并厘清了元数据、本体及语义标注间的关系。其次，介绍了关联数据的概念、关联数据的类型划分、关联数据的支撑技术及其构建的关键实现技术。最后，分析了基于关联标签的数字资源语义聚合方法的内涵、特点、步骤和优势。

第 4 章，深入对如何构建用户行为特征库进行了研究。首先，从构建用户行为特征库的外部系统环境入手，对用户行为的获取与挖掘进行了宏观研究。其次，从数据库的层次结构视角对构建用户行为特征库进行了可行性分析。接着从数据预处理、数据采集、数据抽取，到数据格式标准化对用户行为创建流程进行了详细论述，并对特征库的层次结构进行描述。最后，在本章实验部分，依照特征库创建流程设计了三个用户行为特征采集与挖掘工具。

第 5 章，基于用户行为特征库内的词语集合，创建用户行为词表，研究词词关联和词表聚合。首先，利用成熟的词表技术将用户行为特征库中的词汇进行序化，并借助 TF-IDF 改进算法及 MDS 算法两种方式来提取能代表用户特征的中心词汇。其次，讨论了模糊集合理论中词词关系的数据处理问题，在此基础上进行词表中词词关联值的探讨，并通过关联矩阵进行词间语义关系的实证研究。然后，借助比较排序、相关排序、Pagerank 等方法对词表进行融合研究。最后根据词间语义关系进行由词表向本体的转化，并阐述了如何利用词表创建用户行为的本体过程。

第 6 章，主要在第 4 和 5 章的技术基础上构建用户行为本体库，并以用户为中心进行本体聚合。首先，用户需求、用户体验、用户兴趣三者为用户行为本体构建的出发点，在本体创建总方向上对用户行为本体构建做出规范。其次，进行了用户本体的存储与操作的相关内容，在这些理论与方法的基础上阐述了用户行为本体的构建流程。再次，提出以用户行为特征为中心的异质本体聚合与融合的解决方案。最后，以湖北省图书馆的部分用户行为数据为数据源，设计了“基于学科概念的用户行为本体聚合”实验。

第 7 章，基于已有学科概念分类，提出对用户行为主题概念的分类与聚合。首先，介绍了用户行为概念相关知识，指出概念聚合对于可视化导航尤为重要。其次，讨论了如何将聚合状态的主题概念体系以主题图的形式呈现出来，并对用户行为概念的主题图聚合进行了探讨。最后，在实验部分，通过对图书情报领域的个人博客为数据源，提出了利用主题图技术对以用户查询关键词为中心的，图书馆博客相关概念的链接与聚合方案，并将概念聚合形态进行可视化呈现。

第 8 章，从关联数据的视角对馆藏资源展开聚合研究。首先，阐述了关联数据的采集与处理方式，具体对馆藏资源聚合的必要性做了讨论，并介绍了数字图书馆关联数据的三种采集方式——被动服务器采集、数据端采集和客户端嵌入采集。其次，在分析了基于关联数据的数字资源聚合扩展和聚合模式的基础上，设计了基于云服务和数据仓库等技术的数字图书馆资源聚合及资源服务平台。最后，以 Drupal 关联数据平台为基础，对湖北省图书馆目录导航进行实证研究。

第 9 章，提出基于关联数据的数字图书馆创新服务。首先，从关联数据的知识发现、语义检索与知识服务 3 个角度探讨基于关联数据理论的知识发现与知识服务体系。其次，探讨采用语义方法的用户服务模型、信息推荐及服务集成，并由此对馆藏信息的个性制定与推送展开了探讨。最后，探究了以关联数据为方法的数字化虚拟参考咨询服务。

第 10 章，基于关联数据的非物质文化遗产资源聚合实证研究——以“楚剧”为例。本章选取了一类具有典型应用示范意义的馆藏数字资源——非物质文化遗产资源为应用对象，从基于语义的馆藏资源深度聚合与服务实践研究的角度，首先对楚剧资源聚合的必要性与可行性展开分析，构建楚剧资源元数据标准及领域本体，并对资源进行规范化标注。然后，对楚剧领域各类资源的关联数据进行创建与发布，实现资源语义关联。其次，搭建了非物质文化遗产资源聚合与服务平台，面向用户提供楚剧资源。最后，将本书构建的建立在关联数据之上的非物质文化遗产资源聚合与服务平台与传统信息系统进行比较分析从可行性与科学性两个方面展现出基于关联数据的非物质文化遗产资源聚合方法具有一定优势。

本书是作者及课题组多年研究成果的系统梳理与汇总，也是课题组成员集体智慧的结晶，许多同志对书中涉及的内容作出了贡献。本书由夏立新主笔统稿，夏立新负责第 1 章的写作，夏立新、翟姗姗负责第 2、3、10 章的写作，夏立新、程秀峰负责第 4、5、6 章的写作，夏立新、伍革新负责第 7、8、9 章的写作，书中的绘图部分由白阳、郑路完成，李重阳、康雨培、毕崇武、张玉晨参与了本书的文字校对工作。

本书的研究得到了国家社会科学基金重点项目（11AZD090）及中央高校基本科研业务费（人文社科类）重大研究领域培育计划：知识管理与服务（项目编号：CCNU14Z02002）的资助，科学出版社对本书的出版给予了大力支持，在此一并致谢！

由于作者水平有限，加之时间仓促，书中可能还存在一些不足之处，恳请各位读者批评指正。

夏立新

2017 年 3 月 20 日于桂子山

目　　录

第1章　绪　论

图书馆数字资源建设正在全国如火如荼地展开，各大图书馆也增强了对用户需求分析、用户行为分析的能力，以期使数字信息服务更加贴近用户需求（程秀峰，2013）。与此同时，以知识检索、知识发现、知识利用和知识服务为根本目标的数据组织与整合一直是数字图书馆研究的重点。

Web3.0网络环境下，知识共享进一步深化，各部门信息化工作进一步深入。在图书馆领域，一场将知识网络化、数字化、语义化的变革促成了数字图书馆的快速发展。习近平主席多次在不同重要场合强调，要建立社会主义文化强国，不断丰富人民精神世界，着力提高文化软实力。不言而喻，在知识经济大潮下，利用先进信息技术，对国家丰富的图书馆馆藏资源进行现代化的保护和处理，通过语义网、资源聚合等先进技术使图书馆数字资源焕发出新的生机，这对促进国家文化创新，增强文化发展活力具有重大的现实意义和理论指导意义。

在绪论部分，笔者首先从整体上概述了展开数字图书馆馆藏资源语义聚合的背景和意义，以及当前馆藏资源语义聚合的基本现状，并从整体上介绍了本书的研究思路和方法。

1.1　问题的提出

进入21世纪以来，国家数字图书馆在网络化、数字化、自动化方面成绩斐然。早在2001年，全国已有87%的图书馆实现了上网功能，71%的图书馆开设了特色数据库，其中有超过半数的图书馆参加了区域性和系统内的信息资源共建活动（高波和刘兹恒，2001）。绝大部分高校图书馆实现了从传统的纸质文献为主的采集策略向以开发数字资源为主的策略转变，并不断提升知识服务功能。

然而，长期以来，图书馆信息平台在操作系统、数据结构、数据存储、网络传输上存在严重的异构性。这种异构性导致用户访问数字资源时除了需要克服知识产权、知识保护等障碍外，还需要克服资源分散、重复查找等困难，这大大降低了用户使用数字图书馆的兴趣。相关文献资料表明，在网络化、数字化时代，用户对数字图书馆的利用率并不高。目前，图书馆数字资源需求最大的群体主要是科研工作者、高校教师和学生，而OCLC对全国大学生图书馆和信息资源认识的报告显示：绝大多数大学生用搜索引擎进行检索，只有极少数的人从图书馆进行信息检索，而且绝大多数人满足于搜索引擎的体验大部分人对搜索引擎的效果表示满意（贺兰芳，2010）。相比而言，84%的大学生对有图书馆员帮助的搜索经历表示非常满意或满意（常唯，2006）。可见，国家数字图书馆建设工作不仅需要大力加快知识服务、知识更新与知识链接，使蕴含在馆藏资源中的知识易于获取，更需要以用户需求为导向，立足于知识集成与知识聚合，增加数字资源的利用率。另外，数字图书馆对于用户的需求、体验与兴趣方面还主要停留在需求调研、问卷调查、兴趣讨论的阶段。如何定量分析用户行为，利用词表、本体、主题图等技术方法将用户行为的客观规律与数字资源的分配相结合，将用户行为融入异构数据组织与整合中，并最终建立服务于语义检索和语义导航的资源聚合体系，这是图书馆进行数字资源科学组织的关键。

国外许多数字图书馆在分析用户行为方面做了大量工作。这些工作从用户行为预处理、用户行为模式的发现、用户行为模式分析 3 个层面对数字图书馆用户的存在形式、存在作用、存在范式、兴趣偏好等进行了深入研究，形成了以数据挖掘技术为支撑的用户行为研究模式。这些研究模式从手段上来说，均是以数据异构性为切入点，在语词关联、概念聚类、数据互操作的基础上对大量纷繁复杂的用户数据进行重新布局，并且从用户的体验与实际需求出发，强调系统与用户的认知协调，将用户行为反馈融入信息检索机制中，强调以用户需求为导向的数字资源科学分配（晁亚男等，2012）。在系统开发方面，以美国为例，既开发出了以 OPAC 为聚合手段的联机索引机制，还发展出一套基于元数据的开放式链接标准。另外，OCLC、国会图书馆（2016）、MELVYL 联合目录（2016）等一系列不同类型的资源整合系统，更是将美国图书馆资源极大程度上聚合起来，为用户的查、阅、借提供了统一且便捷的服务措施。但是，对于数字图书馆用户数据的挖掘并形成对馆藏资源深度链接与聚合的相关研究，目前并未受到相应的重视。

因此，要在图书馆资源建设中融入用户行为数据，并最终实现语义化的信息检索与信息利用，就要在数字图书馆资源整合的大背景下，利用先进的资源整合与链接工具对图书馆数字资源进行统一描述、映射、链接与聚合，并根据用户需要，把分散的、异构的数字资源集中，形成一套整体的聚合体系标准，从而达到一个知识共享与发现的新层面。

1.2　馆藏资源深度聚合与可视化展示的研究价值

如何解决数字图书馆资源间的语义不对称问题，提升数字资源的利用效率，促进知识的交流和共享，实现图书馆资源的无障碍化利用，研究者提出了多种解决办法。其中比较有效的方法是借助语义技术进行馆藏资源的聚合，数字资源对象经过语义方法发布之后，具有可共享、规范化等特点，便于对数量众多、类型复杂的馆藏资源展开聚合，构建相同及不同学科的资源间的链接，进而建立跨库检索，实现对数字图书馆资源的聚合。在语义推理扩展的基础上，用户能够在检索时明确语义，并对语义索引的关联数据进行构建，从而对用户所需的数字资源进行检索，通过一系列如本体和子图等的语义搜索，对进一步发现更多用户所要的资源以及资源之间的关联有一定的帮助，从深度和广度两个方面加深数字图书馆的资源服务。

1.2.1　实践价值

以语义为基础的馆藏数字资源聚合与可视化呈现是针对数字资源无序且难以有效获取

和利用的问题提出的。以关联数据的技术构建为支撑，对数字图书馆数字资源进行统一标注，一方面有助于迅速查找与定位用户所需的跨库和跨平台资源，另一方面保障了知识内容的高质量。采用关联数据进行数字资源聚合的实践意义如下。

（1）实现数字资源语义层面的知识聚合与服务

数字图书馆数字资源服务主要是能根据用户所需提供必要的知识服务。就经济效益而言，最基础的是资源产品的使用价值及用户需求，能够为用户提供较优质服务是数字图书馆价值所在，应谋求以多元化发展为标准，立足现实，长远兼顾。数字馆藏资源的有序化与服务密切联系，数字图书馆解决的关键问题是要加强数字资源之间的语义关联，以及清晰的可访问的途径。随着科技的发展和用户日益多元化发展的趋势，图书馆服务方式也随之从以文献为核心的服务逐渐转向以用户为中心的知识化服务。若要实现知识服务的发展，首先需要解决馆藏资源的统一标准和知识的细粒度划分问题，使数字馆藏资源能够实现语义关联。因为借助简单的图示无法清楚展示知识单元之间复杂多样的关系和结构，而且随着用户需求的提高，常用的关键词匹配和链接技术越来越无法满足需求，而通过关联数据等语义方法对资源实现聚合，可以帮助揭示资源内容结构和含义，满足用户对更细粒度的知识要求。采用关联数据实现数字资源的统一标识，对于数字资源聚合的多样性和复杂关系的简化，以及向用户呈现可动态变化的图形化知识脉络，具有一定的帮助，并可进一步提供知识导航和检索，促进用户知识服务。无论从学科体系结构及发展趋势，还是以用户为中心促进数字资源的知识服务水平的提升来看，对馆藏资源的语义化开发利用都具有理论和实践意义。

（2）着力解决多维度数字资源深度聚合的问题

为解决数字资源聚合与用户知识服务的复杂系统工程，一方面需要考虑理论和方法论的问题，另一方面对于可操作方案须进行相应的探讨。根据用户不断提高的需求，数字图书馆的服务形式应从资源为中心的文献服务转向用户为主导的知识服务，结合数字资源建设与用户体验，以统一部署与因地制宜相适应为原则，构建基于语义的数字资源聚合平台。要实现平台的构建，既要深度揭示复杂、多样、迥异的数字资源，挖掘知识单元及关联关系，实现数字资源的高度聚合（孙丽霞，2010），又要实现对知识单元及其关联的可视化方式呈现，以简单的导航展现复杂的知识逻辑，保障用户知识服务的高质量。在这些功能实现的基础之上，国家文化资源的深度开发和利用将会得到进一步快速发展。

1.2.2　理论价值

本书对采用语义关系来改善数字馆藏的内部关联聚合、完善知识服务体系并研究适行的聚合方法、加强数字资源管理和关联学科领域的发展都具有重要的理论支撑作用。

（1）深化和拓展数字馆藏聚合并完善知识服务体系理论的探究

本书主要在理论层面回答如下几个核心问题：如今数字馆藏聚合进程中会遇到什么样的问题，能否获取更优化的语义方法以优化数字资源的聚合；新的语义方法对数字馆藏聚合提供了哪些支持；如何构建数字图书馆创新与知识服务体系，以及对关联数据技术作为支撑的数字资源聚合带来何种影响。就以上几个问题，本书将从如下几个方面进行探究：数字馆藏聚合的新方法——关联数据；在关联数据方法的基础上，实现数字图书馆资源聚合的详细过程；在图书馆资源聚合基础上，探讨数字图书馆知识服务的内涵与外延。最后构建以用户为中心并具有多维度关联特性的数字图书馆知识服务体系，该服务体系具有多维关联特性。

（2）梳理基于语义的数字资源深度聚合的方法体系

数字馆藏聚合的实践活动中，无论何种类型、何种层次的聚合都必须依赖专属的方法与技术手段。通过使用语义方法，对基于元数据的数字化数字资源整合时，利用统一资源定位符（uniform resource locator，URI）实现对相关数据集的统一标识，并利用资源描述框架（resource description framework，RDF）三元组对数据集进行基于元数据的数据关联，从而有效整合数字图书馆数字资源（赵梓彤和谢海先，2011）。同时，分布式构建技术、互操作技术、知识处理技术、新型的知识组织技术、语义 Web 技术等，也是数字馆藏聚合实践中可能用到的重要技术手段（张寅生，2007）。实现语义层次上的数字资源聚合，需依赖于新的聚合技术与方法，以推动数字资源聚合研究向更深、更高的层面发展。以语义为导向的数字资源聚合的理论研究及实践应用得益于其方法体系的建立，方法与技术的创新，在理论思路以及材料方面为基于语义的数字资源聚合提供支持，有利于将数字资源聚合应用于实践之中。

（3）促进数字资源管理、知识服务的发展

形成于 20 世纪 80 年代前后的数字资源管理是综合性学科，并没有因为历史短而限制其发展迅猛的势头，数字资源管理的研究仍在不断进行和深化。数字图书馆资源，作为数字资源重要组成部分，尽管和其他类型的数字资源有交叉和重叠的部分，但在本质上具有独立性。因此将图书馆数字资源作为独立的数字资源类型，将其作为研究对象全面深入地分析数字馆藏的内涵、功能及分布等，并进行基于关联数据的聚合研究，对于数字资源的整合、检索、利用与管理具有重要的应用价值。基于语义的数字馆藏聚合，能给用户带来检索上的便利，能提供一站式检索，并满足用户的细粒度化检索；从内容上可将数字馆藏进行语义关联、语义指向和实现信息的网状结构化，提高检索的查全率与查准率。本课题的研究，一方面能促进数字馆藏资源建设、数字资源管理和用户知识服务的发展，另一方面也将对一些学科的发展产生积极的影响（田依林等，2011）。

1.3 国内外数字资源聚合研究工作综述

1.3.1 国外数字资源聚合研究进展

国外学者研究始于 20 世纪 90 年代，对数字资源聚合、语义网、关联数据等方面进行了广泛的研究，且研究成果颇丰。近些年，国外在语义数字图书馆等方面的研究取得了一系列具有应用意义的理论和应用成果。

1.3.1.1 数字资源聚合

早在 1967 年，美国成立的联机计算机图书馆中心 OCLC，是世界上最大图书情报服务机构之一，其数字资源服务不仅针对国内数字资源，更将数字资源共享的范围扩展到了世界范围。2003 年第五届世界图书馆联盟欧洲会议讨论了包括联盟建立、成本分配、评估在内的联盟管理问题；Elsevier Science 的“Big Deals”和发展的合同商议问题；以及开放存取问题，特别是 Budapest 开放存取创世计划和 SPARC Europe 项目（Yamamoto et al.，2004）。2011 年举办的第三次世界图书馆联盟欧洲会议，也对电子资源的采购问题进行了探讨（Holmstroem，2012）。

近些年，国外一些学者开始关注于复合图书馆的研究。Pinfield（2016）提出了复合图书馆的“无缝整合”，其原理是在统一的界面上为用户提供多样化的服务，并且认证的网关也是唯一的。同时 S. Pinfield 还提出了其内容与资源的互操作问题。数字图书馆数字资源和数字资源格式的多样性是资源互操作中的障碍。要实数字资源的互操作就是要解决图书馆数字资源中的元数据互操作的技术层面上的难题。作为图书馆的未来发展趋势的复合式图书馆，其主要包含 3 个层次的内容（黄晓斌等，2005）：信息地图、代理结构以及数字资源供给系统。而基于语义的开放关联框架能够在判断和指向数字资源间的相互关联关系的基础上为用户提供多维度的数字资源服务，并有效促进复合式图书馆的建设与完善（An et al.，2009）。

同时，学者们还提出了数字图书馆联盟的数字资源整合方式。Chen Xiaotian（2002）对比了伊利诺伊州的 ILCSO 和密苏里州的 MOBIUS 两个学术图书馆联盟的特点，包括联盟政策对用户的影响、OPAC 的特征及文献的传递等。Shachaf（2003）对全国性图书馆联盟声明周期问题展开了研究，绘制出了图书馆联盟从萌芽、早期发展到成熟的生命周期和发展模型。Friend（2002）认为数字图书馆联盟作为数字图书馆发展的重要阶段，其功能不是简单的馆际互借和文献传递的合作，更需要关注期刊的采购，以保证更低的价格和更有利的许可条款。而 Dorner（2001）研究了在降低成本的同时改进数字图书信息服务的传递，这也是新西兰数字图书馆共同采用的一种新的在线图书馆联盟模式。

1.3.1.2 数字资源聚合方式

本书根据数字资源聚合层级的不同，将国外图书馆数字资源聚合方式归纳如下。

（1）以数字资源内容为对象

以数字资源内容为对象的聚合，主要是将不同格式、不同存储形式、不同类别的数据进行信息聚合，也是数字图书馆数字资源聚合的前提条件。按照分类方式的不同，可以将当前图书馆的数字资源分为如下几种：①按数字资源的表现形式可分为文本、图形图像、视音频等。②按载体形式可以分为印刷型、数字型、虚拟环境型以及网络多媒体型等。③按照资源的组合形式，有结构化的与非结构化的数字资源。④按数字资源的地域分布，可分为本地数字资源和远程数字资源。⑤按资源的组合程度，可以将其分为非集成的分布式数字资源和集成资源。

（2）以提供数字资源全方位服务为目标

随着大众对图书馆数字资源聚合的需求不断深化，数字资源聚合的行业领域不断增多，内容范围也在逐渐扩大。数字图书馆数字资源聚合除了自身数字资源聚合以外，其关注点越来越偏向于为用户提供多方位的信息服务。在当前的数字资源聚合过程中，由于资源的分类导致数字资源的分布式存储和数据库管理的分类与存储方式的差异，从而在某种程度上降低了资源聚合的有效性和时效性。所以，本书提出的数字资源聚合正是着重解决分类和存储差异性问题和实现多学科、多领域数字资源间的服务共享，其中最为适宜的是一站式服务方案。

（3）以语义网环境下数字资源聚合技术实现为对象

现行的图书馆多是通过物理存储介质存储资源，还有一部分通过数字化的存储形式来解决数字资源的存储问题，这种不同的存储方式的产生是因为忽视了资源内容本身的语义关联。而在 Web 的基础上建设语义 Web 的蓝图很早就被互联网的创始人 Tim Berners-Lee（2001）提出，即网络中的各类型的资源能够在语义含义的层面上进行清晰的关联和划分，让机器能自动进行识别、分析、解释和执行。

语义网的出现，为数字图书馆建设带来了方便，国外学者致力于将语义网应用到数字图书馆建设中，为数字资源的语义揭示及深度聚合提供技术支持，最终实现知识整合与发现。这方面研究主要有构建以语义为基础的信息书目检索系统、利用本体构建数字图书馆等。

实现数字图书馆数字资源语义聚合是以本体为核心思想和方法，研究者对基于本体的数字图书馆数字资源的语义聚合进行了深入探讨。如 Bloehdorn 等（2007）探讨了数字图书馆中使用本体解析知识内涵并在此基础上提供知识查询，认为本体技术作为更有效的技术促进了整合不同来源的文献，在对知识库中的各类语义文档的标引、归类和划分的基础之上，为用户提供本体语义元数据的分类导航和语义检索查询等高级知识服务，将语义网应用于信息书目检索系统中的研究，Martin Malmsten（2008）对 LIBRIS 符合语义万维网和 linked data 协议规范的工具和技术展开了研究，对精确描述个体资源的问题进行了讨论，对资源之间的链接以及数据获取机制等方面的内容进行了重点介绍；Christopher Yang 等（2008）则设计并构建了一个跨语言自动的语义词库，为数字图书馆实现跨语言语义分析和检索奠定了实践基础。

1.3.1.3 数字资源聚合技术

多种信息技术的采用是实现图书馆数字资源聚合的关键因素，由于数字资源为不同类型，需要借助和采用不同的聚合技术来实现数字资源的聚合。Roller（2002）认为数字资源的聚合体现在数字资源的聚集与所提供服务功能的整合两方面，因此其相应的聚合技术即为如下两种。

（1）数字图书馆数字资源聚集技术

数字资源描述技术是指从原有的数字资源库中根据元数据的分布不同和类别划分，对其建立相应的语言标注模型，在数据模型方面为信息整合提供支持（Malone et al.，2004）；信息呈现技术是指对数字资源的知识内容进行组织和处理，依托知识的关联关系和内部逻辑，将数字资源的整体脉络呈现给用户，实现用户检索过程和检索结果的可视化。数据信息的抽取是使抽取的信息内容具有稳定的数据化结构，并将这些数据化结构提供给用户进行查阅，而这些抽取的信息内容则是按照资源内容和一定的划分标准、用户需求来进行抽取。这种以结构化的数据呈现形式能够让用户对数据资源中的知识内容进行描述，在一定程度上有利于实现用户的高效查询检索（闫志红，2008）。

（2）聚合技术与其他技术融合

诸多聚合技术中，功能聚合技术主要有适配器技术、中间件技术、封装器/协调器技术等。适配器技术主要是转换不同应用系统、平台中包含的中间数据，统一数据源的接口，并能促进其他技术的融合；中间层数据转换技术是对结构或内容不同的数据源进行相互链接，实现数字图书馆各个结构的数据源与系统之间无缝连接；封装器是整合不同数据集中的数据资源，将它们统一为同种格式；而协调器技术则是有效融合数字资源整合中的用户信息、各数据源资源信息，以及系统应用之间的协调信息。此外，P2P、网格等技术被广泛应用于对异构系统功能与服务的整合（Leymann et al.，2002）。

国外非常关注应用语义网来挖掘某类文献的语义信息，语义网使得数字资源系统功能与服务推向了一个新的台阶。如Shahrul等（2010）对学术文献中语义分类和语义管理等内容进行了详细的分析，认为其中采用本体的检索方式更为高效。Andrea等（2011）致力于构建一个特定的文化遗产管理平台，在构建存档和平台层面的同时对数据异构性进行了改进。该平台还引入了tag技术，用该技术对知识进行组织、描述并建立知识之间的链接或检索。不同类别的tag标签应用于相应的知识模块，可以构建基于tag标签的聚合。

1.3.2　国内数字资源聚合研究现状

近10年来，对数字资源深度开发利用的相关问题已成为国内图书情报领域关注的重大课题。为此，本书从资源整合的理论、方法与技术及实践应用等方面对研究现状进行了如下梳理。

1.3.2.1　数字资源聚合相关理论

当前信息与网络技术的迅猛发展，使得数字资源呈几何级数增长，而数字资源的管理却越来越依赖于信息管理系统的应用。然而海量数字资源所呈现出的分散、无序以及不确定性，现有的信息管理系统难以有效解决。由于对数字资源的组织、整理、揭示与优化的能力无法适应于数字资源的快速增长，所以在某种程度上数字资源整合制约着数字图书馆发展和服务。

（1）数字资源聚合概念界定

聚合，是包括数字资源的聚集与整合两方面。聚集简单而言就是将资源进行集中，而在网络环境下的聚集则是一种虚拟的集中，是对数字资源间进行相互关联和链接指向。整合是将数字资源有序化处理，即对数字资源内部各数据模块之间的层次和结构进行层次化和结构化处理，使该数据资源形成一个有效的整体。而数字资源整合的更高阶段是融合，即对数字资源进一步的有序化的过程。杜小勇和马文峰（2005）认为图书馆资源的“集成”可以称为“整合”，主要有两层含义：一是聚合，利用现代信息技术将异构的数字资源聚集到一起；二是融合，即在数字资源聚合的基础上通过技术手段对多样化数字资源进行优化、组合，从而方便数字资源的获取，实现资源的高效利用。数字资源整合又称为数字资源集成、数字资源聚集、数字资源融合等，是将不同数据来源、知识领域、数据类型的数字资源聚集到一起，再经过技术处理将其进行规范化、结构化，让其形成相互关联、内容聚合的资源整体。

（2）数字资源聚合的理论与方法

马文峰（2002）曾提出系统论的方法来聚合数字资源，既是数字资源系统构建的基本理论基础，也是数字资源聚合的基本方法依托。通过系统论观点和方法应用到资源整合的方法论原则以及数字资源聚合具体方法之中，从而达到数字资源整体优化；苏新宁（2005）也强调，除了图书情报学、信息学自身的诸多理论作为理论支撑之外，在提高数字资源整合效率和服务效果方面还可以借鉴系统论、运筹学、心理学等理论。

当前国内有关数字资源聚合的理论与方法的研究较多，出现了很多有代表性的成果。马文峰（2002）对数字资源的聚集、整合及系统构建等基本原理进行了研究。马文峰（2003）同时分析了数字资源整合的方式，并详细探究了数据整合、信息整合以及知识整合这 3 种概念，通过分析比较呈现了各自的特点。

在数字馆藏的整合过程中对数据、信息和知识 3 类资源的整合是普遍关注的问题，三者之间存在逐级递进、交叉重合却又不可替代的关系。其中数据整合是基础，知识整合则是数字图书馆资源聚合的最高形式，未来图书馆数字资源优化组合将朝着知识整合的方向发展。黄晓斌等（2005）就数字图书馆资源整合的必要性与基本原则进行了分析，认为数字图书馆资源整合过程中应遵循多项基本原则，并提出了数字资源聚合的未来发展趋势及方向。李广建等（2007）就国外的数字资源整合研究进行了分析，将其研究概括为 3 个层次：面向资源组织的整合、面向异构数据的整合及面向应用的整合，还对数字资源整合系统的体系结构做了研究。

1.3.2.2 数字资源聚合的方式

数字资源聚合呈现出不同的层次和不同的方法，按照不同应用技术，不同的角度对数字资源聚合其进行划分，主要有如下几种。

（1）异构异类数字资源

赵冬梅（2005）曾提出了 8 种具体的聚合形态，分别是：跨库检索系统的聚合；期刊与数字资源内容的聚合；电子资源链接地址的聚合；目录式内容链接的聚合；全文电子期刊和电子期刊论文索引内容、文摘地址的聚合；学科信息门户内容的聚合、学科导航和学科信息智能导航聚合、学科电子资源搜索系统。

（2）数字资源系统

黄晓斌等（2005）就数字资源聚合提出了 4 种模式，分别是基于导航系统、OPAC 系统、链接导航和跨库检索系统的数字资源聚合；许萍华和丁申桃（2005）也提出 4 种模式的数字资源聚合，分别是基于 OPAC、数据源、系统以及服务的数字资源聚合。

（3）数字资源聚合技术

郭家义和宋玲等（2004）就聚合的技术提出了五种技术模式，分别是基于数据源的技术内联、基于 Mediator 和 Wrapper 的聚合、基于中间件的技术聚合和基于开放描述语言、基于开放式协议的内容聚合、统一接口机制的聚合等。张付志和巢进波（2005）提出基于标准协议的内容与数据源链接技术、数据层转换、URL 内联方式等聚合技术，如基于 XML 的集成、基于 OAI 的集成以及基于知识智能的集成等。

（4）需求驱动的原则和信息环境的特点

李春旺（2005）从需求驱动的原则与信息环境、服务内容的重点等角度出发，将基于网络的数字资源聚合方式归纳为 4 种：①以学科导航服务为主的数字资源聚合，是指通过对现有资源在学科门户类数字资源中进行聚合，建立学科导航的链接，为用户的数字资源检索、查询和数字资源的获取提供有利的方法。②以检索服务为主的数字资源聚合，即基于数据仓储的网络资源聚合，它包括 OAI-PMH 的元数据聚合、RSS 的各种网络数字资源内容聚集、数据聚合、主题背景的深层资源聚合、搜索引擎的浅层数据源集中呈现以及用户在线提交方式的资源聚合。③面向分布式服务的资源聚合，主要有中间件资源聚合、P2P 的动态资源聚合、网格的静态资源聚合、SOA 的资源聚合。④面向个性化服务的数字资源聚合，是通过数字资源自身内容的获取、对数字资源内容关联关系的整理、对数字资源知识内容的组织等相关技术，实现对分布异构的网络数字资源进行有效的语义组织与重组，使得数字图书馆可以提供学科化与个性化的服务。

（5）数字资源的内部结构与关联程度

在数字图书馆的资源聚合与服务研究中，马文峰（2005）提出以内在层次结构及其关联程度为依据将数字资源聚合的方式划分为 4 种方式：一体化综合式、汇合式、重组式、组合式。也将数字资源聚合总结为：数据资源的聚合、信息内容的聚合、知识语义的聚合。

近年来，随着语义技术、网络技术以及各种系统应用的不断发展，将本体和网络技术应用于异构数据源处理，是较为常见的做法。各种语义技术的应用，使得数字馆藏聚合研究将基于语义本体的知识聚合技术方式作为重要研究对象（闫志红，2008）。张继东等（2009）针对分析语义网格技术的实际应用，提出了语义网格技术的数字图书馆资源聚合的想法，认为数字图书资源聚合要将语义网格作为支撑，才能获得全方位的功能与服务。李静云（2010）构建了数字图书馆数字资源中基于语义检索与聚合服务的发现模型，在基于语义的资源聚合环境下聚合数字图书馆的数字资源服务，提供包含知识内容关联查询、服务导航与知识导航等服务内容，并能针对用户越来越高的使用需求进行智能提取与个性化推荐，具备更智能的知识发现和知识导航等服务。

1.3.2.3 数字资源聚合技术

数字资源聚合必须依赖相应的技术与工具。学界从两个方面进行了相关的探索。

(1) 数字资源聚合相关技术

数字图书馆资源聚合的研究中，专家学者对资源聚合领域中的各种技术从不同的角度等作了相应的研究，也取得了一定成果。董福壮（2001）分析了异构信息的集成等3种聚合技术，对数据集成技术的发展历程进行了回顾，并对资源聚合的过程及全局查询处理和规划做了详细的解释。黄如花（2007）对支持集成化信息检索的标准与协议展开了讨论，它主要包括元数据标准DC、标准标记语言XML、互操作协议OAI、开放的统一资源定位器OpenURL以及Z39.50等，同时也分析了它们各自的优缺点，为今后资源聚合技术的研究提供了理论基础。

网络资源的快速增长，使其分散、异构的特征越来越突出，也就给网络资源的利用带来了不便。因此，Web聚合逐渐得到关注，如何快速、准确地获取网络信息成为网络技术研究的重要议题（张燕萍，2008）。王文玲等（2005）认为Web聚合技术可分为信息聚合与功能聚合；孟小峰（2003）对构建Web信息集成系统做了综述，认为Web数据聚成系统的方法可以分为数据仓库方法与Wrapper/Mediator方法；何蕾（2004）则描述了以Web service为核心的网络信息表达和数字资源聚合技术。

(2) 数字资源的聚合系统

20世纪90年代末国内学者就对数字化资源的聚合系统展开了研究，并取得了较大的进展，目前已经投入使用的聚合系统主要有：清华同方的TPI、中国科学院文献情报中心的CSDL跨库集成检索系统、北京拓尔思的TRS等（袁瑛等，2011）。数字资源的聚合在多数高校中也得到了重视，为了保证图书馆数字资源的充分共享，高校通过购买相应的数字资源集成平台和软件，并且采用自主研发和对外合作的方式，提高了数字图书馆的数字资源利用效率。章成志与苏新宁（2005）设计了数字资源聚合实现的4层体系结构；姜丽华等（2005）结合元搜索引擎的相关原理与技术，开发了基于Multi-Agent的跨库资源检索系统，可以通过多个Agent之间的交互实现它们之间的关联与协作。孔敬和李广建（2005）分析了图书馆内的学科信息门户特征及其体系结构，认为跨系统集成检索、智能代理以及元搜索引擎等信息技术为数字图书馆学科信息门户的构建提供了关键技术支撑。

1.3.2.4 数字资源聚合的实践探索

在聚合的实践探索方面，国内主要通过对国外商业化的具体软件和国内相对成功的案例两个方面进行研究。

在对国外商业化软件系统的研究中，范爱红和姜爱蓉（2001）整体分析了ISI Web of Knowledge系统，并且将这一系统的体系结构描述为数据库结构、基于网络的ISI Links机制、基于网络的跨库交叉资源检索功能以及基于引文所建立的专业学科指数数据库等。王亮和郭一平（2004）分析了国内外最具代表性的资源检索系统（如Metalib）的相关技术，并创新性地提出了应用 Web service 技术实现资源的跨库检索方案。李广建等（2006）深入探究了 Cross-Search 跨库资源集成检索系统，并对该系统的主要功能进行了分析，在此基础上对多数据源的同步资源检索提出了比较理想的解决方案。

国内图书情报业务机构以数字资源建设为契机，进行了一系列实践探索。杨华和唐艳春（2005）总结了华南理工大学图书馆数字资源聚合的技术实现与实践经验，指出该图书馆主要对3类资源进行了聚合的实践研究。1997年由国家图书馆、深圳图书馆、上海图书馆、南京图书馆、辽宁图书馆和中山图书馆联合开展的“中国实验数字图书馆”项目试点工作，在专用资源聚合软件工具、数字资源库设计以及资源检索标准等方面取得了较大进展，为全国各地数字图书馆的建立与发展奠定了基础（王纯，2000）。

因此，国内对数字资源聚合的研究目前还停留在学习国外相关系统、探索国内成功案例的初级阶段，尚未进行更深层次的研究。在数字资源聚合研究的深度以及在图书馆等知识服务机构的实践方面，跟国外相比还有较大的差距。针对这些问题，国家自然科学基金、社会科学基金等资助了一批项目，如：朱学芳教授主持的国家社会科学重大项目“图书、博物、档案数字化服务融合研究”，对图书、博物、档案三馆数字化服务融合的策略及政策问题进行专题研究，向主管部门和相关责任单位提供案例分析、经验总结、制度设计及政策咨询，并提供具体的三馆数字化服务融合的服务资源标准、业务重组模式、服务创新策略、融合技术路线、知识产权保护以及保障体系评价等策略和方案；武汉大学完成的国家自然科学基金项目“以‘推’模式为基础的网络主动信息服务机制及实证研究”；汪东升完成的国家自然科学项目“个性化信息服务关键技术”等。此类项目均从不同角度对数字化信息服务进行了深入的研究，在技术发展、服务组织、业务流程等方面取得了一定的进展。

资源保障方面，胡昌平等（2005）主持的国家社科重点项目“国家可持续发展的图书情报事业战略研究”（02ATQ002），从国家可持续发展中的图书情报事业组织定位、战略理论与模型、技术推进、基于网络的数字图书馆业务拓展以及面向用户的知识服务等出发，对图书情报事业与信息产业的协调发展进行了研究，为制订图书馆政策提供了重要的理论基础；武汉大学陈传夫教授（2011）在2010年主持的国家社会科学重大项目“国家公共部门数字资源增值利用对策研究”中，通过调研国家公共部门数字资源增值与利用的各种现实需要，对国家公共部门数字资源增值利用的实现路径进行了分析，并提出了国家公共部门数字资源增值利用的制度建设方案，为数字资源增值利用提供了制度建设框架；中国人民大学教授赵国俊（2009）主持了国家社会科学重大项目“中国数字资源开发利用公共政策体系的优化发展研究”，在分析中国数字资源开发利用公共政策不足的基础上，对中国数字资源开发利用公共政策体系的方向进行了探索，为数字资源开发与利用提供了相应的政策支持。

1.3.3 国内外数字资源聚合研究中存在的问题与不足

以上综述探讨了近些年国内外数字资源聚合的理论、方法以及相关技术等层面的研究现状。早在20世纪90年代国外学术界就开始了对数字资源聚合的理论研究和实践应用的相关研究，并在多个领域成果颇丰。他们的研究主要集中在基础理论、技术方案、实际应用方法和规范等方面。也有一些研究者将理论研究成果结合自身应用环境，制定了相应的标准，开发了较为成熟的系统软件。国内学者也从基础理论、实现方法、技术选择与应用指导等方面开展了相应的研究，积累了诸多具有指导性的经验。综合国内外研究，主要存在如下不足（梁慧，2013）。

1）在系统集成方面，完整的深度聚合与可视化展示的理论与方法体系仍需要完善。相关研究从数字资源的内容聚合、关联关系分析等方面进行了探讨，尝试分析和解决在数字资源聚合中可能出现的诸多问题。国内研究中对如何实现数字资源所包含的知识内容与知识关联关系的分析、解释、说明和实证等，所提供的解决方案缺乏相关数字资源的实际支撑和理论基础，对如何使用具体的信息和网络技术来指导实际应用缺乏全面的研究和实证。在聚合理论上，国内研究者能够构建完整的基于关联数据的方案和步骤，但在数字资源聚合的技术上缺乏深入的分析和实践。

2）在资源内容的描述与服务内涵创新方面，对于知识用户细粒度的需求而言，现有的理论和实际应用系统难以满足。当前对数字资源分享和管理平台的组织和管理主要是由资源提供方或是服务提供方来负责，主要是从“数字资源、检索查询和元数据目录导航”3个核心方面提供知识查询、资源管理与知识服务，给用户提供的仅仅只是部分资源内容，甚至只是关于资源的目录或结构的少量信息。用户如果需要更多信息，则需经过反复检索才可获得。现有数字图书馆资源管理系统难以达到资源的分析和关联的层次上，其呈现的途径也就相对较少，用户只能通过检索查询的方式才能获得有限的内容，难以满足用户在知识方面的需求。

3）在数字资源描述与服务创新方面，数字图书馆的主要服务是提供给用户查阅，根据用户输入的字段进行匹配查询。而对数字资源的内容管理却不够重视，大多数系统仅仅只是对文本内容的关键词语等进行提取和序化操作。这类资源系统，所能提供的仅是有限的查询模式，结果自然比较有限。建构主义与认知负荷理论认为学习者如果能够在数字资源中利用相互关联的数据，尤其是关联度高且解释功能强的数据时，其学习的效率能获得较大的提高，也能够大大提升学习内容的认知效率（Van et al.，2005）。然而，文本形式是当前绝大多数领域的知识存储形式，多是非结构化的，致使大众很难有效地对其中的知识关联进行揭示与利用，也限制了该数字资源的复用率（Roberson et al.，1989）。

4）在个性化创新服务方面，现有研究多是以单一且雷同的查询与罗列方式为用户提供信息服务。根据用户实际需求和潜在需求提供检索查询并能够个性化呈现结果，是未来知识服务发展的必然趋势。通过用户个性化的要求提供不同的知识服务内容及创新服务是数字图书馆未来的发展需要。

1.4 本书的主要内容

本书的重点研究内容是：首先，对数字资源聚合中存在的问题进行梳理，详细分析数字图书馆资源聚合以及对应服务的不足，并在此基础上对关联数据、用户研究解决数字图书馆资源聚合与服务问题的价值进行论述。其次，对馆藏资源聚合的技术方法作阐述，并结合用户行为研究和云计算服务等前沿方法，深入探究在语义环境下的数字图书馆资源聚合模式。再次，本书还对基于关联数据的图书馆创新服务构建进行了说明，以关联数据作为方法依托构建知识发现与知识服务、个性化信息推送与定制等方面展开创新服务。然后，在准确认识和定位数字图书馆资源聚合与创新服务后，以技术手段构建图书馆数字资源聚合与服务体系，为日后数字图书馆资源共享与个性化服务的方法技术指导形成理论基础。最后，以图书馆特殊馆藏资源——非物质文化遗产资源为例，选取楚剧为实例，从其语义标注、楚剧领域关联数据创建与发布、楚剧资源聚合与服务 3 部分内容着手，实现了非物质文化遗产资源与服务平台的应用示范及资源展示（翟姗姗，2014）。

1.5　本书的创新之处

本书在语义聚合的方法上具有诸多创新点。包括提出一种知识资源多层次、多粒度关联词汇构建方法。该方法将现有仅反映资源描述信息的多维度分布结构，扩展成为包含资源描述、评价及语义特征多种信息的本体结构，使之能够支持多角度、多粒度的资源检索。具体如下。

1）用户行为数据的挖掘与用户行为特征库的构建。用户获取资源、使用资源以及发掘资源价值等方面的体验，是构建基于语义的数字资源聚合的重要依据。从大量离散杂乱的用户交互日志内可以挖掘出用户的兴趣偏好和使用习惯，通过对用户与服务系统交互过程中访问、下载、添加标注、要点标记、提问、解答、评价等频度的统计、分析，探寻用户兴趣的变化，以及热点权威资源的发现，为服务系统主动提供基于语义的馆藏深度聚合与可视化展示提供依据。

2）用户行为词表的构建。将用户行为特征库中离散的、复杂的用户交互信息通过标注、合并、模式分析、中心词、向量空间、词序排列、共现矩阵等方法组织成有序的词表，研究了相同/不同词表中词与词的关联与映射，探讨了利用 n-gram 技术自动创建词表的技术，深入分析了词表向本体的转化机制。

3）用户行为信息的量化与用户行为–主体概念链接。将词表转化所成的本体，并对本体进行语义层次的数据聚合，利用本体标注、本体描述、本体存储与操作方法，利用成熟的本体聚合工具，对用户兴趣本体进行了多方位、多层次的语义关联聚合。在概念与主题图方法应用方面，构建了面向学科分类的数字图书馆概念模型，并比较了概念聚合与本体聚合的不同。提出利用用户中心词、特征项、概念树等计算方法组成概念与概念之间的链接与分类方法。并提出利用概念模型创建主题图。

4）本书在实证研究中，以楚剧为例，系统开发了楚剧领域本体，并实现了该领域本体的可视化浏览与在线查询。大多数本体开发工具以列表、树形结构或文本超链接方式进行显示（颜端武等，2007），并不能在线浏览，也不能与细粒度的知识资源相关联，展示效果不好，非常缺少动态表达复杂网状语义关系的能力。本书选用 Protégé 作为本体开发工具，能够有效解决本体可视化递增性浏览与在线检索的难题，并采用了基于 jQuery 的 jOWL 技术，直观显示了楚剧本体中的类结构、属性及实例间的语义关联，实现语义检索的可视化呈现，并以此为基础来支持基于关键词和关联数据查询的在线检索。该平台的开发，为在大数据及语义网环境下服务于具有数据密集型特征的“第四范式”非物质文化遗产研究，探索新的知识服务内容、技术及方法，对提升面向用户的知识服务水平，促进非物质文化遗产资源的保护与传承均有着较大的实践意义。

第2章　面向用户的数字图书馆资源聚合相关理论

2.1　数字图书馆数字资源聚合有关理论

数字资源聚合侧重于对信息内容的重新组织与整理，使其形成完整、系统的知识，并方便用户使用。当然在数字资源聚合的过程中，需要遵循一定的方式与要求，借助一些技术手段。数字资源聚合的工作对象是不同数据源的资源内容（伍革新，2013）。具体到数字图书馆数字资源的聚合，具体的方式和要求则要根据管理和用户的实际需求，以某个主题或会话内容为单元，让用户可以快捷方便地浏览聚集在某个数据空间中的信息内容。

2.1.1　数字图书馆数字资源聚合的含义

"聚合"，英语用"aggregation"表示，在韦氏大词典（Webster's New Collegiate Dictionary）中有两个含义：一是表示状态，指的是单元或部分聚集的状态；二是表示结果，指不同的部分组成的整体。"聚合"在化学领域较为常用，既可以指物质，如聚合物等；也可以指不同结构单元借助共价键连接起来的过程（刘明辉等，2008）。将"聚合"一词引申至数字图书馆中，即指数字资源的聚集与规整（田向阳，2007）。关于数字图书馆数字资源聚合目前并没有明确定义，不同学者根据自己的理解对其下了定义。如马文峰（2002）指出，"数字资源聚合是指数字资源优化与组合的状态，是依据用户需要，将各个独立的数字资源和数据存储对象，使用适当的信息技术对其进行聚集融合、排序重组等工作，将之组合成一个新的有机整体，提高对其访问与使用的效率和效果"。王辉和康美娟（2004）定义"数字资源聚合是指运用信息技术、网络平台，结合相关存储与检索技术所组成资源聚集和资源分享系统，实现对数字资源继续有效管理，使其能够跨平台、跨系统、跨数据库时能够被访问与检索"。高新陵和谢友宁（2005）指出，"数字资源聚合是把数据库资源进行信息技术、网络技术处理，将其聚合成一个整体资源，共享其所拥有的数字资源，提供可以高效利用资源的一站式服务"。黄晓斌等指出，"数字资源聚合就是将各种异构数字资源进行聚集与合成，运用先进的信息技术和集成手段，实现'一步到位、一站式服务'的检索与查询功能，降低用户使用成本，提高数字资源的利用效率和效果"（黄晓斌等，2005；沈利峰，2005）。本书认为，聚合指对资源的集中与整合。网络环境下的集中和传统环境下的集中不一样，侧重虚拟意义上的集中，即为数字资源间增加关联，并为用户提供链接指向。所以在这种定义下，数字资源聚合就是指被集中的各部分数据之间存在关联，并有比较明确的链接指向。整合是集中的下一个环节，侧重对资源的有序整理，使其具有系统性、结构化的特点，成为一个知识整体。目前数字资源聚合比较侧重信息表层属性、学科属性等，缺乏深度，忽略与同伴间的合作交流。数字图书馆的服务现状存在诸多问题，如资源组织程度较低，缺乏有效的管理方式；不能满足不同用户的不同信息需求；不同分馆之间缺少沟通与合作等。同时，资源的聚合方式也影响了相应的服务能力，导致服务存在诸多问题，如资源组织与建设水平较低、应用效率不高等。因此数字图书馆应该扩大资源聚合与共享空间，提升其服务水平，满足不同用户的需求，最终构建数字图书馆知识服务这样一个完整的体系。当然要达到这些目标，需要图书馆开展基于元数据的资源深度聚合等工作（王以群等，2004）。

图书馆的资源与服务体系处于一个不断完善和发展的阶段，随着社会飞速发展，图书馆的纸质资源不断丰富，数字资源不断优化重组。在现代社会，数字资源的地位非常重要，其特殊的时代背景为数字图书馆数字资源聚合提供了契机，主要表现在以下三个方面：①从网络资源角度看，当前网络环境的开放性为图书馆资源的搜索、优化提供了机遇，但也因为资源的种类、来源等多样，使得图书馆的工作面临挑战。②从图书馆自身发展的角度看，数字资源聚合可以有效完善图书馆的服务体系，提升其服务水平。因为数字资源聚合将打破原有资源服务方式、扩大资源聚合范围，促进图书馆自身发展（伍革新，2013）。③从用户角度来看，用户的需求得到满足才是图书馆资源聚合的根本动力。在资源丰富的今天，用户对图书馆的服务提出了更高的要求，要求图书馆实现跨时间、跨空间、即时化、个性化、集成化、动态化的服务方式。

但需要注意的是，资源聚合并非数据集间的简单链接与关联，资源聚合的最终目的是为了促进用户的知识获取。而用户的知识获取又受到诸如社会因素、资源因素、用户自身因素等的影响，因此，资源聚合的工作也需要实时调整。在实际工作中，应该把握以下几点：①扩大资源聚合的内容范围，充分利用已有网络资源。②要注重合作与交流，充分实现馆际之间资源的互利互用。③要充分考虑用户的需要，构建合理完善的服务体系。

2.1.2 数字图书馆资源聚合的基本原则

不同学者都站在各自的角度上对数字资源聚合有不同的理解，本书对各种观点归纳后发现，它们存在一些共同点：①数字资源聚合的对象是各种结构、到处分散的数字资源，而且这些资源在被聚合之前很可能是相互独立的。②数字资源聚合是一个顺序的过程，包含聚集与聚合两个顺序的过程，聚集在前，聚合在后。聚集侧重于将资源形成一个整体，聚合则侧重于将整个资源按照一定的体系进行有序化。③数字资源聚合的最终目的是实现用户的使用，因此易用性也是重要的要求，为此需要将所有过程对用户透明，并提供统一的检索平台。④数字资源聚合最终目的是为用户提供高效的服务，节省时间。需要指出的是，数字图书馆资源聚合与单纯的资源聚合含义不同，后者单纯把各种异构资源纳入统一的网络环境，而前者要在此基础上将资源聚合与图书馆的服务有机结合起来。基于这个考虑，本书认为数字图书馆资源聚合在于通过网络技术和集成方法将各种数字资源融合在一起，并据此为用户提供一站式服务，让用户借助统一检索平台，实现对各种物理逻辑上独立、分散并且异构的资源的个性化检索，同时实现数字图书馆资源的集中管理。因此数字图书馆资源聚合需要遵循以下几个原则。

(1) 整体性和协调性原则

整体性原则强调完整，有两层含义：一是指资源内容的完整性，即内外资源是一致的、完整的；二是指用户可以获取完整的相关内容。完整性具体来说包括学科内容意义上的完整，也包括数据之间的内在关系的完整。完整性是指聚合后的系统具备聚合前的子系统的功能（田向阳，2007）。协调性强调的是在资源聚合的整个工作流程中的协调一致，因为数字资源聚合牵扯不同部门和单位，涉及不同资源和领域，因此要注重协调性，注重不同单位间的配合，并发挥各部门的优势与特色，最终达到整体性、系统性的特点，实现对整个工作的宏观把控。

(2) 科学性和规范性原则

科学性和规范性原则需要涵盖数字图书馆资源的聚合对象、聚合内容和聚合方法。聚合对象和聚合内容的选择需要遵循已有的科学规律或经过严格的科学验证，不能随意拼凑组合，充分考虑学科、领域及其资源本身的本质特征等。聚合方法的选择也要遵循一定的科学步骤，采用标准化、规范化的技术和手段对资源进行搜集、加工、聚合、保存和管理等，最终形成科学化、规范化的图书馆服务和运作体系。

(3) 优先性与可持续性原则

优先性原则强调在数字图书馆资源聚合对象与内容的选取上要有所侧重，有先后之分，有轻重缓急之分。一般来说，优先考虑急需资源，优先考虑稀缺资源，优先考虑系统性资源，优先考虑不可再生资源。整个聚合过程由重点到一般，由局部到整体。最终根据资源的特征及外部条件为其建立完整的资源服务系统。可持续性原则强调资源聚合工作的可持续性，既可以聚合已有资源，又可以对未来产生的资源进行聚合，使得整个工作能平稳、动态、连续地开展下去。

(4) 适用性与经济性原则

适用性原则强调数字图书馆资源聚合以满足用户需要为根本，可信适用即可。如果说为了资源组织的全面而将各种毫无价值、不再实用的资源聚合，不仅浪费了资源，而且造成了劳动力的浪费。经济性原则强调在数字图书馆资源聚合的过程中，要降低成本，提供效益，以最少的努力换取对资源最大程度的利用，在实现社会效益的基础上，确保经济效益。

2.1.3 数字图书数字资源聚合方法

数字图书馆数字资源聚合方法包括基于 OPAC 系统、基于跨库检索和异构数据源、基于数字资源导航和基于链接导航等几种。

2.1.3.1 数字图书馆数字资源聚合方法

(1) 基于 OPAC 系统的数字资源聚合

联机公共目录查询系统（online public access catalogue，OPAC），是图书馆最常见、最

基本的数字资源聚合方式（谢宝义，2011）。OPAC 系统以图书馆的书目数据为聚合对象，通过一定方式实现对图书馆资源的全文内容的深层次聚合与个性化服务（黄婧和郝永艳，2011）。用户借助 OPAC 系统，可以检索到所有相关图书馆的 OPAC。基于 OPAC 的图书馆数字资源聚合应用可以分为以下几种：①基于元数据的信息聚合，如波士顿大学图书馆、清华大学图书馆、北京大学图书馆等。②基于 OPAC 系统 856 字段的聚合模式，如美国的麻省理工学院图书馆、哈佛大学图书馆、浙江大学图书馆等。③综合利用模式，即结合上述两种模式实现资源聚合，如普林斯顿大学图书馆。④基于 Web 接口调用的聚合模式，如加州理工学院图书馆、北京师范大学图书馆等。⑤基于 SFX 工具的聚合模式，如东北师范大学图书馆、四川大学图书馆等。⑥基于 URL 传递检索式的聚合模式，如重庆大学图书馆等、山东大学图书馆。根据聚合对象的不同，基于 OPAC 系统的数字资源聚合主要分为馆内聚合和馆外聚合。其中馆内聚合是在数据商提供的 MARC 数据的基础上增加 856 字段，进而记录数字资源的存取方式与存取地址，最后将数字资源整合到 OPAC 系统中。馆外聚合则主要是通过采用 Z39.50 标准，来聚合不同的 OPAC 系统，同时，还可通过 Z39.50 协议，与其他图书馆的 OPAC 实现异构同检。OPAC 聚合的内容包括：信息目录和数据库资源、联合目录、搜索引擎、网上书店书目信息和外部网络资源（王春玲，2011）。

（2）基于跨库检索、异构数据源的数字资源聚合

跨库检索（cross-Database search），也称联邦检索（federated search）、多数据库检索（multi-Database search）或集成检索（integrated access），是指借助一个检索平台，实现对不同数据库的检索。跨库检索系统的数字资源聚合包括两个层面，一个是聚合检索界面，一个是异构检索界面，即不同系统、不同数据库间的检索。基于跨库检索系统的数字资源聚合有着诸多优点：①方便快捷，用户借助统一的检索界面，实现所有资源的检索，而不必专门去学习和适应各个数据库不同的检索规则等。②并发检索，可以使用户实现对不同资源的同时检索。③呈现聚合后的检索结果，数字资源聚合系统将符合用户需要的结果采取一定的方式排序，方便用户浏览与使用。

基于跨库检索系统的数字资源聚合模型（图 2.1）一般包括客户端、Web 服务器、应用服务器和数据资源层四个层次。客户端是面向用户的，在用户输入需求后，将结果呈现给用户。Web 服务器端则是用于后台服务的，将用户的检索需求传输到应用服务器。应用服务器对服务器端提出的要求进行分析后，借助 HTTP、Z39.50、ODBC 或 JDBC 等协议访问数据资源库群。数据库的元数据和对象数据主要存储在数据资源群中。整个检索的过程就是用户通过客户端提出信息需求，Web 服务器端将需求传送给应用服务器，应用服务器在数据资源群中找到相应结果，经过处理后，以某种格式再反过来最终传送到客户端，并呈现在用户面前，完成了整个数字资源检索的过程。

（3）基于数字资源导航的聚合

数字资源导航系统主要用于某一行业或领域内的资源服务与提供，有统一的界面供用户检索，通常包含目录提供、用户培训、数据查找、资源采购等功能（黄建年，2009）。数字资源导航系统一般提供关键词、资源名称等检索点，使得用户可以在已有的数字资源导航库中进行检索。作为一个复合系统，数字资源导航系统包括数字资源介绍与导航系

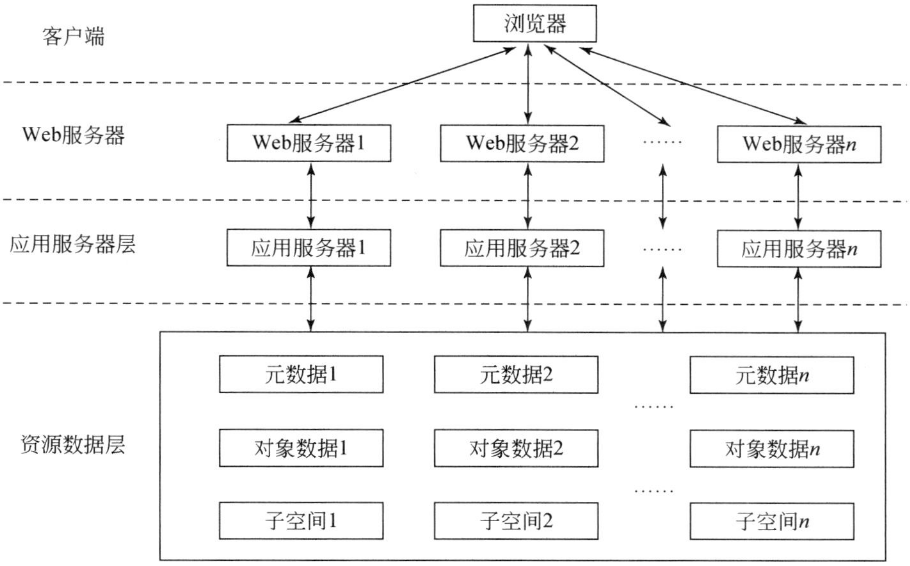

图 2.1　基于跨库检索系统的数字资源聚合模式

统、数字资源联合目录（如数字期刊联合目录、数字资源厂商联合目录等）、数字资源联合检索系统、数字资源培训教程系统等部分。最终的检索方式与之前的资源聚合方式有关，例如基于数字资源的统一资源定位符（uniform resource locator，URL）构建数字图书馆导航系统；根据文献类型的不同，建立各种电子期刊等数字资源的导航系统、会议文集的导航系统、电子版报纸的导航系统等；按照数据库以及数据源的不同，建立数据库导航等系统与平台（高晓华等，2008）。

数字资源导航系统使用的技术包括超文本（hypertext）技术和超链接（hyperlink）两种方式。超文本即将不同空间的文本组织起来，一般来说主要指各种电子文档。电子文档中的文字可以链接到其他文档，从而实现文档的切换。目前最常用的超文本格式是超文本标记语言（hyper text markup language，HTML）及富文本格式（rich text format，RTF）。超链接是超文本实现的方式。超链接不仅用于传统的文档关联，实现从一个文档链接至另一个文档，而且也用于多媒体、超媒体等数据的相关关联。在网站内容的组织中，超链接是最基本的组织方式，用于网页和网站的链接。目前网络资源的组织与服务方式主要采用超文本和超链接的方式，将其引申至数字图书馆领域，可以实现资源的链接，从而以 URL 链接的方式进行知识的组织与知识共享（孟凡静等，2006）。

（4）基于链接导航的数字资源聚合

超文本技术的相互链接形式不仅适用于基于数字资源导航系统的资源聚合，也适用于基于链接导航的数字资源聚合。网络中的资源依靠相关知识节点互相链接，最终构成一个网状结构，网络结构中的节点间存在内在的知识关联（谢宝义，2011）。开放式静态链接导航、开放式动态链接导航和封闭式静态链接导航是目前主要的 3 种链接方式，开放式动态链接导航的效果最好（桂林斌等，2008）。基于链接导航的数字资源聚合需要一定的适用场景，它主要适合发展规范的数据库。如果某些数据库构建技术和标准不统一的话，基于链接导航的数字资源聚合则不太适合（蒲筱哥，2009）。基于链接导航的数字资源聚合过程模式如图 2.2 所示。构建知识网络，对数字资源进行组织并创建知识链接，知识传递，对查询到的资源进行分析、排序和聚合是其 4 个基本步骤。

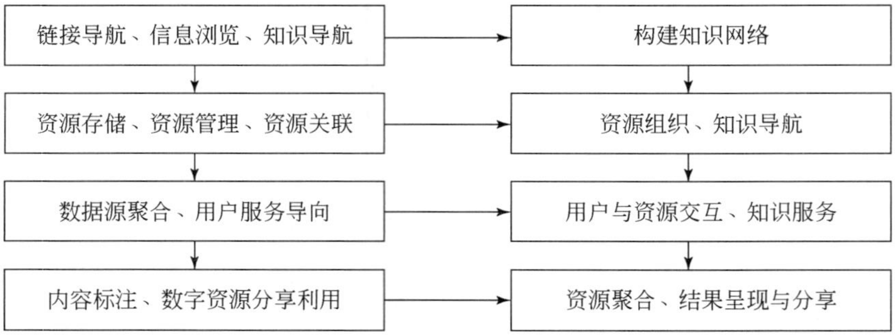

图 2.2　基于链接导航的数字资源聚合过程模式

通过数据库查询，通过网站查询，通过学科导航查询和提高跨库检索导航查询是其主要的方式。其中：①通过数据库查询，即将知识资源以数据库的形式组织起来，形成以学科、分类、专题等为主题的数据库，并提供给用户进行检索。②通过网站查询，即专门建立一些网站来供用户获取自己需要的资源，比如读秀图书查询网站，及各大图书馆的链接等。③通过学科导航查询，学科导航是针对某一学科领域的知识进行组织的方式，具备专业性和准确性等特点，尤其针对专业技术人员来说，其易用和实效的特色深受其青睐，此外学科导航还提供多种检索方式，如按照名称、关键词等（陈希，2006）。④通过跨库检索导航查询，跨库检索导航查询方式大大减小了用户的查询负担（高晓华和朱锰钢，2008）。

2.1.3.2　数字图书馆数字资源聚合的主要技术

（1）SFX 技术

特技效果（special effects cinematography，SFX），最早由比利时根特大学（University of Ghent）的 H. 萨姆堡尔（Herbert Van de Sompel）等提出，后来经过其与美国洛斯阿拉莫斯（Los Alamos）国家实验室进行了合作与研究后，得到了进一步的提升（李爱国等，2003）。SFX 也成为上下文敏感参考链接解决方案（王爱丽，2006），本质是一个网络电子数字资源无缝链接聚合软件系统。很多国外知名的数据库厂商如 Elsevier Science Direct、EBSCOhost、Web of Science 等都采用 SFX 技术，目前全球 50 多个国家的 SFX 用户已经达到 1800 多家（田子德等，2012）。OpenURL 协议是 SFX 的核心，基本原理就是在各种不同结构的数据库间建立联系，并给用户提供统一的检索方式，方便用户在不同数据库间的资源间相互跳转，现在 OpenURL 协议已经成为 NISO（美国国家标准信息组织）的标准（李富玲等，2002）。在使用 OpenURL 的方式下，用户只需要简单两步就可以获取自己需要的资源，实现从引文到全文的检索或从文摘到目标文摘的检索（黄镝，2002）。

OpenURL 具有 5 个优点：①在 OpenURL 技术模式下，任何资源都是以链接的方式进行聚合，数字资源的聚合范围更加广泛。②OpenURL 技术有效兼容其他链接形式。③OpenURL 借助其他技术手段，实现动态生成链接。④OpenURL 与其他资源建立链接时，简单好用，不需要了解内部细节即可。⑤数字图书馆提供的服务可以使用户检索一次就可以链接至所需的更多资源，服务更加人性化（李红雨等，2004）。

SFX 的工作原理如图 2.3 所示，主要包括 3 个步骤：一是创建 OpenURL 信息源；二是 SFX 系统接受与解析元数据；三是创造一个到目标信息源的链接。首先，当用户提交检索条件后，SFX 系统通过创建一个 SFX 按钮（Hook）来获取 OpenURL 信息源，点击 SFX 按钮便可激活 OpenURL，这个 OpenURL 以 SFX 服务器可解析的方式对 SFX 数据（如作者、期刊名、卷册、发表时间、引文等信息）进行代码化。其次，SFX 服务器通过接受 OpenURL 链接化的数字资源后，对其进行再次编码与解析。最后，根据用户需求或检索行为，创建一个可到达目标数据源的超级链接。

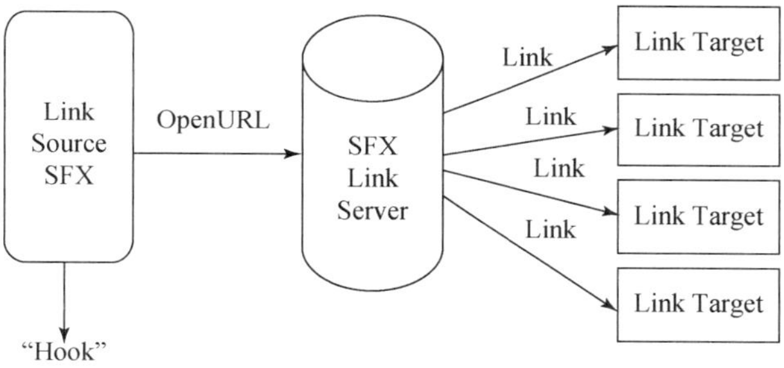

图 2.3 SFX 的工作原理

（2）Web Service 技术

Web Service 是为了解决不同平台和系统间的信息共享和操作问题而产生的，作为一种基于网络的、分布式模块化组件，其可以有效消除不同系统间的差异问题，实现数字资源的访问，Web Service 在具体的操作中需要遵循 HTTP、XML 等网络协议和技术规范（杨志波，2005）。数字图书馆的数字资源结构多样，如果不能相互对话，那么图书馆的服务效率将会十分低下，为此需要将所有的资源以统一的形式表现出来，就要借助 Web Service 技术标准。如图 2.4 所示，服务请求者（service requester）、服务提供者（service provider）和服务注册中心（service registry）是构成 Web Service 技术框架的 3 个主要部分。Web Services 体系结构是 Web Service 技术与 SOA（service-oriented architecture）结合而成的。其主要优点主要表现在封装性好、操作性强以及其独特的聚合性功能。与 Web Service 相关的关键技术包括 XML（extensible markup language）、SOAP（simple object access protocol）、WSDL（Web service description language）、UDDI（universal description, discovery and integration）。其中，XML 是所有技术的基础。SOAP、WSDL 和 UDDI 是核心技术。

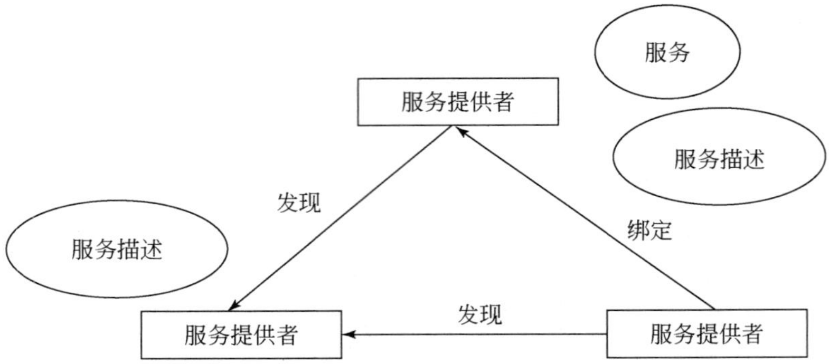

图 2.4　Web Service 体系结构图

如图 2.5 所示，基于 Web Service 技术的资源聚合体系由多个层次组成，其中最底部是各种数据库，这些数据库是异构的、独立自治的；在此基础上，当需要进行访问时，使用本地系统的接口链接到各处的数据库，从而建立起 Web Service；最后，便有了资源数据库应用程序，又包括资源聚合、业务逻辑层和表示层 3 个层次。

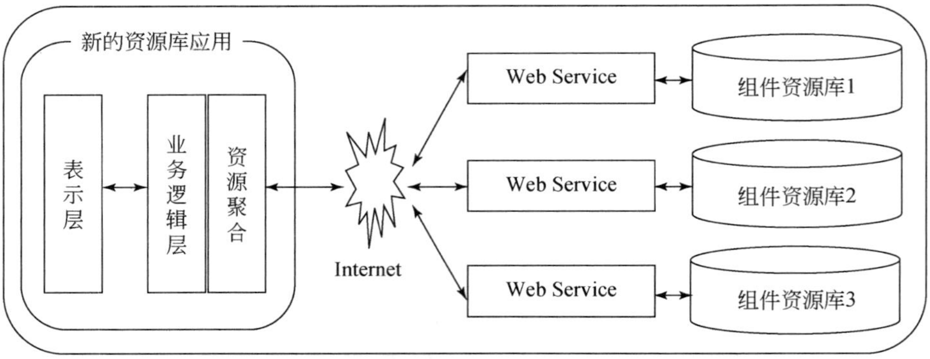

图 2.5　基于 Web Service 技术的资源聚合体系结构

资源聚合层对各种异构资源进行聚合，聚合层借助 SOAP 访问 Web Service，从而获取各处不同的资源数据库等，接下来将这些数据集中于一个 XML 文档中，为数据资源进入业务逻辑层做出准备；业务逻辑层对聚合层传输的资源传送至 Web Service 中。Web Service 可以实现自动运行指令，不仅具备逻辑处理能力，也具备了半自动化智能处理能力，从而很好地解决了跨 Internet 的异构数字图书馆资源聚合问题（刘甲学，2008）。

（3）P2P 技术

P2P，即 Peer to Peer，是“对等网络”的意思。P2P 作为一种资源共享技术，和 C/S 结构的 C/C 结构类似，属于覆盖层网络（overlaw network）（沈晓近，2006）。作为一种数字资源控制技术，P2P 主要借助硬件来形成网络链接来提供服务。所谓“对等网络”，便意味着在网络中关联的计算机处于平等地位，无优先之分。处于对等位置的节点间就可以不借助服务器的指令，进行资源、信息、数字内容等的交换（张联峰等，2003）。DHT（分布式哈希表）结构、树形结构和网络结构是 P2P 技术中三种比较流行的组织结构，应用也比较广泛（赵悦等，2007）。一些常见的即时通信，比如 ICQ、OICQ、IP 电话等，文件和内容共享（BT）、基于 P2P 的搜索引擎、对等存储和游戏等诸多方面都运用了 P2P 技术（王文宏等，2007）。

对于 P2P 技术，如果按照不同的划分标准，则有不同的分类。比如按照是否匿名可以分为匿名和非匿名两种。其中匿名又包括作者匿名、读者匿名、服务器匿名、链接匿名和文档匿名等；根据网络存储内容与拓扑结构是否相关，又可以将 P2P 网络分为结构化、非结构化和松散结构化这几种形式，据此可以将 P2P 的搜索方式分为基于非结构化 P2P 技术环境的信息检索（unstructured）方法、基于结构化 P2P 技术环境的信息检索（structured）方法、基于松散结构的 P2P 网络的信息检索（loosely structured）方法；根据是否存在中央服务器分为混合式、分散式和超级节点的 P2P 网络；根据节点间数据传输方式分为点对点方式和多点多元方式。P2P 技术直接、方便，可以让用户借助互联网进行资源共享，尤其对图书馆工作人员、读者、用户间的沟通来说，使得资源共享更加便捷，对数字图书馆资源聚合和服务水平提升具有重要意义（王涛等，2005）。

（4）Grid 技术

Grid 最早出现于 20 世纪 90 年代中期，是电力网领域的概念，主要应用于表述由个体或机构，是一种资源共享模式。这种模式具有灵活、安全、协同的特点。在图书馆网络数字资源动态环境下，Grid 技术是指将整个互联网集成一个计算机，将各种动态、异构的数字资源进行利用、共享的一种服务模式（黄祀等，2002）。在这种模式下，数字图书馆的各种资源，如计算资源、存储资源、数据资源、数字资源、知识组织资源、专家指导资源、知识服务资源等都可以被用来进行数字图书馆的共享服务(Wang，2004)。Grid 技术的应用需要高性能计算机、因特网和数据源的有机结合，从而实现知识生产、协同工作、资源共享等(黄祀等，2002)。

当前网格技术在国内外都有广泛应用，国外的有美国科学格网（DOE science grid）系统、远程分布式计算与通信（distance and distributed computing and communication，DisCom2）系统和地球系统格网（earth system grid II，ESG）系统、TeraGrid 和国家地震工程仿真格网（network for earthquake engineering simulation grid，NEES Grid）系统、CrossGrid 系统、天体物理虚拟天文台（astronomical virtual observatory，AVO）系统、英国国家格网（U. K. national grid）系统、德国的计算资源统一接口项目（uniform interface to computing resources，UNICORE）、亚太地区格网（AP grid）系统等（张岩和周晓梅，2010）。在国内，Grid 网格技术主要的应用领域，有科学研究领域、资源环境领域、制造行业和服务业等领域。在数字图书馆领域，主要运用的是信息网格技术。信息网格技术在数字图书馆高性能计算、大数据处理、资源共享等方面具有相当大的优势，因而可以在数字图书馆资源聚合方面发挥重要作用。基于网格的数字图书馆互操作框架见图 2.6。

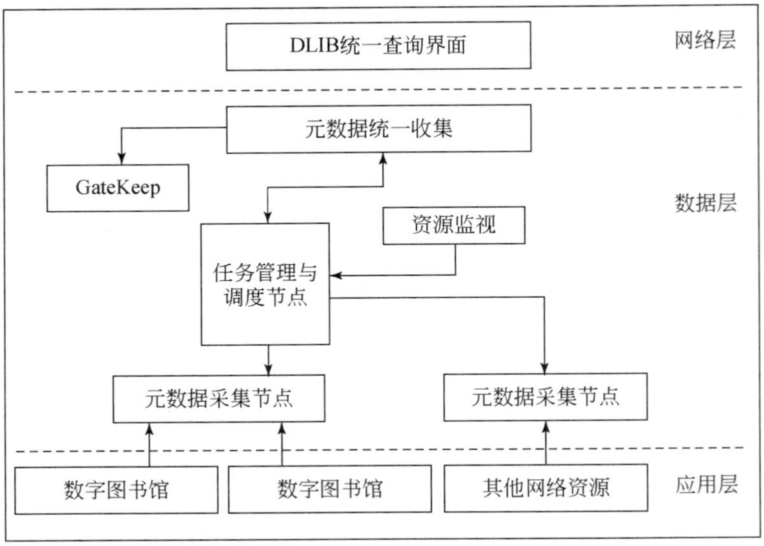

图 2.6　数字图书馆网格的互操作框架

2.1.3.3　数字资源聚合模式分类

当前网络中存在着诸多资源，但是资源间存在着分散、孤立的状态，呈现出一种“信息孤岛”现象，对于有效地利用各种资源非常不利。因此数字图书馆资源聚合的主要目的就是集成本馆与网络中的资源，解决“数字资源孤岛”问题。为此，各界正在采用不同的方式对资源进行优化重组。

（1）基于学科门户的数字资源分类聚合机制

数字资源一般具有明显的学科特色，因而可以成为数字资源聚合的重要依据。在具体操作中，要根据不同学科的特色，具体分析数字资源本身的特点和用户需求等，采用统一的标准对本学科数字资源进行组织和管理。充分考虑资源的学科属性，不仅有利于资源的前期组织，也利于资源的后期加工、存储与管理等。同时按照学科属性组织资源，也有利于不同学科用户的使用。因为一般来说，不同学科的用户信息需求有各自的特色，那么根据用户特点设置不同的信息浏览、检索和资源获取方式，将大大提高对用户的服务水平，提升用户体验，有利于资源推送服务的准确度和精确度。但是需要注意的是，很多数字资源可能并没有严格的学科界限，如果单纯按照学科属性对其进行组织与管理，容易忽略学科之间的内在关联，反而不利于服务。因此在以学科对数字资源进行聚合时，需要充分考察数字资源间的内在关联，对其进行深入的优化和聚合，比如采用基于元数据的资源聚合方式等来进行数字资源聚合。总而言之，数字资源聚合的最终目的是向用户提供深入、全面、准确的知识服务。

（2）数字资源保障体系的建立与完善

完善的数字资源保障体系对于图书馆服务和管理具有重要意义，是将馆内数字资源有效聚合，实现个性化、快捷化、完整性数字服务的重要保证。大多数图书馆目前都建立了比较完整的数字资源保障体系，并通过购买现成的数字资源聚合系统为馆内资源聚合提供帮助，比如中国知网、万方、重庆维普等。数据仓储系统对资源的聚合方式一般是通过提取各个异构数据库系统中的信息，并对此进行转换、过滤和聚合，进而在此基础上形成一个较为完整的数字资源集合，这个集合一般比较稳定。这种聚合方式可以实现对多样化数字资源的有效聚合。要想为用户信息检索和知识获取提供较好的服务，一方面需要具备丰富的数字资源，另一方面需要功能强大的资源聚合平台或系统，此外还需要一站式的服务体系，只有具备了这 3 方面，才可以有效促进图书馆服务体系的完善（刘子辉等，2013）。除了这几个方面，重视不同图书馆间的交流与合作也是数字资源聚合工作中非常重要的一方面，但是也最容易被忽略。不同图书馆常常具备不同的特色和优势，如果能够充分挖掘馆际间的成功经验和注重资源共享等，不仅可以丰富资源的内容和范围，也减少了工作量，将使得图书馆数字资源聚合达到事半功倍的效果，从而为丰富数字图书馆资源、提升用户服务水平等带来巨大帮助。

（3）基于信息链接的数字资源聚合

基于信息链接的数字资源聚合，主要方式是对来自不同载体、不同来源、不同系统等的数字资源进行聚合，而且这种聚合是功能上的聚合，可以实现本地资源和开放资源的相互关联，并且这种聚合是纵向与横向共同进行的（马文峰等，2005）。基于信息链接的数字资源聚合其服务方式也比较多样，用户可以借助各种检索点，比如题名、摘要、全文、视频、音频等进行检索，并以此获取自己需要的资源。这种全方位的、整体性的数字资源聚合体系可以对各种来源、不同形式和类型的资源进行有效聚合。以笔者所在学校的图书馆资源服务为例，在中文检索系统中，资源的组织方式采用多重分类标准，比如以专业分类，以内容分类，以服务特点分类等，用户可以根据自身需求和特点选择适合自身的数据库来进行检索和获取相关资源等。在具体的检索过程中，用户可以采取关键词、主题、作者、摘要等不同的检索方式，并根据实际需要在数据库推送中选取部分内容。需要注意的是，这种服务方式也只是仅仅考虑资源的表面链接，比如一些外部特征等，而没有深入考虑资源间的内在知识关联。而基于元数据的资源聚合方式则可以很好地解决这些问题。一些基于元数据标准（XML、RDF 等）的数字资源及网络资源聚合，可以对数据、信息、知识进行深度关联，形成基于元数据的结构化的数字资源聚合网络，从而有效促进数字图书馆的资源聚合。

数字资源聚合并非单纯考虑资源的外部属性特点，简单归纳整理，而是根据资源的内在知识属性，并依据学科属性等特点，进行优化重组。在具体的服务阶段中，还要充分考虑用户的需求特色和资源的本身特点，据此进行服务。在具体工作中，还要注意各机构间的合作交流，最终实现在资源深度聚合的基础上促进用户的信息检索以及知识获取。

2.1.4 数字图书馆数字资源聚合与服务中存在的问题

目前数字聚合最常用的方法就是借助关键词对资源内容进行相互关联，适用于文本文档、针对资源自身内容或人工添加文本描述的信息的聚合。因为采用的是基于关键词的资源聚合方式，所以只能提供基于关键词的聚合方式，因此也存在限制用户对其他资源进行检索、查询、获取与共享的需求等。

(1) 资源的共享与聚合度不高

当前，随着信息技术的不断发展，网络资源的内容越来越丰富，这一方面为数字资源聚合提供了丰富的来源，另一方面也促进了图书馆资源的建设与发展，但同时也为资源聚合带来了挑战。当前数字资源与共享仍然处于较低的水平，究其原因在于数字资源聚合方式存在问题，主要表现在以下几个方面：首先，当前的图书馆资源呈现出分布式的结构特点，给图书馆内部数据、信息、知识的相互关联带来了挑战，使得图书馆资源聚合缺乏广度和深度；其次，各部门之间缺乏沟通交流，不利于构建完整的知识服务体系，虽然在工作开展时要注意部门分工与明确职责，但过于分散的管理方式不利于图书馆服务效率的提高，不仅降低工作效率，而且也不能使资源得到更加广泛的聚合。

(2) 资源建设与应用效率低

数字图书馆知识服务质量提高的关键在于完善的资源建设和较高的资源利用率，因此要十分注重网络资源的建设与应用，进而促进图书馆知识服务体系的改进与完善。但在实际建设过程中，馆际合作交流和数据集间的深层次关联是容易被忽略的两个问题。当前数字资源聚合比较注重资源间的表层链接，容易忽视数据、信息、知识间的深层次链接，因此不能深入融合资源，势必会影响最终的服务效果；此外，图书馆资源聚合一般注重自身资源的聚合及网络公开资源的聚合，比较容易忽略其他馆的资源。但是我们处于竞争与合作的社会之中，要想使图书馆事业长久发展下去，就需要开阔眼界，注重馆际交流与合作。

针对这些问题，各个领域都在思考解决对策，并提出改进方法。首先，相关机构和部门已经制定了相关规范标准，包括了《教育资源建设技术规范》《现代远程教育资源建设技术规范》等，用于指导教育资源的建设。其次，馆际合作趋势加强，并取得一定的进展，注重资源共享，使图书馆事业不断发展（范剑文，2009）。但是，资源的聚合与建设关系到社会各界，单单依靠文件性的规范和标准是不行的，还需要各领域相关人员转变思路，采取先进技术等。当前馆际合作与交流出现了一定的发展和进步，但是还处于较浅层次的合作，主要是馆际速递，即向合作图书馆借阅本馆没有的资源，但这只是浅层意义上的资源聚合，而且资源共享范围和内容有限，没有实现真正意义上的图书馆资源的深度融合与共享。

(3) 个性化服务难以实现

个性化服务需要图书馆拥有多重交互机制。目前图书馆最常用的交互机制是用户与资源、用户与系统两种方式，缺少用户与用户间的沟通交流。而且用户与系统间的交流方式也比较单一，主要借助用户向图书馆系统提出信息检索要求，系统反馈给用户信息，系统根据对用户数据的统计和分析等，在此基础上向用户推荐数字化学习资源等。而用户个性化服务的关键在于充分研究用户兴趣爱好、专业习惯等，并在分析用户历史数据的基础上，借助先进的技术手段建立用户行为模型，构建个性化服务方案，并主动出击，将用户感兴趣的数据、信息、知识等推送给用户（贾宏，2006）。除了向用户推荐潜在资源外，还要注重用户间的沟通交流，为同类型的用户提供互动交流平台，允许用户相互沟通，从而分享利用数字化图书馆服务系统的经验等，采取恰当的检索方式，满足自身需求。注重数字资源个性化服务体系的建立，就是对用户需求、交互的重视（周建清，2007），在提升图书馆服务效果的同时，也可以减轻用户的资源获取负担。

数字资源的优化聚合关键在于基于元数据的资源深度聚合，而不单单是将原有的资源进行关联与重组。当前图书馆数字资源聚合效果不明显，图书馆服务质量低下，究其原因在于当前数字资源聚合程度低、资源重复建设严重、资源共享机制缺乏等问题。因此需要改变思想，采用先进技术对图书馆资源进行深度聚合，从而促进图书馆数字资源服务体系的不断完善与改进。

2.2　用户行为研究理论

美国经济学家 P. 萨缪尔森认为“幸福 = 效用/欲望”（Samuelson，1954）。图书馆作为人类重要的信息服务机构，其主要的作用包括将信息转化成价值商品，实现从未被利用的符号组合，最终满足用户的实际需要，让用户获得幸福（程秀峰，2013）。萨姆尔森的说法是对用户行为研究目标的总体概括，对于数字图书馆信息服务而言，我们可以理解成：数字图书馆的最终目的是为了帮助用户获得他们想要的，而其他途径获取不到的知识。

2.2.1　用户行为研究的定义

信息环境的不同导致用户行为方式的差异，由第 1 章对传统信息用户和网络信息用户的陈述可知，传统用户信息行为分析主要是建立在文献传递、实例调查等定性分析手段之上，这些方法主要基于纸质文件信息传递进行研究，研究方式落后，逐渐被网络环境下直接分析用户行为数据的方法所取代。因此，本书主要研究方向是后者。

各个领域的专家学者都试图站在各自的角度对网络用户行为提出自己的见解，目前已有的关于网络用户行为/用户行为的定义有近百种。但到目前为止，还没有一个公认的、统一的定义。

马费成认为，网络用户行为研究的主要目的是发现用户行为模式、提高用户使用效率，留住用户（2011）；田立勤等认为，用户行为是指在用户和服务提供者交互过程中，服务提供者根据自身需要进行的用户行为（2009）；王伟认为，解决用户偏好的差异性最为关键的就是要挖掘用户行为数据，分析用户的行为特征，从中寻找规律，据此建立用户行为模型，并根据具体情况提供不同的个性化服务，这就是用户行为分析（2012）；李书宁认为用户信息行为是指在认知思维支配下，利用各种网络信息资源进行信息的检索、选择、交流和发布活动（2004）等。

纵观已有的定义，可以发现对用户行为的研究需要满足基本 3 个方面：用户行为搜集、用户行为体验、用户兴趣偏好。所以笔者认为：与此类同，将用户行为研究引申至网络环境，那么对用户行为的搜集，即获取网站访问的用户基本数据；用户行为体验即对有关数据进行统计分析，并建立用户行为模型，发现用户的行为规律；用户行为偏好，即根据用户行为模型，分析用户实际需求，并据此进行系统开发等，从而发现目前数字图书馆在资源存储、资源组织、资源消耗、资源分配中做得不好的地方，并为后续的工作和服务水平提升提供依据。用户行为的研究是建立在挖掘用户点击习惯、检索习惯、浏览习惯等数字挖掘工作的基础之上的。利用数据挖掘的结果，提出行为特征，形成形式化定义，产生用户使用习惯的分析模式，获得用户利用图书馆数字资源的总体趋势。

2.2.2 用户行为研究的方法

数字图书馆的用户研究中，用户数据来源非常丰富，包括登录信息、用户档案信息、用户调查信息、日志信息等，对这些数据的分析方法也很多，而分析用户行为数据，需要结合当前数据挖掘分析的最新环境，尤其是语义环境，借助已有的软件工具对包括日志数据在内的各种用户行为数据进行深层次的挖掘。因此，笔者打算根据对用户行为数据的分析，找到其中对图书馆的影响因素，从而为提升图书馆服务水平提出指导，当然用户行为数据的获取需要借助各种合适的技术方法。具体研究内容包括以下几个方面。

2.2.2.1 用户行为调查理论与方法

用户调查是网络服务提升自身服务水平的常用手段，最早应用在网络早期的网页使用情况中，不过当初采用的是手工调查方式。数字图书馆的用户调查则侧重于用户对本馆的数字资源库的使用情况，主要是一些基本数据的收集和分析，而且主要的调查方式由原来的手工调查方式转换为数据分析手段。在数字图书馆时代，人们主要通过商业搜索引擎来获取资源，因此，用户行为调查理论主要是研究如何通过一般数学方法对用户的客观行为进行研判和统计，所用的数据资源可以是用户模型、统计问卷，也可以是客观的数据分析。用户行为调查的目的主要是了解用户的需求，进而提高个性化服务水平。

2.2.2.2 基于文献计量的用户行为研究理论

用户查询行为的研究出现较早，最早可以回溯至纸质图书馆时期，具体做法是：对用户进行分类，然后对群体用户的查询行为，包括查询需求、查询概念、查询目标文献的特点进行分析。群体用户可以是某个学科、专业或职业的人群等。这些分析当中比较有名的是 focous group 方法，将查询目标文献分类成不同的用户兴趣点，从兴趣点的特征以及概念聚类情况进行分析。另外，用户查询行为研究还包括检索策略、检索词选择等。可以说，利用文献计量的方法对用户查询行为展开研究是目前用户行为研究中比较突出的一个方面，现有的成果也比较多。

2.2.2.3 基于用户偏好分析的用户行为研究理论

网络信息用户的用户偏好是指用户在使用信息服务的时候所做出的理性的、倾向性的信息选择，是用户从自身认知需要、心理感受及利弊权衡的综合结果。例如用户在购物选择上就存在许多对于购物界面的偏好，比较多的用户偏好页面简洁但功能强大的页面。因此就有一些研究考察用户偏好哪种界面问题。在数字图书馆用户偏好分析方面，S. Park 结合实际异构数据分布情况，详细分析了用户在分布式异构信息环境下与系统交互的行为，将用户与系统的交互分为界面、检索与数据库 3 个层次，并且针对这 3 个层次中的单数据库系统、联机数据库交互界面、多数据库检索系统，作了用户在使用它们时的偏好分析。在这些分析过程中，Park（2000）采用了问卷调查、用户分类、日志分析等用户行为分析方式，收集了大量数据，使得分析结果具有很强的说服力，并对如何完善系统，优化人机交互效果提出了重要建设性意见。总的来说，用户偏好分析研究内容应该包括用户的访问方式、用户检索策略、用户浏览方式、用户点击方式、用户兴趣主题等几个方面，当涉及整个交互系统时，需要将几个方面的分析结果综合起来进行考虑。

2.3 基于用户行为的数字图书馆资源聚合理论框架

2.3.1 聚合目标

简单地说，基于用户行为分析的图书馆数字资源语义聚合的目的就是在充分调查用户行为规律后，将各类型的数字资源聚合（包括用户数字资源与已有数字资源）。同时，根据用户的需求建立不同层次和级别的统一文献关系表示机制，并在此机制的基础上提供集成服务，充分利用语义网相关技术，为用户提供全方位的、个性化的、合理高效的服务。

从单个数字图书馆的应用需求来看，可以把数字资源语义聚合的目标分为 3 个层次：

1）提炼用户行为作为本体描述标识数据，实现用户本体的创建。

2）揭示图书馆数字资源的联系，揭示异构数据资源的语义关联，实现用户数据与系统数据间的无缝连接。达到以用户需求为中心的资源聚合模式。

3）聚合后的资源只有与图书馆的实际文献信息服务工作相互结合，才可以做到为用户提供更好的服务。

2.3.2 聚合种类

基于用户行为分析的数字资源语义聚合后，将具有数字资源加工、管理、存储、交换和服务等一系列完整的功能，能向用户提供一站式无缝集成、个性化的文献内容服务、联合信息服务以及其他相关服务。

对资源聚合而言，其功能应该包括用户可信度检验、Web 结构挖掘，用户使用行为挖掘、数字资源聚类、数字资源加工和管理、权限管理和数字资源长期保护协调等。对服务聚合而言，聚合后的功能包括资源导航、统一资源检索、数据浏览、权限认证、数据下载、信息推送、虚拟参考咨询与馆际互借等。从用户角度而言，一个聚合完好的图书馆数字资源联机系统将具有数字图书馆门户、用户统一认证、统一检索、数字权限管理、个性化服务和合作数字参考咨询等主要功能。

2.3.2.1 用户行为特征聚合

随着互联网的高速发展，用户规模不断扩大，新的应用日益倍增，这使得用户的网络行为数据日益增多。面对纷繁庞杂的用户行为数据，如何提取客观参数来衡量用户的行为是当前研究的一个热点。本书从原始 IP、时间戳、DNS 请求记录和包含用户浏览过程的 cookie 等数据入手，提取客观参数，进行用户行为特征库的构建，通过标准化、规模化的形式反映用户行为特征。

用户行为特征包括用户查询、浏览、点击、流量、认证、习惯等特征，将反映这些特征的特征词进行中心度计量，提取出能够反映用户行为特征的重点词汇，在词汇的基础上进行聚合。因此，用户行为特征的聚合也包含两个层面：一个是用户聚合，即基于用户兴趣、习惯、偏好等对用户个体进行聚合；另一个是对用户行为特征词汇进行分层聚合。

2.3.2.2 异构数字资源聚合

异构数字资源的聚合实际上是利用语义网的相关技术，例如本体技术，对用户行为数据以及数字图书馆资源库内的数据进行深度语义聚合。这种形式的聚合实际上是在异构网络环境下构成一个面向用户的分布式资源链接模型，根据用户的兴趣和需求，对包括用户数据和已有数据的概念体系进行分类，加以语义链接与语义互操作功能，在此基础上建立一个可在互联网上运行的开放式、分布式、跨平台的数字图书馆门户。

异构数字资源聚合的作用包括：

1）能够根据用户兴趣构建一个统一的、可远程利用的异构资源互联平台。

2）通过对用户行为进行充分挖掘、关联和聚类，全方位地揭示资源和服务。

3）要想使用户对图书馆服务有较高的评价，就需要图书馆在提供信息资源时充分考虑用户的信息需求，并且比较完整地提供给用户，而不是分散割裂的状态（聂应高，2011）。

4）为用户提供个性化检索与导航定制服务，开发用户个性化行为库，提高信息检索中用户行为反馈机制，提高用户服务的管理能力等。

2.3.2.3 个性化服务聚合

个性化服务，就是充分认识到不同用户间的需求差异，满足各自特色的服务。在数字图书馆领域，要想对用户提供较好的个性化服务，需要充分分析用户需求，或者借助多用户行为数据的分析，把握用户需求特征，主动、及时地向用户提供信息和服务（卢共平，2004）。个性化信息服务功能的系统还应该为用户创建个性化的信息环境，在这个环境中，用户可以构建自己的知识体系和知识收藏等，并允许用户进行更新和维护，

个性化服务的聚合，主要是指将已有数字资源结构进行用户个性化的重新排列，使用户最需要的知识以最短的路径呈现给用户。

2.3.3 用户行为特征聚合的研究框架

基于用户行为分析的数字资源语义聚合首先要挖掘图书馆数字资源用户的行为模式及行为特征，在充分挖掘行为特征的基础上建立数字资源用户行为库，并通过面向数字资源深度标注和面向语义检索两个层面，开展基于用户行为的数字资源聚合方法与关键技术研究；在此基础之上，构建基于用户行为的本体库，并研究本体的融合、映射、匹配等机制。主要解决语义的标注、语义理解、语义表达、语义链接等问题；然后按照具体数字资源的类型特点等进行相应的单项应用示范研究。因此，研究内容包括：①对用户日志挖掘工具的开发，对湖北省某门户网站日志数据进行聚类分析。②对湖北省图书馆用户行为本体进行本体创建与聚合。③对图情类博客内容与结构概念进行重组与可视化。最终为克服数字资源深度聚合中所存在的障碍、为基于语义检索的用户行为融入机制提出一些可行的解决方案（图 2.7）。

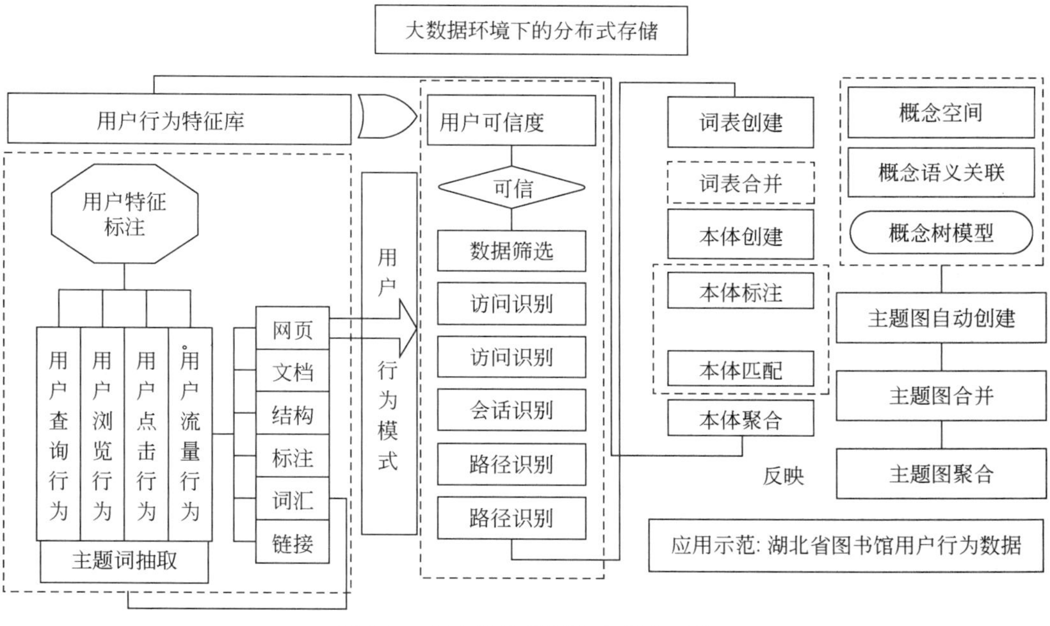

图 2.7　用户行为特征聚合研究框架

第3章　基于语义的馆藏资源语义聚合理论基础

近年来，各种知识组织工具，如本体和领域词表等不断出现（鲜国建，2013），国内外研究人员面向网络资源开展了有效的组织和利用工作（翟姗姗，2014），开启了资源聚合的新篇章，而语义网的发展及关联数据的提出，更是极大促进了这项工作的开展，其目的就是实现资源的语义描述、关联、聚合和利用，采用 URI 和 RDF 格式发布、链接各类数据。随着关联数据逐渐成为语义网的研究热点，由于其自身所具有的聚合优势，使之能够被应用于资源聚合中。

3.1　语义网及语义标注相关理论

语义网是 1998 年由 Tim Berners-Lee 所提出的，是对万维网的延伸。本节从语义网的发展脉络出发，聚焦于万维网向语义网的转化过程——语义标注过程，并进一步厘清语义网环境下的元数据、本体及语义标注间的关系，以此明确了元数据及本体在语义标注中所起到的重要作用。

3.1.1　语义网的发展

"第一步是将数据以计算机能够理解形式的放在网络上，或者将它们转化为这种形式。这样就产生了我所谓的语义网——数据可以由机器直接或者间接处理的网络"，这是万维网之父 Tim Berners-Lee 对语义网的定义。在他所规划的美好愿景中重点有两个（吴大鹏，2012）：一方面在于将网络中的各种资源进行关联，使其协作更加深入；另一方面使得机器可以对网络进行处理。在语义网中，所有的信息都具有良好语义结构，便于人与机器的获取和利用。

语义网的本质在于将所有的信息以网络的形式进行连接，网络成为资源的一种媒介。语义网最终的目的是为了让网络成为一个通用的信息交换媒介，为了达到这个目的，需要借助网络中的文档（肖强等，2011），并为其添加语义元数据。语义网构建目的就是为了扩展当前的万维网。语义网和万维网在信息组织方式、信息表现形式、数据表达、数据查询等多个方面都有所区别，其中最大的优势就在于，对信息的理解及处理能力。语义网可以看作是万维网的元数据网，而语义标注是实现万维网向语义网转化的过程，即在万维网上添加语义标注（于晓繁，2012）。

Tim Berners-Lee（2000）提出了语义网的体系结构，如图 3.1 所示。他将其划分为基础层（unicode 和 URL）、语法层（XML + NS + xml schema）、资源描述层（PDF + RDF schema)、本体层(ontology)、逻辑层(logic)、证明层(proof)及信任层(trust)。其中语法层、资源描述层和本体层是该体系结构的核心,即 RDF、XML 和本体,这也是语义网的 3 个核心技术。资源包含丰富的语法和语义问题,要想使机器理解,需要这 3 种技术间的交互。

虽然语义网的前景是美好的,但同样面临着许多挑战,使其目前并未得到大规模的应用,如数据描述问题、本体构建问题、语义标注问题等。

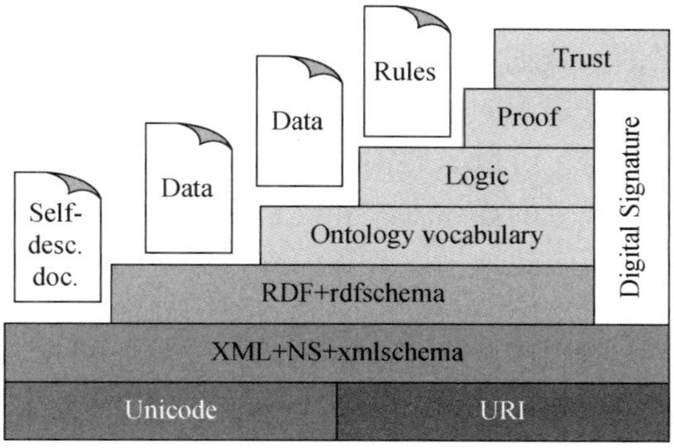

图 3.1 语义网体系结构

3.1.2 语义标注概述

正如前面所论述,语义网最终的目的是为了让网络成为一个通用的信息交换媒介,需要借助网络中的文档并为其添加语义元数据。因此语义网的实现过程其实就是对网络资源进行语义标注,添加语义元数据。语义标注的结果是为互联网资源提供可以被机器读取和处理的语义关联。语义标注是实现语义网的基本工作,也是语义网实现过程中的挑战。

3.1.2.1 语义标注的内涵

"语义"在百度百科中被定义为数据所对应的现实世界中的事物所代表的概念的含义,以及这些含义的关系,数据本身并无什么意义(邴照宇,2012),只有包含一定的语义信息,将数据转化为信息,这时才有具体的含义。语义可以划分为 3 类:隐含语义(隐藏于数据中,没有形式化的表示)、显式语义(有一定的语义标识,但只能被人理解和处理)以及形式化的语义(被良好的语法结构进行明确的表示,并可以被机器所理解)(Usehold,2005;Sheth et al.,2005)。

与传统的组织方式不同,标注也被赋予了新的含义。传统的知识组织方式是明确类别和规范词后再进行资源分类,而标注是先产生大量资源后再形成资源类别。语义标注的划分标准不同,对应有不同的分类。比如按照标注对象的不同,包括文档标注、语义 Wiki、语义 Blogs 等;按照标注形式的不同,包括非形式化标注、形式化标注和语义标注(罗旋,2006)。

对语义标注的理解,学术界并没有统一的界定。从本体角度,语义标注就是本体实例化的过程；从万维网角度，语义标注就是添加揭示语义信息的标识，将资源从机读状态转化为机器理解状态（于晓繁，2012）；可以说，语义网能更好地对信息资源进行组织，其根本原因在于将语义信息以显式的方式发布。

在语义网环境下，语义标注呈现出一些新的特点：①语义标注以元数据与本体为基础，保证了概念及概念间关系的规范化描述，并能使机器理解。②语义标注的过程中，非形式化的信息被转化成以本体为基础的形式化知识，实现了知识的转化与序化，并保证了标注和语义的一致性。③进行了语义标注后的资源，使得标注信息能为机器所处理，为实现资源语义层面的聚合提供了数据基础，更为实现资源的语义检索提供可能。由此可见，元数据和本体是语义标注得以实现的关键所在。

元数据是关于数据的数据，可以为数据的微观描述提供一定的语义基础，其作用是为各种类型的资源提供普遍、规范的描述方法和检索工具，因而成为信息资源有效聚合的基础。语义标注实际上就是更加细致地描述资源内容，并更加深入地理解和解释资源，元数据就是在此基础上产生的。语义网的基础在于元数据，元数据作为语义标注的基础，其标准、表达结构、属性关系的形式化描述，使计算机能够对具有语义信息的资源进行理解和处理；而本体则是语义网的关键技术之一，所代表的是某一个领域内被普遍认可的概念集合，是“共享概念模型的明确的形式化规范说明”（Gruber，1993）。语义网的实现需要对各种资源进行语义标注，既包括网络上已有的资源，也包括新出现的资源，语义标注又需要基于本体对资源进行内容标识。

3.1.2.2 语义标注的层次

站在本体的角度，语义标注的层次包括概念标注、属性标注、关联标注和实例标注。

1）概念标注。概念与个体间是存在关联的，最简单的标注就是将两者进行关联。概念是个体的抽象，因此概念标注就是找到领域内的个体，并将它标识为某个类。概念含义存在重复，因此某些个体可能会成为多个概念的实例。

2）属性标注。在进行了概念的标注后，为了满足语义检索的需求，就需要标注实例所对应的属性及属性值。如某一篇论文，对应的属性有题名、作者、创建日期，相应的属性值为题名的名称、作者是谁和具体的创建时间。

3）关联标注。更细层次的标注就是描述概念与概念之间的关联关系。在一组实例中，不同的概念间有不同的关系。领域本体虽然反映出概念的定义域和值域，但需要借助语义标注标记概念间的关系。

4）实例标注。实例的具体位置是不同的，有不同的 URI 标识。而语义标识需要对所有的实例都进行标识，因此，有时候对一个实体实例的全部标识需要进行多次标注，从而实现对某一个实例的完整描述。

对语义标注进行层次划分，为建立起非物质文化遗产资源的语义描述层次和语义描述模板奠定了一定的理论基础。

3.1.2.3 语义标注的任务

综上所述，语义标注关键任务有两个：第一，如何基于元数据与本体，实现现有资源概念及其关系明确化、形式化、规范化的描述，并使标注信息可以被机器所理解；第二，实现语义标注后的资源采用何种方式进行发布，以便实现资源的共享、交换与检索。

理想的语义标注是将资源标识为无数个描述其外部特征及内容特征的信息集合，并将其存储于元数据知识库中。然而实现信息标识的实际过程，与理想的语义标注过程有一定的差别。一方面，资源数量不断增长，新的资源不断出现，而原有资源也处于不断地更新与变化的过程中，资源标注任务也需要实时更新，所以，对于语义标注的第一个任务，需要针对资源类型建立起完整的元数据规范和合理的领域本体，语义描述模板和语义标注模型可以为此提供基础；另一方面，标注后的资源应该保留资源的原始信息，并提供给用户可视化性能较好的用户界面，以合理的方式呈现给用户，要符合用户原有的习惯，同时要保持资源原有的面貌。被标注过的资源具有丰富的语义、语法及语用信息，以机器可以理解的方式进行呈现，方便了计算机的自动化处理。针对语义标注的第二个任务，可以采用两种方式进行存储与使用，第一种是将资源本身与标注数据混合存放，实现嵌入式标注，第二种则是将标注数据单独存放于知识库中，只有当用户调用资源时，才链接到知识库，实现独立式的标注。这也是本书第 5 章中构建非物质文化遗产资源聚合与服务平台时需要解决的问题。

3.1.3 语义网环境下的元数据、本体及语义标注间的关系

元数据、本体及语义标注间有着不可分割的关系。本小节从元数据研究出发，为完善元数据的功能，引入本体，基于本体对元数据进行有效补充，并以本体和元数据间的关系为切入点，深入分析两者与语义标注间的关联。

元数据与本体从描述功能上看，都是用来描述资源的，从广义上来说，元数据和本体的描述对象可以是世界上任何具有标识的事物，简而言之，任何一种可以被利用的资源，都是元数据和本体描述的对象；从资源描述目的来看，都是为了使被描述的资源实现标识、查询、选择、获取、利用，也就是对资源进行有效标注，从而最终实现深度数据集成。可以说，只有当元数据与本体相结合，才能对资源进行语义层面的标注，而只有实现了语义标注才能最终构建语义网。

一方面，语义网的形成是本体构建与语义标注的最终实现目标，大部分的语义建模工作的重点就是领域知识的抽象、表示及描述，本体的使用将推动语义网从理论研究走向实际应用。本体是对某个领域的知识的概念化和形式化的表述，作为领域内共有知识，具有一定的通用性和抽象性（于晓繁，2012），还有一定的规范性和关联性；而知识又是对领域内实例的抽象描述，实例是本体的具体化体现，一般数量多、种类多，因此实例的具体特征需要本体和具体的应用相结合，这样实例才能够体现出领域本体的特征，从而具有更大的意义。将现实的资源实体与抽象的领域本体相结合，就是语义标注所需要完成的工作。另一方面，语义标注是对资源内容的描述，需要本体对资源的特征进行揭示，这些特征既包括外部特征，也包括内容特征。因此，标注是对资源内容所添加的形式化注释，而语义标注既是指一组元数据，也是元数据的生成过程。本书所界定的语义标注采用 RDF

来描述资源内容，并采用 XML 语法结构。

综上所述，元数据和本体都是语义标注的基础。元数据为资源描述提供了基本的属性集合，使资源具有了最基本的结构特征，语义标注过程一直伴随着元数据标准的制定与实现。而元数据并不能揭示概念与概念间的语义关系，针对不同类型、不同内容的信息资源，有着不同元数据标准，彼此之间可能有相似之处，但并不能完全兼容，也无法实现异构资源的语义描述，为解决不同的元数据方案所引起的概念及结构的异构问题，就需要在元数据之上建立起某种机制，实现元数据间的语义互操作，这就需要建立起本体。通过领域本体，可以在资源元数据描述的基础上（常颖聪和何琳，2015），实现不同元数据类型和格式间的语义化描述和语义互操作。具体来说，就是基于领域本体，采用本体描述语言对不同类型的元数据进行本体化描述，并通过元数据本体将相应的元数据转化为 RDF 形式，再通过不同类型的元数据本体间的关联与映射，实现不同语义的 RDF 元数据间的关联与互操作。可以说，本体为资源的语义标注提供了一套标准，即 Shared Vocabulary，用这些 Shared Vocabulary 描述概念及其之间的关系，而将元数据置于某个特定领域，就形成了对该领域的语义描述，也就实现了某一特定领域的语义标注过程。

因此，我们可以进一步厘清本体与元数据间的关系。可以说，本体是建立在异构元数据之间的普遍联系，这种联系可以被机器所理解；同时，也可以将本体看作为元数据的一种补充形式，其目的就是支持异构元数据间的映射、转换和互操作，在实现语义标注的基础上，达到资源共享的目的。本体可以在 3 方面对元数据进行补充：①元数据不具有普遍性，不能很好地实现兼容与共享，本体作为抽象化的元数据表现形式，可以在特定的领域为元数据间提供一种映射关系。②本体为元数据建立的属性集合提供了一套完整的规范化术语，是实现不同元数据属性集合间的语义消歧的有效途径。③元数据可以在本体层进行扩展，使其具有更强的灵活性和扩展性。

3.2 关联数据有关理论

本节基于关联数据的内涵与外延，在对其类型进行划分的基础上，归纳了关联数据的 3 大关键支撑技术：HTTP、URI 及 RDF，详细分析了关联数据构建的实现技术，这是创建与发布关联数据的技术保障（鲜国建，2013），主要包括关联数据语义描述模型、语义关联关系构建以及关联数据构建工具，并选择 D2R 作为本书所使用的关联数据创建与发布工具。

3.2.1 关联数据的概念解析

关联数据是国际互联网协会（W3C）推荐的一种技术规范，其目的是以万维网为基础，建立一个庞大的数据网络，将世界中的万事万物通过其相互之间的关系进行计算机可理解的描述，实现资源更大程度上的共享和利用，并使用户能在更大范围内，更为高效、准确地定位自己所需要的资源。

关联数据的概念最早是由 Tim Berners-Lee 于 2006 年提出的，他认为关联数据就是将存在相关关系的数据连接起来，并将其构建为结构化数据（Web of data），可供计算机理解（肖强和郑立新，2011）。这些结构化数据中含有丰富的语义关系，而不仅仅是人能够理解的文档网络（Web of document），从而可以开发出更加智能的应用服务。也有学者将关联数据定义为一种结构化的数据发布方式，即利用万维网创建不同数据源之间的语义链接（Bizer et al.，2007）。

Wikipedia 对关联数据做出了简单而明确的定义：linked data 是用 URI（Health et al.，2008）和 RDF（Wikipedia，2016）发布、分享、连接各类资源，包括数据、信息和知识等，是一种推荐的最佳实践。

总而言之，关联数据是一种语义关联方法，其最大特点就是将不同来源的数据关联起来。在当代网络环境下，关联数据是将海量、孤立、缺乏语义关系且难以被计算机理解的数据实现其语义关联的有效手段，也是将异构信息进行细化揭示、深度聚合和知识组织的重要方法。通过构建关联数据，既可以在数据集间建立丰富的语义关联，也可以体现数据中知识的重要价值。

由此可见，关联数据与语义网之间的联系十分紧密。一方面，关联数据具有优势，其标准化、自助化、低成本等特点，为构建语义网提供了便利，可以很方便地构建人、机器都可理解的数据网络（鲜国建，2013），也是语义网发展的新方向和研究热点之一（刘炜，2011）；另一方面，关联数据虽然为数据的结构化关联提供了解决方案，但关联数据的作用只是携带语义信息，自身却不包含任何语义信息，因此可以借助关联数据实现数据在语义方面的关联，也是语义网最终实现的技术基础（谭洁清，2011）。

与此同时，关联数据的应用也离不开知识组织系统。知识组织系统是一种获取、组织、管理和利用各种知识的重要手段，是对各类信息和知识的组织规范和方法的总称（王军和张丽，2008）。一方面，将某一领域内的叙词表、本体等知识组织系统转化、发布为关联数据，可以使其适应 web 环境下的应用需求；另一方面，各种知识组织系统可以在多个层面描述语义关系，既包括对资源外部特征的描述，也包括对资源内容特征的描述，借助本体、词表等知识组织系统可以对资源提供明确规范的语义信息。无论是知识组织系统还是关联数据，两者之间的融合共同为语义网的构建发挥重要作用。所以，构建非物质文化遗产领域本体也是本书的重要研究内容之一。

3.2.2 关联数据的类型划分

本书从 5 个角度对关联数据进行了类型划分：

1）按照关联数据的使用性质划分，可分为开放关联数据、个人（私有）关联数据和商业数据。其中，开放关联数据基于开放网络，用户可以免费访问、查询和使用；个人（私有）关联数据则需要遵循某种关联数据规范或原则，并且只能在组织机构内部使用；商业数据，主要是指基于关联数据规范所建立的关联数据，主要使用对象为企业，并且需要有偿访问和使用。

2）按照关联数据的关联划分，又可以分为横向关联数据和纵向关联数据。其中，横向关联数据主要是指在不同机构、不同领域、不同类别、不同性质的资源间存在关联的数据；纵向关联数据指针对同一性质、同一类别，但按照不同的组织粒度和层次建立的关联数据，比如一本书与其章节、段落间的关联。

3）按照关联数据的存在形式划分，可分为静态物理关联数据和动态虚拟关联数据。静态物理关联数据就是直接用 RDF 三元组进行显性动态描述和存储的关联数据；动态虚拟关联数据则需要动态生成或者经过语义推理，如通过 D2R 动态发布方式。

4）按照关联数据的粒度划分，可分为浅层关联数据、中层关联数据及深层关联数据。将有关某一具体资源（如一本书、一段视频、一张图片等）的关联数据定义为浅层关联数据；将中粒度（如目录数据、某一资源的标签等）信息资源定义为中层关联数据；而有关资源内部知识及知识单元的关联数据定义为深层关联数据。

5）按照关联数据的层次划分，可分为数据集层面的关联数据（数据集与数据集间的信息关联关系）、知识组织体系或描述框架层面的关联数据（如各类词表、本体、领域知识等知识组织体系间的关联）（鲜国建，2013）以及信息资源元数据和实例层面的关联数据（如书目数据等）。

此外，还可以从关联数据所属的专业领域进行类别的划分，如生物科学、农林行业、政府部门、学术出版、图书馆等，这种划分方式类似于 LOD（Linking open data）云图中对数据集的划分。

3.2.3 关联数据的支撑技术

关联数据是建立在 Web 技术上的，为构建使用代价最小的关联数据，需要继承互联网的两项支撑技术，即 HTTP 和 URI，并采用 W3C 推荐的资源描述框架（RDF）技术对网络中的资源进行组织与描述，其中的资源可以是任意类型、任意载体和任意内容的。所以无论哪一种类型的关联数据都是以这 3 种规范或技术为基础的。

3.2.3.1 URI

URI 用于标识互联网资源名称。Web 上可用的任意一种资源，如 HTML 文档、图片、视频、音频、程序或者科研机构、学术论文等，都可以用通用的资源标识符进行定位，URI 的主要作用在于帮助人们对网络中的任意资源进行基于特定协议的发掘和利用。URI 也可以被认为包含 URL 与 URN 两个部分，URL 是对可以从互联网上得到的资源的位置和访问方法的一种简单表示，是互联网上标准资源的地址。而 URN 则是唯一标识一个实体的标示符，但不能给出实体的具体位置。举一个形象化的例子，URN 如同一个人的名字，而 URL 则是这个人的住址。在互联网中，URN 定了某个实体的身份，URL 提供了查找该事物的方法。

为了进行关联数据的服务，需要为每个非信息资源提供 3 种唯一的标示符，用以满足针对不同用户的不同访问需求。例如，在描述某一个人“沈云陔”时，提供的“http：//

www. Shenyg. name/ resource/Shenyungai（ID）”，就可以表示非信息资源“沈云陔”，以RDF/XML对非信息资源“沈云陔”的URI为“http：//www. Shenyg. name/ data/ Shenyungai”，而以HTML网页形式所展示的该信息资源的URI为“http：//www. Shenyg. name/ page/Shenyungai”。

3.2.3.2 HTTP 内容协商机制

HTTP是一种通过因特网传输万维网文档的通信规则，主要用于浏览器与服务器之间（李春元，2012），对于来自客户端的所有非信息资源的URI“参引”请求，均采用HTTP中的内容协商规定，因为对于非信息资源的请求是无法返回实体对象的，只能用代码文件代替。一般来说，信息资源描述文件有两类，第一种是请求来自普通浏览器，则返回HTML文件的网页，第二种是请求为“application/rdf+xml”，返回的则是语义描述的RDF文件（刘炜，2011）。基于HTTP的非信息资源的访问流程如图3.2所示。

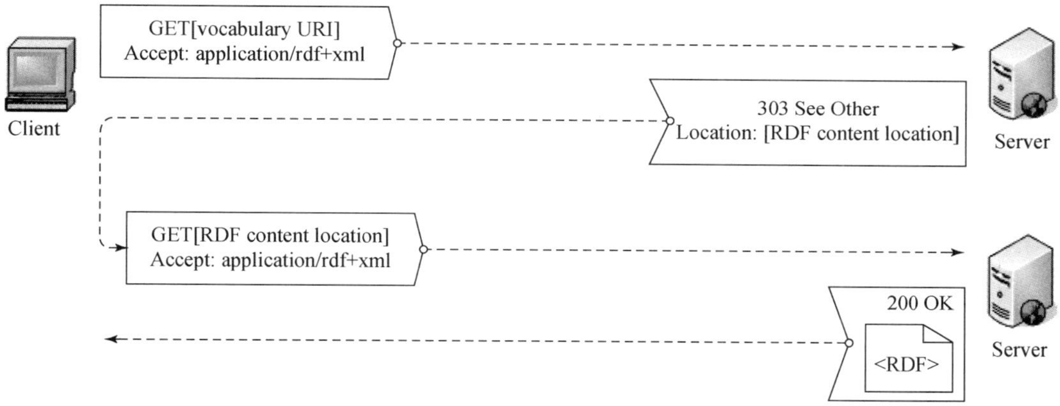

图 3.2 基于 HTTP 的非信息资源的访问流程

具体的内容协商方式，通常有两种方案：

1）采用HTTP的303指令重定向功能，如图3.3所示。客户端请求的是非信息资源，那么服务器就会发送一个303 See Other给客户端，再由客户端根据重定向规则发送请求，由客户端的浏览器类型来决定返回何种类型的文件，是HTML还是RDF。

URI重定向通常采用3种惯例：

① http：//www. Shenyg. name/Shenyungai（ID）；
http：//www. Shenyg. name/Shenyungai；
http：//www. Shenyg. name/Shenyungai。

② http：//www. Shenyg. name/resource/Shenyungai（ID）；
http：//www. Shenyg. name/data/Shenyungai；
http：//www. Shenyg. name/page/Shenyungai。

③ http：//id. Shenyg. name/Shenyungai；
http：//page. Shenyg. name/data/Shenyungai；

http：//data. Shenyg. name/page/Shenyungai。

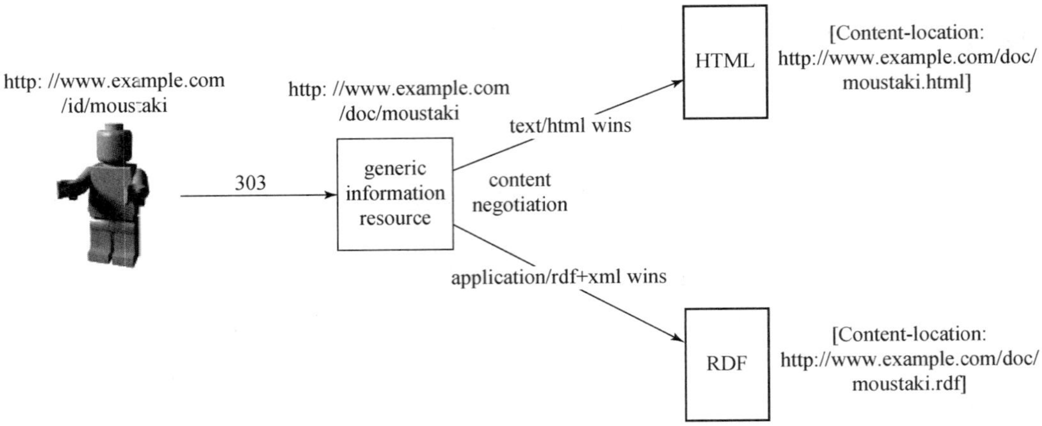

图 3.3　HTTP 协议 303 指令重定向

2）支持采用带“#”（hush）的 URI 方式定位到 RDF 中的具体资源，如图 3.4 所示（王红会，2005）。“#”前面的 URI 是帮助浏览器进行解析定位的，而“#”后的片段标示符则用来表示非信息资源，允许支持 RDF 文件的浏览器参引信息资源文件的所需位置。采用“#”方式作为 URI 的例子如下：http：//www. library. sh. cn/people. rdf# Shenyungai。

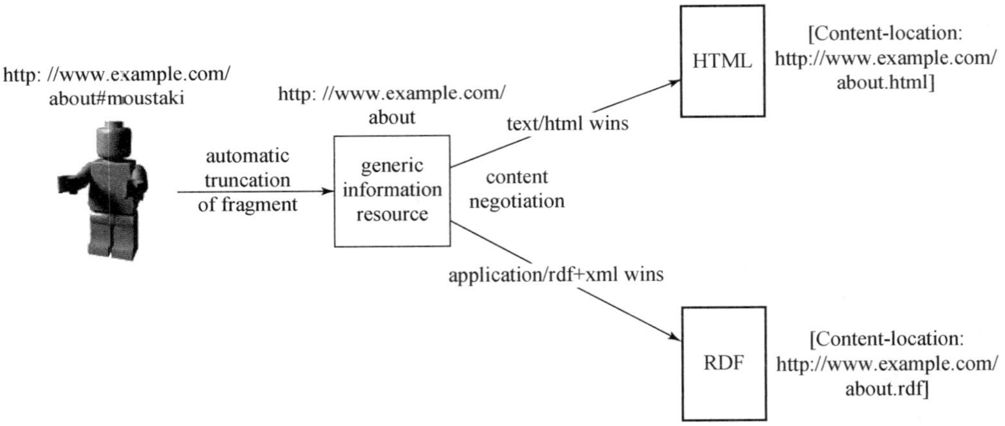

图 3.4　采用“#”进行内容协商定位资源描述

3.2.3.3　资源描述框架

资源描述框架（resource description framework，RDF），是一个用于表达万维网上资源信息的专用性语言，专门用于表达关于 Web 资源的元数据，如页面上的标题、作者等，也是一种简单的三元组数据类型，并于 2004 年成为 W3C 标准（Bary et al.，1997）。这种数据模型可以促进数据及资源的共享与利用（王薇，2013）。

RDF 使用 URI 标识网络中的任何资源，并通过三元组——主语、谓语、宾语来进行描述。一个 RDF 文件包含多个资源描述，一个资源描述又包含多个语句，那么语句就是由资源、属性类型及属性值组成的三元组，用来描述资源的属性（邹本友，2011）。资源描述语句和自然语言语句是相互对应的，自然语言的主语、谓语、宾语对应于资源描述中资源的概念特征或关系、属性类型和属性值。一般情况下，主语与谓语之间都需要用唯一标识符 HTTP URI 标识，宾语则可以用字符串代替，也可以用 HTTP URI 标识另一个资源。如图 3.5 所示，RDF 三元组由节点和节点间带标记的弧线所组成（鲜国建，2013），资源用节点表示，资源属性用弧线表示。当然，资源与资源间的链接关系是具有语义关系的，不是随便的链接。一条 RDF 数据的主语表示一个由 URI 标识的资源；宾语可以是数值属性（datatype properties），也可以是对象属性（object properties），即具有 URI 标识的另一个资源；而谓语则是反映了资源间的关联关系，同样也具有 URI，来自于规范化的词表或者本体，如 DC、SKOS 和各领域本体等。

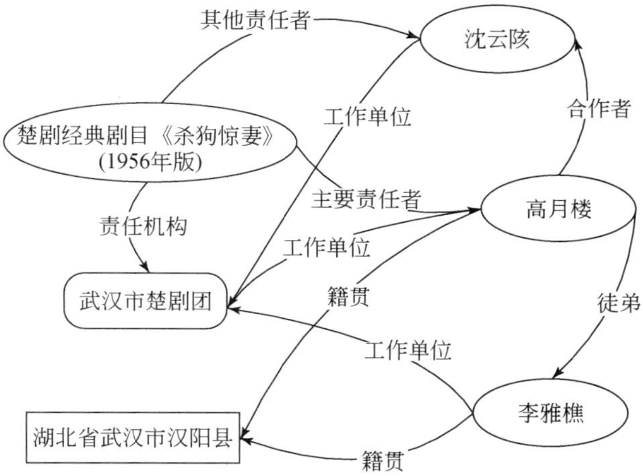

图 3.5　RDF 三元组示例

3.2.4　关联数据构建的关键实现技术

关联数据构建的关键技术包含 3 个方面，语义关联描述模型、语义关联关系构建和关联数据构建工具。语义关联描述模型是建立资源间概念及概念关联的过程；语义关联关系是建立 RDF 语义链接的过程；而关联数据构建工具则是关联数据最终实现的技术保障。

3.2.4.1　语义关联描述模型

关联数据本身并没有具体的语义含义，所以需要应用已经被认可或者较为成熟的语义描述框架和关联模型，如词表、词汇集或本体等，以此作为关联数据构建和发布的基础，从而深入进行资源的互联和互操作。目前，已经实现了多个词表和数据集的关联数据创建与发布，如 LOD 社区发布的 LOD 数据云，其中就收录了许多知名数据集，有 DBpedia、

Wikipedia、Geonames 等。表 3. 1 与表 3. 2 分别是已经关联化的值词表和常用的 RDF 词表。

由表 3. 1 与表 3. 2 可以看出，目前针对关联数据，存在许多描述规范，这些规范应用领域不同，但是较为通用。接下来，本书将重点介绍四类关联数据描述模型，分别是关联数据集的语义化描述、数字资源描述模型、知识组织资源的语义化描述以及资源聚合主体类本体，为构建非物质文化遗产资源语义关联模型提供理论基础。

(1) 关联数据集的语义化描述

针对关联数据创建与发布本身来说，研究人员从关联数据的可用性、可靠性等多方面着手，对其浏览查询、知识检索、知识发现等多个方面的问题进行了深入研究，关联数据集词汇表以及数据溯源词汇表的建立就是针对这些问题所提供的解决方案。

表 3. 1 已关联化的值词表

类型	词表名称
分类法	Dewey Decimal Classification, Universal Decimal Classification . . .
主题法	Library of Congress Subject Headings, Répertoire d´Autorité - Matière Encyclopédique et Alphabétique Unifié, Schlagwortnormdatei , National Diet Library List of Subject Headings . . .
权威名称	Virtual International Authority File, Getty Union List of Artist Names, Library of Congress Name Authority File, GeoNames . . .
叙词表	Eurovoc, STW Thesaurus for Economics, Thesaurus for Graphic Materials , AGROVOC . . .
其他	DCMI Type Vocabulary, MARC Code List of Relators, Creative Commons License set . . .

表 3. 2 常用 RDF 词表

名称	定义
Dublin Core	用于定义一般元数据属性的词表
Friend-of-a-Friend	用于定义人与人之间关系的词表
Simple Knowledge Organization System	用于描述分类和结构松散知识的词表
Semantically-Interlinked Online Communities	用于描述在线社区的词表
Description of a Project	用于描述项目的词表
Music Ontology	用于描述音乐家、专辑和歌曲的词表
Review Vocabulary	用于描述评论的词表
Linking Open Description of Events	用于描述事件的词表
Good Relations	用户描述产品和商业实体的词表

关联数据集词汇表（vocabulary of interlinked datasets, VoID）一种专业的词汇表，主要用于对 RDF 数据集的元数据进行描述。该词表定义了 4 个大类（dataset、dataset description、linkset、technical feature）和 27 个基本属性（class、classPartition、classes、dataDump、distinctObjects、distinctSubjects、documents、entities、exampleResource、feature 、inDataset、linkPredicate 等），既可以对数据集中的类、属性、主客体、实体以及三元组信息进行描述，又可以与其他数据集或者本体中的类或属性进行关联，如图 3. 6 所示

（Richard Cyganiak et al.，2016）。与此同时，VoID 还借鉴了 DC 元数据标准中的元数据项来描述数据的基本信息，如 title、subject 等。

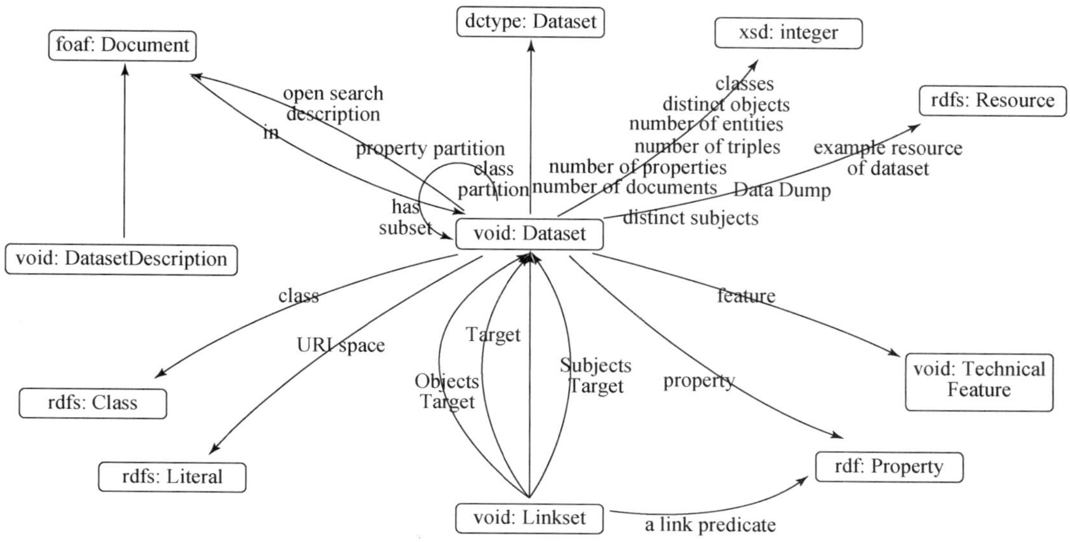

图 3.6　VoID 与其他词汇集或本体的 RDF 关联

数据溯源词汇表（provenance vocabulary），主要是用于约束起源信息的创建与发布，对资源的创建者、修改者、修改时间以及资源如何被创建等信息进行规范。W3C 成立了起源工作组，专门对溯源信息的互操作性进行探讨，并开发了 PROV-O 本体（Belhajjame et al.，2011；倪静和孟宪学，2014），主要描述了 entities、activities、usage and generation、agents and responsibility、roles、derivation and revision、plans、time、alternate entities and specialization 等多个方面的概念。与 DC 元数据不同，PROV-O 本体所关注的不是责任者这类的外部特征信息，而是聚焦于活动（prov：activity）以构建资源的溯源链接。

（2）知识组织资源的语义化描述

知识组织系统（knowledge organization systems，KOS）主要用于对各类信息和知识进行描述和组织，从资源外部特征和内容特征等多个维度对数据间的语义关系进行深入描述，既包括传统信息组织方法，也包括各种现代知识组织工具和技术。传统的信息组织方法包括各领域的叙词表、主题词表和分类法等，现代知识组织工具和技术包括本体、知识地图、主题图等。除了这种基于自组织方式的内在知识组织体系，对于某一领域中所涉及的其他信息资源，如人物、机构、时间、地点等，也存在着一些困难，主要表现为关联数据转化及与其他领域知识互操作的问题。为了对这些针对不同类型、不同数据源的而产生的知识组织系统进行规范化管理，人们通常使用知识组织体系描述框架对其进行语义化的描述，以便统一管理。其中，最具有代表性的就是 SKOS 与 VOAF（vocabulary of a friend，VOAF）。

SKOS（simple knowledge organization system）（王薇，2013；World Wide Web，2004），即简单知识组织系统，于2005年由万维网联盟所制定。SKOS是一种资源描述机制，主要用于对领域内的叙词表、主题词表、分类法等提供规范的且可以扩展的规范。SKOS是以RDF Schema为基础的，但不局限于此，它拓展了RDF Schema的描述功能，设计了描述标签，并提供了一个知识结构描述框架，可以被计算机所理解，从而使语义网中的各类知识都可以以一种规范化的形式进行合理组织。SKOS由3个部分组成，分别是核心词汇（SKOS core）、映射词汇（SKOS mapping）和扩展词汇（SKOS extensions）。

VOAF是专门为描述关联数据云中的RDFS词汇表及OWL本体所建立的一种特殊本体形式（Bernard Vatant，2016）。VOAF基于社会关系网络方法，在FOAF本体（朋友的朋友本体）的基础之上定义词汇表间的网络关系。同时，VOAF基于DC与VoiD提供了多个属性来表达词汇表的关联信息，例如，继承、扩展、注释等关系。VOAF定义了Vocabulary和VocabularySpace两个大类，以及多个属性，如classNumber、usedBy、propertyNumber等。目前，已经有325个基于VOAF本体所制定的词汇表，这些词汇表均收录在关联开放词表（linked open vocabularies，LOV）系统中，可供用户浏览查询和使用。

（3）数字资源描述模型

针对于不同类型、不同领域的数字资源有着不同的描述规范，可以参考和借鉴的词表和本体也较多。例如，在图书信息描述领域，较为通用的有BIBO书目本体和FRBR书目本体（FaBIO），前者主要用于描述语义网中的RDF书目资源，是对DC和FOAF等本体的继承与扩展，后者则是描述语义网中记录和出版的书目或实体，既可以包括图书、期刊等传统出版物，也可以是网页、数据集等；在视频描述领域，较为典型的本体有VOD、LSCOM以及COMM。可视化描述本体VOD主要适用于图像和视频分析，其主要目的是实现语义自动标注和用户的快速检索。大规模概念本体LSCOM是针对广播视频而提出的概念本体，其目的是优化使用工具以方便用户访问，同时增加不同的广播新闻视频数据的客观性（熊回香和李青维，2013）。而多媒体核心本体COMM则是为了弥补多媒体描述技术的缺陷，有效地解决语义描述本体和语义web的兼容问题所提出的，通常被用于描述多媒体文件的具体内容和内在结构。在各应用领域，也有不同的词表或者本体，如Music Ontology本体用于描述音乐家、专辑和歌曲；商业实体的词表Good Relations、用于描述出版需求的工业元数据词表PRISM等。这些词汇集和词表都为数字资源的语义描述提供了良好的理论基础，也是本书建立各类数字资源核心属性的重要依据。

然而目前针对数字资源描述，使用最广泛也最为权威的，依然是DC元数据集（dublin core metadata initiative，DCMI）。DCMI用于对网络信息资源的描述，作为国际三大元数据标准之一，可以对网络信息资源的控制与管理问题进行规范。DCMI中包括了15种核心元素和若干修饰词，详细定义了DC元数据术语集（共包括title、subject等在内的55个元素）、词表编码体系（DDC等9类）以及语法编码体系（ISO3166、URI等12类）等各项属性并进行了详细的著录说明（DCMI Usage Board，2012）。DCMI格式简单、便于使用，以其较强的扩展性和共享性受到使用者的青睐，也是本书针对非物质文化遗产数字资源制定元数据标准时的重要参考。

(4) 资源聚合主体类本体

无论是关联数据集的语义化描述、知识组织体系的语义化描述还是数字资源描述模型，所涉及的词表和本体均是面向有形或无形的信息资源，而非物质文化遗产资源聚合的主体，即相关人员、机构等也是本书所需要聚合的信息资源之一。针对资源聚合主体，也有一些较为成熟的本体或词表，主要可以分为两类，一类是大量服务于科学研究和科技创新的，如 SWRC、VIVO Core；另一类则是应用于各种类型的社交网络中，较为通用的是 FOAF。

SWRC（semantic Web for research communities）是一个描述与某一特定研究社区紧密相关的各类实体，以及实体间的关联关系。目前的版本中，涉及了 53 个实体概念和 42 个对象属性，如人、文献、事件、机构等 7 个主要大类（Sure et al.，2005），每个大类中还可以细分为多个子类，如对机构进一步划分，有大学、科研机构、研究团队、协会、部门等。VIVO 是基于科研本体 VIVO Core 开发的学术网络系统，具有跨学科、跨领域的特点，可以对科研领域信息资源进行聚合，包括科研人员、科研活动、科研项目、科研机构等，并同时具备多个功能，比如资源导航、内容创建与管理、知识检索、知识发现等，以期形成一个覆盖面广泛的科技学术网络综合服务体系。VIVO 中整合了 FOAF 等多个通用本体，并以此为基础进行扩展，较为全面地覆盖了与科研相关的核心要素，如科研主体（agent）和科研项目（project）等。

FOAF 是当前运用。较为广泛的人际关系本体，用于描述某人的特定属性及其与他人之间的关系，于 2000 年由 Libby Miller 等发起，并创建了 FOAF 词汇表。FOAF 本体的建立，为人员信息提供了一种明确化、规范化的描述，如进行姓名、电子邮件、出生年月等基本信息的表达。FOAF 之所以应用广泛，还取决于它是一个机读本体，采用 RDF 和 OWL 描述个人属性特征及其与他人或对象之间的关系（Brickley et al.，2012）。

由于非物质文化遗产相关人员与机构并非都是科研人员或者科研机构，所以本书针对非物质文化遗产相关人员与机构的描述，是以 FOAF 本体为基础的，但同时也借鉴了 SWRC 及 VIVO 本体中的类及其核心属性，例如，对非物质文化遗产机构的划分，细分为科研机构、协会、企业、部门以及相关机构等，就是借鉴了 SWRC 中对科研机构的划分方式。

3.2.4.2 语义关联关系构建

语义关联关系的构建，是在不同数据集之间建立起丰富的 RDF 语义链接的过程，其目的就是揭示存在显性及隐性关联关系的相同或相关实体的语义关联，这也是关联数据创建与发布的关键环节之一。

语义关联关系的构建方法一般可以分为人工构建和自动构建两种（白海燕和朱礼军，2010）。数据规模不大时，可以采用人工方式，即逐一检索需要建立关联的资源，借助 SPARQL 查询或 HTML 表单进行检索，并建立 HTTP URI 间的链接；而当数据规模较大时，则需要借助于各种关联算法自动实现不同数据集间的语义链接。目前，使用较为广泛的关联算法是唯一标识符法和相似度计算方法，前者是基于唯一标识符所进行的精确匹配，后者则通过建立关联关系的模糊匹配，建立关联关系的方式是借助数据集中所定义的对象属性和属性值间的相似度。然而，即便是自动构建关联数据，也需要一定的人工干预，如事先对映射文件进行定义等。而对数据集实现语义关联时，所使用的词表和本体可能是通用词表，也可能是根据某一具体领域所自定义的领域本体，所以在关联数据语义关联关系构建时，就必须考虑到不同词表和本体间的映射以及同构和异构资源的数据关联问题。

随着关联数据自动构建方法和技术研究的深入，研究者们借助对各类算法的综合利用，开发了一些关联关系构建框架，用于揭示 RDF 关联关系。这里主要对 Silk、R2R、LIMES 三种关联关系构建框架进行介绍。

（1）Silk

Silk 框架的算法基础是字符和词素的相似度算法，其核心是关联发现引擎，该框架内的所有组件都依赖其进行运作。Silk 框架包括 Silk 语言规范和 Silk Server 两部分（Volz et al.，2009），Silk-lsl 是一种结构化的语言，用于指定在哪些数据集之间发现 RDF 链接；Silk Server 则由一系列核心组建所构成，如 REST 接口输出等。

（2）R2R

R2R 在关联数据的深层整合中，RDF 关联主要局限于实例层，由于受到词汇描述规范不一、资源异构等方面的限制，更深层次的 RDF 关联关系无法得到揭示，为解决这一问题，德国柏林自由大学的学者 Bizer 提出了 R2R 关联数据映射框架（Bizer et al.，2010）。总体来说，R2R 的目的就是为了解决关联数据集内由于各类词表术语描述规范不统一所提出的术语映射方案。R2R 语言是 R2R 框架的核心组成部分，其特点基于两个层面，一方面，R2R 语言能够实现不同数据集间 RDF 的术语映射的创建，另一方面，可以将生成的映射直接发布为关联数据（陶俊等，2012）。

（3）LIMES

LIMES 框架集成了包括字符、数值等在内的多种相似度算法，建立粗粒度索引预匹配，是一种半自动化的关联工具，为用户提供完整的操作界面，既有 Web 版本也有单机版，并支持机器自动学习和后项关联（Ngomo et al.，2011）。与其他两个框架相比，LIMES 主要用于大规模数据集间的关联关系挖掘。

这 3 类框架各有其优势，LIMES 和 Silk 主要是针对实例的等同关联关系的构建，且 LIMES 在比较效率上更有优势，适合于大规模数据集的关联构建。Silk 则具有图形化界面的工作台以及服务端。R2R 虽然可以较好地解决词表异构的问题，但需要编写 R2R 映射文件，对开发人员的要求较高。无论是哪一种关联框架，都是为了解决关联数据的自动构建问题，但在实际应用过程中都并不完善，这也是关联数据下一阶段的研究重点所在。

3.2.4.3 关联数据构建工具

尽管关联数据的概念已经被广泛普及，其研究也在如火如荼地开展，应用前景一片光明，但目前很大一部分数据和资源仍然以 Word、WPS、CSV、PDF、Caj 等传统格式存在，并不满足关联数据创建与发布的条件。如何将格式和存在方式各异的数据转化为 RDF 格式的 RDFFizer，或者为关系型数据库提供虚拟 RDF 视图，这都需要借助特定的技术工具才能实现。本书列举了 5 种关联数据工具，分别是 D2R、Linked Media Framework、Virtuoso Universal Server、Linked Data API/Elda、OAI2LOD Server。

D2R 是将关系型数据库发布成关联数据的工具，并允许各种应用通过 SPARQL 对数据库进行查询，主要包括 D2R Server、D2RQ Engine 和 D2RQ Mapping 语言等部分，（Chris Bizer，2011）当前许多关联数据的创建与发布都采用了这一工具，如 EuroStat Countries and Regions Server 等。Linked Media Framework 是一个易于配置的服务器应用，包括 LMF 核心和 LMF 组件两个部分。LMF 核心是关联数据服务器，以关联数据原则为基础进行了必要的扩展，如关联数据的更新、整合等，并提供统一的访问方式。LMF 组件则是对 LMF 核心的扩展，通过开发组件的方式为核心服务器提供功能支持。Virtuoso Universal Server 是 openlink 公司的主要产品，是企业级的多模型数据服务器，以解决与平台无关的数据集成与访问，主要包括 RDF、XML、文本内容数据管理，以及全文索引等功能，并提供对关系型数据库的管理，同时支持 SPARQL 语言对 RDF 数据进行的查询，也可以对关联数据进行分面浏览。Linked Data API 是关联数据的工具包，可进行 SPARQL 查询和 RDF 关联数据发布。Linked Data API 为关联数据发布提供了 web 接口以便于使用，同时为用户提供 JSON、RDF、XML 等多种数据返回格式，确保用户可以利用简单的 URI 查询参数对数据进行过滤。在此基础上，还基于 java 开发了 Elda 应用，为开发者提供了 web API，使开发者能够极为便利地构建 RDF 关联数据。OAI2LOD Server 是一个封装的组件，其目标是采用 OAI-PHM 的元数据仓库，以关联数据的规范进行描述，同时提供 SPARQL 查询功能，也可以提供 HTPP URIs 解析（Haslhofer B et al.，2008）。OAI2LOD Server 的前端实现是基于 D2R Server 的，并提供基于字符串匹配的关联配置，依靠人工干预建立起与网络上其他资源间的关联。

本书对这 5 种关联数据工具，从基本信息及功能描述两个方面进行比较分析，以便选择最适用于非物质文化遗产资源领域的关联数据工具。基本信息的比较包括工具类别、是否开源、支持语言、代码示例、开发文档五个方面，功能描述的比较包括转化方法、存储途径、返回格式、检索方式以及是否支持 SPARQL 访问五个方面，比较结果如表 3.3 所示。

表 3.3　5 种关联数据工具基本信息及功能描述的比较

项目		D2R	LMF	Virtuoso	Linked Data API/Elda	OAI2LOD Server
基本信息	工具类别	关联数据应用软件	关联数据框架	语义数据库	关联数据工具包	关联数据中间件
	是否开源	是	是	商业软件	是	是
	支持语言	Java	Java	Java，.NET，PHP	Java	Java
	代码示例	有	有	技术支持	有	无
	开发文档	有	有	技术支持	有	无

续表

项目		D2R	LMF	Virtuoso	Linked Data API/Elda	OAI2LOD Server
功能描述	转换方法	关系型数据库数据转换	RDF 三元组的 URI	关系型数据库和 RDF 数据库转换	RDF 三元组的 URI	关系型数据库数据转换
	存储途径	实现虚拟 RDF 映射	三元组存储	直接存储在数据库或实现映射	无	内置三元组存储
	返回格式	RDF	RDF	RDF	JSON、XML、RDF	RDF、XML
	检索方式	SPARQL 语义检索	基于 Solr 索引的语义检索	SQL、SPARQL 语义检索	SPARQL 语义检索	SPARQL 语义检索
	SPARQL 访问	支持	支持	支持	支持	支持

通过比较，本书选择 D2R 作为非物质文化遗产的关联数据工具。D2R 可以支持任何关系型数据库的数据转化，提供关联数据的标准转化和发布，并通过映射配置文件，生成虚拟的关联数据，任何能够分析底层数据结构的关系型数据库都可以采用这一工具进行转换和发布。

3.3 基于关联数据的数字资源语义聚合方法

数字资源聚合的根本途径是通过同时聚集和分析多个数据源的多种不同类型来取得信息的全貌（孟宇龙，2010）。目前关联数据用于资源融合的领域主要集中于企业信息融合、金融数据融合、图书馆信息融合等，因此为了将关联数据理论应用于数字资源的语义聚合，就需要对数字资源语义聚合和关联数据等基本理论有所了解。

3.3.1 数字资源语义聚合的内涵与外延

目前图书情报界对于“数字资源聚合”尚无规范定义，但资源集成、资源整合、资源聚合、资源融合等已经成为人们耳熟能详的术语，学者对其有不同的理解和阐述（程秀峰，2013）。图书情报界将“数字资源整合”作为一个完整的概念进行研究大约始于 2002 年，马文峰等（2007）认为：数字资源整合是依据一定的需要，对分散无序、相对独立的数字对象进行类聚、融合和重组，重新组织为一个新的有机整体，形成一个效能更好、效率更高的新的数字资源体系。直到 2011 年，仍然有学者对数字资源整合、数字资源集成、数字资源融合作相似定义（冯向春，2011）。从研究趋势来看，研究者越来越将主要精力集中在对某种类型和功能相似的数字资源进行一定程度的集中，而舍弃了对整体数字资源整合的探讨，这从一个侧面也反映出我国馆藏资源的多样性与复杂性。考虑到馆藏资源包含有元数据、概念及概念关系、知识元及其关联关系等多个语义层次，且有文档、段落及句子等多个粒度的表现形式，笔者认为，基于语义的馆藏资源聚合要以用户的需求为最终目标，要揭示馆藏资源所包含的知识对象及其相互的复杂的语义关系，在此过程中需要运用各种理论、方法和技术等标准和规范，最终的目的是将分散无序的独立馆藏资源重新组织为新的有机整体，借助类聚、聚合和重组等方法，最终满足用户获取馆藏资源中所蕴含规律、模式、特色等知识性内容以及信息之间的语义关联的需要。

从用户需求来说，馆藏资源整合具有很强的目的性，是以用户需求为导向，有针对性进行的一种资源管理活动。数字资源逐渐成为馆藏资源的主流媒介，这正在逐步改变人们获取信息和知识的行为方式。与此同时，也使用户对数据资源获取与利用产生了新的需求。

一般来讲，数字资源聚合具有广义和狭义两个层面。广义层面的数字资源聚合，包括数字资源整合、集成、融合的理论所对应的方法与技术的集合。狭义的数字资源聚合主要指两个方面：第一，基于用户的需求，有针对性地将异构数据资源整合进一个具体框架，使之能够达到资源聚集的某种形式，从而满足用户需求（例如基于主题图的概念聚合与可视化）；第二，将多个数据源的不同资源通过某种映射工具（例如本体等语义工具），以此提高用户检索信息的方便程度。

3.3.2 运用关联数据的特点

3.3.2.1 关联数据对资源聚合的重要支持

关联数据通过将网络上的数据集进行关联来促进整个关联数据网络的形成，通过关联数据的构建发布和浏览维护，将分散独立的数字资源关联起来，实现资源聚合领域内的信息、数据和知识的管理，最终使得各个领域内的数据集间存在关联，促进网络资源的深度聚合，是网络资源聚合管理聚合的重要推动力量（伍革新，2013）。

3.3.2.2 促进各数据集之间的跨库关联

关联数据借助 URI 对数据集进行标识，利用 RDF 对所标识的资源进行更加深入的关联，最终实现网络资源的相互链接。关联数据实现网络资源的链接包含两个层次：①使某一领域内的数字资源间建立关联，最终通过相互关联实现资源共享。②对数据集进行统一的标识，利用 URI 技术和 RDF 链接实现不同领域之间数据集的深层次关联，最终发展成为所有领域的数字资源的互联网络。因此，除了利用关联技术实现网络资源互联外，还可以将不同领域之间的数字资源互联。

3.3.2.3 实现基于元数据的多样化数字资源深度聚合

关联数据作为一种数据资源聚合形式，其聚合的对象是多元化的数据。根据不同的标准和方法等，实现从单一数据聚合拓展到多个领域数据集聚合，最终实现相互关联，来构建一个关联且开放的数据结构网络。关联数据结构网络允许用户进行所需资源和知识的搜索与获取，并允许用户以动态化和共享化的方式来进行相关资源的搜索与获取。关联数据针对多样化的数字资源聚合有 3 个方面的作用：第一，关联数据的聚合将多样化的数字资源进行关联，可以使得资源具备更加完整的特征。因为关联数据的聚合不仅针对某一行业内的数据信息与知识，也可以针对整个网络空间中不同领域的数据集，最终聚合起来的资源具备跨行业、跨领域的特征。第二，关联数据的应用使得数据资源的准确性也得到了提高。因为关联数据采用 RDF 链接，对各数据集进行深层次的关联，从而使得资源聚合更加准确，其准确率比基于关键词的表层数据链接的方式更高。第三，基于关联数据的资源聚合使得信息检索与共享更加便捷容易。因此，可以总结出以下内容：首先针对技术层面，基于关联数据的资源聚合具备完整性、准确性的特点；针对用户体验层面，基于关联数据的资源聚合与共享在用户使用时，更加方便与快捷。综上所述，关联数据不仅提高了资源聚合的质量与效率，更加促使了网络环境中资源服务体系的完善与应用。

关联数据聚合机制其实就是为了解决网络资源间缺乏关联性的问题，借助 RDF 技术，将网络中各种孤立的数据集进行语义关联，进而进行深层次的聚合。对于关联数据构成原则来讲，其聚合机制主要包括 URI 复用原则、LOD 发布和 RDF 链接机制。

（1）关联数据的 URI 复用原则

创建关联数据的前提是借助统一资源标识符对网络资源进行统一的标识与描述。URI 复用原则是指在进行对资源的 URI 标识的过程中，优先考虑原有的 URI。如果找到了已有的 URI，则复用已有的 URI；如果没有找到与命名对象相对应资源的 URI，则会新建立一个 URI 标识。在创建关联数据的实践过程中，尽量使用相关 URI 来实现网络资源的 RDF 描述。针对基于 LOD 建立起来的关联数据云图，中心数据枢纽可以复用已有的 URI，对于简化网络资源标示符提供了一种方便快捷的途径。

数字图书馆的应用管理与关联数据的复用原则和图书馆的规范控制原则密不可分，既可以为数据发布者提供本体结构框架、概念组织体系和名称规范，又可以为 RDF 三元组链接对象奠定基础。

从这些方面来看，URI 复用原则可以实现对所需要聚合资源的 RDF 描述，从而进一步为整个网络资源的统一聚合处理起到了很重要的作用。

（2）关联数据的 LOD 发布原则

LOD 在发布关联数据的过程中，借助 RDF 实现多样化数据集的聚合，以此实现深度的关联，进而构建起 RDF 链接，在数据关联之后进行信息的发布与共享（游毅和成全，2012）。

在利用 RDF 模型对资源进行语义化和复用 URI 原则对网络资源标识后，借助 Web 将资源进行发布，将其发布到开放关联数据 LOD 中，以此实现用户对所需要的资源进行检索、存取、共享与使用。

（3）关联数据 RDF 链接机制原则

关联数据是一种对各种各样的网络资源进行聚合的有效形式与途径，由此形成的网络数字资源语义关联网络基于 RDF 链接和 URI 资源标识机制将隐藏在各个网络共享资源中的机构类型与形式进行关联。RDF 链接采用主谓宾的组建形式来构建数据集之间的关联，主语和宾语表示网络中的独立数据节点，而谓语表示主语和宾语间的关联，主语表示数据集中的客观实体，宾语表示抽象概念的 URI，谓语则由数据发布者来自定义或来自关联数据的词汇集，主要用于描述数据集之间的关联关系。可以说 RDF 链接是数据之间进行关联的中介与桥梁，借助 RDF 网络链接来实现不同数据集之间的相互关联，进而构建覆盖整个网络的关联数据网络，从而实现用户的资源检索与共享。

由此可以看出，关联数据的基础是基于网络的通用命名保障机制和基于数据模型的技术架构，关联数据强大的语义功能则需要语义关系的关联化特征，词汇集中 URI 的开放复用原则与数据链接机制更是为关联数据的聚合应用创造了可能（游毅和成全，2013）。URI 复用机制保证了关联数据的聚合，同时基于关联数据的聚合机制也反过来促进了 URI 的开放复用，最终实现客观实体与抽象概念间的相互关联，网络数据的关联与共享。

3.3.3 运用关联数据进行数字资源语义聚合的步骤

运用关联数据实现资源的聚合包含五个步骤：创建关联数据、描述关联数据的内部结构与关系、发布关联数据、呈现关联数据和维护关联数据。

3.3.3.1 关联数据的创建

数据关联的实现基础是关联数据的创建，关联数据的创建也是后续对关联数据进行关联的关键环节。关联数据的构建需要利用 RDF 来进行，RDF 用来对数据、信息、知识等内容对象的内部结构进行语义化表述，但是网络资源内容对象本身的数据结构内容深度和元数据数量丰富程度会影响其表达的深度，最终的表述结果是基于元数据与数据转换的描述（孙鸿燕，2011）。对内容对象进行描述后，再采取某种机制对其进行存储，并选择 Pubby 等服务器作为关联数据服务的前端，并引入更新机制，实现网络数据资源的实时更新。图书馆关联数据的创建，需要首先建立其需要描述的信息间的关系，然后借助更新机制关系进行实时更新，最终实现数据集之间关系的自动生成（黄永文，2010）。

3.3.3.2 关联数据的关联构建

关联数据的构建基础就是通过链接实现不同数据源间的相互关联，最终支持用户的检索（陈丽萍，2008）。它运用链接实现不同数据集间的关联，并借助链接为用户开展服务（Malmsten，2008）。关联数据发布的前提条件就是关联数据的创建与构建，也是关联数据管理中的关键部分。图书馆关联数据的构建主要有两种方式：①映射关联。在进行映射关联时，可以采用基于图像相似度的映射，也可以采用基于文本的自动关联映射，映射关系的建构能够在创建复杂映射关系的基础上实现对数据之间相关关系的建构。②非映射关联。非映射关联与映射关联相对，它在特定规则和相关数据模型的基础上通过基于规则的关联构建数据集之间的复杂关系，从而完成对数据集间相互关系的描述。

3.3.3.3 关联数据的发布

关联数据的创建与数据间的关联构建后，要选择适当的模式与工具进行发布。具体的关键实施过程是将已有的数据或新生成的数据发布为 RDF 三元组（吴旻，2012）。根据关联数据的 4 个原则，首先需要对待发布对象进行 URI 统一标识，从而达到对网络资源进行统一识别与链接的目的。在进行网络资源发布的过程中，借助 RDF 资源描述框架进行结构化数据的发布，或者借助 RDF 链接实现对不同数据集的统一发布。关联数据的发布首先要为待发布的数据选择 URI；然后为其选择词汇表；接着为 RDF 三元组选择 URI；最后设置到其他数据集的 RDF 链接，在保证发布数据质量的基础上实现了各数据集之间的相互关联。

3.3.3.4 关联数据的浏览

资源聚合的最终目的是为用户提供服务，将相关数字资源的链接网络及其聚合资源反馈给相关用户，为用户提供多样化、分布式的网络资源聚合机制。关联数据的浏览需要专门的浏览器或插件，目前主要的浏览器或插件有 OpenLink RDF Browser、Tabulator Browser、Zitgist RDF Browser、Marbles、Disco Hyperdata Browser 等。普通浏览器的运行主要在客户端，而关联数据浏览器运行在服务器端，只有少数服务通过客户端浏览器插件进行。关联数据给用户提供浏览界面和检索接口，满足用户的相关需求，比如网上浏览和信息检索等，并根据用户的具体需求建立与各数据集间的相互关系的操作，并且将与用户检索内容相关的资源进行聚合，从而最终满足用户的信息需求，满足用户对资源的获取需求。

3.3.3.5 关联数据的链接维护

“大数据”是当今信息爆炸时代和网络社会的重要标志，“大数据”具有数量大、变化快的特征。网络中的数据集和相关数据资源处于不断地变化之中，因此数据之间的链接也会随之发生变化。为了给用户提供服务，需要对关联数据进行实时维护，对其中的 URI 链接进行实时扫描等，及时关注各数据集间的关系的变动，及时针对相关的变化进行修改、添加和删除等操作，达到数据集与关联数据的变化呈现出同步的状态。因此，关联数据的链接和维护可以适应数据的变化，保证资源聚合的实时性、准确性、完整性，是关联数据管理的重要方面。

因此，单纯靠创建、链接和发布关联数据并不能实现资源的完全聚合，资源的完全聚合更需要不断地浏览和对链接等进行实时维护，最终为用户提供不间断的服务与支持。在发布完关联数据后，还需要为用户提供关联数据的浏览服务，使得用户可以对网络中的结构化关联数据进行访问。在用户访问的过程中，需要实时关注用户的访问情况和检索需求，并对相关的服务与功能进行完善与改进，使其更能满足用户的信息需求等。同时，网络资源的不断更新变化也决定了关联网络的不断变化，需要根据实际情况进行数据的增加、修改、删除等操作，及时对关联数据间的链接进行修改与维护，从而为用户提供实时、准确的服务。

3.3.4 基于关联数据的数字资源语义聚合优势

关联数据是一种对来自各个领域，各个行业的资源进行聚合的有效方式，基本原理是通过对数据进行统一标识、深度关联的方式，将数据、信息、知识等各种各样的资源进行聚合，从而得到一个包含各种资源的深度互联的网络，进行多领域资源的深度聚合，为用户提供更加方便、准确的服务。既然关联数据的聚合对象是不同领域和行业的各种各样的资源，那么数字图书馆关联数据的聚合对象不仅包括馆内已有信息和资源等，还包括馆际之间的信息交流与资源聚合等，将各个来源的资源有效聚合，从而为用户提供更好的服务，更能够满足用户的需求。目前的信息组织方式中出现了多种资源聚合方式，而将关联数据运用于资源的聚合则具备一些优势，这主要是因为关联数据较为标准，能够适应数字图书馆广泛的数据来源和分散的类型等。

3.3.4.1 基于关联数据的资源深度聚合促进数字图书馆知识服务体系的不断完善

借助关联数据对数字图书馆中的资源进行聚合，可以有效完善数字图书馆的知识服务体系，主要的优势表现在以下3个方面：第一，当前用户的需求越来越多样化，而关联数据可以将数字图书馆来自不同数据库中的资源进行相互关联，可以满足用户获取各种各样的知识的需求，同时也促进了资源的进一步融合。第二，关联数据聚合的不仅是不同来源的资源，更是对不同数据结构和不同系统平台的资源的有效聚合。将异构资源整合在一个系统平台中，简化了数字图书馆服务的流程，简化了服务内容，提高了服务质量，也提高了资源的使用率和复用率，同时也有效地促进了信息和服务之间的相互关联。第三，关联数据不仅仅实现了对本馆内资源的有效聚合，还可以将馆际间的资源进行有效聚合。在促进资源聚合的基础上，也提升了图书馆知识服务的深度与广度（祝令强，2014），不仅加强了各馆之间的有效合作，而且实现了数字图书馆资源在更加广阔的范围内的聚合和共享。在加强资源组织的基础上，也提升了图书馆的服务水平和服务质量。

3.3.4.2 基于关联数据的数字资源深度聚合有效提升服务质量

对用户的数据进行搜集与知识发现可以有效提升数字图书馆的资源服务质量，同时也是一个系统化的过程。数字图书馆要想对用户的数据进行搜集并进行知识发现的话，需要给予用户方便快捷的操作，并提供给用户较多的选择。因此需要挖掘资源间深层次的关联，寻找各个数据之间的关系，并尽可能地提供给用户。这样在向用户提供较多选择的基础上，实现了对多种资源的有效利用。关联数据采用统一标识的机制，将各种各样的资源进行深度互联，使得用户可以方便快捷地获取资源，为用户数据搜集和资源获取提供了重要的途径。传统的数字资源检索中，资源聚合方式多是基于浅层次的语义关系，仅仅停留在表面，用户获取了相关资源后，还需要自己深入分析与筛选等，影响了数字图书馆资源服务的效率与质量。而关联数据对资源的聚合是深入考虑资源间的内在关联，借助统一标识的机制和 RDF 链接实现数据集之间的深层次的链接，可以有效帮助用户获取所需要的资源。数字图书馆最终的服务目的是促进用户的知识发现与知识获取，为此就要求关联数据在整合数字图书馆相关资源时，首先考虑读者的需求，即读者需要什么类型的资源，读者需要什么内容的资源，读者需要什么特点的资源等，在此基础上对不同领域的数据库、信息库、知识库等进行关联与整合。

基于关联数据的资源聚合对象不仅包括图书馆内部的资源，也包括各种馆际资源等，因此在资源聚合的整个过程中既需要各部门之间的信息交流与沟通，也需要借助馆际合作等实现跨馆资源的链接与聚合等，促进整个数字图书馆资源在更加广泛的范围、更加深入的层次上的进一步聚合，最终促进整个数字图书馆资源服务体系的发展与完善。最终资源聚合的效果将是资源与信息共同聚合、馆内与馆际资源相互关联，这种新型的信息聚合与服务模式可以有效地促进用户对资源的检索与获取等，可以为用户提供更加方便、快捷的服务和更加全面的信息。

3.3.4.3 注重数据的最大限度关联与资源的充分利用

数字图书馆资源聚合不仅关注馆内资源的聚合，而且注重馆际合作，注重馆际资源的聚合，通过将馆内和馆际资源的融合，实现资源在更加广阔的范围内的聚合，实现资源最大范围地关联和利用。同时，随着用户的需求越来越多样化和个性化，用户、数据、资源与图书馆服务之间呈现出相互关联的现象，这不仅要求图书馆在更大范围实现资源的聚合，更要注重和用户的交互等。因此总的来说，基于关联数据的数字图书馆资源的聚合不仅要求图书馆注重馆内各种资源的聚合，也要充分加强馆际合作与交流，将馆际资源也融入自身的资源服务体系中来，同时借助多方交互等为用户提供个性化的服务，最终构建完整的服务空间和服务体系。

3.3.4.4 完善基于数据合作的图书馆服务体系

一般来说，数字图书馆的资源包含两个部分：一是图书馆内部私有资源，二是各图书馆之间的数据。因此数字图书馆的关联数据也相应地包含这两个部分，即内部私有数据的关联和图书馆之间数据的关联。图书馆私有数据的关联对图书馆提供服务固然重要，但是各图书馆间的数据关联更是资源聚合和知识共享的重要方面。馆际合作对于数字化资源服务体系的建设至关重要，尤其在当今数字化社会中，馆际合作不仅可以促进各个图书馆之间的数据关联，同时也可以为用户提供更加丰富的资源服务等，而这又恰好促进了整个知识体系的完善与丰富，与提升图书馆服务质量呈现出相互促进的局面，从而达到双赢的效果。因此数字图书馆资源聚合的过程，是一个馆内、馆际之间，各学科与各领域间的数据、信息、知识间建立深度链接的过程，最终实现数据在更加广阔的空间和时间范围内进行关联，丰富了图书馆资源聚合的范围，为用户提供更加丰富的资源和更加合理的服务。

3.3.4.5 加强与用户交互对话，强化数字图书馆服务内容

在基于关联数据的数字图书馆资源聚合中，至少应该包括两个方面的内容：一是资源

角度；二是注重与用户的交互。站在资源的角度，数字图书馆资源聚合需要重视数据的最大限度的关联，注重资源的充分利用，当然要注意既包括馆内资源，也包括馆际资源等。站在用户的角度，需要我们充分考虑用户在实现数字图书馆资源聚合中的重要作用。用户交互又包含多个层次的含义：一是指用户与图书馆之间的交互；二是指用户与用户之间的交互，其中用户与用户间的交互又包括馆内用户间的交互和馆际用户间的交互。对用户交互的关注主要是指对用户的检索、浏览与反馈等环节进行关注，从中获取更多的信息，从而可以增强个性化服务并改善和完善图书馆服务体系。同时，用户与用户之间的交互还可以在合作与交流的过程中实现数字资源的共享与充分利用。网络环境下的数字图书馆不仅需要为用户提供基于关联数据的深度聚合资源，还要实现用户需求、资源聚合与图书馆服务之间的相互关联，从而有效促进图书馆服务体系的完善。

3.3.4.6 为云服务打下基础

随着科学技术的飞速发展与现代信息技术的不断进步，将大数据量变为可能的云计算已成为下一代网络计算和数据处理的中心，它能够将分散数据进行聚合供用户使用（孙坦和董国彬，2009）。云计算将会给数字图书馆的资源服务和运作模式带来重大的影响，以云计算为支撑的云服务，将会使图书馆的资源建设进程与服务体系更加完善。关联数据作为近年来新开发的一种信息技术在很大程度上加快了图书馆资源中的知识发现的进程并提高了传递服务的质量，关联数据与图书馆服务的相互结合能够更好地促进图书馆资源聚合与用户的知识发现。我们可以利用云计算技术将图书馆中原有的数据、信息、知识等资源进行加工处理，并结合关联数据技术将各种资源进行深度的关联与聚合，从而为用户提供更加完善、合理的云服务（张红丽，2013）。关联数据与云计算技术的有效结合能够为数字图书馆提供一种安全、方便、可扩展、动态集成的新型云服务平台，在促进馆际之间“云汇集”的基础之上，实现图书馆内部资源与外部资源的相互关联，创建跨馆云服务平台，为用户的知识获取提供更加方便、快捷、一体化的服务和丰富、多样、全面的聚合资源（曾琦，2012）。通过建立将关联数据与云服务结合起来的数字资源聚合、管理与服务模式，将馆内及其他图书馆中丰富的电子资源进行关联与聚合，形成适合读者需要的有序、一体化知识服务体系，促进馆内、馆际之间资源的互联与聚合，从而实现数字图书馆的知识快速传递与资源共享服务。

第4章 用户行为特征库的创建

在信息飞速发展的今天，用户的网络行为日趋复杂，面对纷繁复杂的网络用户行为，如何提取客观参数来衡量用户的网络行为，继而形成用户行为特征库，是一项艰难的工作。

从研究构建用户行为特征库的数字资源采集与获取的大环境、大数据环境入手，详细讨论分布式系统环境下用户行为参数的分布结构，利用 Map-Reduce 算法的思想探讨用户数据的分组和聚合，在用户资源整体系统环境建构下研究面向数字资源聚合的用户行为特征库的建库可信性，在进行用户可信度分析、用户行为数据采集、用户行为数据分析及标准化构建、用户行为特征分析基础之上的数字资源聚合相关技术规范及理论方法研究。这样做的根本目的是通过分析用户使用数字资源的情况，将数字资源内部用户行为对象以及知识对象之间语义关系加以揭示，并采用分组、聚合与重组等手段使分散无序、相对独立的用户行为信息重新组织为一个新的有机整体，在此基础上满足用户行为词表、用户行为本体的创建。

4.1 用户行为特征库的系统环境

众所周知，用户的网络行为通过使用不同的网络应用得以体现的（左谓斌，2012），网络环境决定着用户行为。在稳定的网络环境中，不同网络结构通常对应着不同的网络应用（徐婷，2012），不同的应用对应着不同的协议。而处于不同网络节点的数字图书馆资源分布，通常是异构的。也就是说，用户行为数据的采集、处理与分析是建立在一个分布式且异构的环境中。那么，如何从这些分布式异构资源中抽取出原始数据中有用的部分，记录并建立用户特征库，并在特征库中分析、组织用户行为数据，这就需要研究如何在不同数字图书馆系统中进行语义互操作问题。另外，对于大量非结构化的数据进行处理时宜使用何种模式，基于语义网格构建环境中应采取何种模式进行用户行为数据的传输，以及在大数据环境下如何采集获取用户行为数据，在接下来的本节中将详细论述。

4.1.1 分布式异构环境下的用户数据行为获取

分布式系统（distributed system）（Attiya and Hamam，2006）是建立在物理网络之上的软件系统，与网络有一定不同，虽然两者都是建立在物理网络之上，但是分布式系统在高层软件上与网络的功能有明显的区别，分布式系统具有内聚性和透明性。分布式系统的内聚性是指系统的每一个分布式节点都享有各自对本地数据的管理和计算的权限；透明性是指每一个分布式节点对用户的应用来说都是透明和统一的，从用户的角度，用户只能看到数据的整体，而对于该数据是否被分割、有无副本、存放在哪里、在哪个服务器上执行计算等是看不见的。

4.1.1.1　分布式系统结构

许多数字图书馆系统的数据服务中心采用分布式系统结构进行搭建。用户在使用应用，联系应用的同时，用户对他的数据是从哪个地方发送出去的，他在和哪里的服务器进行联系不会想要了解。而对于服务器的物理地址，用户数据的采集者也不会确切知道。

任何一个分布式系统，其输出端都是以一个统一的整体展现出来，遵循一定分配算法将大量数据和计算工作分配给每个特定的服务器单元。而分布式软件中的算法将众多分散的物理和逻辑资源进行动态分配，通过网络，将数据和计算任务以某种算法与这些物理逻辑资源进行匹配，最终在网络上实现“看上去统一”的信息交换。在这里，一个以全局角度管理各种计算资源的操作系统即是分布式系统。分布式系统的实现通常是建立在操作系统之上的一层中间软件（中间件，middleware）来实现的。而在一般的网络中，这种统一的模型和软件都是不存在的，处理计算任务的系统从用户角度来看都是单独的、具体的机器，而一般的网络软件也无法使这些网络上的节点看起来是统一的。

由此可见，分布式系统的原理和一般计算机所组成的网络是不同的（刘健，2015）。分布式系统在系统结构、任务分配方式、和数据处理功能上具有自己的特点。在一般操作系统的网络中，用户需要首先知道网络中各个计算节点的计算功能、所在位置、软件配置、文件结构等情况，然后才能具体分配计算任务，如果用户不清楚计算节点的具体位置，不清楚文件放在哪个目录下，计算任务就无从开始。而分布式系统是以全局方式管理系统资源的，因此，用户可以根据自己的需要调用网络资源，提交计算任务，分布式系统能够根据需要在系统中选择最合适的计算节点，执行分配算法，并在计算任务完成时将结果返回给用户。在整个计算过程中用户并不会意识到有多个计算节点的存在（张海涛等，2015），因此，分布式系统操作数据是对用户“透明”的，整个计算单元就如同“云”一样。图 4.1 即为建立在用户行为分析数据流下的分布式系统结构。

在分布式环境下挖掘、分析、组织用户行为数据，需要克服以下问题：

1）数据的一致性问题。假设有一个数据中心在地点 A，从 B，C 两个地方数据中心获取数据，现在的问题是，假设 B、C 的数据结构发生变更，需要先同步到主数据中心，主数据中心更新完成之后，在把最新的数据分发到 A，保持和主数据中心一致性（数据库结构完全一致）。

2）数据完整性问题。同数据一致性问题一样，如果 B，C 两地的数据中心发生断电，则 A 能否具有断点续传的功能，来保持主中心的完整性。

3）负载均衡问题。在网络传输过程中，各地的数据中心某些节点有时会有负载的不均衡问题出现，包括用户数据共享、上传数据存储、日志文件共享同步、配置文件管理等一系列问题。因此，采用动态分布式策略，构建负载均衡的网络系统结构是分布式系统需要考虑的问题。

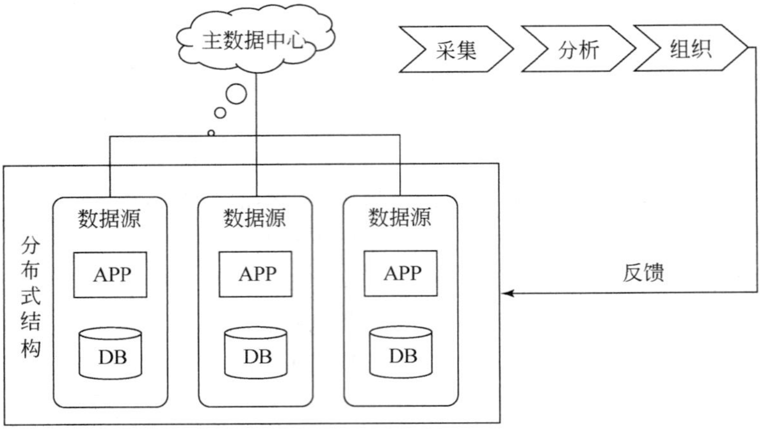

图 4.1　分布式系统结构

4.1.1.2　异构的语义网格环境搭建

语义网格的出现，为实现异构数据的分布式获取提供了平台，开发何种语义网格系统基于语义的用户行为数据分析体系结构。为此，作者设计了如图 4.2 所示的异构资源整合体系结构用户行为数据分析体系结构。该体系结构的思路是：首先，各馆对自己的数字资源进行语义标注与索引。其次，建立反映本馆馆藏资源特征的本体资源库。而后，采取本体集成技术对各图书馆异构的馆藏资源本体进行映射、对齐与合并，最终生成一个综合的数字资源库，实现语义层次上的聚合。在语义聚合操作中，对于大量非结构化的数据进行

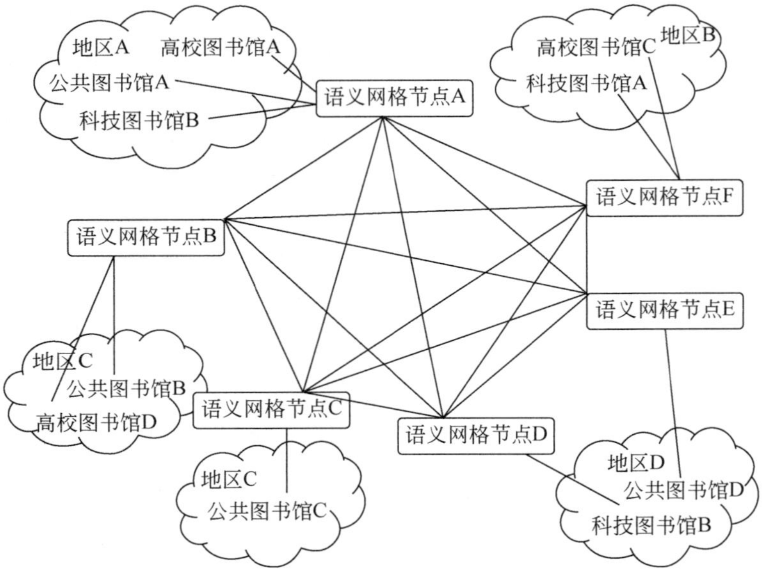

图 4.2　基于语义的用户行为数据分析体系结构

处理时宜使用动态聚合模式，对于结构化的数字资源，宜采用静态聚合模式。最后，对数字资源体系进行网格扩展，搭建语义网格扩展模型，在语义网扩展模型的基础上才能构建真正面向服务的聚合系统。

构建语义网格扩展模型主要用到的 Super-P2P 技术（李志国等，2007）。在配置网络节点后，对网格单元分配语义相似度计算任务，使用相关算法实现对查询单元相关联的语义单元调用，也称为平台任务分配模块。该模块主要负责根据语义数据计算与响应，将不同的语义数据分配到不同网格单元中进行数据处理，并且通过 Web 服务使远程节点获得响应后将语义信息通过 XML-RPC 或者 SOAP 等标准化信息交换格式传输到目的网格单元。再次，用户在 B/S 结构的系统中利用客户端提出查询信息、客户端子节点在提交任务的同时得到反馈，并将用户信息存入本地内存，以利于情景检索和语义导航。而客户端应该面向用户需求开发各种实用工具，例如语义分析工具、分类检索工具，可视化展示工具等。用户可以通过语义分析工具看到关联信息的语义解释，以及根据该语义解释挖掘到的全部数字资源；用户可以通过分类检索工具找到不同类别下与检索主题语义相关联的数据资源；用户可以通过对可视化功能的调整了解数字资源语义分布、实体分布、内容分布情况并根据分布情况进行查询导航。同时，系统还根据用户体验，构建用户模型，以实现个性化的数字资源语义服务。

在网格和云计算环境下，对大规模分布式应用的有效监控和性能分析，由于平台和网络环境的复杂性变得非常困难。为此，提出一种基于数据流管理的大规模分布式应用性能分析系统，利用消息队列收集、缓冲和分发追踪消息，使用分布式实时处理框架分析和追踪消息。将该系统部署到一个 Petabyte 级别的分布式数据管理系统中，通过事例演示追踪消息的重要性。

4.1.2 大数据环境下的用户行为挖掘

互联网的应用激增催生了对极大规模数据进行快速处理的需求，随之而来的云计算将传统集中在服务器的计算能力通过分布式（distributed computing）、并行（parallel computing）等方法投放到互联网终端，使得用户可以通过网络以按需、易扩展的方式获得所需服务（Sims，2012）。

对应于网络数据资源的激增，大量非结构化数据出现，“大数据”这一概念也应运而生。《中国云》的分析师团队认为，大数据（big data）通常是指数据仓储中保存的大量非结构化和半结构化数据，而如果利用传统的关系型数据库存储和分析这些异构的 PB 级字节数据往往成本很高。另外，很多企业针对自己存储和分析数据的工作，对“大数据”这一名词提出了自己的观点，目前来说，各大企业可以得到的共识是：“大数据是指海量的数据集合，这些海量数据的规模是利用现有工具和条件无法对其进行处理和管理的。”（PLoS，2011）。IBM 公司用三个 V 来归纳大数据的特点，Volume（大量化）、Variety（多样化）和 Velocity（快速化）。

从数据产生的缘由来看，大数据产生的直接原因是因特网数据的爆炸性增长，但是其更深层次的原因是各种非结构化异构数据的叠加。因此，诸多多媒体文件在因特网上出现，才是大数据产生的根本原因。

从国家战略发展角度来看，美国已率先基于自己的信息战略提出了多种大数据环境下的概念项目，例如美国国防部高级研究计划局（DARPA）正在开展的 Anomaly Detection of Multiple Scapsles（ADAMS）美军内部异常监测系统项目、内部人网络威胁 CINDER 项目、传感成像领域的 Insight 项目、加密数据的编程计算 Programming Computation on Enerypted Data（PROCEED）项目，海量数据分析与处理的 XDATA 项目等（Defensesystems，2012）等。2012 年 3 月 29 日，美国奥巴马政府更是推出"大数据研究与开发计划"项目文件(陈明奇，2012)，提出要"通过收集、处理庞大而复杂的数据信息，从中获得知识和洞见，提升能力，加快科学、工程领域的创新步伐，强化美国国土安全，转变教育和学习模式"（Whitehouse，2012）。

随着我国数字图书馆建设的加快，数字图书馆中的数据组成也发生了很大的变化，某些数字图书馆中存储的数据已经逐步显露出了大数据的特征。首先，这种呈现大数据性质的数字资源表现在含有电子文献、多媒体文件的网络中，数据库中既包含这些资源的结构性部分，也包含了其非结构性部分，同样，读者服务信息、投稿信息等非结构化数据也是构成大数据的原因。其次，数字图书馆馆藏资源的信息量也迅速增长，一般来说，地区级的图书馆在网络上的信息量并不多，还没有出现 PB 级的数字图书馆资源库，但是从全国的图书馆数字资源存储来看，已经达到并超过了大数据容量的水平。再次，从用户需求来看，数字图书馆的个性化服务水平是根据用户需求的提升而提升的，因此，数字图书馆对海量数据，尤其是用户数据的分析与挖掘是不可避免的。最后，随着数字图书馆自动化建设水平进入到了一个新的发展阶段，基本上所有纸质的文献信息、书目信息、用户信息等都必须经由知识发现手段来挖掘其潜在的发展趋势、社会价值，需要对这些异构数据进行标准化处理。

当前数字时代，对用户行为的分析主要是将用户信息进行标准化、规范化处理，进而建立用户行为特征库，利用用户行为特征对图书馆数字资源等进行语义化处理与知识重组，并在此基础上进行数据库升级、语义网的构建。

在大数据时代，图书馆随之将发生巨大的变化，包括图书馆数据处理范围、方式、对象、目的等方面，对用户行为数据进行分析获取用户习惯、兴趣偏好等，更能去除知识重叠、简化知识重组过程、找出新的服务方案和服务策略。大数据的产生，能够使数字图书馆的传统数据分析、数据挖掘产生价值产生作用，尤其是对图书馆数字资源的扩展、服务质量的提升、服务策略的转变都具有极大的支持作用。从海量数据中挖掘的潜在规律越多，数字图书馆个性化服务水平也越能够得到较快的提升。

以云计算、分布式、语义网格等技术组成的大数据环境下，数字图书馆在服务方式、经营途径、使用模式等方面也都将发生显著变化。首先，图书馆的服务策略将发生变化。以前的图书馆服务策略基本是靠用户需求分析、用户群体分类、用户意见调查、图书馆自身条件等进行调整，而在大数据时代，图书馆的服务策略需要从对海量数据的挖掘与分析中获得情报，进而对服务策略、服务手段、服务方式等进行调整，使图书馆信息服务更具有针对性。在可以预见的将来，图书馆读者信息服务、信息咨询、科学报告等一系列服务将得到更大的扩展，尤其是在为社会、企事业单位等重要用户信息服务上，以数据采集、数据分析、数据挖掘为支持的一系列应用将成为常态的服务策略。在大数据时代，数字图书馆必将以技术为依托、以用户为导向，沿着数据分析的基本途径，对数量庞大、结构复杂的异构数据进行分析，挖掘其潜在的社会价值经济，所用到的一系列手段和技术的变革也将决定着大数据时代的数字图书馆发展水平及方向（杨海燕，2012）。

4.1.3 基于 Map-Reduce 思想的用户数据分组和集成

用户特征分为用户认证特征、用户分布特征、使用习惯特征、兴趣偏好特征、使用流量特征，利用这五种行为特征构建的用户行为特征库能够极大地反映用户的行为状态，从而为构建和完善词表、领域本体和主题图提供算法基础。随着数字图书馆的整合与集成正迈向并行化、集群化与大数据化，用户特征的相关数据越来越丰富。因此必须有一种计算模式来支持基于大规模数据的计算能够在计算机集群上得以实现，提高硬件的容错性。Google 公司提出的一个软件架构 Map-Reduce（Castañ et al.，2012），能够用于大规模数据集的并行运算。Map Reduce 是基于“键-值”映射的计算模型，可以将多任务、大规模文件系统中的计算任务按键分组，并提交给 Reduce 任务输出。

基于对大数据进行快速处理的需求，很多数字资源仓库中都具有局部结构非常规整的文件集群，例如按序排列的 Web 网页和社交网络中组成网络结构的上亿个节点信息。这些大数据的形成促成了并行化处理应用。分布式文件系统中，对这种实时的海量数据进行集中分析，需要一种计算方法来向众多网络节点分配计算任务，就需要搭建分布式应用框架，而这种分布式应用框架必须能够处理不同磁介质上时频发的故障。为了解决这一问题，人们开发了一个新的软件栈（熊传宇，2013），下层是一种新形式的文件系统，其主要特征是存储单位比传统操作系统中的磁盘块大很多，并且提供数据冗余机制来防止上述磁盘故障。上层是高级系统开发环境。在多个编程系统中，Map-Reduce 的实现使得大量计算能在大规模数据集群上实现，而且能够对计算过程的硬件容错性进行支持。

过去的大部分信息管理系统（information management system，MIS）的计算都是在处理器、内存、高速缓存和本地磁盘构成的单个计算节点（compute node）上完成的，而随着并行化处理的需要以及 Web Service 的流行，使得越来越多的计算是在拥有几千个计算节点的计算装置上完成的，这些节点之间相对独立。这种计算分配方式与采用专用硬件的并行计算相比，大大降低了硬件开销。

这些新的计算设备能够发挥并行化优势，并且可以避免可靠性问题的新一代编程系统的产生。并行计算的物理结构如图 4.3 所示。

一个大规模计算系统的集群计算（cluster computing）（崔日新，2013）的组织方式主要是将计算节点存放在机架中，每个机架可以安放 8～64 个节点，单个机架上的节点之间通过千兆网络互连，机架之间采用另一级网络或交换机互连。而现实中，机架上的节点部件会出现故障，而且节点越多，故障率越大（Anand Rajarama et al.，2011）。一些重要的计算会在上千个计算节点上运行数分钟或数小时，如果一旦某个部件出现故障就必须重启

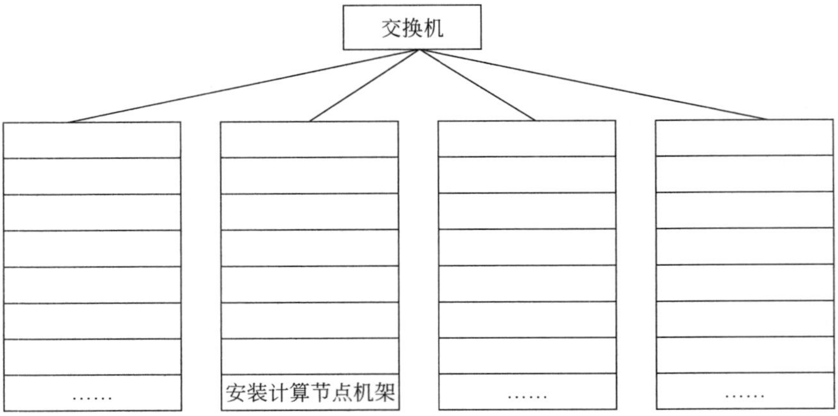

图 4.3　并行计算的物理结构：集群计算

设备，那么该计算过程可能永远都不会成功完成。因此必须采用多副本存储或多任务分配的方法进行集群计算。基于这种思考所产生的新文件系统通常被称作分布式文件系统（distributed file system）或 DFS。在 DFS 中，文件被分成文件块（64MB），文件块会被多个副本放在 3 个不同的计算节点上，计算时存在两种类型的节点，主节点（master node）或名字节点（name node）。主节点本身可以存在多个副本，主节点的副本可以通过文件系统的总目录进行寻找。总目录本身也可以存在多个副本，所有使用 DFS 的用户对这些目录副本所在的位置都很明确。DFS 应用比较成功的例子就是谷歌的文件系统（google file system，GFS），GFS 同样是成熟的分布式文件系统的原型。Map Reduce 则是基于 GFS 的一个软件框架。

Map Reduce 有 Map 和 Reduce 两个封装对象，用户只需编写两个对应函数即可调用。由 Map Reduce 的计算过程如下：

1）对于多个 Map 任务，每个任务的输入是 DFS 中的一个或多个文件块（洑云龙，2013）。Map 任务将文件块转换成一个键–值（key-value）对序列。如图 4.4，从输入数据产生键–值对的具体方式由用户编写的 Map 函数决定。

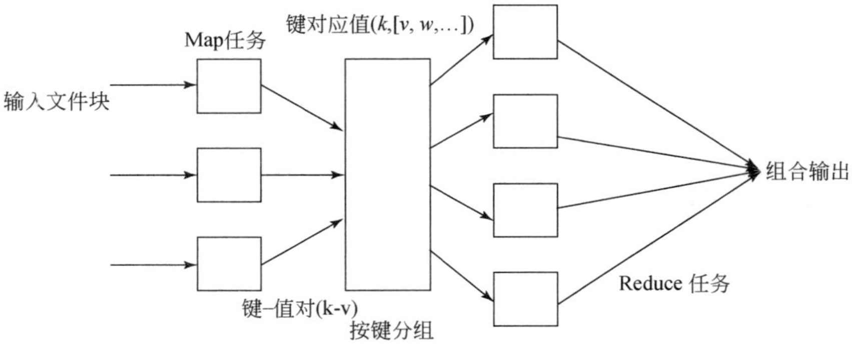

图 4.4　Map-Reduce 计算过程

2）主控制器（master controller）从每个 Map 任务中收集一系列键-值对，并将它们按照大小排序。这些键又被分到所有的 Reduce 任务中，所以具有相同键-值对应该归到同一 Reduce 任务中。

3）Reduce 任务每次作用于一个键，并将与此键关联的所有值以某种方式组合起来（洑云龙，2013）。具体的组合方式取决于用户所编写的 Reduce 函数。

Map 任务的输入文件可以看成由多个元素（element）组成的键-值对进行输入，输入元素可以是任意类型，比如一个元组或一篇文档。将输入键值序列利用地址映射存入文件块。Reduce 任务的输出也是采用键-值对的形式。这样输入输出均采用统一的输入输出格式能够帮助多个 Map-Reduce 进程进行聚合与分组。输入键-值对中的“键”和“值”可以是任意类型。另外，这里的键并非通常意义上的“键”，即并不要求具有唯一性。恰恰相反，一个 Map 任务可以生成多个具有相同键的键-值对，即使键是来自同一个元素。

例如在利用 Map-Reduce 函数计算文档词频的时候。输入文件是一个文档集（任务）T，每篇文档可以看作一个元素 di。因此，Map 函数使用的键类型可以规定为 String 类型的变量 W_i 表示文档中的词语，值类型可以规定为 Int 类型表示文档编号。这样，第一篇有 n 个词语的输入文档（元素）可以转换为键-值对序列 $(w_1, 1)$，$(w_2, 1)$，…，$(w_n, 1)$。如果单词 w 在第一篇输到 Map 过程的中出现 m 次，那么在输出结果当中将会有 m 个键-值对 $(w, 1)$。显然，m 即为词频。组合器将这 m 个对合成单个对 (w, m)，Reduce 任务将会对值部分应用满足结合律和交换律的加法运算。

数据的聚合与分组都基于相同的方式来处理，在上面数据聚合与分组的词频实例的具体的流程如下：

1）一个 Map 任务 T 可以由 k 个这样的文档（元素）组成，而这个任务（包含多篇文档）中的词语 w_i 在 T 中的词频可以通过组合器进行聚合。

2）主控进程知道 Reduce 任务的数目，比如说 r 个。该数目通常由用户指定并通知 Map-Reduce 系统。

3）主控进程选择一个哈希函数作用于键并产生一个 0 到 $r-1$ 的桶编号。Map 任务输出的每个键都被哈希函数作用，根据哈希结果其键-值对将被放入 r 个本地文件中的一个。每个文件都会被指派给一个 Reduce 任务。(用户根据情况指定自定义的哈希函数或者其他方法来将键分配给 Reduce 任务。但是，不论使用什么算法，每个键分且仅分给一个 Reduce 任务。

4）当所有 Map 任务都完成之后，主控进程将每个 Map 任务输出的面向某个特定 Reduce 任务的文件进行合并，并将合并文件以“键-值表”对 key-list-of-value pair 序列传给该进程。也就是说，对每个键 k，处理键 k 的 Reduce 任务的输入形式为 $(k, [v_1, v_2, \cdots, v_n])$，其中 (k, v_1)，(k, v_2)，…，(k, v_n) 为来自所有 Map 任务的具有相同键 k 的所有键-值对。

5）组合器。通常 Reduce 函数都满足交换律和结合律，也就是说，所有需要组合的值可以按照任何次序组合，其结果不变，例中的加法就是一种满足交换律和结合律的运算。

不论在求和过程中如何组合数字 v_1，v_2，…，v_n，最终的和都一样。当 Reduce 函数满足交换律和结合律时，就可以将 Reduce 任务中的部分工作放到 Map 任务中来完成。例如，在产生（w，1），（w，2），…，（w，n）的 Map 任务中，可以在这些键-值对进行分组和聚合之前应用 Reduce 函数，即在 Map 任务当中使用 Reduce 函数。因此，这些键-值对可以替换为一个键-值对，键仍然是 w，值是上述所有键值对中所有 1 之和。也就是说，单个 Map 任务产生的包含键 w 的键-值（w，m），其中 m 为 w 在该 Map 任务所处理。

6）Reduce 任务。Reduce 函数将输入的一系列键-值表中的值以某种方式组合（洑云龙，2013）。Reduce 任务的输出是键-值对序列，其中每个键-值对中的键 k 是 Reduce 任务接收到的输入键，而值是其接收到的与 k 关联的值表的组合结果。所有 Reduce 任务的输出结果会合并成单个文件。Reduce 函数只是将所有的值相加。因此 Reduce 任务的输出为（w，m）对序列，其中 w 是所有输入文档中至少出现一次的词，而 m 是它在所有这些文件中出现的总次数。

基于 Map-Reduce 思想的用户数据分组和聚合的方式也是基于同样的思路，用户特征可以看作文档向量，而反映特征的词语可以看作文档内的单词。Map-Reduce 的调用过程如图 4.5 所示。

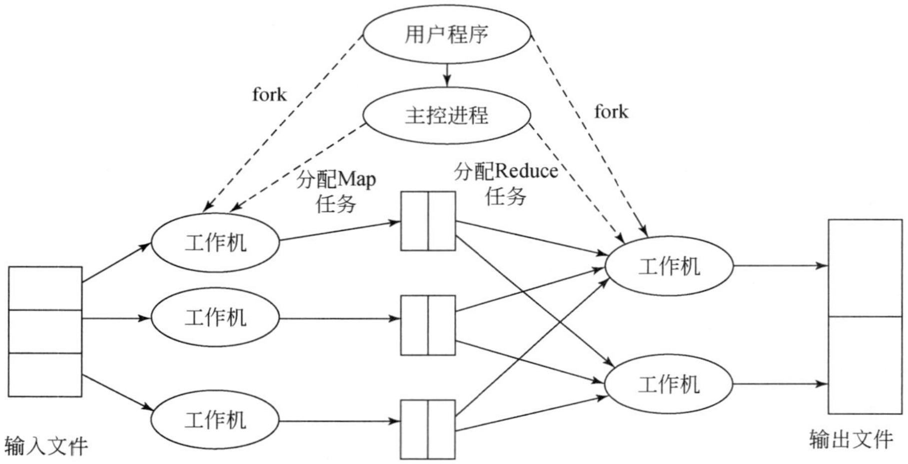

图 4.5　Map-Reduce 的调用过程

图 4.5 给出了进程、任务和文件的交互图，利用 Reduce 的概念，可以将序列的输入文件进行重排而重新聚合，用户程序会 fork 一个主控进程以及运行在不同计算节点上的一定数量的工作进程。一般而言，每个工作进程要么处理 Map 任务，要么处理 Reduce 任务。每个 Map 任务分配文件块，然后按照用户的代码自动执行文件块分组，而每个文件将分配给各自的 Reduce 任务，当 Reduce 任务被主控进程分配给某个工作进程时，该任务将获得所有输入文件。Reduce 任务执行由用户编写的代码，其最终结果会输出到一个文件中，而该文件是其整个分布式文件系统的一部分。

4.2 用户行为特征库的可行性分析

现在将对构建用户行为特征库的基本思路，构建层次以及构建方法做一个可行性分析。

4.2.1 基本思路

用户行为特征库的构建基础是有关数据库结构的理论，本书系统地梳理了国内外用户行为挖掘、用户行为获取的相关理论，并对其方法与技术进行深入的研究，最后构建了基于语义聚合的用户行为特征库。在结构上，以“理论—方法—技术—应用—反馈机制”的方式进行逻辑推进，如图 4.6 所示。

图 4.6 行为特征库建库基本思路

1）理论与方法探索：从研究范畴的界定出发，对基于语义的用户行为理论、方法及实现技术进行探索。研究范畴的界定是用户行为特征库建库理论的起点。从用户行为特征库的层次结构、本体驱动下的用户行为结构理论、用户行为特征库的创建流程三个方面来探索用户兴趣核心。涉及信息资源管理、信息集成、信息资源配置、知识管理、数据库、用户心理、用户行为、用户体验等理论在构建用户行为特征库中的应用，构成了基于语义的用户行为特征库设计的理论基点。在此基础上，通过面向语义检索和面向可视化导航开展基于语义的馆藏资源深度聚合与可视化展示的方法与关键技术研究。

2）数据平台的搭建：集成运用多种基于语义的数据库构建方法及实现技术，构建基于语义的用户行为特征分析平台。构建基于语义的馆藏资源深度聚合与可视化展示系统平台是本书的核心部分，在对基于语义的相关方法与关键技术进行研究的基础之上，主要解决基于语义的用户行为特征库体系结构构建、系统功能设计和系统的扩展服务等问题，为后继应用示范提供指导。具体分为 3 个层次进行：数据层、特征层和聚合层。数据层主要对相关原始数据的搜集与整理；特征层将这些数据以能够开放访问的方式存储到数据库，在二维关系数据库的基础上进行用户行为特征库的特征提取与升级；聚合层对用户的用户兴趣、用户偏好、用户习惯进行主题挖掘，形成主题词表和相应的本体以及主题图。

3）反馈与融合机制：选择适应的融合工具，实现用户行为特征与融入现有数字资源中，最终建立基于语义的、具有用户行为反馈功能的数字资源聚合体系。在系统平台构建与设计的基础上，按照具体馆藏资源的类型特点等进行相应的单项应用示范研究，选择图书馆特色信息资源库为具体研究领域，将该系统应用于这类数字图书馆的资源聚合中。

4.2.2 层次结构

一个结构完整的融合了用户行为的图书馆数字资源聚合库应该是至少包括用户、程序与服务的集合。整体上应该是分为资源层、数据层、索引层、代理层、应用层和用户层6个层次的交叉索引数据结构（图4.7）。其中，资源层（resource layer）是所有未经过标准化处理、未经过规范的，广泛分布在不同数字图书馆系统之中的数据集合，需要经过用户特征抽取，将抽取出的用户行为数据保存在，关系型用户特征库中；数据层（data layer）包括标准化之后的元数据信息以及资源整合与集成所需的数据抽取、OAI、数据收割等工具，将元数据保存在关系数据库RDBMS之中；索引层（index layer）将利用元数据描述、概念提取、主题分类等语义识别方法对关系数据库资源进行索引的创建；代理层（agent layer）是为了实现工作流的动态特性而设置的，设置代理层的原因是因为各种异构资源之间的数据接口存在不兼容性，而需要用代理机制提供各系统交互的接口，该层分为3种代理形式：资源代理、过程代理与用户代理，其中资源代理用于封装语义资源；过程代理用于发现、配置和执行Web Service以提供复杂的服务；用户代理提供与用户交互的接口。应用层application layer包括多种应用服务，根据代理层提供的接口与资源配置各种应用服务（刘成山等，2011），例如语义检索、可视化展示、跨库资源查询、书目联机查询、语义导航等。用户层user layer实际上是一个用户接口，用户可以编辑管理各种具体应用，或根据数据反映的各种经过语义加工的数据结果集合反馈给用户。

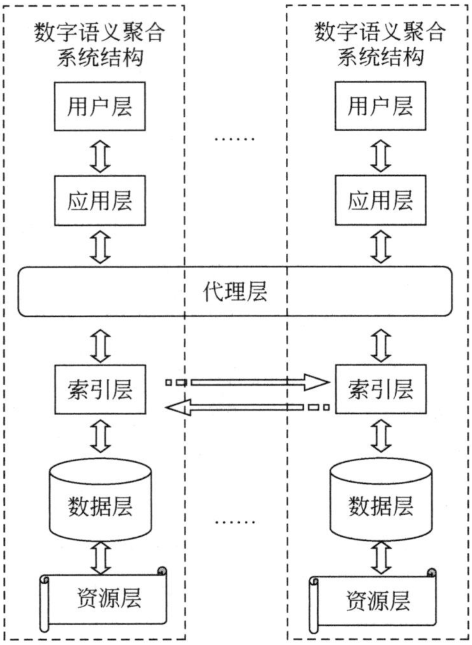

图4.7　融合用户行为的图书馆数字资源聚合库结构

4.3 用户行为特征库的创建流程

创建用户行为特征库，使用户行为特征融入现有数字图书馆资源体系中，进而促进数字图书馆信息资源的数字化、语义化发展，必须从建库的流程入手，一步一步实现用户行为特征库的创建。但是需要指出的是，用户行为特征库是建立在二维关系数据库之上的映射库，其某些特征可以构成对二维关系数据库的映射。因此，如图 4.8 的用户行为特征库创建流程主要针对的是用户查询、用户点击、用户浏览等基本特征对二维关系数据库的映射。

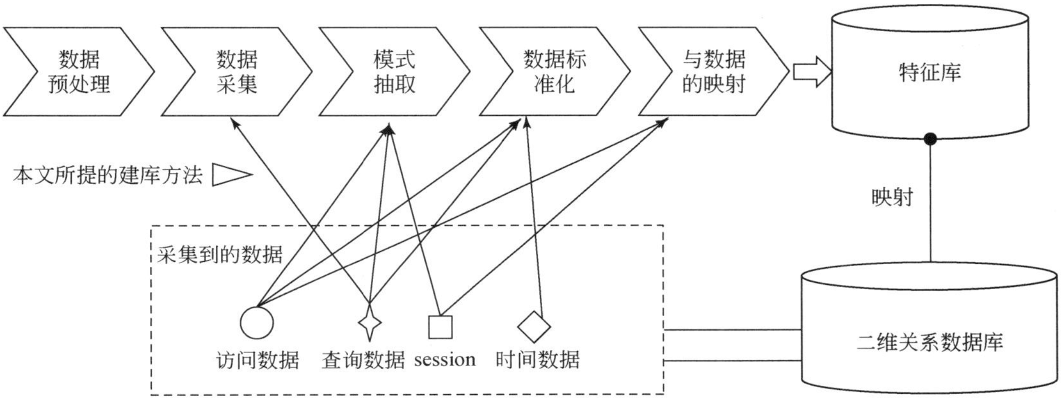

图 4.8　用户行为特征库的创建流程

4.3.1 用户行为数据预处理

数字资源语义聚合用户行为数据预处理就是在确立用户行为分析机制，以及确保用户数据充分可信的情况下对原始日志文件进行数据过滤和格式转换，将有用的数据规范化。这样做的好处是在下一阶段的本体创建过程中，经过数据标准化和规范化的数据能够有效满足语义标注、语义链接的要求。另外，数据规范化和标准化的程度将会影响各种算法处理结果的准确度和可靠度。

从理论层面来说，数据预处理的实质就是把原始数据转换成数据抽象阶段所需要的输入数据，因此，数据预处理的输入是等待被清理的数据，包括用户访问、用户登录、用户会话、用户识别、用户路径、用户使用浏览器、POST/GET、时间戳等信息；输出是进行数据模式发现工具所需要的标准化数据。

从数据挖掘技术层面来说，数据预处理是通过对用户的访问、浏览、查询行为进行采集、分析和挖掘，以获得用户行为的内在规律与模式的初级阶段，而这种规律与模式一般是指用户的共同特征，例如共同兴趣页面或者数据资源（Hu et al.，2005）。在这方面，Wilkinson（2002）是第一个将数据挖掘技术用于分析用户潜在行为规律的（N. Wikinson，2002），在此之后还有众多学者利用各种数据挖掘方法对用户日志数据进行挖掘与模式分析（Jin Zhang et al.，2009）。

从数字图书馆层面来说，数据的预处理工作能够把大量潜在的、异构的、零散的数字图书馆用户行为信息和数字资源进行抽取并进行分类，是分析影响用户行为因素，构建基于语义数字信息服务系统的必要过程。

服务器是记录日志（log）的主要载体。Web 服务器存储了大部分用户行为的原始数据信息。通过对服务器中的日志进行统计与分析，将结果进行综合，就能有效地掌握用户访问服务器的情况和服务器自身运行的情况。在服务器中，Web 服务器用来记录用户行为数据的主要数据源是日志文件，日志文件主要有通用格式（common log format，CLF）（王善民，2009）和扩展通用格式（extended common log format，ECLF）两种。通用格式一般包含的字段：IP 地址（客户端 IP）、用户名（非可信的用户 ID）、服务器 IP、请求时间（request time）、请求页面地址（URL）、请求方法（Get 或 Post）、HTTP 返回码（服务器使用 HTTP 通讯时，在客户端发送请求后，服务器端返回的状态代码，用一个 3 位十进制数码表示返回状态）；在此基础上，扩展格式还将包括客户端采用的操作系统和浏览器的标志等。表 4.1 表示一个典型的 ECLF 日志的主要内容。

表 4.1　一个 ECLF 日志文件的典型元素类型

域	描述
IP Address	客户端主机的 IP 地址
Time	用户请求页面的时间
Userid	用户标识
Method	用户请求方法（GET 或 POST）
URL	用户请求访问的页面地址
Status	返回给 HTTP 的状态标识
Bytes	服务器发送和接收到的字节数
Referrer	链接到当前网页的前一个网页
Agent	用户使用的操作系统和浏览器

4.3.2　用户行为数据采集

服务器用户行为数据采集可以根据用户行为数据的分布与存在形式的不同分为基于服务器端采集方式和基于客户端采集方式两种（刘洪涛等，2004）。对于服务器端采集方式来讲又可以分为主动采集方式和被动采集方式。目前被动服务器采集方式是被采用的较多的方式。

4.3.2.1　被动服务器采集方式

被动服务器端采集是指直接从服务器日志中获得用户行为数据。这些数据内容包括用户访问浏览、输入、验证等数据。具体方法在 Web 服务器的服务框架中直接寻找用以记录客户端发出 HTTP 请求的相关日志文件。也就是说，该方法对服务器端的页面内容、

Cookie 等不做任何修改，直接到互联网信息服务 IIS 或 Apache 的日志目录中搜集日志文件，这也是目前最常用的用户行为数据的采集方式。采用被动服务器端采集方式存在的问题是采集内容过于庞杂，用户信息基本没有经过过滤，另外，这种方式还存在用户识别问题，因为识别用户可以通过日志内容中的 IP 与浏览器情况进行，但是由于代理服务器和局域网的存在，使得利用这种方式分清个别用户十分困难，因为存在大量用户通过代理上网和共用 IP 的情况。因此，进行用户识别的用户数据采集方式则选择采用各种主动采集方法。

4.3.2.2 主动服务器采集方式

主动的服务器采集是指利用 Cookie 技术首先进行用户识别，然后再进行用户数据获取。具体方法在 Web 服务器上开发一段 Cookie 程序，在客户端向服务器发送请求的时候，Cookie 程序会自动安装到客户端，这样，在客户端的 Cookie 程序会传送特定用户的标识信息，这样服务器就可以区分出相同 IP 下不同的用户。采用 Cookie 方法还有一个比较实用的功能，就是在对用户浏览行为的获取方面比被动服务器采集方式更加有效。因为一个 Cookie 通常表示一个特定用户的某段浏览行为。但是一旦用户在客户端浏览器中设置了"不允许使用 Cookie"，该方法则无效。

采用 Cookie 技术有一个缺点，那就是不能区分用户浏览，因为 HTTP 协议是一种无状态协议，因此想要跟踪获取某个特定用户的整个浏览行为是不易的，而日志文件如果没有经过设定，它往往会记录下同一访问者的多次登录又退出的行为，仅仅使用 Cookie 技术是难以区别同一用户的每次浏览行为。换言之，Cookie 技术虽然可以区别用户，但是难以识别用户与服务器的会话。在此，需要综合采用客户端嵌入方式才能有效解决这个问题。

4.3.2.3 客户端嵌入式采集方式

采用客户端嵌入采集方式，我们可以对用户行为数据进行全面而精确的获取。客户端嵌入式采集能有效解决用户识别、路径补充、用户会话识别等问题，但是需要修改网页甚至客户端设置。其主要的手段有两种，第一种是采用远程客户端 Agent（代理）：在客户端（或者）植入一段 Java Applet 程序代码，以实现用户行为数据的获取功能（王庆一等，2002）。第二种是修改浏览器或页面：让浏览器中某一模块直接读取用户行为信息。执行客户端远程 Agent 首先需要修改服务器中的 Web 页面的 HEADER 内容，每个 Web 页面增加这样一段类似下段代码。

```
<APPLET CODEBASE="/ java"CODE="ViewTime"WIDTH=1 HEIGHT=1>
<PARAM NAME="PAGENAME "
VALUE="web page URL">
</APPLET>
```

当用户尝试访问页面时，Applet 程序会被服务器调用而传输到本地，然后利用时间函数之类的函数获取页面的 load 时间，最后利用 Socket 服务等将用户行为信息（例如浏览时间）准确返回给服务器，在服务器端应该有一段监听程序获取远程 Agent 送回的用户行为信息。

另外，需要说明的是，无论采用何种采集方式（客户端或服务器端），客户端 cache 问题都是无法避免的：客户端会将重复浏览的内容存放在 cache 中，一旦客户需要访问，浏览器将直接从 cache 中读取文件，因此服务器将无法记录用户的浏览行为。我们可以采取在服务器中将 HTML 页面的过期时间设置为 0，或将用户的 cache 大小设置为 0 的一些方法，强制性的命令客户端重新读取服务器内容，但会增加客户端和服务器的负担，因此该方法不被提倡。

4.3.3　用户行为数据的抽取（正则表达式匹配方面）

我们利用被动式服务器采集的方式，可以通过编制代码进行正则表达式的匹配，对 log 文件中的用户信息进行匹配和挖掘。其步骤是：首先，确定需要抽取的元素，规定正则表达式的匹配规则；其次，设置模式 pat 类，编译正则表达式 regexp 对象。然后将 pat 类所获取到的信息封装进 matcher 类的 *m* 实例中。所需代码如下。

```
    private static Pattern pat;
    static{
            String regexp="((\\d{1,2}|1\\d\\d|2[0-4]\\d|25[0-5])(\\.(\\d{1,2}|1
\\d\\d|2[0-4]\\d|25[0-5])){3}).+\\[(.+?)\\].+?/structure/jsjg\\?.+keyword=
(.+?)&";
    pat=Pattern.compile(regexp);
        }
    public void parse(String log){
            Matcher m=pat.matcher(log);
    if (m.find()){
    ip=m.group(1);
    convertTimeToSecond(m.group(5));
    try {
    query=URLDecoder.decode(m.group(6), ENCODING);
    query=EncodeUtil.convertUTF2GBK(query, "gb2312");
            } catch (UnsupportedEncodingException e) {
    e.printStackTrace();
              }
            }
```

4.3.4　用户行为数据格式标准化

基于语义的数字资源聚合利用多种数据来源进行主题与概念的提取与语义互联。因此，需要挖掘多种形态的用户行为数据。无论是何种方法采集用户行为数据，都需要进行某种数据格式的规范与标准化，这样才能使得数据能够被语义标注。数字图书馆用户的网上行为主要有查询行为、浏览行为两种。查询行为中所提交的关键词是日志挖掘的重点，也是能够反映语义组织、语义链接的重要数据源，本书对查询行为的标准化主要采取共现矩阵的方式，对用户浏览行为主要通过基于哈希技术的改进的 Apriori 算法（Yan Xiaowei et al.，2005）。

4.3.4.1 用户查询行为数据格式标准化

由于共同出现的查询词具有某种程度的语义相似性（程秀峰，2012），如果能够对查询的相似度进行定量计算，则可通过数值反映出查询词之间的语义联系。因此，为了体现查询词之间关系，首先需要对查询条目进行分词处理。一条查询记录中往往包含两个或两个以上的查询词，中间以不同的间隔符号区分，分词处理的首要目标就是统一这些间隔符号，例如查询词之间统一用空格表示分隔。又因为汉语的特点，分词前需要建立停用词表及分词词表。停用词表包括各类语气词、介词、特殊符号以及其他无意义单字或者词语。当对查询条目进行切分时，会自动删除出现在停用词表中的词语，因此这些词语不会出现在后续查询词的分析中。分词词表则是分词时候需要依据的对比词表，当查询条目中的词语出现在分词词表中，则可以被切分出来，反之，则不可。

进行标准化操作之前，应该统计查询词的出现频率，在所有查询词中确定了 α 个待选核心查询词，这样能把日志条目中的所有查询词按照 α 个待选核心查询词按主题进行查询词的相似度分析，一定程度上保证相似度计算的准确性。接着按某种属性将 α 个核心查询词分成 β 类，然后确定 α/β 个核心查询词。每个核心查询词可以代表同一属性的查询词集合，对于每个集合而言，不是所有的核心查询词的共现查询词都适合做后续处理，比如一些与其他查询词共现频率不高，语义联系不大的查询词会被剔除，剔除原则是根据该查询词的频率以及共现频率。

经过上述处理，可以得到反映不同属性的查询词集合。例如，有 4 个查询条目（A，B，C，D），（A，C，D），（B，C，D，E，F），（D，E，F），则可构造 6×6 对称矩阵 $\boldsymbol{W}$，

$$\boldsymbol{W}(\text{Symmetric}) = \begin{array}{c} \\ A \\ B \\ C \\ D \\ E \\ F \end{array} \begin{array}{c} \begin{array}{cccccc} A & B & C & D & E & F \end{array} \\ \begin{bmatrix} 2 & 1 & 2 & 2 & 0 & 0 \\ 1 & 2 & 2 & 2 & 1 & 1 \\ 2 & 2 & 3 & 3 & 1 & 1 \\ 2 & 2 & 3 & 4 & 2 & 2 \\ 0 & 1 & 1 & 2 & 2 & 2 \\ 0 & 1 & 1 & 2 & 2 & 2 \end{bmatrix} \end{array},$$

我们需要将基于共现频率的相似矩阵转化为基于共现频率的标准化相似矩阵。现有多种转化公式，本书采用相似距离公式（distance similarity measure），即公式 4.1 和公式 4.2。

$$\delta(x, y) = \left(\sum_{i=1}^{n} (a_{ik} - a_{jk})^{k}\right)^{\frac{1}{k}} \tag{4.1}$$

$$S(x, y) = \frac{1}{c^{\delta(x,y)}} \tag{4.2}$$

公式 4.1 为曼哈顿距离（Manhattan distance），其中有 2 个参数 n 和 k。n 表示可视化

空间的维度，一般情况下，n 取 2 或 3。k 只能取正整数。当 $k=1$ 时，表示两个点上在标准坐标系上的绝对轴距总和；当 $k=2$ 时，公式 4.1 变为欧氏距离（Euclidean distance）公式，它能测量在 m 维空间中两个点之间的真实距离；当 k 趋近正无穷时，公式 4.1 变为确界距离（Supremum distance）。公式 4.2 中的参数 c 为非 0 的正小数。当 $c>1$ 时，$S(x, y)$ 值处于（0，1）之间，c 越小，$S(x, y)$ 的值越趋近 1；当 $0<c<1$ 时，$S(x, y)$ 值处于（1，∞）之间，c 越小，$S(x, y)$ 的值越趋近于 0。最终，通过公式 4.1 的转换，可以得出经过处理后的共现矩阵 W（Similarity）

$$\boldsymbol{W}(\text{Similarity})=\begin{bmatrix} 1 & 0.51 & 0.47 & 0.28 & 0.30 & 0.39 \\ 0.51 & 1 & 0.56 & 0.39 & 0.47 & 0.51 \\ 0.47 & 0.56 & 1 & 0.56 & 0.31 & 0.36 \\ 0.28 & 0.39 & 0.56 & 1 & 0.30 & 0.28 \\ 0.30 & 0.47 & 0.31 & 0.30 & 1 & 0.47 \\ 0.39 & 0.51 & 0.36 & 0.28 & 0.47 & 1 \end{bmatrix}, \tag{4.3}$$

式中，$\boldsymbol{W}$(Similarity) 即为标准化后的查询词共现相似矩阵。

4.3.4.2 用户浏览行为数据格式的标准化

用户浏览行为的数据标准化需要建立在识别、分析和评估用户会话（session）的基础上（李鹏等，2008）。目前典型的会话识别规则有基于会话时间的识别规则、基于页面停留时间的识别规则和基于页面引用关系的识别规则。基于会话时间的识别规则强调设置合理的会话持续时间阈值使得日志中的会话信息能够被划分，例如设定一个会话的持续时间不超过 30 分钟，另外两种识别规范也是强调规定用户在一个页面上的停留时间或者规定服务器页面引用的次序。

在用户行为信息标准化过程中，会话是某个用户在一次访问过程中，向服务器请求（GET）一系列页面显示的过程（张波等，2006），也可以说，一个会话在客户端的结果是得到一系列页面集合。例如，日志中有 10 个会话（session）。如表 4.2 所示，将 IP 分别以数字 1～10 表示有 10 次会话，我们将这 10 次会话所涉及的页面以字母｛集合｝的方式表示，这 10 次会话中访问的页面是｛A，B，C，D，E，F｝。

表 4.2 用户会话的页面访问集合

IP Adress	Referrer
1（202.23.294.1）	*A'B'D'E'F*
2（67.31.12.1）	*B'C'E*
3（223.96.105.8）	*C'D*
4（64.83.251.5）	*A'B'D*
5（201.56.234.1）	*A'C'D*
6（22.87.194.3）	*B'C*
7（52.78.84.0）	*A'C'F*

续表

IP Adress	Referrer
8（71.76.104.3）	$A'B'C$
9（109.254.42.2）	$A'B'D$
10（108.2.294.1）	$C'F$

在分清每次用户会话的浏览路径之后，可以利用数据挖掘中的关联规则分析用户在一个会话中所访问页面的逻辑联系，具体的分析过程包含了两个子过程。

子过程一：利用频繁项集这一概念体现用户访问模式。具体做法是：设定阈值，规定所有支持度大于或者等于阈值的项集为频繁项集。设置“事务”这一概念，每一个事务是一个数据项子集，即每一个事务都是一组关联规则。

子过程二：对每一个频繁项集 X，有 $B \subseteq X$，$A=X-B$。对规则 $A \rightarrow B$，若满足子过程一所设置的阈值，则可以作为一条有效的规则被抽取出来。

利用频繁项集用来集中反映用户的访问行为，具体的关联规则的设置则是主要问题。我们可以定义事务：设 $I=\{i_1, i_2, \cdots, i_m\}$ 为数据项集合，D 是事务数据库（表 4.3），其中每个事务 T 是一个数据项子集，即 $T \subseteq I$，每个事务都有一个标示符 TID。若数据项集合 $A \subseteq T$，称事务 T 包含 A。一个关联规则具有这样的一种形式关系：$A \rightarrow B$，其中 $A \subseteq T$，$B \subseteq T$ 且 $A \cap B = \phi$。关联规则 $A \rightarrow B$ 在 D 中成立的条件是其支持度 (support) 和置信度 (conf) 分别等于或者大于用户预设的最小支持度 (minsupp) 和最小置信度 (minconf)。将支持度和置信度定义为 $\mathrm{supp}(A \rightarrow B) = |\mathrm{TAB}|/|D|$，$\mathrm{conf}(A \rightarrow B) = \mathrm{support}(A \cup B)/\mathrm{support}(A)$。

表 4.3　事务数据库

TID	页面项集
T_0	$A'B'D'E'F$
T_1	$B'C'E$
T_2	$C'D$
T_3	$A'B'D$
T_4	$A'C'D$
T_5	$B'C$
T_6	$A'C'F$
T_7	$A'B'C$
T_8	$A'B'D$
T_9	$C'E$

在识别和设置用户访问页面关联规则的基础上就可以构建事物项和页面集合的二重关系，即用户在某个事物项中访问页面的最佳估值，得出用户访问页面的标准数据，与二元数据库建立映射。

4.4 用户行为特征库的结构与描述

在上一节“用户行为特征库的构建”中，本书构建了用户认证特征，用户分布特征，用户使用习惯，用户兴趣偏好，用户流量特征等能够利用现有数据挖掘方法采集的特征指标。而在具体的数字图书馆系统中，我们需要对异构数据进行聚合，聚合的关键点是设计数据的交互操作模型，从而实现对数据库中异构数据的统一化与互操作。因此，数据的交互操作是模型设计的核心点，这也是建立数据层和索引层的目标之一。

4.4.1 用户行为特征库层次结构

用户行为特征模型的创建，在一定程度上取决于用户特征库的元数据整合水平，用户行为特征模型建立在用户行为数据规范化、标准化基础之上，又指导用户行为特征库的元数据创建，从而实现异构数据的标准化。通过对各数字图书馆系统的用户数据挖掘，在用户分布特征、使用习惯、兴趣偏好、流量特征方面抽取、总结出元数据描述框架，进行语义合法性校验。用户行为特征模型共分为数据层、特征层和聚合层3个层次（图4.9）。

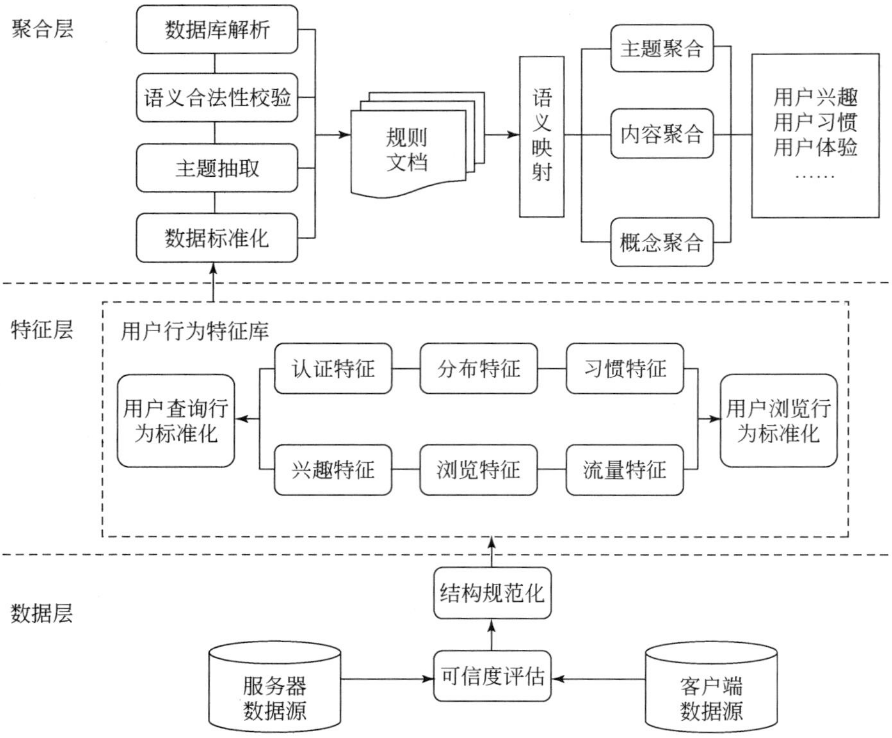

图4.9 用户行为特征库层次结构

数据层（data level）主要利用服务器数据和客户端数据，采取主动和被动相结合的方式，对异构数据库的数据进行验证和结构规范化处理（吴笑凡等，2006）。

特征层（feature level）主要在用户特征库的基础上对经过规范化处理之后的数据进行特征分类，利用数据规范形成对 4 种主要特征的语义描述，添加语义标签。另外一个重要功能是对用户检索和浏览反馈行为数据进行语义重构。

聚合层（integration level）是在特征层完成特征抽取的基础上对本体库元素进行重新描述，并结合数据库解析、元数据描述、语义合法性校验、语义扩展、语义互操作、规范化文档制定、为大粒度主题概念的语义聚合应用提供服务。

4.4.2 用户行为特征库的实体–关系描述

对于已有的数字图书馆而言，关系型数据库是其存储数据结构与语义信息的主要载体，而关系型数据库采用的均是实体–关系（ER）模型。由于用户行为特征库与关系型数据库映射是关系型数据库向特征库转化的核心。我们可以建立关系型数据库 ER 模型的提取机制（夏立新等，2009），利用 ER 模型所包含的语义信息来指导用户特征库与关系型数据库的映射（程秀峰，2013）。

在此，数据库逆向工程（database reverse engineering，DBRE）方法能够帮助我们完成一些工作。DBRE 是指：首先对关系型数据库的语义语法结构信息进行采集，然后将关系模式转化为 ER 模式，最终用概念关系（人可理解）来表现数据的语义联系。一般来说，关系型数据库保存了数据的大多数模式状态，需要设计一个模式转换器（ER generator）将数据从关系型数据库映射到用户特征库，ER generator 与其他功能模块的关系如图 4.10 所示。

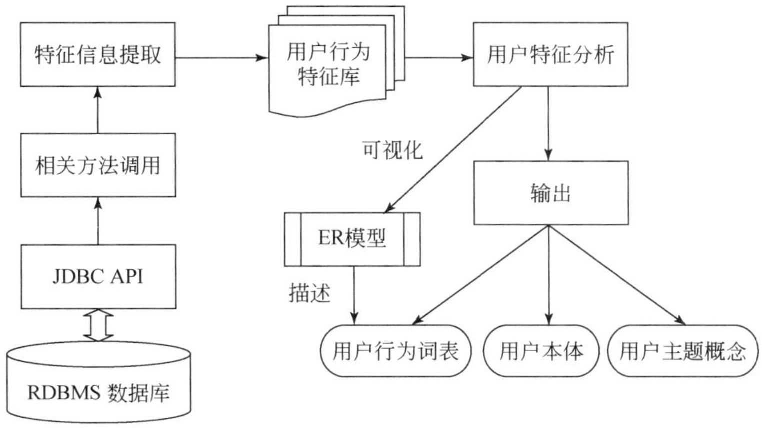

图 4.10　用户行为特征库描述器：ER Generator

利用 JDBC，ER Generator 可以对关系型数据库取得链接，生成一个 Connection 对象，该对象可以获得关系型数据库的所有信息。具体获取信息的方法都是通过 ResultSetMetaData 类和 DataBaseMetaData 类实现，使用 ResultSetMetaData 获得关系型数据库中二维数据表的信息，然后使用 DatabaseMetaData 类获得数据库的表结构信息，主要过程如下：

1）数据库连接。首先利用 JAVA JDBC 建立链接，获得 Connection 对象。调用诸如 DriverManager 类的 getConnection 方法之类的方法。

```
Class.forName("oracle.jdbc.driver.OracleDriver");
String url="jdbc:oracle:thin:@ 202.114.37.152:1521:oemrep";
String user="usernm";
String password="huashi";
Connection conn=DriverManager.getConnection(url,user,password);
```

2）获取实体属性信息。鉴于 ER 模型中的实体（Entity）是通过二维表的列来表示的，因此可以逐条读取列以获得实体的属性信息。JAVA API 中，ResultSetMetaData 类的 getColumns 方法可以获取二维表中所有列信息并保存在结果集 rs 中。

```
Statement smt=conn.createStatement();
ResultSet rs=st.executeQuery("SELECT * FROM myTableName");
ResultSetMetaData
rsMetaData=rs.getMetaData();
Int numberOfColumns=rsMetaData.getColumnCount();
System.out.println("resultSet MetaData column Count="+numberOfColumns);
for(int i=1;i<=numberOfColumns;i++){
System.out.println("columnMetaData");
System.out.println("columnnumber"+i);
System.out.println(rsMetaData.getTableName(i));
}
```

3）获取实体关系。ER 模型中的关系（Relation）通过 Generator 中的 FK 来表示，利用对 FKTABLE _ NAME 等字段的读取，可以获得关系数据库中实体间的关系。DatabaseMetaData 类提供 getImportedKeys 方法得到已经 references 到它表的字段。通过这个接口可以很方便地得到有关 FK 的信息，代码如下。

```
DatabaseMetaData dbMetaData=conn.getMetaData();
ResultSet rs = dbMetaData.getImportedKeys (conn.getCatalog ( ), null, "
myTableName");
while(rs.next()){
      String fkTableName=rs.getString("FKTABLE_NAME");
      String fkColumnName=rs.getString("FKCOLUMN_NAME");
      int fkSequence=rs.getInt("KEY_SEQ");
      System.out.println("getImportedKeys():fkTableName="+fkTableName);
      System.out.println("getImportedKeys():fkColumnName="+fkColumnName);
   System.out.println("getImportedKeys():fkSequence="+fkSequence);
   }
```

4.4.3 用户行为特征库的组成

在网络用户数据格式化和标准化的基础上，对用户行为进行特征提取、分类和归纳，对特定的用户行为特征进行聚合，从而构建支持语义聚合的用户行为特征库（杨成明，2011）。做法是抽取一定样本量的用户属性数据和行为数据，利用数理统计等方法对数据进行归纳、统计和分析。在统计和分析的基础上，对用户网络应用特征进行定量描述与建模。因此，基于语义的数字资源聚合过程，需要在设立不同的用户特征的基础上对用户进行形式化描述。考虑到语义聚合的特殊性，使用数字图书馆的用户特征可以由以下七个方面组成。

4.4.3.1 用户认证特征

数字图书馆的用户行为千差万别，不同的数字图书馆系统具有不同的用户认证机制。这些不同的认证机制都是基于不同的网络协议而对应着不同的上层应用。而各种协议都有其各自的特征。因此，对用户的行为特征首先需要对用户的登录信息、认证信息、指纹特征、用户资料等等进行提取、记录并建立相应的特征集合，用特征库中的用户认证特征与单独的用户个体行为进行匹配，以达到识别用户的目的。由于用户的认证特征均是以用户名、序列号等字符串作为标识，因此识别用户的认证特征应该遵循 3 种形式：一是特征字符串；二是正则表达式；三是流特征序列。我们需要通过对特征库内用户的认证特征不断更新，添加新的用户身份，以完备系统对用户认证特征的识别。

4.4.3.2 用户分布特征

服务器日志包含了多项用户特征信息，其中 IP 地址、Cookie、Session 以及访问时间等参数可以统计出用户的时间和空间分布特征（杨鑫，2015），包括单独用户的时空分布特征以及群体用户的时空分布特征。时间分布特征可以由访问时间，以及 IP 地址得出，空间分布特征可以由用户的 IP 地址通过地址库的匹配分析得出。在特征抽样完成之后，需要识别出用户的时间与空间分布流以及单个用户的时空参数，并在此基础上设立分布参数，建立用户分布特征模型以及衡量机制。

4.4.3.3 用户点击/访问特征

用户点击特征相对于分布特征和用户认证特征是较为离散特征，其主要数据来源是用户所访问的页面与时间节点，通过对用户点击、用户访问的页面以及页面元素的综合分析，建立用户 IP、目标页面、访问时间的三元数据表，将用户访问的页面及页面元素转化成本体，可以加入用户行为本体库与用户行为词表。另外，对用户访问的页面、元素进行语义标注，亦可丰富词表与本体的语义内容。因此，用户点击/访问特征是建立基于语义的数字资源聚合不可或缺的重要特征。

4.4.3.4 用户使用习惯特征

用户使用习惯的特征包括用户浏览特征、用户登录特征、用户访问特征等，主要表现为用户使用数字资源时的浏览、访问、下载、阅读等指标，习惯特征可由日志文件中包含的 IP 地址、Cookie，以及用户访问页面地址作为分析因素。而利用习惯路径，查询词提取等因素，可以作为用户使用习惯特征的常量，用户浏览页面相似度、浏览序列则可作为变量衡量用户使用习惯特征。

4.4.3.5 用户兴趣偏好特征（浏览/查询特征）

用户兴趣偏好特征是在分析用户浏览特征、用户点击特征的基础上通过模式分析形成的高级特征。其目的在于通过对大量离散杂乱的用户交互日志进行挖掘，找出用户兴趣变化趋势，并根据用户当前的请求信息准确识别用户资源需求。重点在于研究用户兴趣的形式化描述，拟采用本体对用户行为进行语义识别，并结合主题图结构，描述用户的兴趣类型、兴趣点、兴趣度以及兴趣的变化模式；研究用户兴趣动态感知方法，基于用户的交互日志实现增量式兴趣识别；研究同兴趣群体内兴趣序列模式挖掘算法以及用户兴趣的趋势预测方法。

4.4.3.6 用户流量特征

在用户信息行为数据的挖掘中，对网络流量的监测与控制由来已久，通过设立用户使用流量的特征函数，可以有效描述系统的用户交流水平，对网络的承压能力、流量控制能力也有很大的理论指导意义（杨培帅，2015）。为拓展数字图书馆的信息服务，提高数字资源的利用的终极价值，语义数字图书馆应该考虑到用户使用系统的流量特征，将触角深入到如用户信息交流、信息吸收等信息行为的研究上，探索为其建立行为模式。

4.4.3.7 用户使用习惯

同用户兴趣偏好特征一样，用户使用习惯特征也是一种高级综合特征。对用户的总体使用习惯，包括用户使用某种应用比例、用户使用分布、用户浏览习惯、用户检索习惯、用户经常访问的页面进行统计分析，可以对用户行为进行微观与宏观两种不同类型的使用习惯描述，通过用户使用习惯，可以丰富用户行为本体库，对基于用户行为的主题概念聚合也有一定的参考意义。

4.5 实验：用户行为数据挖掘工具的开发

针对本章提出的用户行为特征采集与用户行为数据的标准化理论，本书设计了 3 个用户行为数据的挖掘工具：第一是按被动采集方式从服务器日志中提取用户查询词；第二个是将提取出的用户查询词进行共现矩阵的创建；第三个是对共现矩阵进行标准化转换。由于本书篇幅有限，遂只能将开发工具、编程语言、软件用户、软件技术特点、设计思路等做一个介绍，所用源码均没有在本书中涉及。

4.5.1 日志查询词提取工具

软件运行的硬件配置：CPU：P3-800 以上；内存：256 以上。

可运行的操作系统：Windows，Linux，Unix（Linux 和 Unix 环境下需要修改配置）。

开发工具：jdk1.6.2，Eclipse。

编程语言：java 语言。

软件用途：本软件主要用于提取服务器日志中用户提交给搜索引擎的关键词信息。

软件技术特点：

1）本软件附带了一个小型数据库，以 java.sql 包中的数据访问对象作为通用数据接口，对一般类型的服务器日志文件 access.log 进行读取，存入内存后再对这些日志数据进行信息抽取，将抽取出来的含有用户提交的关键词词条通过数据库接口导入 access 数据库，这样可以实现日志关键词的自动抽取，提高了日志分析速度。

2）由于服务器日志是一种结构化文档，故其存储具有一定的规则性。与语义信息提取不同的是，日志文件信息抽取不仅需要考虑到日志文件的编码方式以及 log4j 设置不同的问题，还需充分考虑服务器日志文件的结构性的基础上对其进行解析和信息抽取，从而能达到对一般日志文件的适用性和兼容性。

3）日志数据经 Java 解析后是 UNICODE 编码，这样本工具可以抽取多国语言。此外，本工具还对输出结果进行排序，输出格式保存为“关键词” + “IP” + “时间”，方便分析者对结果的阅读并做后续分析工作，从而提高分析速度。

软件主要功能：能对网站服务器日志内容进行信息抽取和排序，使用户能够得到自然语言表示的查询词信息抽取内容；能同时对多语种信息内容进行抽取，以方便用户更有效地阅读和分析日志查询词信息。

4.5.2 日志查询词相似度矩阵生成工具

软件运行的硬件配置：CPU：P3-800 以上；内存：256 以上。

可运行的操作系统：Windows，Linux，Unix（Linux 和 Unix 环境下需要修改配置）。

开发工具：jdk1.6.2，Eclipse。

编程语言：java 语言。

软件用途：本软件主要用于对服务器日志查询词条目进行分析，构造出相似度矩阵。

软件技术特点：

1）本工具采用纯 java 编写，以 java.io 中的文件读取流作为读取数据接口，将含有查询词条目的文本类型的数据资源读入内存，然后对这个文本格式的文件进行索引，得出索引后，根据查询词构造出共现矩阵，这样为分析查询词的共现现象提供了程序支持。

2）由于查询词条目在抽取工具结果中一般都以一定的序列呈现，当分析其共现现象时，必须对共同出现的词条进行索引和重构，这些工作可以定义为对称矩阵的创建过程。

3）程序数据源使用纯文本文件，读取到文件流中，这样无论是任何语种内容，都可以在一起进行索引并构建矩阵。此外，对查询词出现的先后顺序进行排序，并返回给矩阵，而不是随机返回结果，从而提高分析的质量。

软件主要功能：能对服务器日志文件提取之后的查询词文本内容进行索引并创建相似度共现矩阵，使分析人员能够迅速得到分析样本；能同时对多语种信息内容进行处理；以方便分析者更有效地分析日志信息。

运行结果界面如图 4. 11 和图 4. 12。

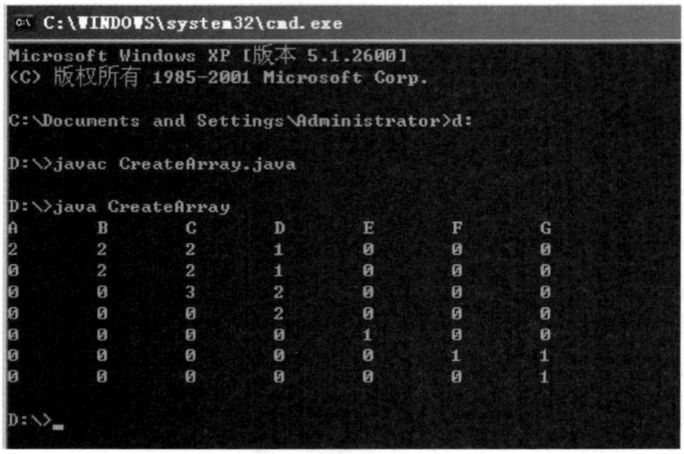

图 4. 11　日志查询词相似度矩阵生成工具运行结果界面

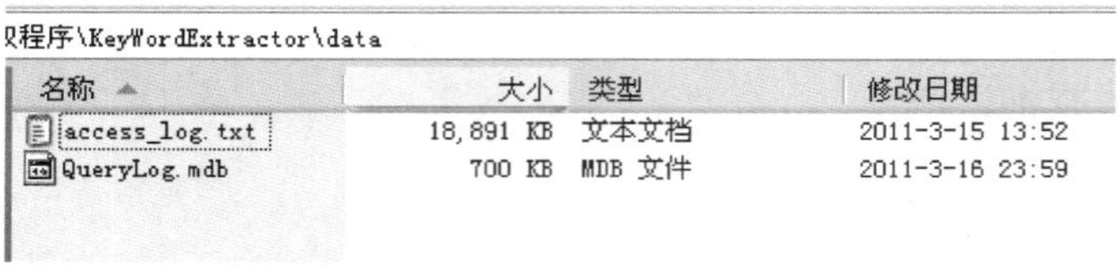

图 4. 12　矩阵的保存文件（. mdb）

4. 5. 3　日志查询词相似度矩阵距离转换工具

软件运行的硬件配置：CPU：P3-800 以上；内存：256 以上。

可运行的操作系统：Windows，Linux，Unix（Linux 和 Unix 环境下需要修改配置）。

开发工具：jdk1. 6. 2，Eclipse。

编程语言：java 语言。

软件用途：本软件主要用于对服务器日志查询词条目进行分析，构造出相似度矩阵。

软件技术特点：

1）本软件用 jxl 作为 jdk 与 Excel 读写数据接口，即先将 xls 类型的数据资源读取到数据模型中，然后再将数据模型转换成传统相似度矩阵，继而将传统相似度矩阵通过六种不同距离算法转换成可输入 SPSS 进行分析的矩阵。这样就提高了数据分析效率。

2）由于日志文件中包含众多信息，从这些信息中提取出的关键词信息必须经过一定方式的转换，才能得到可以识别的自然语言检索词条。基于这些自然语言的检索词条，可以对其进行可视化共现分析，但是前提是必须创建可以输入 SPSS 这类分析工具的矩阵。由于目前没有相似产品，所以分析工作多采用手工转换，如果词条很多，那么重复劳动会影响分析效率。因此，我们开发的软件充分考虑了日志统计分析中在建立可视化输入之前的工作，按照六种不同的距离算法，将反映不同距离函数的公式引入其中，增加分析深度。

3）Excel 数据文件用 Java 解析后是 Unicode，这样无论是简体中文、繁体中文、日文还是德文的内容，都可以在一个索引库中同时进行搜索。此外，该软件对内容读取具有一定的兼容性，不一定是对称矩阵，行列不同矩阵同样可以作为输入，从而提高转换兼容性。

4）该软件是一种报表读写工具，程序的读与写之间不存在依赖的关系，因此有利于程序对不同文件格式之间的兼容，易于整合进其他系统之中。

六种算法产生的矩阵如下。

①点积矩阵（Inner Product Matrix）。

②戴斯系数矩阵（Dice Co-efficient Matrix）。

③Jaccard 系数矩阵（Jordan co-effieient Matrix）。

④重叠系数矩阵（Overlap co-effieient Matrix）。

⑤余弦相似度测量矩阵（Cosine Similarity Matrix）。

⑥Minkwoski 相似度测量矩阵（Minkwoski Similarity Matrix）。

软件主要功能：在对服务器日志内容进行信息抽取和共现矩阵生成的基础上；对共现矩阵进行六种不同算法的距离转换，使之能够满足 SPSS 构造 MDS 可视化信息的输入标准，以方便用户更有效地进行日志查询词共现可视化分析。

运行结果界面如图 4.13 ~ 图 4.16。

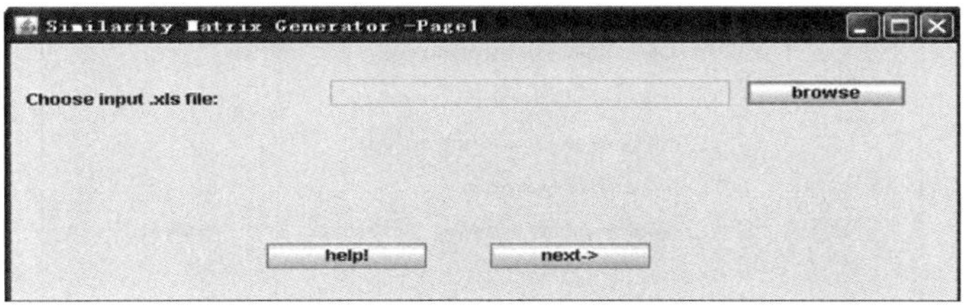

图 4.13　日志查询词相似度矩阵生成工具运行界面 1：日志文件的选择

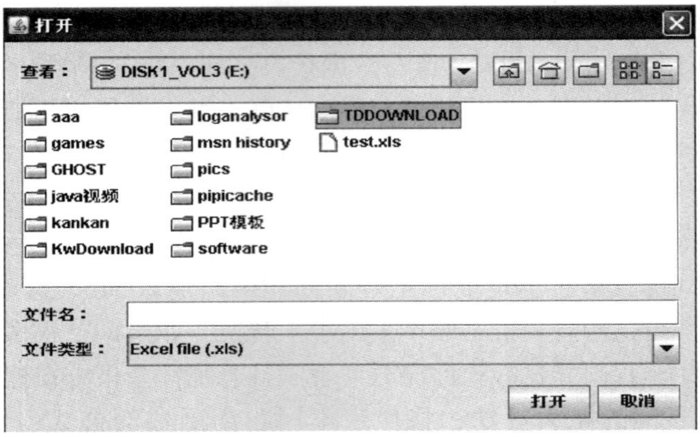

图 4.13　日志查询词相似度矩阵生成工具运行界面 1：日志文件的选择（续）

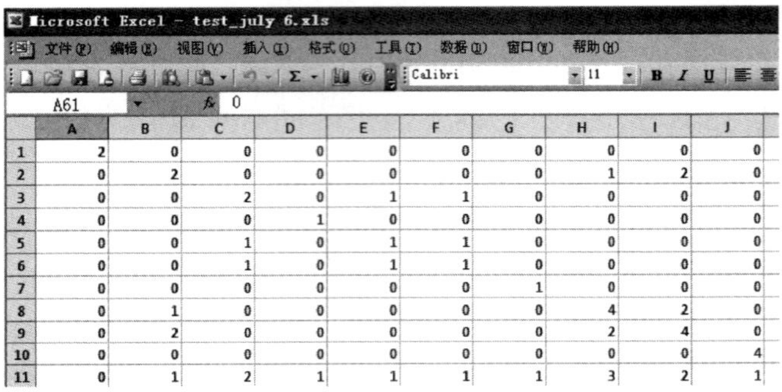

	A	B	C	D	E	F	G	H	I	J
1	2	0	0	0	0	0	0	0	0	0
2	0	2	0	0	0	0	0	1	2	0
3	0	0	2	0	1	1	0	0	0	0
4	0	0	0	1	0	0	0	0	0	0
5	0	0	1	0	1	1	0	0	0	0
6	0	0	1	0	1	1	0	0	0	0
7	0	0	0	0	0	0	1	0	0	0
8	0	1	0	0	0	0	0	4	2	0
9	0	2	0	0	0	0	0	2	4	0
10	0	0	0	0	0	0	0	0	0	4
11	0	1	2	1	1	1	1	3	2	1

图 4.14　日志查询词相似度矩阵生成工具运行界面 2：日志文件的内容

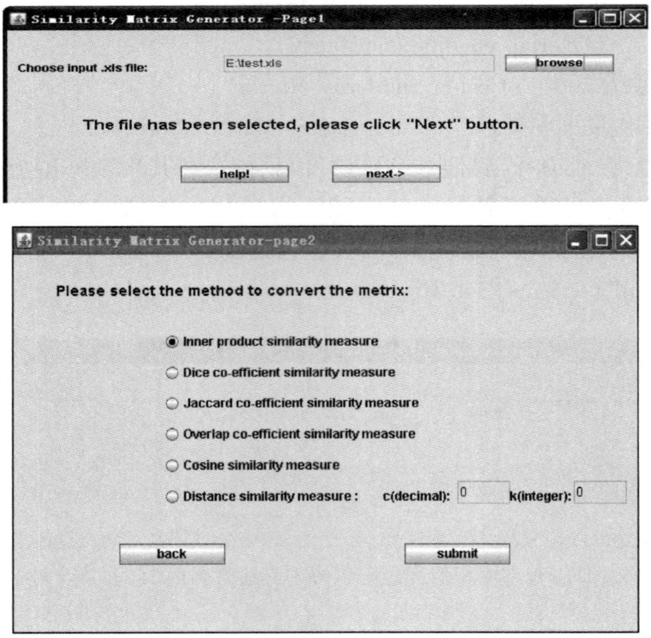

图 4.15　日志查询词相似度矩阵生成工具运行界面 3：矩阵相似度算法的选择

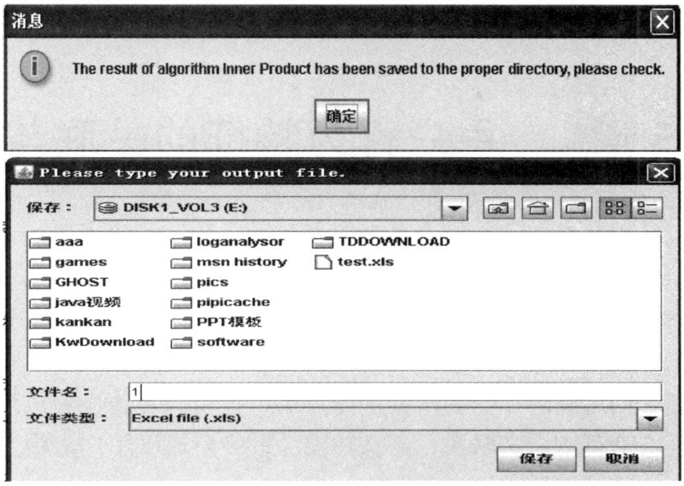

图 4. 16　日志查询词相似度矩阵生成工具运行界面 4：运行成功，保存路径选择

第5章　用户行为特征的关联与序化

词表作为图书馆和信息检索领域最重要的知识组织工具，广泛用于文献资源的标引、组织和检索（Gilchrist A D，1994）。词表的功能之一就是进行词汇控制，它可以收录给定领域范围内的所有重要概念，并用3类关系将它们组织起来——等同、等级和相关关系（王军，2005）。数字图书馆将用户行为特征词汇作为词表数据源，将用户所反映的词语序化、语义化，挖掘它们之间的相互关系，进而将用户行为词表转换为以用户行为为代表的本体，对丰富数字图书馆的语义联系、语义功能，最终形成以用户为中心的数字资源聚类是十分有意义的（程秀峰，2013）。

用户特征库的创建，目的是为规范通过主动、被动及其他方式对用户网络行为所留下的数据进行抽取、规范与标准化的框架，它的输出是包含离散用户行为信息的数据流，包括各种异构类型的数据。如何在用户行为特征库的基础上，提炼出用户行为模式、用户行为过程以及用户行为结果，并将这些模式、过程、结果通过映射的方式融入已有的各种图书馆数字资源库，是第6、7章所需要探讨的内容。

本章利用用户行为特征库中的一部分数据：词语集合（包括用户的查询词、用户的浏览页面标识、用户的访问流程标注）来进行用户行为词表的构建；在词语集合的基础上对构造用户行为词表的构建流程进行递进式的研究。研究内容包括词表、索引以及用户行为主题词的界定、基于TF-IDF公式改进的用户中心词的确定、用户行为词表的自动创建、模糊集合理论中用户行为词表中词-词关联矩阵的数学模型、用户行为词表的改进算法实证分析、用户行为词表与现有词表的转化与融合机制等内容。

5.1　用户行为词表

词表（Thesauri/Subject heading），又称叙词表、检索表或词库，它是文献与情报检索中用以标引主题的一种检索工具（常娥等，2011），是在一个领域描述信息的一组术语集。因此，用户行为词表也可以看成是在网络用户行为领域所产生的描述信息的一组术语集。在第4章“用户行为特征库的创建”中我们已经对用户行为的内容、特征、组成以及层次结构等做了阐述和铺垫。借助词表的术语体系与组织方式构建的基于用户行为数据的动态可控词表，对用户数据进行语义描述，是对用户网络行为的一种规范化的表述。在此基础上进行的用户特征聚合与词表聚合，是基于语义关联的对词表的一种功能扩展。

5.1.1 用户行为词表的定义

用户查询、浏览、处理数字资源信息时会在服务器端留下诸多印记，这些印记有很多内容均保存在结构文本与半结构文本中，有的数据可以反映用户使用行为、分布、流量等特征；有的数据则需要经过一定的模式识别、模式挖掘才能组成反映用户行为的数据。因此，在充分分析图书馆数字用户数据的情况下，将这些数据进行预处理、中心词聚类和抽取工作组织而成的用户行为词表应该可以看作是能部分反映数字用户行为模式与特征的标量。

词表、用户行为词汇与索引等具有一定的相似性。一方面，用户访问的页面标识、用户提交的词汇、报表、书目等等信息均可以作为用户行为特征库的元数据，这是因为数字图书馆没有图书目录和分类组织，因此需要一种新的构建书目之间语义联系的知识组织体系，而构建这个体系的关键是元数据的表述方式与组织功能。另一方面，词表、索引与用户行为词表在某种程度上均属于词汇序列的范畴，只不过在表示领域方面，词表的语义扩充性大于二维线性的索引，而在语义链接功能方面，用户行为词表更多地反映用户行为信息中的语义链接功能，更多地采用元数据抽取方式进行用户行为的语义标注。

在知识描述语言上，以 XML、RDF（resource description framework）、OWL（Web ontology language）为代表的描述语言不断出现，对词表的数字化起到很大的推动作用。出现了诸如 LIMBER、ILRT、CERES、ETB 等基于 XML 和 RDF 描述语言的词表描述语言（Miles et al.，2001）。需要提出的是，W3C 在这些词表语言研究的基础上提出了 SKOS 标准（Alistair et al.，2001），该标准为词表在语义层面上的集成与利用提供了一个比较好的研究基础。遵循这个标准，工程师开发了一系列数字化词表系统，例如统一医学用语词表 UMLS 、通用多语言环境主题词表 GEMET 等。这些主题词表或以领域用语为基础，将多部领域词典集成，进行百科全书式的综合词汇收录，编制成大型综合科技词表。

从目前有关词表创建的理论方法和技术水平来看，国内外在多词表集成、算法创新、工具开发、大规模本体创建以及基于多词表标引等方面均有较深入的研究；但就从语法、语义多个层面构建一个跨领域、多来源的词语集成服务框架来说，还没有成熟的应用。

5.1.2 基于 TF-IDF 公式改进的用户中心词确定

用户中心词非常必要，它不仅可以代表一个用户，还可以代表一个用户的兴趣、偏好、习惯等特征，可以作为词表中词汇聚合的中心节点。例如，在下文的例子中，本书采用湖北省食品药品监督管理局门户网站 2010 年 10 月 11 日至 2011 年 3 月 22 日的全部日志数据作为数据源，从中提取出 9307 条查询词组作为研究样本，用 TF-IDF 公式的改进型进行词频差异与特征选取，进而确定用户中心词。

5.1.2.1　确定用户中心词的标准

确定用户中心词的标准有两个：第一个是查询词出现频率。查询词出现的频率高，则在这一段时间内，用户对于该词的行为频率越高，这说明该词是该用户的兴趣点，代表性强。第二个标准是查询词的共现频率。以用户查询特征为例，查询词 A 出现在查询条目（A，B，C，D），（A，B，E），（A，C，F）中，则将与 A 关联的不同查询词 B，C，D，E，F 的数目 5 计作查询词 A 的共现频率。共现频率能够在某种程度上反映词语之间的语义联系，在单个文档中共现频率可以作为相似性测度的重要指标。此外，还可以对用户行为所表示的中心词进行可视化呈现。例如，在第 5.4 节：词表关联矩阵词间关系验证之前，可以将用户行为词表中的中心词做一个可视化的聚类分析，初步得出这些中心词的创建标准。在这里，利用湖北省食品药品监督管理局的部分用户行为数据，可以确定药品、管理、医疗、食品、器械、许可证等 29 个中心词的 MDS 可视化聚类图像（图 5.1）：

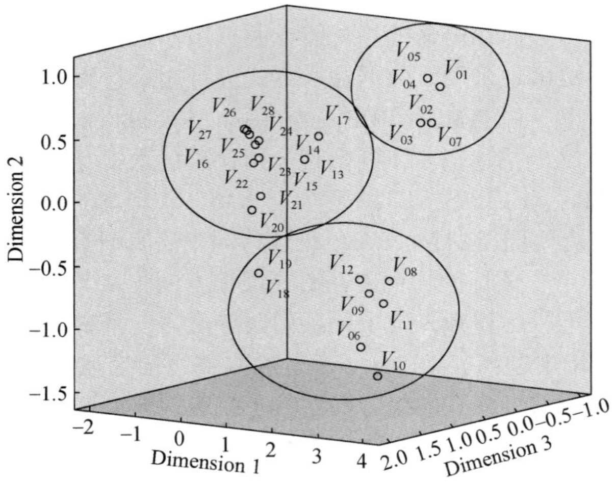

图 5.1　用户查询词“管理”类中心词的三维可视化聚类结果

由上图可以看出，参与聚类的“管理类”共现关联查询词得出的用户中心词共 29 个，可以划分为 3 类。其中有若干查询词关系太过密切，几乎在上述三维图中处于同一点位置，故图中部分点颜色过深，表明多点靠近或者重合。图中 V_i 表示用户查询词编号，圆圈之内表示相似的查询词聚类组合，具体结聚类果如下：

C1：医疗（1）、器械（2）、经营（3）、企业（4）、许可证（5）、办法（6）；

C2：管理（7）、湖北省（8）、食品（9）、药品（10）、监督（11）、系统（12）、质量（13）、规范（14）；

C3：注册（15）、说明书（16）、标签（17）、规定（18）、实施（19）、认证（20）、生产（21）、GMP（22）、条例（23）、管理局（24）、流通（25）、体外（26）、诊断（27）、试剂（28）、干部（29）。

采用词频的标准判断用户中心词的选取与否，并用一般可视化图像对其判断分类，可以有助于本章以后的用户特征分类与词间关系的分析。但是首先，我们需要了解向量空间以及平均互信息量理论。

5.1.2.2 向量空间模型

向量空间模型主要思想是将文本内容之间的联系转化为向量空间中的向量进行计算。例如，将一个文档表示成（D_1，D_2，D_3，…，D_n），其中 Di 表示在文档中某个词的权重。比较通用的计算词语权重的公式是 TF-IDF（夏立新等，2009），并且由 TF-IDF 公式演化出词语出现频率的公式，比较常用的公式是

$$W(t,\ d)=\frac{tf(t,\ d)\times \log(N/n_t+0.01)}{\sqrt{\sum_{t\in d}[tf(t,\ d)\times \log(N/n_t+0.01)]^2}} \tag{5.1}$$

式中，$W(t, d)$ 为词 t 在文本 d 中的权值，而 $tf(t, d)$ 为词 t 在文本 d 中的词频，N 为文档集合中文档的总数，n_t 为文档集合中包含词 t 的文本数量。

5.1.2.3 用户中心词的创建中信息熵分析

用熵的概念可以明确定义信息的粒度，不确定程度以及信源的强度等，而应用熵性理论的基础是信息的互信息量，而信息的平均互信息量，其公式是

$$I(x,\ y)=\log\frac{p(x|y)}{p(x)}=\log\frac{p(xy)}{p(x)p(y)} \tag{5.2}$$

如果需要对文档进行分类，则 $P(x|y)$ 能够表示包含词语 x 且属于 y 类词语的文档的出现频率；$P(y)$ 是属于类别 y 的文档的出现频率（郑伟，2007），$P(x)$ 类同。

信息增益这个概念也来自信息理论。对于每个词，IG 计算公式如下：

$$IG=H(C)-H(C|W_k)=\sum_{c\in C}\sum_{w_k\in\{0,\ 1\}}p(c,\ w_k)\log\frac{p(c|w_k)}{p(c)} \tag{5.3}$$

式中，$p(c)$ 是文档属于文档类别 c 的随机概率。$p(c|w_k)$ 是在出现或者不出现词 w_k（$w_k=1$ 表示出现，$w_k=0$ 表示不出现）的条件下文档属于 c 类的条件概率。

5.1.2.4 利用词频差异 TF-IDF 改进公式进行中心词的选定

当用户特征包含在多个文档中而需要词频计算确定中心词的时候，需要考虑两个因素：一个是某词的词频，另一个是文档的向量词频，因此首先需要让特征向量表示文档。如上文所述的 TF-IDF 方法就是一种用向量词频表示文档的例子，当文档用向量表示后，再计算整个文档集合的信息增益来降低向量空间维数。在文本分类领域，TF-IDF 公式来表示文档及词频过于简单，而利用信息增益对特征文档进行总体描述被证明是比较好的一种，于是有学者（罗欣等，2005）提出一些 TF-IDF 的改进方案，用于弥补 TF-IDF 公式在信息增益方面表示的不足。例如公式：

$$W(t,\ d)=\frac{tf(t,\ d)\times \log(N/n_t+0.01)\times W(w_k,\ c_i)}{\sqrt{\sum_{t\in d}[tf(t,\ d)\times \log(N/n_t+0.01)\times W(w_k,\ c_i)]^2}} \tag{5.4}$$

其中，$W_k = \sum_{i=1}^{N} W(w_k, c_i)$ 是对所有类别权重文章的平均词，且

$$W = \sum_{i=1}^{N} W(w_k, c_i) = \sum_{i=1}^{N} \left\{ \exp\left[\frac{1}{f_k^c \times (N-1)} \sum_{\substack{i, j=1 \\ i \neq j}}^{N} (f_k^{ci} - f_k^{cj})\right] \times \left[1 + \lambda \frac{\sqrt{D(c_i, f_k^{dj})}}{E(c_i, f_k^{dj})}\right]\right\} \quad (5.5)$$

式中，$W(w_k, c_i)$ 表示词语 w_k关于类 c_i的类别权重；w_k是第 k 个词，c_i是第 i 类文章；$f_k^{c_i}$是词 w_k在 c_i类中出现频率；$f_k^{d_j}$是词 w_k在文档 d_j中的出现频率；$D(c_i, f_k^{d_j})$ 是$f_k^{d_j}$在 c_i中的方差和均值；$f_k^c = E(f_k^{c_i})$；N 为总的类别数；λ 为比例系数。公式 5.5 主要将平均类别权重值大于阈值 W 的词作为特征词予以保留。而此方法是基于以下两种情况的出现而设定的。

1）低频词的变动。由信息的熵理论可以得出信息量的一般公式：

$$I(x) = \log\left[\frac{1}{p(x)}\right] \quad (5.6)$$

来表示。其中，$p(x)$ 是事件 x 发生的概率，x 可以是事件发生的概率，显然，事件 x 发生的概率越小则当 x 事件发生时，其提供的信息量越大（云俊和王少梅，2001），这也即是说，如果用户特征库内的文档内的词语发生变动时，其影响所提供的信息量就越大（王润生，2007），因此，如果中心词的词频较少而变动大时，则被仍赋予较小的权重。另一方面，如果词 w 的词频较低而共现频率很大，这种情况多出现在用户查询特征库中，此时根据信息增益公式，词 x 所含的信息量也相当大。

2）低频词分布性。有的低频词语在某个特征文档库中出现频率大，而在其他特征文档库中的出现概率很小，此时该类文档中出现的词汇对本类用户特征影响来说具有较多的信息，因此有时候可以让其成为中心词。

另外必须考虑停用词的高频性，因为在特征文档库中，仍然存在某些停用词没有被停用词表收纳，而停用词一般是在文章中出现较为频繁的词，因此，此类词语必须注意及时发现并删除。

基于上述词频差异，我们可以根据改进的词频算法进行中心词的选取，例如我们在对 9307 条查询词汇进行中心词提取时，发现了表 5.1 中 6 个查询词具有中心词倾向。

表 5.1　6 个用户中心词的选定（湖北省食品药品监督管理局日志）

核心查询词	张力值	RSQ	查询词容量	参数 c	参数 k
药品	0.040 39	0.998 68	100	1.005	2
管理	0.079 07	0.989 93	29	1.01	2
医疗	0.058 36	0.995 80	26	1.01	2
食品	0.053 34	0.993 00	22	1.01	2
器械	0.031 81	0.998 90	22	1.005	2
许可证	0.057 98	0.995 03	21	1.01	2

其中张力值是下文中提到的评价 MDS 模型拟合效果的一个标准，张力值越大，失真越大。根据 MDS 张力值的取值范围对可视化效果的影响，本书借用 Kruskal 提出的张力–

拟合度标准（表5.2）（Kruskav，1964）。同时，SPSS还提供了一个评价MDS模型拟合度的标准：RSQ（Peter et al.，2004）。RSQ是决定系数，表示总变异中能够被相对距离所解释的比例。RSQ越趋近于1，结果越理想。

5.1.3 基于非计量的MDS用户语词聚类分析

MDS（multidimensional scaling，MDS）算法起源于心理学，1952年提出该方法，并应用于研究人体不同部位对判断行为的影响，这项研究带动了该算法在各领域的发展。该算法可以将高维空间中的被研究对象转化为一个低维空间中的对象结构，通常包含经典MDS算法和其扩展算法。本书采用的非计量MDS算法属于后者（Jin Zhang et al.，2009）。

非计量的MDS分析方法被应用到邻近顺序排列（不同/相似）的数据中，为了把顺序相关排列的数据映射到一个低维结构中来，像经典MDS一样研究目标对象，必须借用单项转换程序把顺序排列的数据转换成非顺序排列的数据。这样一个转换过程可能会给数据带来一定的“噪声”。在高维空间的被研究对象映射到低维空间之后，对象之间的关系将有可能被保存在低维空间中。

$$\delta_{ij} \to d_{ij}，或者 f(\delta_{ij}) = d_{ij} \tag{5.7}$$

在非计量MDS中，δ_{ij}是在一个高维空间中的两个研究对象D_i和D_j的邻近，d_{ij}是对象D_i和D_j映射到低维空间中的欧几里得距离。这里$f(x)$是一个映射函数，它把高维空间中的对象转换比到低维空间中。很显然，在低维空间中被映射的对象D_i的定位是受它和相关对象的邻近度影响的。

假设D_i是一个有m维的低维空间MDS中的图像，$Xa(k=1, 2, \cdots, m)$是被调查对象（D_i或D_j）在低维度空间公式（5.7）中的坐标（X）。M通常为2或者3，所以投影结构式在一个可视的显示空间内。两个对象（D_i和D_j）在低维空间*MDS*中的欧几里得距离d_{ij}可以在公式5.8中得出。

$$D_i = (x_{i1}, x_{i2}, \cdots, x_{im}), \quad D_j = (x_{j1}, x_{j2}, \cdots, x_{jm}), \tag{5.8}$$

$$d_{ij} = \left(\sum_{k=1}^{m} (x_{ik} - x_{jk})^2\right)^{1/2} \tag{5.9}$$

投影的质量是由一个损耗函数来描述的，该损耗函数用来衡量在最小失真度的情况下的最优投影排列，公式（5.9）定义了描述损耗的Kruskal张力，或可以称为拟合度。非计量的MDS算法试图通过减小张力值（stress）来获得投影对象最优化的欧氏距离。公式5.10即为Kruskal张力值计算公式。

$$S = \left(\frac{\sum_{i=1}^{n}\sum_{j=1}^{n}(f(\delta_{ij}) - d_{ij})^2}{\sum_{i=1}^{n}\sum_{j=1}^{n}(d_{ij})^2}\right) \tag{5.10}$$

这个等式在现实中的意思就是由于不同原因导致d_{ij}通常并不等于公式中的$f(\delta_{ij})$，这是因为张力受很多因素影响，如被调查对象的数量、MDS空间维度、手机相近性的质量、选择回归函数的质量等。很明显，它们之间的差距越小，被投影对象在低维空间中的位置越精确。也就是说，张力越大，失真越大。对于拟合度的张力评价标准的经验法则已由 Kruskal 在 1964 年提出。如表 5.2 所示，在对前文提到的 6 个中心词所共同出现的 136 个共现词的评价中，Kruskal 张力所选的拟合度分别是 0.15、0.14 和 0.13。

表 5.2　张力–拟合度标准标准设置

张力值	0	0. 0.025	0.025 ~0.05	0.05 ~0.1	0.1 ~0.2	0.2 ~1
拟合度	Perfect	Excellent	Good	Fair	Poor	Bad

基于非计量 MDS 的中心主题词所表示的聚类空间距离可定义为比较成熟的绝对值距离（Block distance）距离、闵氏距离（Minkowski distance），欧几里得距离、切代距离（Chebyche distance）等。由欧几里得距离方法获得层次聚类效果如图 5.2 所示。

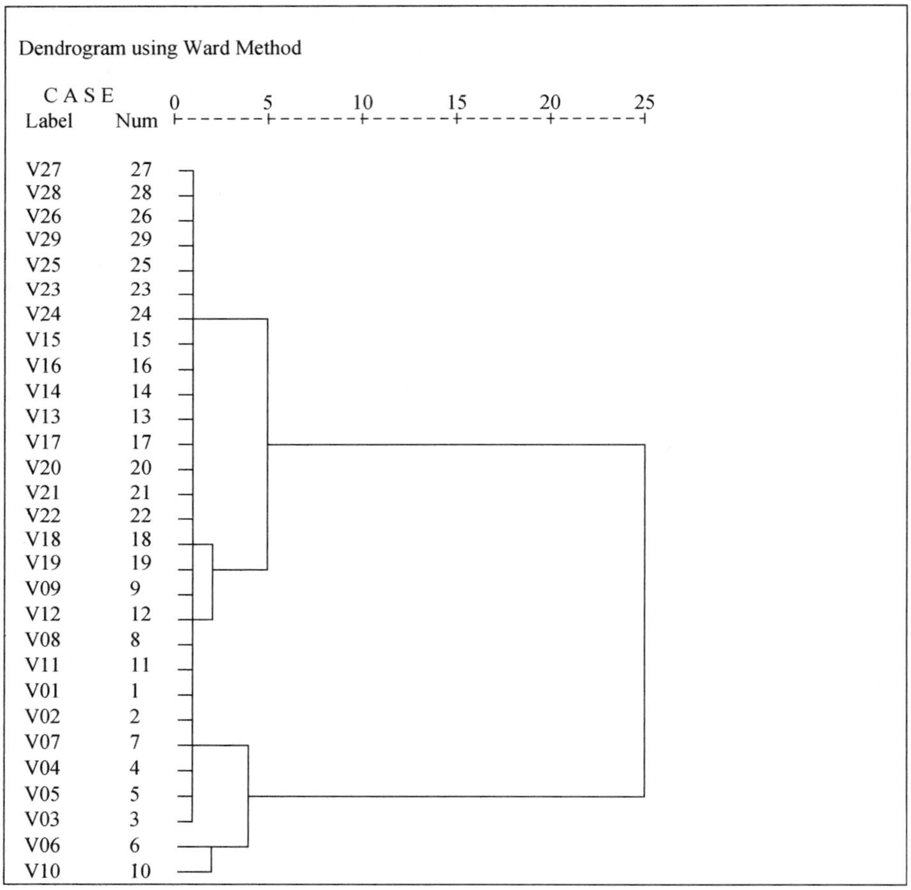

图 5.2　中心词的欧几里得距离（层次聚类）

由图 5.2 可以看出，参与聚类的“管理类”共现关联查询词可以划分为 3 类，具体聚类结果与图 5.1 聚类方法得到的结果相同，但与传统层次聚类相比较，三维空间聚类法最大好处是直观、灵活（化柏林，2016），能够很好地揭示词义间内在联系（表 5.3）。另外，三维空间聚类方法可以让人们更好地观察对象与对象的聚类样式、形状以及距离。MDS 三维空间聚类分析可以根据张力值与 RSQ 参数来有效反映观测数据质量。但是，三维空间聚类分析也存在缺点，例如分析对象（在本实例中指抽取到的核心关键词）不能太多，否则会造成边界溢出。层次聚类方法也具有一定的灵活性与直观性，能控制聚类的组数，但是传统聚类方法会产生投影重叠，使得可视化边界模糊。因此本书将层次聚类方法和三维可视化方法结合相结合并比较分析，以证实多维可视化方法的正确性与有效性。

表 5.3　三维可视化聚类结果与层次聚类结果的吻合度表

核心查询词	查询词容量	可视化聚类组数	层次聚类组数	聚类结果相同词数	吻合度（%）
药品	100	3	3	90	90.00
管理	29	3	3	27	93.10
医疗	26	3	3	26	100.00
食品	22	3	3	20	90.90
器械	22	3	3	21	95.45
许可证	21	3	2	17	80.95

5.2　用户行为词表的自动创建

词表的构建技术已经不是先进技术，但将词表自动构建技术运用到用户行为特征的序化上来的工作目前国内外还正处于研究阶段。国内外学者从 20 世纪 70 年代就开始词表自动构建相关工作，Salton 于 1971 年首先将自动构建的词表应用于信息检索实验中。此后，研究人员分别从理论方法和实现技术两个方面对词表的自动构建进行了大量研究工作，Chen Hsinchun 于 1997 年首次提出了基于概念空间方法的词表自动升级理论，并针对该理论进行领域主题词的实践工作（Chen Hsinchun et al.，1997）。

5.2.1　*n*-gram 技术

n-gram 是一种语言模型，最初主要支持英文大词汇连续读音识别之用。在英语语境中，其技术内容主要是指将长度为 n（字符）的窗口从大字符串的第一个字符处开始，从左至右连续移动。如窗口（$n=1$）时则为 unigram，窗口（$n=2$）则为 biogram，窗口（$n=3$）则为 trigram。例如，当 trigram 时，英文 computational linguistic 的 *n*-gram 序列式：com，put，ati，ona，l_l，ing，uis，tic。对于汉语而言，*n*-gram 技术则趋向于对句子结构的划分，当需要把连续的语句、拼音转化成断句时，利用 *n*-gram 技术计算具有最大概率的词语，从而实现连续拼音、笔画或者字母到语句的自动转换。例如“中文文献自动分类方法”可以生成如下字符串：

$N=1$：中，文，文，献，自，动，分，类，方，法

$N=2$：中文，文献，自动，分类，方法

$N=3$：中文文，献自动，分类方，法

⋮

$N=10$：中文文献自动分类方法

利用 n-gram 技术可以实现文本压缩、文献的自动分类、自动索引、超链接自动生成等。在汉语词表系统中，大多数词可由小于 4 个的汉字组成，1986 年出版的现代汉语频率词典常用词的统计表明，26.7% 的词为 Unigram，69.8% 的词为 bigram，2.7% 的词为 trigram（Chen et al.，1997）。可见，汉语里大部分词是由两个汉字组成的，而每个汉字为两个字节的编码。而英文字母一般占一个字节，因此，汉语的用户特征文档库中的词语应当选择 $n=4$，即 4 个字节，而英文文档中的 n 因单词的长度变化，n 宜选择 6 或者 7。

n-gram 模型的基本思想是，第 n 个词的出现概率只与这个词之前，即 $n-1$ 个词的出现有关，整个句子出现的概率就是该句子中各个词出现概率的内积。这些词语出现的概率可以通过从语料库中统计 n 个词同时出现在某一句话时的频率得到。

在用户特征文档中，中心词的重要性与其长度和在文献中出现的频率是正相关的，本书规定，中心词在含有中心词的文档中出现频率>1，另外设定中心词所在文档的长度为 Tlen，Tlen 可由文件的大小计算得知。因此，可以利用 GF/GL 权重法，综合上节提到的词频统计统计出中心词的权值：

$$\mathrm{GF/GL}=\frac{\log_2(\mathrm{freq})\times\log_2(\mathrm{len}+1)}{\log_2(\mathrm{Tlen})\times\log_2(\max(\mathrm{len})+1)} \tag{5.11}$$

freq 即表示中心词在一篇文档中出现的频率；len 表示中心词的长度。中心词权重确定之后，需要依据中心词的权值进行词汇筛选。表 5.4 即为“湖北省食品药品监督管理局”日志所得出的中心词“许可证”在用户查询特征库某篇文档中的筛选举例。

表 5.4　用户查询特征筛选

Field	Len	Tlen（k）	freq	GF/GL
许可	2	1.2	5	0.1338
可证	2	1.2	5	0.1338
许可证	3	1.2	5	0.1338

上述算法的实现受到运算量的影响，如果当中心词汇量过大且分布不规则容易产生很多噪声词，削减噪声的方法是将这些噪声词纳入到过滤词表中，噪音词与 TF-IDF 计算词频时的停用词表不一样，当依靠词频产生中心词时，需要设置停用词表进行过滤；而通过 n-gram 统计中心词的权重值时，需要过滤噪音词，中心词将作为用户行为词表的主要词汇来源，根据此方法，从湖北省食品卫生监督管理局提取的 9307 条查询词组，共 21 037 条词汇中产生的 6 个中心词的 GF/GL 权值如表 5.5 所示。

表 5.5　用户中心词汇的 GF/GL 权值

中心词	Avg Tlen（k）	Avg Len	Len	GF/GL
药品	1	0.998 68	1.5	100
管理	1	0.989 93	1.1	29
医疗	1	0.995 80	1.2	26
食品	1	0.993 00	1.1	22
器械	1	0.998 90	1.4	22
许可证	1	0.995 03	1.9	21

5.2.2　基于 *n*-gram 技术的词词关系自动识别

词表可以看作是具有语义标示的不同词语组成的概念以及概念关系组成的集合，在信息检索领域，概念之间的关系大致包括等同（equal）和相关（relevant）两种关系，而词表的自动构建需要建立在关键词（本书称之为中心词）的遴选、抽取之上的，通过一定的自动规则和计算机程序自动构建。因此，必须将词间的关系通过概念链接的形式显现出来，以达到进行语义检索的要求。通过计算机完成词间关系的自动识别，从而自动生成用户中心词词表。

在完成词间关系识别之前，必须设立词间关系模式匹配规则。对于现有词表来说，比较成熟的规有：基于词的相似度算法（金博等，2005）、基于同义词的相似度算法（姚冬磊等，2010）、基于共现分析的算法（王曰芬等，2007）和基于模式匹配的识别方法。针对用户特征词库的不同类型，宜采用不同的识别方法。例如，基于用户查询行为的特征库，用户中心之间具有共现现象，因此本书采用“共现分析+模式匹配”两种方法综合的词间关系识别。

5.3　词词关联矩阵及词间关联值的算法

在面向用户的模糊集合检索系统中，词词关联矩阵的构造意义重大。它直接关系到词表的词序和关联强度。本书尝试从词间关系控制的角度出发，探讨词词关联矩阵中词间关联值的改进算法。关联矩阵法是常用的系统综合评价法，它将每个替代方案有关评价指标及其重要度和该方案关于具体指标的价值评定量用矩阵形式来表示（刘国峰等，2013）。

5.3.1　模糊集合理论中的词词关系数据处理

在模糊集合理论中，构造和处理矩阵时通常有两种策略：①静态存储策略。②动态缓存策略。由于能够提升和改进系统效率的作用，数据库中表的重构和重组时常应用到静态存储策略和动态缓存策略。因此，本小节创造性地将上述策略应用到了词词关联矩阵的构造中。

5.3.1.1 现有算法及关系数据处理方式

回顾词词关联矩阵的构造过程，词间关联值算法如下：

$$C_{il}=n_{il}/(n_i+n_l-n_{il}) \tag{5.12}$$

式中，n_i、n_l 分别表示索引词 k_i、k_l 的文档频率，n_{il}表示同时含有索引词 k_i、k_l 的文档频率（Yasushi Ogawa et al.，1991）。显然，词间关联值是基于语词在文档集合中的同现分布特征统计得到的，因此也称之为“语词共现度”（Kostoff R N，1991），其大小表明语词之间的关联程度。基于此构造的词词关联矩阵可转换为经过序化处理的若干个三元组关系数据的集合，数学形式可描述为三元组关系：R_{ij}（首索引词，尾索引词，词间关联值）。采用关系数据处理方式主要是基于以下考虑：

1）便于利用关系数据库操作处理。每一个局部词词关联矩阵从数据结构上看就是数据库中的一张临时表，其中每一个三元组关系数据就是临时表中的一条记录（David et al.，2004）。现有算法涉及关系数据库中记录表或者索引的查询操作。改进算法在现有算法的基础之上，引入了词表控制机制，而词表控制机制的实现需要借助关系数据库记录级别的触发规则设计。

2）目前针对关系数据的分析软件很多，上述形式的处理是大多数关系数据分析软件所支持的，可以借助关联数据分析软件（如 UCINET、SNA 等）来比较现有算法和改进算法，并实证改进算法有助于提升语词关系网关联性。

5.3.1.2 现有算法问题

从词间关系控制的角度考虑，观察到现有的词间关联矩阵算法存在 3 个方面的问题：

1）语词之间存在假相关。假相关的提出是基于以下情形考虑：索引词 k_i、k_l 在某一文档 d_j 中共现只能说明两者存在形式上关联，并不代表两者一定存在语义上的关联。语词假相关为检索带来了噪音，往往会导致误检发生，从而影响到系统的查准率（Cheng et al.，2005）。

2）词义控制差。一义多词和一词多义问题一直是信息检索亟待解决的难点。一义多词牵涉了语词之间的等同关系，在缺乏词表参照系统或者同义词表的情况下，等同关系只能近似处理为相关关系。一词多义涉及语词之间的相关关系，正常情况下语词含义的判定需要通过上下文，现有算法是综合语词在文档集合中同现分布的统计特征得到的，脱离了上下文，容易造成误相关。

3）词间关系不够丰富准确。缺少了词表控制，词间关联值仅仅表述了语词之间形式上的相关关系，语词之间的等同和等级关系未被显式定义，被看成相关关系的一种形式，这样表述对于查准率会有帮助，但是查全率会受影响（王军，2009）。

5.3.2 模糊集合理论中词词关联矩阵改进算法设计

改进算法在现有算法的基础之上，参考前人的相关研究方法：相似性叙词表（Jing et al.，1994）和联想学习（Jae-Hun et al.，2002），引入词表控制机制，通过调整词间关联值来丰富语词联系，进而达到提升系统检索效率的目的（熊霞和常春，2010）。

无论是现有算法还是改进算法，设计对象都是三元组关系数据：$(k_i, k_l, C_{il}) \in R_{il}$。算法所涉及参数见表 5.6。

表 5.6 词词关联矩阵算法参数列表

集合词语	文档集合名称	文档集合大小
k_i	A	n_i
k_l	B	n_l
k_i，k_l	$A \cap B$	n_{il}

改进算法基于以下 4 种词间关系控制情形考虑。

5.3.2.1 情形一

如果词表中索引词 k_i、k_l 之间存在等同关系，则 $C_{il}=1$。假设 k_i 是正式叙词，k_l 是非正式叙词，D 为代项，Y 指引正式叙词，那么 k_i 与 k_l 的等同关系可以表示成：

k_i　　　　k_l
　　　　或
D　k_l　　Y　k_i

实际上，等同关系（equivalence relationship）反映的是一个概念的规范用词和它的非规范用词间的关系（如“教师”和“老师”）。挖掘词表中的等同关系的目的在于加宽检索入口或者根据检索系统需要对标引和检索的专指度进行控制（杨慧和曹锦丹，2011）。

现有算法下，集合 A 和集合 B 不一定完全重合，等同关系被当成相关关系的一种形式来处理，具有等同关系的语词词间关联值 $C_{il} \leqslant 1$，这符合实际，但对于查全率有一定影响。改进算法下，等同关系显式声明并独立成为一种形式，k_i、k_l 所对应的文档集合人为处理为 $A=B$，则此时 $n_i=n_l=n_{il}$，$C_{il}=1$，这样处理加强了同义词之间的语义联系（Xu et al.，2000），解决了“一义多词”问题，扩展了查询范围。

5.3.2.2 情形二

如果词表中索引词 k_i、k_l 之间存在等级关系，假设 k_i 是下位词，k_l 是上位词，则 $C_{il}=n_i/n_l$。S 为属项索引词 k_i 和 k_l 之间的等级关系可以表示为

k_i　　　　k_l
　　　　或者
S　k_l　　F　k_i

实际上等级关系（hierarchical relationship）又分为属种、整部和多层级 3 种层级关系，

每种关系都有上下位词之分，下位词都必须与上位词同类，也就是说，上下位词都必须属于同一范畴内的概念。在检索系统中，揭示词语间的等级关系有助于缩小查询范围，提高检索性能（张雪英和侯汉清，2000）。

现有算法下，等级关系也被看成是相关关系的一种形式，A 与 B 之间的关系未被显式定义，不利于通过文本分类方式进行检索。改进算法下，由于 $A \subset B$，则 $n_i = n_{il} < n_l$，$C_{il} = n_i / n_l$。这样处理有助于帮助系统将查找范围快速定位在上位词所对应的文档集合，从而提升系统工作效率。

5.3.2.3　情形三

如果词表中索引词 k_i、k_l 之间存在相关关系，则认为这种相关关系是强相关，$C_{il} = n_{il} / (n_i + n_l - n_{il})$。$Y$ 指引正式叙词，D 为代项，C 为参项，则索引词 k_i、k_l 之间的相关关系可以表示为

$$\begin{matrix} k_i & \\ C & k_l \end{matrix} \quad \text{或者} \quad \begin{matrix} k_l & \\ C & k_i \end{matrix}$$

事实上，相关关系（associative relationship）与等同关系和等级关系一样，是应索引词描述需要而产生的一种相关关系。它揭示的是语词之间的主要联系。对语料库中相关关系的挖掘可以扩大检索范围。

改进算法延续了现有算法的设计，这也是现有算法中唯一遵循词表控制的部分。为了和下一种情形做出区别，本书将这种情形下的相关关系称之为强相关关系。强相关关系排除了语词之间存在假相关的可能，确认了语词之间存在语义上的关联，有助于提升检索查准率。另外，改进算法对于一词多义问题也有改善。一词多义主要涉及了语词之间的相关关系，现有算法可能会导致误相关出现，改进算法借助词表系统，通过与语词相关的注释和限定来分析语词含义，很大程度上规避了误相关的发生。

5.3.2.4　情形四

如果词表中索引词 k_i、k_l 没有定义上述的任何一种关系，但不排除在某几篇文档中可能存在共现，若 $C_{il} = n_{il} / (n_i + n_l - n_{il}) \neq 0$，则定义语词之间存在弱相关关系。弱相关关系指的是语词之间存在形式上的联系，很大可能不存在语义上的联系，也就是说在这种情形下，语词之间存在假相关性的可能性大。针对这一情形，改进算法有两种处理方式：归 0 处理和 K 阈值，系统开发者可酌情选择。

归 0 处理是一种简单化的处理方式，直接设置弱相关关系语词间关联值 $C_{il} = 0$，步骤简单，易于处理，但处理方式过于武断，可能会丢失相关文档，影响检索的查全率。

K 阈值是一种分段化的处理方式，设词间关联值阈值为 K，若弱相关关系语词间关联值 $C_{il} \leqslant K$，则 $C_{il} = 0$，反之 C_{il} 保留原值。这种处理方式的关键在于 K 值的确定，K 值对于系统查准率和查全率都有一定影响，需要相关训练文档集进行实验确定。除此之外，关于 K 值的设计，模糊集合检索系统可以赋予用户选择的自由度，用户可以根据反馈结果修改

系统预定义的 K 值，直到找到理想结果集为止。

至此改进算法设计过程完成。显然，词表控制的思想贯穿了整个设计过程，接下来工作的重心就是将词表控制逻辑在系统中转化为词表控制机制。

5.3.3 词词关联矩阵的 sql 描述与检索控制

词表控制机制设计的主要内容是建立词表与词词关联矩阵的沟通方式。在上文中我们通过关系数据库的临时表和记录来处理词词关联矩阵和关系数据的方式，同上，这一部分笔者尝试通过数据库对象（存储过程、函数等）来定义触发规则，从而实现词表和词词关联矩阵的沟通。下面笔者以存储过程为例，说明词表控制机制设计的过程：

1）读取词词关联矩阵中的一对语词。

2）读取词表中对应语词间的关系。

3）依据词间关系，按照改进算法要求更新词词关联矩阵词间关联值。

具体的 sql 描述如图 5.3 所示。

```
CREATE   PROEDURE    pro_1  (ref_1  string,  ref_2  string)
AS
DECLARE    @参照符号   CHAR
SET  @参照符号    = (SELECT    参照符号
FROM  叙 词 表
WHERE   首叙 词 = @ref_1   AND  尾叙 词 = @ref_2)
UPDATE   # 词词关联矩阵
SET  词间关联值    = (CASE   @参照符号
WHEN   "D" OR  "Y" THEN   1
WHEN   "S" THEN    ni/nl
WHEN   "F" THEN    nl/ni
WHEN   "C" THEN    nil/(ni+nl-nil)
ELSE   0
END);
DECLARE    cursor_1    CURSOR    FOR
(SELECT    首索引词，尾索引词
FROM  # 词词关联矩阵);
OPEN   cursor_1
FETCH   NEXT   cursor_1    INTO:ref_1,:ref_2;
WHILE   @@FETCH_ST     ATUS   = 0
------(全局 变量 为0，表示游标未超出记录表的最后一行)
EXEC   PROEDURE     pro_1(ref_   1, ref_2)
FETCH   NEXT   cursor_1   INTO:ref_1,:ref_2
END
CLOSE   cursor_1;
```

图 5.3　词词关联矩阵的 sql 描述

其中，ref_1 代表系统读取的词词关联矩阵表记录的首索引词字段值，对应于词表记

录中的首叙词字段值，ref_2 代表系统读取的词词关联矩阵表记录的尾索引词字段值，对应于词表记录中的尾叙词字段值。因为词词关联矩阵表存在多条记录，所以必须定义游标 cursor_1，依次循环取出初始词词关联矩阵表记录字段值赋给变量 ref_1 和 ref_2，并执行存储过程 pro_1（ref_1，ref_2），读取词表判断索引词的词间关系，词间关系用参照符号指示，D 代表代参照，Y 代表用参照，S 代表上位参照，F 代表下位参照，C 代表相关参照，进而按照改进算法要求更新词间关联值，这样在循环结束之后初始词词关联矩阵就转变成了改进算法所要求的词词关联矩阵，进而可以向用户提供语义检索。上述过程如图 5.4 所示。

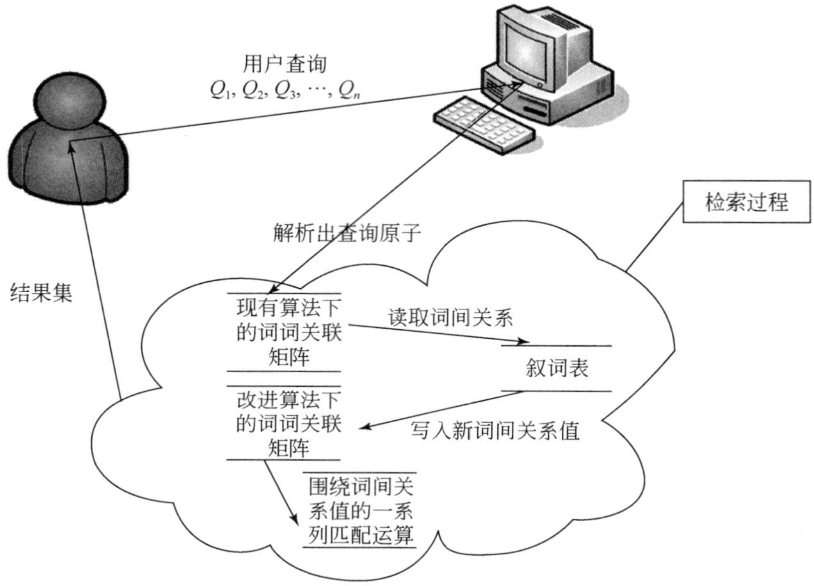

图 5.4　词表控制下的语义检索过程

5.4　实证：词表关联矩阵词间语义关系验证

5.4.1　集合法对改进算法的分析

对比现有算法，改进算法有诸多优势，下面将从集合方面来进行论证。集合分析采用的分析工具是文氏图，语词关系网采用的分析软件是 UCINET。

集合分析通常使用文氏图作为分析工具。分析思路如下：词词关联矩阵中的每一个语词在文档中都对应一个模糊文档集合，如果每一个语词都被看成是一个类别，则词间关联值可以映射为语词各自所对应的文档集合的重合度。词间关联值越大，文档集合重合度越大。词间关联值为 1，则文档集合完全重合。词间关联值为 0，则文档集合没有重合。

借助文氏图，现有算法下，文档集合只存在两种关系：相交、相离。改进算法下，文档集合存在多种关系：重合、相交、相离、内含等，参见表 5.7。重合关系和内含关系在现有算法下被当成相交关系的一种形式，在改进算法下则独立出来。表 5.7 对词表词词关联矩阵两种算法关系进行了比较。

表 5.7　对词表词词关联矩阵的两种算法关系的比较

	改进算法	现有算法
等同关系	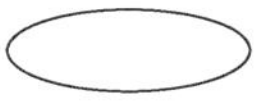	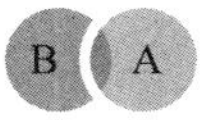
相关关系	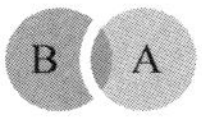	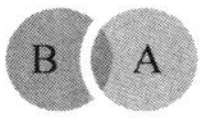
等级关系	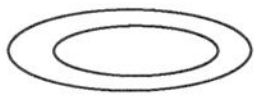	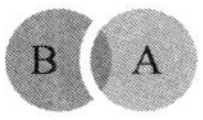
无关系	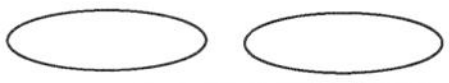	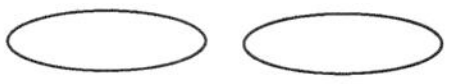

根据表 5.7，以文档集合重合度 $L=(A\cap B)/(A\cup B)$ 为评价指标，L_o 表示现有算法下的文档集合重合度，L_n 表示改进算法下的文档集合重合度，分析结果如下：

1）等同关系下，因为 $(A\cap B)=(A\cup B)$，故 $L_n=1\geqslant L_o$

2）等级关系下，因为 $(A\cap B)\subseteq A$ 或 $(A\cap B)\subseteq B$

$$L_n=(A/(A\cup B)\text{或 } \mathrm{B}/(\mathrm{A}\cup\mathrm{B}))\geqslant L_o=(A\cap B)/(A\cup B)$$

3）相关关系下，$L_n=L_o=(A\cap B)/(A\cup B)$

4）无关系下，因为 $(A\cap B)=\boldsymbol{\Phi}$，采用归 0 处理，$L_n=0\leqslant L_o$

由上述结果可知，情形一和二可以得到 $L_n\geqslant L_o$，说明改进算法提高了文档集合重合度，而文档集合重合度的提高又提升了系统的检索效率。下面以等同关系为例来说明，假设 k_i 作为检索式中一个检索原子，与 k_i 具有等同关系的语词集合为 $\boldsymbol{\Omega}$。在集合分析中，对于每一检索原子来说，都存在一个模糊的文档集合与之相关。定义与 k_i 相关的模糊文档集合为 D_i，对于任一文档 d_j，其隶属于集合 D_i 的隶属度值可以通过下列计算：

$$\mu_{ij}=1-\prod(1-c_{il}) \tag{5.13}$$

如果文档 d_j 中的词与 k_i 有联系，且 μ_{ij} 大于 D_i 所要求的最小隶属度阈值，那么该文档就属于与 k_i 相关联的模糊集。无论何时，文档 d_j 中只要存在一个索引词 k_l 与索引词 k_i 有强联系（如 $c_{il}=1$），那么 $\mu_{ij}=1$，也就是说，索引 k_i 对于文档 d_j 来说是一个好的模糊索引。相反，当 d_j 中的所有索引词都与 k_i 几乎都没有联系时，索引 k_i 对于文档 d_j 来说不是一个好的模糊索引（Ogawa et al.，1991）。现有算法下，k_i 与 $\boldsymbol{\Omega}$ 中任意一个语词词间关联值 $c_{il}\leqslant 1$，因此包含了 $\boldsymbol{\Omega}$ 中语词的文档相对于 D_i 的隶属度 $\mu_{il}\leqslant 1$，这意味着得到的检索结果包括两类：含有 k_i 的文献、与 k_i 具有等同关系的语词所对应的部分文献。改进算法下，k_i 与 $\boldsymbol{\Omega}$ 中任意一个语词词间关联值 $c_{il}=1$，代入式（5.13）计算得到 $\mu_{il}=1$，则检索结果可以得到 k_i 及与 k_i 具有等同关系的语词所对应的全部文献。

通过上面的例子，我们认识到文档集合重合度的提高从侧面证明了μ_{il}的增大，即检索原子所对应的模糊文档集合容量增大，意味着更多与检索原子相关的文档会被检出。

情形三：$L_n = L_o$，改进算法和现有算法没有差别。

情况四：$L_n \leq L_o$，因此最后一种情形采用归 0 处理方式必须慎重，系统可以采用 K 阈值方式或者其他更为合理的方式，从而最大限度地降低其对改进算法的负面影响。

5.4.2 语词关系网对改进算法的实证分析

语词关系网并非真正意义上的词网。它是由词词关联矩阵表中的三元组关系数据构成网络，可以通过相应的软件来分析及可视化呈现。语词关系网类同于社会关系网，每一个语词对应于社会中的每个个体。语词间关系强弱有度，个体间关系亲疏有别。语词间存在上下位关系，个体则隶属于不同的家族谱系。正是基于以上共同点，相对成熟的社会网络分析方法和工具同样适用于语词关系网的分析，因而采用语词关系网进行实证分析是有理有据的。

语词关系网是揭示语词及语词间关系的网络，通过相应的分析软件，可以对语词进行聚类、中心度分析和关联度分析。聚类分析揭示了语词关系网的主题分布，中心度分析揭示了语词关系网的向心程度，关联度分析揭示了语词关系网的联系程度，这些分析方法都是源于社会网络分析。

在借鉴前人研究成果（张会平和周宁，2008）和实例（姜春林和陈玉光，2010）基础上，本书采用社会网络分析软件 UCINET 来分析和可视化呈现语词关系网，选择的原因基于两点：第一，社会网络分析软件处理的对象是关系数据，由现有算法可知，词间关联值不能隔离看成是关联任意一端语词的属性数据，只能表示成关系数据。第二，UCINET 软件支持矩阵数据输入，拥有完善的网络分析功能，便于可视化呈现语词关系网。分析过程与结果对比有如下四个环节。

5.4.2.1 确定数据集

为了避免人为操作带来的误差，保证分析结果的准确性，我们借助 EXCEL 中的 RAND（）函数随机生成 50×50 矩阵。由于词词关联矩阵是对称矩阵且对角线值为 1，因而还要对 50×50 矩阵进行对称化处理。处理后的 50×50 矩阵笔者称之为源数据集，源数据集为以后的分析提供了数据来源。

1）现有算法下的词词关联矩阵：为了保证可视化语词关系网的清晰，我们从源数据集中截取 15×15 矩阵导入 UCINET 进行分析，保存数据集名称为“现有算法数据集 . ##h”，参见图 5.5。

2）改进算法下的词词关联矩阵：在 UCINET 软件中打开“现有算法数据集 . ##h”，模拟词表控制环境，随机分别选取一对语词存在着改进算法所论述的 4 种情形，并按照改进算法的要求修改词间关联值，另存数据集名称为“改进算法数据集 . ##h”。

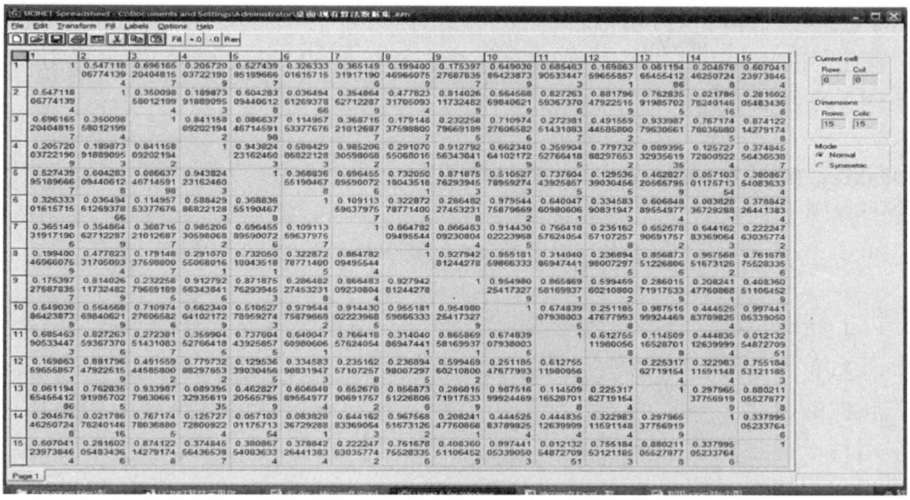

图 5.5　现有算法数据集

5.4.2.2　利用分析方法密度确定评价指标

分析方法密度（density）是评价网络关联程度的重要指标，取值范围为［0，1］。密度越大，语词关系网关联越紧密，反之亦然。因此本书采用密度作为语词关系网关联性的评价指标。在 UCINET 软件菜单栏依次点击 Network—Cohesion—Density，载入“现有算法数据集 . ##h”，结果参见图 5.6 现有算法下密度分析结果。同样方法，载入“改进算法数据集 . ##h”（假定一对语词在词表中存在等同关系，更改了现有算法数据集下的第 15 ~ 8 列和第 8 ~ 15 列的词间关联值为 1），结果参见图 5.7 的改进算法下密度分析结果（基于改进算法情形一）。

```
Density (matrix average) = 0.5060
Standard deviation = 0.2919
```

图 5.6　现有算法下密度分析结果

```
Density (matrix average) = 0.5083
Standard deviation = 0.2948
```

图 5.7　改进算法下密度分析结果（基于改进算法情形一）

5.4.2.3　实证结果分析

1）对比图 5.5 和图 5.6，笔者注意到改进算法情形一对于语词关系网关联性有增益作用，因为密度 0.5083>0.5060。

2）同上方式，随机选取一对语词在词表中具有等级关系，修改词间关联值，载入分析。结合集合分析法的分析结果，可推知改进算法情形二也增强了语词关系网关联性。

3）同上，随机选取一对语词在词表中具有相关关系，但不更新词间关联值，则密度维持不变，改进算法情形三对于语词关系网关联性无增益作用也无削弱作用。

4）同上，随机选取一对语词在词表中无任何关系，采用归 0 处理，更新其词间关联值为 0，笔者发现密度为 0. 4988，比现有算法密度 0. 5060 小，分析结果参见图 5. 8。对于语词关系网关联性具有削弱作用。

```
Density (matrix average) = 0.4988
Standard deviation = 0.2949
```

图 5. 8　改进算法下密度分析结果（基于改进算法情形四）

综合以上分析，笔者总结出改进算法情形一、情形二对词语关系网关联性有增益作用，情形三无增益也无削弱作用，情形四有削弱作用。这 4 种情形的综合作用决定了语词关系网关联性的变化。参考改进算法的情形四，我们认识到情形四对语词关系网关联性的削弱作用可以通过阈值设计弱化。还有另外一种方式可以减少改进算法情形四的出现，这就是完善词表系统，丰富词间关系，减少“独词”存在（常春和王星，2011）。通过以上的措施，改进算法对语词关系网关联性还是具有很大的增益作用，而且这种增益作用会随着语词关系网规模变大而加强。夏立新等（2013）也谈到了语词间关联的挖掘程度是影响检索效率的重要因素，挖掘程度越深，检索效率越高。改进算法相比现有算法最大的优势就是引入了词表控制机制来丰富语词间关系和深化语词间联系，正是词间关联值 c_{il} 的变化，导致了密度的变化，进而影响到语词关系网关联性和检索效率，而且这种连锁变化是同向的，实验结果和集合分析法的结果分析也证明了这一结论。

5. 4. 3　语词关系网的语义可视化呈现

可视化的语词关系网有两部分组成：点和线。每一个点代表语词的 ID，每一条线代表语词之间存在关联，线上数值表示了词间关联值。改进算法和现有算法下可视语词关系网的不同之处就在于线上数值的细微变化。本书使用 UCINET 生成改进算法情形一和现有算法所对应的语词关系网，参见图 5. 9 和图 5. 10。

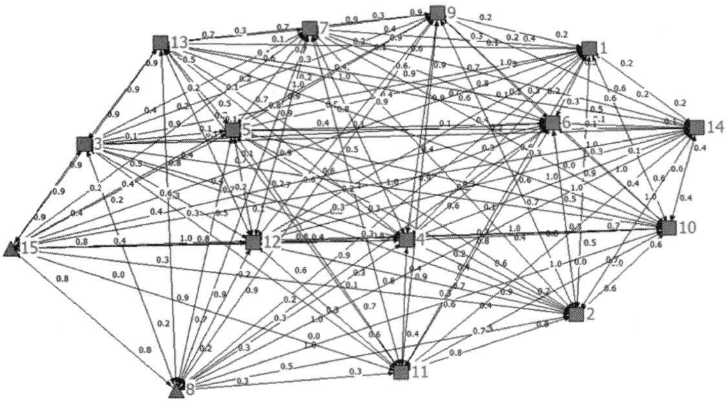

图 5. 9　现有算法下的可视语词关系网

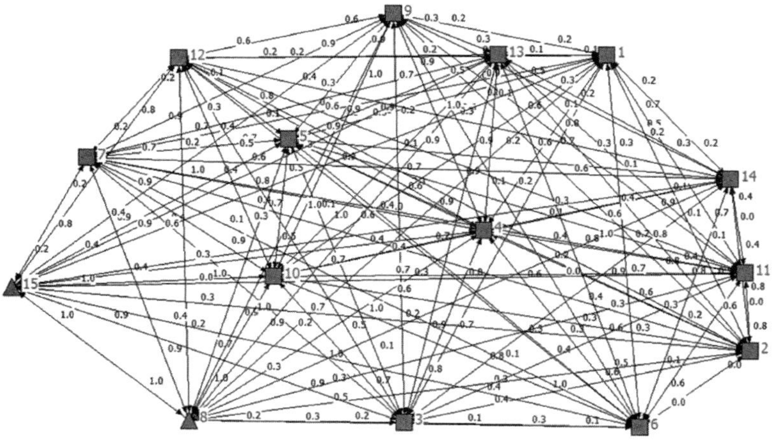

图 5.10　改进算法下的可视语词关系网

注：图中词间关联值无变化的节点用“方块”标识，词间关联值变化的节点用“上三角”标识。通过对比可以看出，图中 ID=15 和 ID=8 的节点词间关联值由 0.8 变为 1.0。

5.5　用户词表与现有词表的融合

本章的前几节笔者主要论述针对用户行为特征库中，对于用户行为词表的构建以及词表中词间关系算法的设计问题。接下来需要做的工作便是利用已有的用户行为词表与现有词表的融合，本书以国家《电子政务主题词表》项目 EGS/WG6 5.7.1 中的基本框架与上文中的词表扩展为例，试图将动态用户行为特征库中的词表融合进电子政务主题词表，并在此基础上尝试引入比较排序、相关性排序、PageRank 等方法对词表进行融合与重排。

5.5.1　基于比较排序的融合

在经典的数学理论中，排序原理已为人们所熟悉，排序理论在不等式的证明和最优化设计方面有广泛的用途，同时与排序原理相关的排序思想在解决信息融合与信息合并方面也非常有用（汪旺滔，1991）。其基本思想便是基于序列表（list）的概念（李培，2007）：

对于一个给定的全集域 U，一个关于 U 的有序列表 l 是子集 $S \subseteq U$ 的一个排序（Ranking），即 $l=[x_1 > x_2 > \cdots > x_n]$，其中 $x_i \in S$，$>$ 是 S 上的某种排序关系。也就是说，如果 $i(i \in U)$ 出现在 l 中，$l(i)$ 表示 i 在列表 l 中的位置或排序。一个处于高位的（或权重相对较大）的元素在列表中具有小数的位置，对于列表 l，$|l|$ 表示元素的数量。根据在 l 中出现的信息内容，有全列表（Full list），全序列表（Full Ranked list），部分列表（Partial lists）与部分有效列表（Valid Partial Lists）。

1）全列表：如果 l 包含 U 中的全部元素，并且 l 中的元素没有经过某种算法的排序，则 l 称为对于 U 的全列表。全列表事实上是 U 的全排序（排列），但是有可能有相同的元素处于不相邻的位置。例如，如果 U 代表所有用户特征库中的时间序列，那么相同时间内两个用户的数据可能分布在 l 的两个不相同位置。

2）全序列表：全序列表 T 是全列表 U 中的一个子集 $T\subseteq U$，其所有权重相同的元素均处于相邻的位置。

3）部分列表：由于内存与计算瓶颈的问题，有些情况下实现全列表的融合并不是十分容易的事，因此很多情况下的词表间合并操作是分块进行的。一个典型的例子就是一般搜索引擎，搜索引擎可以看作是显示的搜索结果列表 l_1 与未被显示的搜索结果列表 l_2 和合集 U，U 代表全部网页的连接集合。即使查询提问可能诱导出一个搜索引擎所标引网页的全部排序，但一个搜索引擎的索引集合必定只是 U 的一个子集，因此有一个严格的不等式 $|l|<|U|$。

4）部分有效列表：部分有效列表是部分列表的一个特例。只有在所有元素有效的情况下，部分列表才能称作有效列表。用户行为词表与现有词表进行代数聚合的很多情况下都使用的是部分有效列表。例如，S 是被一定搜索引擎标引的全部网页的集合，l 是针对一个提问搜索引擎的前 100 个相应结果，显然未出现在列表 l 中的网页可以假定被搜索引擎排序在 100 之后。这种只对 S 的一个子集排序并且隐含着每个被排序的元素均高于未排序元素的列表称为前 d 列表，d 是列表的规模。

一般来说，排序聚合算法接受两个或两个以上的排序列表，并试图将这些列表整合进单个列表，其目的是使聚合后的词表能在性能上高于所有参与聚合系统的性能。利用现有词表或词表库之间的元搜索引擎进行语义搜索结果选择，在衡量搜索结果的权重时，结合词语的特征与权值（前文提到的 n-gram 技术）进行对比。

排序算法应用于具有概念性描述的词库时，可以类比排序融合中的投票模型：有 n 个候选人，m 个选民每人对这 n 个候选人投票，最终在 n 个候选人中选出最合适、最符合民意、也符合逻辑的那个人。词表中的词可以看作候选人，选民可以看作该主题词所包含的特征参数，例如词频、用户特征值等。又有如下方案。

方案一：直选，设选民 m_i 的选票为 k 张，则候选人 n_i 将会获得 mk 张选票，而这样做的问题是会导致一种“鹬蚌困局”。

方案二：2 选制，每人一票，如果无人获得大于 50% 的支持，则将得票最高的两个候选人拿出来，再进行一轮选举，得票多的人获胜。

方案三：n 选制，每人一票，如果无人获得大于 50% 的支持，则去掉支持最少的候选人，再进行一轮投票，若依旧无人获得大于 50% 的支持，再去掉得票最少的候选人，直到有人大于 50% 支持为止。

方案四：即刻复选制，每个民众对候选人进行排序，如果某个候选人获得了 50% 以上的首选，则直接获得胜利，否则淘汰票数最低的候选人并把票数最低候选人的得票中的第二候选人拿出来，分给对应的候选人，如果有人获得 50% 以上，则当选，否则再淘汰一位最低的，并且把他的得票分给里面排序最高的且未被淘汰的候选人，如此往复。

方案五：上行复选制，跟方案 4 类似，只不过第一轮淘汰的不是支持最少，而是反对最多的候选人（获得最多末选票的候选人）。

方案六：多赛制，民众对候选人排序，然后候选人之间两两竞赛，统计每一张选票上看候选人 A 在候选人 B 前面还是 B 在 A 前面，如此找到获胜场次最多的候选人来赢得选举。

在现实世界中，每一种投票模型均有自己的实际例子，而最适合于词表排序融合的方案是方案二（具体评论过程不赘述）。表 5.8 是投标模型的一个实例：输入称为投票特征描述（voting profile），具有 5 个候选人（主题词）与 10 个投票者（特征向量）。

表 5.8　投票模型

2：	$c,\ a,\ b,\ d,\ e$
2：	$b,\ c,\ e,\ b,\ a$
3：	$d,\ c,\ b,\ e,\ a$
3：	$c,\ a,\ b,\ d,\ e$

社会选择函数将投票特征描述映射到一个候选者集合。对于上面投票特征描述的例子，简单多数规则（或称为多数得票）认定候选者 c 赢得选举，因为他得到了 4 个排序第一，多于其他候选者。多数投票算法和位置方法具有明显区别：前者以候选者的一系列成对比较为基础，而后者以候选者得到的排序值为基础。一般多数算法（简单多数）每次给排序第一候选者 1 分，其他位置 0 分，而位置算法根据投票者给候选者的位置或排序来计算每个候选者的得分。

基于位置的排序聚合方法具有倒数法、Borda 记数方法、民主融合方法（王征等，2006）、Condorcet 方法等。基于用户行为的词表聚合应该根据现有词表的粒度、深度和框架进行聚合。但是，需要认识到，词表聚合功能只是词表合并功能的延伸，因为它是一个将多个词表融入一个词表的过程，其算法具有很多种，但都是基于创建用户行为词表的根本目的是词表向本体的转化。

5.5.2　利用词间语义关系合并

词间的语义关系是根据词语的权重产生的语义概念，词间的语义关系在种类上可以分为等同关系的合并、相关关系合并与等级关系合并（常春等，2010）。

5.5.2.1　等同关系合并

等同关系是在词义上具有相通概念的术语集合，等同关系合并的主要目的就是将这些存在于不同词表的、具有相同词义的主题词合并成一个整体，用一个标准化的词汇表达这个集合。因此，一个集合之中需要有一个代表性的词语作为集合的代表，我们再次利用词频这一指标对代表词汇进行指定。等同关系合并模式如图 5.11 所示，首先划定主题词和非主题词，如果主题词 A 所代表的概念等同于 B 所代表的概念，A 的词频高于 B 的词频，则选择概念 A 作为代表主题词进行合并。合并之前，主题词的身份起参考性作用，但不是决定作用，也就是说，有可能出现新的主题词覆盖原有主题词，在新的主题词集合中，会继承原来的一些等级关系，但是等级关系的具体细化工作，则由新词表的规则决定。

在本章的数据源：湖北省食品药品监督管理局的用户日志文件中，“械”主要是指医疗器械、工具、机械等。而在《医药主题词表》中，械也主要指“工具”“器械”“机

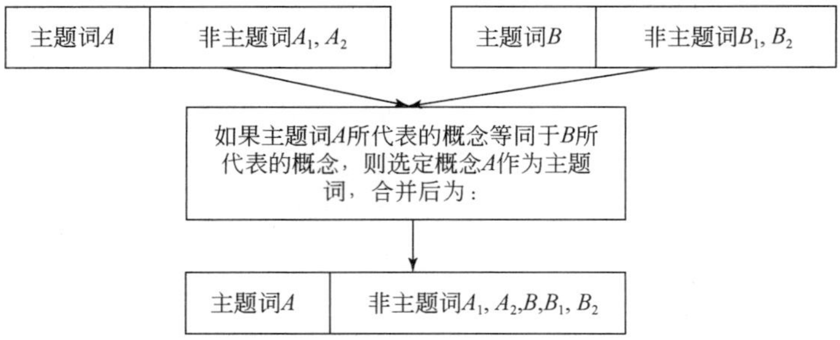

图 5.11　等同关系合并模式

械”；如果将来自这两个概念域的关于“械”的等同关系合并，结果就是“械”代“医疗器械”“工具”“机械”。以上例子是根据经典的等同关系合并模式所完成的，在实际合并中，还需要再次进行语词间逻辑检查，以促成用户主题词与现有词表的融入。

5.5.2.2　相关关系的合并

由 5.5.2.1 节可知，相关关系与等同关系不一样，不能归并为一个集合，需要重新划定一个词为主题词和一个非主题词，而原来的主题词也有可能成为一般词汇。相关关系模式合并可参考图 5.12。假定原有词表中，与主题词 A 具有相关关系的主题词有 B 和 C，另一个词表中，与主题词 D 有相关关系的词为 E、F 和 G，如果 A 与 D 为等同关系，则合并后为一个集合，如果 A 与 D 有相关关系，则可以将 B、C、E、F、G 划分为新的相关主题词集合。

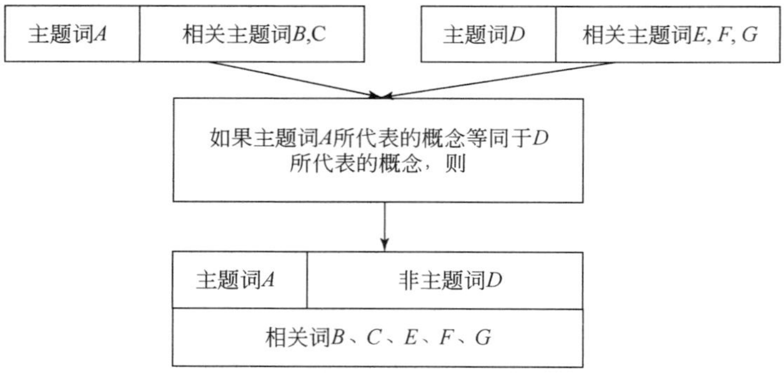

图 5.12　相关关系合并模式

相关关系的合并同样以“械”为例，《汉语主题词表》中“械”有 5 个相关关系，分别为“家伙”“军械”“医疗器械”“农用器械”“工具”，《农业科学叙词表》中“械”的相关词为“机械”“木枷”“农用工具”。这样，相关关系的合并只要将所有相关词聚合去重即可，即概念“械”参“家伙”“军械”“医疗器械”“农用器械”“工具”“机械”“木枷”“农用工具”等 8 个概念。这些相关概念有 19 个不同的下位词，经过相关关系合并后，“农用工具”“农用器械”“木枷”3 个概念在两表中同时存在，因此直接保留这 3 个概念；而“医疗器械”“军用器械”为等同关系，可以合并为一个概念。

5.5.2.3 等级关系的合并

相对于上两种合并，等级关系合并要稍显复杂，具体合并模式可以是以整个词语集合为单位，生成一棵词汇树，并且综合自动和手动两种方式进行相同层级节点的合并判定。判定的规则可以根据上下位词义、出现频率、概念覆盖等进行去重，如果在词汇树中是同层的概念，则可以视为“兄弟”关系进行等同合并；如果下位词具有等级关系，则应该根据规则的设定判断上下位等级关系（图 5.13）。

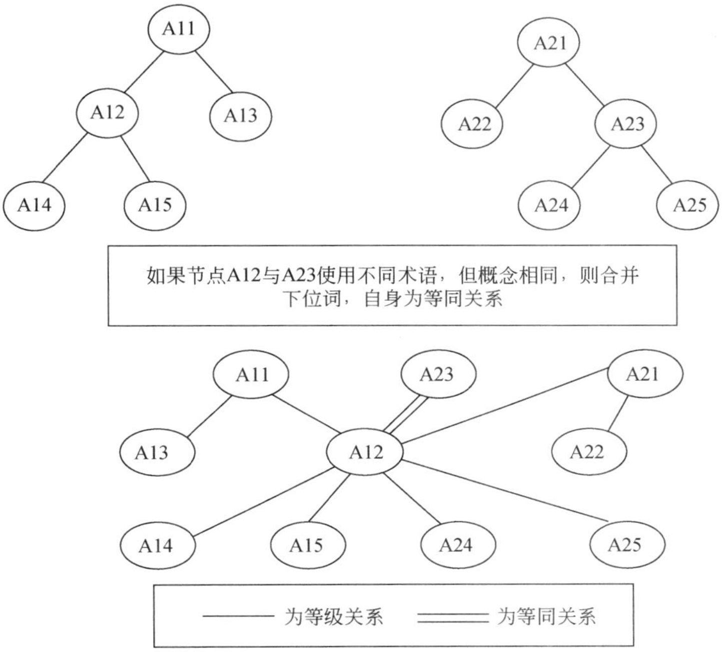

图 5.13　节点概念相同的等级关系合并模式

5.5.3 基于 PageRank 思想的词表排序聚合

PageRank 算法最初是由 Google 创始人之一 Larry Page 提出的衡量一个网站或网页重要性/等级的重要标志之一。2001 年 9 月被授予专利权。在糅合了诸如 Title 和 Keywords 表示等所有因素之后，Google 通过 PageRank 对检索结果进行调整，使那些更具“等级/重要性”的网页在搜索结果中的排名获得提升，从而提高搜索结果的相关性质量。PageRank 将所有网页的重要性由低到高划分为 0 ~ 10 共 11 个级别。用一个总体权重参数 PR（PageRank）进行重要性衡量。影响 PR 值的因素有多种（见表 5.9），其中最主要的是网页的链入情况（Sergey Brin et al.，1998）。也就是说，衡量多少人愿意“投票”给被测试的网页。PageRank 这个概念引自引文分析法中一篇报告的被引述的频度（Ronny Lempel，2004），即被别人引述的次数越多，一般判断这篇论文的权威性就越高（苏哲，2010）。

表 5.9　影响 PR 的部分因素

序号	影响 PR 值的因素
1	是否与 PR 高的网站做链接
2	网站内容质量
3	是否加入搜索引擎分类目录
4	是否加入免费开源目录
5	链接所出现网站的知名度
6	PDF 格式的文件
7	安装 Google 工具条
8	域名和 tilte 标题出现关键词与 meta 标签等
9	反向连接数量和反向连接的等级
10	Google 抓取您网站的页面数量
11	导出链接数量

PageRank 可以看作是许多算法的集合，其简单描述如下：假设一个由 4 个页面组成的小团体：*A*、*B*、*C* 和 *D*。如果所有页面都链向 *A*，那么 *A* 的 PR（pageRank）值将是 *B*、*C* 及 *D* 的和。

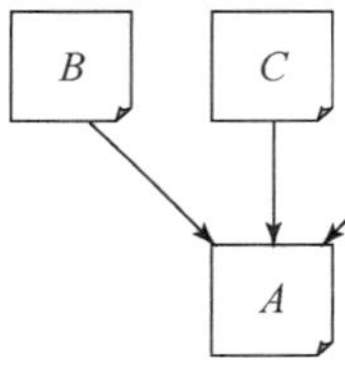

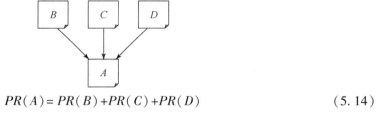

$$PR(A)=PR(B)+PR(C)+PR(D) \tag{5.14}$$

继续假设 *B* 也有链接到 *C*，并且 *D* 也有链接 *A*、*B*、*C* 3 个页面。一个页面不能投票 2 次，所以 *B* 给每个页面半票。所以，按照同样的逻辑，*D* 投出的票只有 1/3 算到了 A 的 PageRank 上。

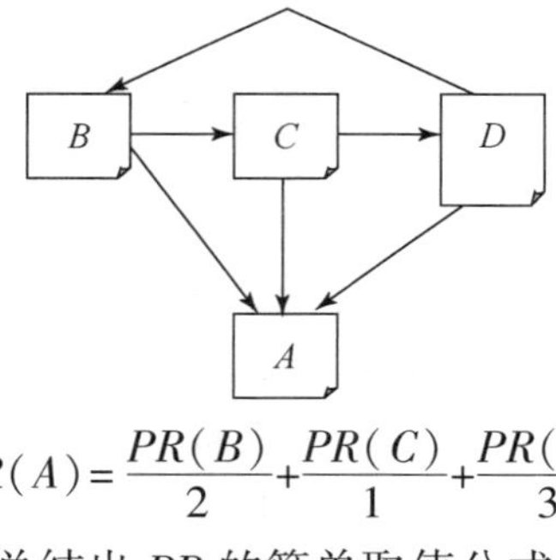

$$PR(A)=\frac{PR(B)}{2}+\frac{PR(C)}{1}+\frac{PR(D)}{3} \tag{5.15}$$

综合公式 5.14、5.15 可以总结出 *PR* 的简单取值公式，其中某页的 *PR* 值等于其他页面 *PR* 值除以该页面的链出总数，即

$$PR(A)=\frac{PR(B)}{L(B)}+\frac{PR(C)}{L(C)}+\frac{PR(D)}{L(D)} \tag{5.16}$$

最后，所有这些链接到 A 的页面的 PR 值被换算为一个百分比再乘上一个阻尼系数 q。又由于没有页面链接的页面的 PR 值会是 0，所以 Google 通过数学系统给了每个页面一个最小值 $1-q$。

$$PR(A)=\left(\frac{PR(B)}{L(B)}+\frac{PR(C)}{L(C)}+\frac{PR(D)}{L(D)}+\cdots\right)q+1-q \tag{5.17}$$

即

$$PR(T_j)=\frac{1-q}{N}+q\sum_{i=1}^{n}\frac{PR(T_i)}{L(T_i)} \tag{5.18}$$

式 5.18 即为简单 PageRank 算法的一个通式。可以看出，一个页面的 PR 值是由其他页面的 PR 计算得到。如果一开始给每个页面一个随机 PR 值（非 0），那么经过不断地重复计算，这些页面的 PR 值会趋向于正常和稳定。

在此基础上发展出的 Google 实际 PageRank 算法比通式要复杂得多。其原因主要是因为 3 个原因：第一，需要区分对来自不同网页的链接权重，因为网页排名高的链接更可靠（苏哲，2010），需要赋予较大权重；第二，计算搜索结果的网页排名过程中需要用到网页本身的排名，因此需要用二维矩阵相乘的迭代方法；第三，实际互联网中网页数量巨大，因此需要引入稀疏矩阵的方法。

在对用户行为词表的聚合方法中，可以引入 PageRank 中的一般思路与迭代思想，将网页看成主题词，采用分层的权重衡量机制与主题词的权重衡量其权重的特征包括与其他词语的关系（等同、等级，相关）与现有词表的映射关系，采用分层与主题词的权重衡量机制衡量网页的特征权重，并以此构建各类用户词表与现有主题词表的映射关系等同，等级相关，再通过插入融合方法对现有词表进行扩充聚合（图 5.14）。

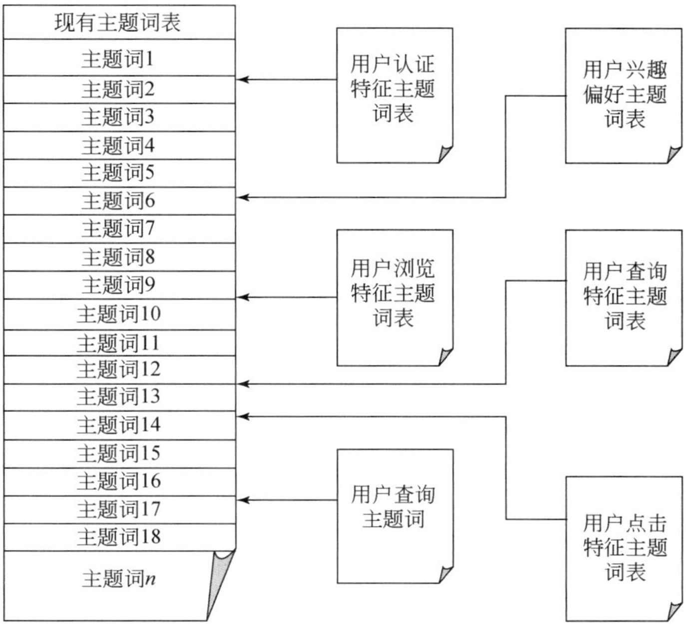

图 5.14　基于 PageRank 思想的词表排序聚合

例如，用户特征词表 W 有用户特征主题词 A_1 现有词表中具有映射关系的主题词序列 $T\{t_1, t_2, \cdots, t_n\}$，其他用户词表中与 A_1 具有等同、等级、相关关系的主题词序列分别为 $B\{b_1, b_2, b_3, \cdots, b_n\}$、$C\{c_1, c_2, c_3, \cdots, c_n\}$、$D\{d_1, d_2, d_3, \cdots, d_n\}$。其中，序列 B、C、D 中的不同主题词需要根据不同词表确立不同的阻尼系数，设此类阻尼系数序列为 $\alpha\{\alpha_1, \alpha_2, \cdots, \alpha_j, \cdots, \alpha_n\}$，$\beta$，$\chi$ 类同。由 PageRank 中的公式进行扩展，得到

$$\mathrm{PR}(A_i)=\frac{1-q}{N}+q\left(k\sum_{i=1}^{n}\frac{\mathrm{PR}(t_i)}{L(t_i)}+\sum_{j=1}^{n}\alpha_j\sum_{i=1}^{n}\frac{\mathrm{PR}(b_i)}{L(b_i)}+\sum_{j=1}^{n}\beta_j\sum_{i=1}^{n}\beta_j\frac{\mathrm{PR}(c_i)}{L(c_i)}+\sum_{j=1}^{n}\chi_j\sum_{i=1}^{n}\frac{\mathrm{PR}(d_i)}{L(d_i)}\right) \tag{5.19}$$

式中，N 为所有与 A 相关的主题词，k 为现有主题词表阻尼系数。

PageRank 值是一个特殊矩阵总的特征向量。这个特征向量为

$$R=\begin{bmatrix}\text{PageRank }(p_1)\\ \text{PageRank }(p_2)\\ \vdots\\ \text{PageRank }(p_N)\end{bmatrix} \tag{5.20}$$

R 是公式 5.20 的答案：

$$R=\begin{bmatrix}(1-q)/N\\ (1-q)/N\\ \vdots\\ (1-q)/N\end{bmatrix}+q\begin{bmatrix}\tau(p_1, p_1) & \cdots & \tau(p_1, p_N)\\ \vdots & & \vdots\\ \tau(p_N, p_1) & \cdots & \tau(p_N, p_N)\end{bmatrix}R \tag{5.21}$$

如果 p_j 不链向 p_i，而且对每个 j 都成立时，$\tau(p_i, p_j)$ 等于0。进行对现有词表的插入聚合时，需要先计算现有词表的 *PR* 值，找出所有与待录用户行为主题词具有映射关系的主题词后，按照权重将用户行为主题词一一插入现有词表。

5.6 用户行为词表转化为用户行为本体

词表具备了本体的许多特点，在领域专家多年有序工作的基础上，词表的语义功能更加丰富且完善。现在的问题是，如何将上文中所构造的，经过词词关系合并和词表聚合而最终形成的“用户行为词表”转换为能够体现用户行为的本体。这样做的目的是利用本体丰富的语义表述功能以及概念融合功能来直接对用户行为进行概念聚合。

5.6.1 用户行为词表的数据存储

用户行为词表的数据存储包括讨论词表的数据格式、数据编码，以及主题词与主题词之间的映射模式。国内外许多学术团体相继利用叙词表转换构建领域本体的方法进行了尝试，其中最常用的描述语言是 RDF 和 OWL。

5.6.1.1 用户行为词表的数据格式

就目前数字图书馆使用用户的行为词汇的深度、广度、粒度等方面来看，词表的数据存储格式适合采用数据库存储方式与 XML 文档存储方式。

1）数据库格式。数据库是按照一定数据结构对数据进行存储与利用的载体。对数据库中数据结构的描述就是数据模型，数据模型能够表示数据之间的联系，而特定的数据库所建立的数据模型是不同的。利用数据库格式创建本体的优势在于：①操作方式直接。能够实际对电子词表（如果有的话）内的数据结构直接进行定义和标注。②实用性强。目前国内许多专业领域的词表均是存储在二维关系数据库中的，尤其是在 XML 还不太流行的时候，对于组织和存储专业词表体系的工作直接聚焦在数据库中，因此，从已存入数据库中的词表直接进行标注抽取，用于本体的构建，是比较现实的办法。③工作量相对较小。由于在数据库中已经存在词表，因此在数据库格式的基础上直接发展本体相对于重新编辑 XML 文件，设置 DTD 格式来说，相对容易。但是，直接用数据库格式的文件进行词表向本体的转化具有一个很大的缺点，就是数据库中的数据存储格式很难进行相互融合，数据的开放性也相对较弱。

目前比较成熟的词表转换本体代表性项目有：联合国粮农组织（UNFAO）的 AGROVOC 项目（Terrazas，2009）、Assem 等（2004）的 MESH 和 WordNet 方法（2004）、任瑞娟利用 SKOS 为《中国分类主题词表》自动转换所用的方法等。

2）XML 格式。XML 自从面世以来就成为了结构化文档描述与处理的第一选择，而基于 XML 格式扩展的 RDF 与 OWL 描述语言产生之后，利用其对词表的语义化描述更是极大地推动了本体的自动构建，RDF 是较为理想的资源描述语言，但其所能表达的语义关系仅仅限于浅层次，无法对更精确的语义关系进行描述。本体语言 OWL 在 RDF 的基础上扩展了语义描述功能，能够对更加复杂的概念结构进行定义和描述，并具备了一定的知识推理能力。首先，需要构建词表 XML 文档，在一定层面上以标准化的方式建立基于二维数据库表结构的 XML 表示机制，为词表在语义环境下的操作提供表示基础；其次需要利用 XML 文档方式进行用户信息资源的存储，原因主要是 XML 文档具有操作灵活，结构化程度高，适合语义描述，容易作为现有本体工具的输入等优点。

5.6.1.2 用户行为词表的数据编码

如果说数据格式反映了词表的实际数据类型，那么数据编码则描述了词表的基础逻辑类型。对于词表的数据编码，Soergel 提出了两种表示编码机制（Soergel，1995）：

1）基于记录的编码。基于记录的编码是对词表中的每一个属性词进行记录，如同义词、上位词、下位词和相关词，并在这些词语联系上建立一种基于数据编码的平面模型，并将此平面模型应用于属性词表系统中。在此，基于记录的编码是对概念进行数据记录而不是解释。

2）基于关系的编码。基于关系的编码较之基于记录的编码，是一种更高效的编码形式。术语之间的关系类型的值被记录为字段，这种被记录的关系更容易被基于关系的数据库所引用。

5.6.1.3 词词关系模型

词词关系实际上就是词表词汇与词汇关系在某种状态下的模式。也就是说，关系模式是型，词词关系的权值关系是它的值。词词关系模式是静态的、稳定的，而关系是动态的、随时间不断变化的，因为关系操作在不断地更新着数据库中的数据。但在实际当中，常常把关系模式和关系统称为关系，读者可以从上下文中加以区别。

词词关系模型的基本假定是所有语义数据都表示为数学上的关系，就是说 n 个集合的笛卡儿积的一个子集，有关这种数据的推理通过二值（没有 NULL）的谓词逻辑来进行，这意味着对每个命题都只有两种可能的求值：真或者假。数据通过关系演算和关系代数中的一种方式来操作。关系模型是采用二维表格结构表达实体类型及实体间联系的数据模型。

在数据格式中，词词关系模型允许设计者通过数据库规范化的提炼，去建立一个信息的一致性的模型。访问计划和其他实现与操作细节由 DBMS 引擎来处理，而不应该反映在逻辑模型中。这与 SQL DBMS 普遍的实践是对立的，在它们那里性能调整经常需要改变逻辑模型。

在 XML 格式中，词词关系模式是通过 DTD 定义的，建立一个具有完整性、一致性且语义丰富的词词关联文档，是实现主题词转化为本体的关键。而创建 XML 文档的首要目标就是定义好一个主题词间关系表（word relation sheet），该表用来描述词间具体的语义关系，另外，还需要调用 Descriptor 或者 Category 或者其他表中的 ID 字段来反映具有一定语义联系的主题词对合语义关系模型。

5.6.2 转换流程

词表向本体的转换流程涉及转换方式的选择、XML 文档的自动生成、从数据库中抽取数据、转换层面的选择、所生成的本体特征等转换过程，而在转换过程需要用到本体、数据库、语义语法规则制定等细节。因为转换流程的工作在很大程度上是一种在规范下的本体创建过程，而且不涉及本书的重点，因此本书只是结合前人已进行的工作，根据需要对其进行大致论述。

5.6.2.1 转换方式

将词表转换成本体的方式有手工转换和半自动/自动转换两种。

1）手工转换的主要优点是能够用人脑充分表达词语间的语义联系。主要原理还是首先分析词语之间的语义关系，然后手工建立概念模型，并将语义关系反映在本体及本体关系之上。目前使用纯手工方式转换叙词表的工作方式已不常见。

2）半自动/自动转换。半自动/自动转换方式转换词表是目前普遍使用的方式，在手工词表内容分析的基础上，设置相关转换规则，通过程序自动实现词表向本体的转换。半自动/自动转换一般通过提出转换模型，通过细化模型规则、丰富此间关系来增加推理规则，然后采用程序自动填词等技术，按规则转换本体。

5.6.2.2 XML 文档的自动生成

上文提到，词表转换本体的重要工作就是将词表转换成由一系列标签和数据内容构成的 XML 文档。而 XML 文档内部是具有一定层次结构的（贾君枝等，2009），而这种层次结构对应于关系数据库中的数据属性，在结构与属性之间建立映射，在有规则制定的前提下就可以实现数据库和 XML 文档之间的转换。目前比较成熟的 XML 转换工具有 JDOM 等，JDOM 是基于结构树的纯 Java API，可以针对 XML 文件结构，将 XML 文档中的每一元素映射到 JDOM 文档中的节点上，然后实现数据库对 XML 文档的映射。从步骤上讲，词表通过生成 XML 文档转换成本体，一般经过以下几个步骤：

1）数据库连接。通过 JDBC 或者其他程序与数据库标准工业接口建立连接对象，访问词表数据库。

2）从数据库中取出数据。一般用数据库查询语句获得表设置及条件连接，词表的 ID 号等信息，通过 ID 依次取出数据进入数据集中。

3）执行查询。通过调用 Statement 对象的方法执行查询语句。

4）从结果集中取出数据。主题词之间具有一定的语义关系，针对主题词和非主题词的不同，可以用父节点表示主题词，而子节点表示和主题词具有一定语义关系的词语。

5）根据定义的 DTD 文档生成对应的 XML 文档。XML 文档的语法通过 DTD 来描述，那么在创建 XML 文档之前，应该创建 DTD 文档以定义可用在文档中的元素、属性及其相互关系。

6）生成 JDOM 树。将通过 SQL 查询语句获得的信息放入 List 容器包中，定义词表中的词间关系和属性关系，生成 JDOM 结构树。

7）输出 XML 文档。通过 JDOM 结构树生成 XML 格式的文档。

5.6.2.3 本体的语义语法规范

词表向本体转换还需要对词语间语法和语义规范进行制定，从而实现本体的语法语义功能。

5.6.3 转换后的本体特征

基于用户行为的词表一经转换，便具有如下本体应该具有的特征。

1）基于 XML 的描述特征。用户行为本体需要利用本体描述语言对其进行描述，在此可以通过定义 XML 元素的方式来描述词语间的等同、等级、关联等特征，建立严格的层次结构定义，并运用 XML Schema 对 XML 文档进行条件约束。

2）基于 RDF 的描述特征。RDF 描述可以深入词表的微观结构中，将词语之间细微的关系作为 RDF 描述单元进行处理，优化或者简化词表关系结构。

3）基于 OWL 的描述特征。OWL 相比前两者，具有更强的语义描述能力。因此，可以从 OWL 描述角度更精确地表示词表中词词关系，建立新的类、属性、概念的定义。

第6章　基于本体的用户行为数据语义聚合

本章通过语义聚合的技术基础——本体，来进行资源之间的聚合研究，研究内容主要体现在3个方面：①通过转换过来的本体构建用户行为本体库，在本体库的基础上形成用户在使用兴趣、使用偏好方面的语义聚合，这又分为两个层次：一个是对用户群体进行聚合，另一个是对用户词语所代表的本体进行聚合。这种聚合的好处是多样的，它能帮助我们了解用户需求模式、了解用户使用数字图书馆的使用习惯、能指导数字图书馆在从用户的角度出发发展个性化推荐。②将用户本体融入已有数字资源的领域本体，在本体的映射、匹配与合并等技术手段下，研究用户数据-系统数据的整合，这里我们需要对用户行为本体进行语义标注，对过程本体和用户浏览本体进行语义描述及存储构建，对本体之间属性的相似度进行计算，另外需要选择适合的本体构建方法对用户行为本体进行构建。③对用户行为特征库中异构的数字资源进行聚合。在这方面，已经有对网络安全数据的异构分析，并通过语义特征进行用户日志异构数据聚合的先例（孟宇龙，2010）。另外需要阐明的是：第一，基于用户行为本体的语义聚合数据源不仅来源于用户行为词表，还有用户行为特征库的其他包含语义结构的元素。第二，本体的聚合目标是为基于本体的语义检索提供本体库，也就是说，本体聚合是直接面向语义检索的。

对于本体描述而言，本体的构建离不开本体描述语言。本体描述语言经历了RDF/RDFS、DAML和OIL、OWL等的发展过程。它是在描述逻辑的研究基础上引入Web特点而建立起来的。在本书的实验部分，还是利用了在前章中提到的OWL。

在本体构建方式上，有许多学者提出的利用企业建模的方法创建本体模型，另外还有一些学者利用针对具体电子网络的开发，在应用驱动的基础上进行本体的提炼与扩充。

对于图书馆的数字资源的异构性来讲，数字图书馆的资源种类众多，资源的呈现形式及异构性，数字资源中各类资源的本体的构建，都会不可避免地涉及不同领域、不同学科、不同内容单元的本体，这些本体之间存在多方面的不相容性。为了使这些异质本体能够交互，通常会在这些本体的实体间建立映射以期达到本体的合并及整合。

6.1　用户行为本体构建的出发点

在对用户行为本体进行聚合之初，必须对用户行为本体聚合的出发点进行规范，用户行为本体构建的出发点，包括以用户实际需求为导向的数字图书馆本体、以用户体验为核心的数字图书馆本体、以用户兴趣为基础的数字图书馆本体。

6.1.1 以用户需求为导向的数字图书馆本体

用户行为本体的创建要从用户需求角度着手（魏冰鑫，2013）。一方面，通过对用户需求的调查能够有效指导用户行为本体模型的开发。另一方面，不同用户存在不同的需求背景，所以要建立需求模型，根据不同需求特征创建不同内容的用户行为本体（郑婷，2012）。近年来，不同知识领域的本体模型被逐渐开发出来，例如金融领域（安晓逸，2007）、法律领域（法律术语本体）（何庆等，2007）、医药领域（医药学本体）（王梅文，2008）、教育领域（课程本体）（叶忠杰，2007），还有 E-Government 本体、旅游本体、生物本体等。但是，不同的本体库由不同的本体开发工具所构建，由于不同本体库采用的本体模型的不同，即使对于同一领域的同一本体，也会产生表示同一知识范畴的多个本体的问题。

在开发以用户需求为导向的数字图书馆本体库方面，许多国家已经走在前列，WordNet、DBpedia、CYC 等（白如江等，2011）。但是，对于不同领域的本体库的创建工作，要想充分满足用户需求，还必须提供大规模的、标准化的个性化服务。

数字图书馆的个性化服务是指数字图书馆用户按照自己的需要选择特定的服务模式，设定信息的来源、形式、表现等，以便使用户从数字图书馆中快捷地获取所需信息。一方面，数字图书馆的设计者必须根据用户需求调查报告设定个性化的查询、浏览项目，优化数字图书馆系统的平台功能。另一方面，也是十分重要却往往忽视的一面，必须有效挖掘、识别、记录、更新用户的使用数据，在这些使用记录的基础上构建用户需求模型，识别用户需求特征，使系统可以推导出用户的潜在需求。从这一点来看，在前章建立的用户行为特征库的基础上，建立合理的用户需求模型，也就成为了提供个性化服务的核心环节。

大部分用户需求模型仅仅从用户需求的角度进行用户需求调研分析，并在调研分析的基础上采用布尔逻辑、向量空间、概率空间等抽象数学定义。这些模型能够客观、抽象地表达用户的需求，但是由于数学模型的抽象性与模糊性，并不能充分反映用户需求的实质，不能适应随时变化的用户需求。另外，从数字图书馆系统的自身建设来讲，这些抽象的需求模型只能大致反映用户需求的结构、偏好、模式，并不能反映用户需求的具体内容。因此，结合数字图书馆系统建设与用户需求两个方面来构建用户需求模型，将模糊的处理过程细化，是构建基于用户行为特征库的用户需求模型的目标。

客观上讲，用户行为来源于多种动机，而动机产生于用户心理需求，对于数字图书馆系统而言，用户的需求有轻重缓急之分（郑婷，2012），也是有层次的。Maslow 的需求层次理论证明了这一点（Maslow，1954）。他将人的需求分为若干层，下层需求的满足是上层需求的充分必要条件。各层需求自下而上依次是生存需求、安全需求、社交需求、尊重需求、求知的需求。本书利用 Maslow 的用户需求层次分析的原理，将其应用到数字图书馆用户的需求模型中，将数字图书馆用户的需求分为知识查询与浏览需求、知识保护与网络安全需求、知识发现需求、知识创新与知识重构需求。模型如图 6.1 所示。

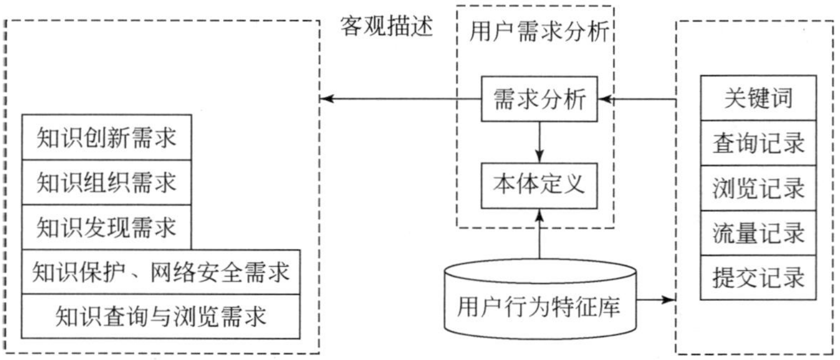

图 6.1　数字图书馆用户需求层次与需求模型

由图 6.1 可知，遵循 Maslow 的需求理论，数字图书馆的用户需求也同样具有这样的层次，只有满足了下一层的需求，上一层次的需求才能被体现出来。

需求层次理论只是一个范式，它告诉我们用户的需求是呈层级分布的。另外，作为用户本身，不同的用户也有着不同层次的需求，比如一般的数字图书馆用户可能只对知识查询感兴趣，因此他们只需要查询、浏览并下载到所需要的知识即可；数字图书馆操作人员可能对系统的安全，知识产权的保护更感兴趣；学生用户可能对于课程的知识查询和知识发现比较感兴趣；教师用户可能对学科发展趋势方面的数据感兴趣；科技人员与研究人员可能对更高一层的知识创新更感兴趣。不管哪一种类型的用户，他们都是基于前一种需求满足后才能形成后一种需求。因此，可以用数学模型来简单描述这些用户的层次，其中引入了 6 个变量 $A_1 \sim A_6$ 来表达用户需求 U_r。

$$R_s = F(A_1, A_2, A_3, A_4, A_5, A_6) \tag{6.1}$$

式中，A_1：学科。指用户需求中所包含的学科因素。A_2：指用户需求中的浏览记录，包括页面、图书等。A_3：次数。用户访问数字图书馆的次数。A_4：满意度。用户使用信息的满意度。A_5：响应时间。从进入系统到获得信息所用的时间。A_6：用户数字图书馆的其他需求（余肖生等，2006）。

用户行为本体的形成是以用户需求为导向的，然而用户的这种实际需求是蕴含在用户行为数据之中的，需要经过分析与处理，为需求模型的建立打下基础。获取用户需求的方式主要有以下 3 种。

1）用户问卷调查。调查问卷是以问题的方式系统地呈现调查内容。问卷可分为表格式、卡片式或簿记式。所需创建本体的特点与不同层次用户需求，是设计调查问卷的关键。调查问卷的设计原则应该遵循：①主题明确。②结构合理、逻辑性强。③通俗易懂。④长度合理。⑤结果便于梳理归纳。

2）用户行为特征库内的数据。如上章所述，用户行为特征库内的数据具有形式化，同构性，有的数据已经经过概念过滤、主题提取等过程，因此具有良好反映用户需求的潜力。

3）数字图书馆系统。数字图书馆系统中能表述用户需求的因素在于网页的关键词。利用软件跟踪、记录的方法，获得浏览页面的关键词信息，可以得知用户的兴趣所在。

6.1.2 以用户体验为核心的数字图书馆本体

基于用户行为本体的创建需要以用户体验作为其创建核心（邓胜利，2008）。从宏观的数字图书馆建设来讲，用户体验的好坏直接决定着一个数字图书馆系统的优劣。尤其是对于本体创建来讲，用户体验直接推动着本体的组织、效用、关联和交互，提供个性化的系统和服务成为应对用户体验的必由之路。从微观来讲，如果一个本体库能够将用户的体验数据直接融入自己的开发过程，围绕用户体验，动态生成用户行为本体，那么无论在本体自身，还是在系统的友好性方面都将极大超越单纯以知识描述、学科分类等创建的本体。

围绕着用户体验，国外研究主要集中在用户体验的概念、内容、特点、模型及评价等方面，以及将研究成果应用于数字图书馆建设并取得不错的成绩。我国在用户体验研究方面还刚刚起步，虽然逐步形成了用户体验理论体系，但是还没有形成成熟的用户体验模型。

6.1.2.1 数字图书馆用户体验的定义

James Garrett（2004）认为用户体验是指用户对于某个现实产品的表现和“可用性”的评价。可见，一个系统或者产品的“可用性”是成功用户经验的要素之一，但可用性只是用户对产品体验的初级评价。Kuniavsky（2003）认为用户体验的定义取决于用户所处的环境和与环境的交互水平，而这种交互是动态的变化量，因此用户体验只能说是一个过程而不是一个可以被描述的实体。另外，Forlizzi（2000）认为，用户体验存在深度之分，可以将用户体验分为 3 个层次。

6.1.2.2 网络用户体验本体的影响因素

James Garrett（2004）认为，用户体验涵盖用户对产品特点、实用性、功能和内容等方面；Norman 提出用户体验主要体现在于对系统界面的使用感觉上；Hassenzahl（2001）提出，相对于用户对技术的体验，用户情感因素在用户体验中的作用更为重要。

本书认为，在数字图书馆领域的用户体验实际上是用户和其他用户在与系统交互过程中对于数字图书馆的知识结构、知识链接、知识获取，以及可用性、有效性，实用性等的客观评价。所有这些都是影响用户体验的客观因素如图 6.2 所示。

6.1.2.3 用户体验过程

用户的体验过程是用户行为本体生成过程的直接影响因素，用户体验过程中留在服务器中的数据经过筛选、抽取、合成之后形成了用户行为特征库。而随着用户对系统的体验不断加深、其兴趣和关注点是不断变化的，因此，数字图书馆用户体验的过程是数字图书馆用户行为本体创建的核心。以 Sascha Mahlke 提出的基本用户体验过程及研究框架为例，如图 6.3 所示。

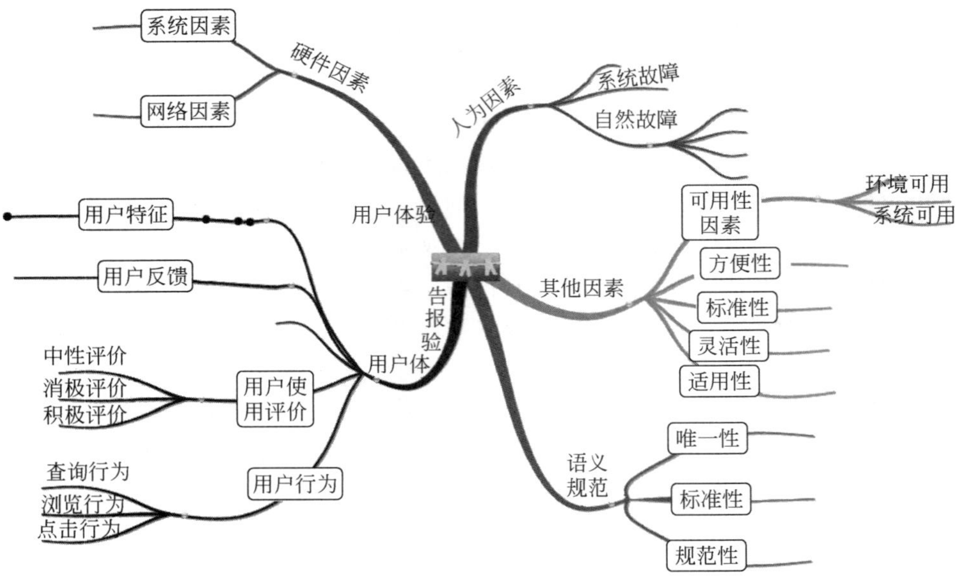

图 6. 2　网络用户体验本体的影响因素

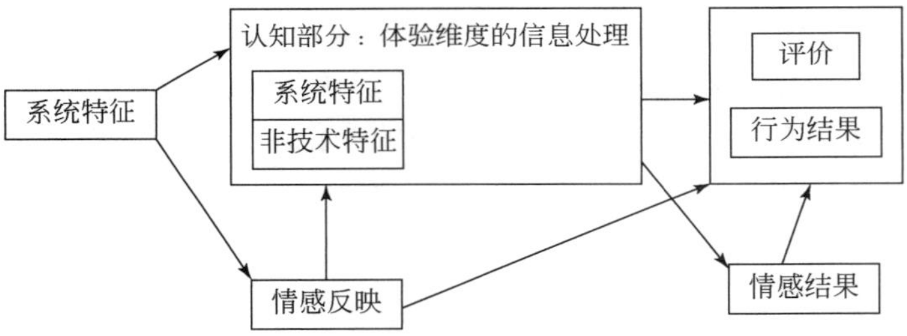

图 6. 3　用户情感体验基本过程

由图 6. 3 可知，用户体验过程包括认知部分和行为结果及其评价部分（程秀峰，2013）。认知部分包含对系统技术性能的体验，着重分析用户对系统的互动、信息的处理等，这些因素都影响着用户体验结果。另外非技术因素也能影响用户的情感反应。

在行为结果及其评价方面。首先，用户行为是系统反馈产生的基础；其次，系统的界面、功能对用户沟通产生影响；第三，用户的审美、认知和使用过程对系统评估具有影响。

6. 1. 3　以用户兴趣为中心的数字图书馆本体

通过对用户行为特征进行的分析所构建的用户行为特征库，其实质是对用户兴趣的一种数字化表示机制，也是对用户行为数据进行的一种格式化建模。用户与用户之间存在着共同的兴趣，如何从海量的异构数据中挖掘这些兴趣之间的共同点，进而投影到用户与用户的关系之上，从而形成用户兴趣聚类的模型与范式，为构建本体提供语义链接上的支持。用户兴趣链接主要由以下方式存在于用户行为特征库中：

1）用户的兴趣文档的语义链接。目前绝大多数的数字图书馆的基本存储单元依然是文档。用户在浏览、下载以及评述一些文档时的部分数据会反映在用户行为库中。这些能够反映用户兴趣的文档之间存在引述与被引述、评论与被评论等语义关系，因此也会形成语义链接（Semantic Linking）。

2）用户兴趣查询词的语义链接。用户在查询某种知识的时候，会留下诸多浏览与查询数据。其中查询词作为用户行为特征库、用户行为词表的关键组成部分，它们之间存在着例如共现、跟随出现、同义等语义联系，也可以视作一种语义链接。

3）浏览网页关键词的语义链接。用户在浏览某些网页时，网页页面上也存在着诸多关键词作为网页的语义表征，这些能够反映网页性质与内容的关键词通常与用户查询词一起，组成了一张语义链接的网络。

可以将这3种类型的语义节点看作表述用户兴趣的“知识元”，对这种能反映用户兴趣的“知识元”及相关信息间的链接进行挖掘，在知识元的基础上形成用户兴趣本体，将大大增加本体库的发展。

6.2 本体的存储与操作

用户行为特征转化为本体，需要经过一系列语义操作，最终才能完成本体的语义聚合。在完成数据库本体抽取并理清本体结构后，进行本体的映射、匹配与相似性计算（舒江波，2008），并在对异质的本体进行有效整合基础上，语义层面上的馆藏资源分析与处理才可成形。一般来讲，语义分析的最终目标是建立人与机器之间完全的相互理解关系，这就需要机器懂得自然语言的含义，从而实现知识认知、知识传递和知识共享。

6.2.1 本体存储与本体映射

利用标识符技术进行本体的标示以后，本体通常的保存形式有3种，分别是以文本、数据库和专用本体管理工具存储，而大部分的本体是以二元形式存在于数据库中的（徐和祥和张世明，2010）。下面简单对数据库中的本体之间的映射过程做一个梳理。

6.2.1.1 数据库存储

对本体进行一致性描述后，按照一定的策略进行组织并存储于数据库中，再利用对象-关系数据库管理系统存储本体。再通过本体映射机制，将数据库中的二元关系组合映射到用户行为本体之上。在数据关系的存储模式上，主要分为水平模式、垂直模式、分解模式和混合模式，几种方式要建的关系表是不一样的。

1）水平表模式。水平模式是在一个表中存储所有本体的模式。表的列通常表示本体的属性，表的行表示一个本体记录。这种方法具有其缺陷：①由于只有一个表，而多数本体的属性很多，因此必须包含大量的列，字段数目太多。②表结构不完备，表中的每行需要表示一个完整的整体，如果一个本体只有很少属性，则表中会出现很多空值。

2）垂直表模式。该模式是采用 RDF 三元组结构（Subject、Predicate、Objeet），将每个本体实例划分为 3 个字段进行存储，结构较为固定。这种模式较之水平表模式更为灵活通用，具有很高的稳定性。但是由于可读性较差，不容易被数据库语言查询到具体的字段值。因此在查询表结构时会出现大量连接查询，从而带来数据库系统的负担。

3）混合模式。混合模式即为上述的两种模式的混合使用，在不影响对象长度的情况下，将属性值存储为三元表，并且将同一种类型的对象放入同一张表中。采取这种方式进行数据存储，有利于数据查询与消除冗余。图 6.4 即为 3 种模式之间所建立的二元表实例。

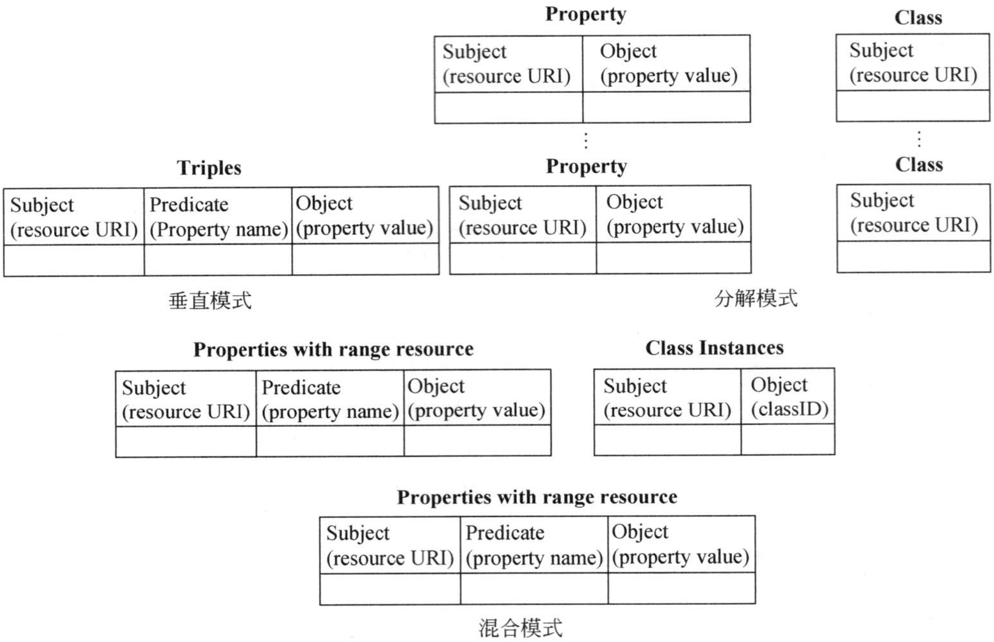

图 6.4　数据库存储模式

6.2.1.2　本体的语义映射

本体映射（ontology mapping）是将源本体 OS 与目标本体 OT 按照一定语法规则进行语义重叠操作，从而产生 OS 到 OT 的映射 M 的过程。本体映射存在单向和双向之分。单向映射只考虑用 OS 中的术语描述 OT 中的术语，而在双向映射中，需要考虑双方术语的互相描述。

为了弄清用户行为本体间的映射过程，在此举一个例子。现有两个本体 $O1$ 和 $O2$，它们都描述了类似的用户行为特征。需要创建映射 M，M 可以描述 $O1$ 和 $O2$ 彼此之间的关联。图 6.5 描述了创建用户行为本体映射 M 的一般过程，需要经过输入本体、寻找相似性、说明映射规则 3 个主要过程。

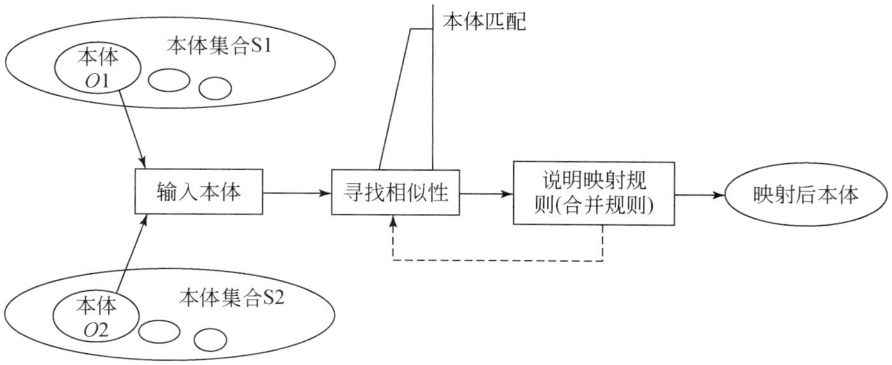

图 6.5　本体的语义映射过程

1）输入本体。首先，需要将用户行为本体以通用格式表达，该格式能够将不同范围（scope）的本体输入到通用的关联工具中。这些关联工具可以详细说明本体的术语关联信息。

2）寻找本体的相似性。寻找本体的相似性即是寻找本体的匹配元素，对于 *O*1 和 *O*2 来说，本体匹配的操作会返回本体相似性程度的变量。

3）说明映射/融合（Specifying Mapping/Merging）。说明映射是在获得本体相似性变量后，利用规范的解释和界定，产生本体映射 M（韩书娟，2013），通常说明映射的过程会用人工和工具辅助进行，例如 PROMPT 工具（Nataly et al.，2003）就是一个很优秀的本体映射/融合工具。

映射过程的这前 3 个阶段是被高度细化的步骤。在很多本体映射实例中，某些阶段会循环执行，直到上一个阶段的结果满足下一个阶段的输出时，映射才能继续。

6.2.2　本体匹配

本体的目标是捕获相关领域的知识，图书馆用户行为本体的目标是捕捉用户使用图书馆资源时所留下的行为特征，本书对这些行为特征进行分词抽取、采样排序、语法规范定义，形成用户行为本体词汇，继而从不同层次对这些词汇的语义关系进行明确定义。然而，在实际中，如果需要本体之间进行交互（映射），那么势必会遇到本体异质的问题而不能实现互操作。关于本体的异质问题，本章后续章节会有叙述。随着本体库的扩展，本体异质问题将会越来越突出，尤其是在分布式的、开放的系统中，本体异质问题一直是本体互操作难以避免的问题。本体匹配的目的是要建立本体之间的语义关联来实现互操作，并解决其异质问题。

6.2.2.1　本体匹配方法

由上节可知，本体匹配的工作即是寻找两个本体之间相似性的过程，它是蕴含于本体映射过程之中，为本体映射问题的解决提供相似性匹配操作（Sergey Melnik et al.，2003）。匹配操作的输入是本体库中的任意两个本体，本体匹配的输出是两个本体相似性规范。

本体的匹配的工作常由匹配操作者采用特定软件手动完成（Erhand Rahm et al.，2001）。但是在动态 Web 环境下，人工匹配方法已经无法满足大型复杂本体的匹配需要，于是迫切需要半自动甚至全自动的匹配方法。目前国内外在本体匹配系统的构建方面已有所研究，例如 Falcon-AO（Hu et al.，2007）系统的 LMO、GMO 匹配方法，Lily 的语义子图匹配方法（2008），COMA++（Aumueller et al.，2005）的多策略本体匹配等。

本体匹配致力于在语义相关的本体的实体间寻找相似性，这些相似性可用于各种任务，如本体融合，查询式的应答、数据转换或语义导航，所以将本体进行匹配能够使知识和数据通过以互操作为目的的匹配后的本体进行表达（李景，2009）。本体匹配通常会有如下流程：

1）寻找匹配对

给定两个本体 O_1、O_2，一个匹配对包含 5 个元素 $<id, e1, e2, R, S>$。id 用以标明匹配关系的唯一标示符；$e1$ 与 $e2$ 分别表示本体 O_1 与 O_2 中的元素或属性；R 代表 $e1$ 与 $e2$ 之间存在（或不存在）一种匹配关系，比如“等同关系”“上位关系”等，$R \in \{0, 1\}$；S 是两元素的语义相似度值，相似度在［0，1］之间，S 越大，$e1$ 与 $e2$ 间具有匹配关系 R 的可能性也就越大。

2）联结

对于给定的两个本体 O_1、O_2，联结就是由所有的匹配对组成的集合。如果 O_1 有 $n1$ 个元素、O_2 有 $n2$ 个元素，则该联结最多有 $n1 \times n2$ 对匹配。

3）匹配过程

匹配过程（图 6.6）可以看作是一个函数 f。f 的输入是本体 O_1 和 O_2、权重参数集合 p，以及外部参数（如词表等）输出是一个新的连接 A，$A' = f(O_1, O_2, A, p, r)$，$f$ 包含对计算 A 所需的一系列迭代计算。

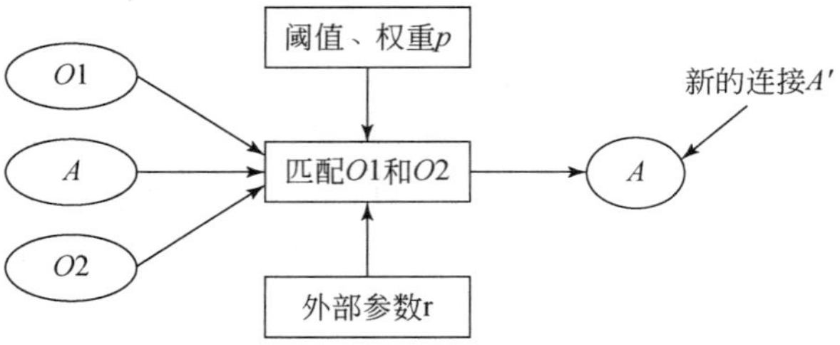

图 6.6　本体匹配的过程

6.2.2.2　本体匹配的技术

本体匹配技术方法中，Ehrig（2007）提出了一种从水平和垂直两个维度对本体匹配进行分类的方法，其中水平维度由下至上依次是数据层、本体层和语境层；垂直维度代表了领域知识，可以放置于水平维度的任何一层。Doan 和 Halevy 将本体匹配技术分为基于规则的方法和机器学习的方法两类（2005）。Zanobini 依据语法层、实例层和概念层将本体匹配技术分为三类（2006）。Shvaiko 等提出了一套更多维度的、较为完整的本体匹配技术分类方法。

赵晋巍和真溱（2009）对本体匹配技术做了归纳与概述，他们认为本体匹配技术可以分成上、中、下 3 层，上层主要通过本体元素与结构的匹配定义输入的描述与颗粒度，中层主要是基本匹配技术的集合，下层主要是对输入类型做出分类与链接（图 6.7）。其中，中层的主要基本技术包括：

1）基于字符串的技术。主要通过描述词义相似度进行基于语言学的本体匹配。

2）基于语言学的技术。主要通过词语提取、分词技术、语词分析等技术匹配本体，属于语言学范畴。

3）基于语言资源的技术。主要利用词典、叙词表、主题词表的内部概念映射关系来匹配本体。

4）基于约束方法的技术。主要通过相似度、属性、标记的语义约束达到语义匹配的目的。

5）基于联结复用的技术。利用整个本体的以及本体片段的关系分析，采用联结复用技术匹配本体。

6）利用上层本体，领域本体。基于通用上层领域本体建立不同的领域本体，然后借助上下层本体之间的关系解决领域本体间的匹配问题。

7）基于统计学的技术。从统计学角度，利用概率模型、分布函数、向量空间等技术对本体进行匹配。

8）基于图的技术。采用图论思想、图形图像、图形分类、出度入度、节点类型等关系进行匹配。

9）基于结构库的技术。采用本体语义标识、语义标签、结构元数据进行本体的匹配。

10）基于层级表的技术。利用本体语义元素的分层与分类思想，从分类结构上对本体进行匹配。

11）基于模型（语义）技术。基于逻辑推理对本体进行匹配。

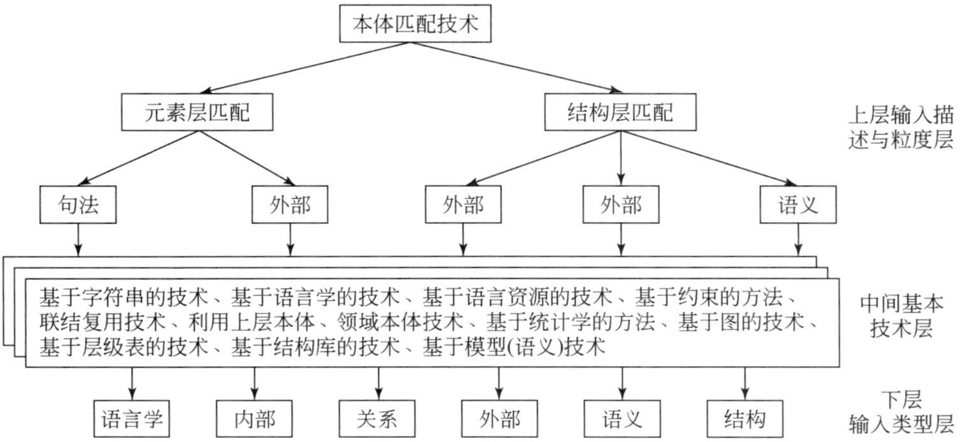

图 6.7　本体匹配技术结构

6.2.3 本体语义相似性

本体相似度的衡量是目前本体研究者的重点研究领域。研究者多根据本体所处的应用领域的不同，从多方面、多角度建立不同的本体相似性描述模型。

6.2.3.1 本体语义相似度

首先，需要区分“相似性”“相似度”以及“相关性”三者的概念。通常来讲，本体的语义相关性是指两个本体之间的相关程度，本体的语义相似性是指两个本体间的相似度大小。前者指两个本体本身之间具有某些共同特性，例如同义词、同声词、表示同一类别或者具有某种语义关联的词语所表示的概念；而后者是指两个本体或概念在特定模型下的相关程度。如果在某种模型下，两个本体具有相关关系，则有可能不存在相似关系，但在其他模型中可能具有相似关系。同一模型中，相关与相似是前者包含后者的关系。因此，语义相似（度）是语义相关（度）的一种特例。例如，木材可以作为制作书的原料，而书与电子书的关系却弱于它们之间的关系，但是人们大都认为纸质书与电子书的相似性更大。这个例子说明相关性不能等同于相似性。即使书本与木材之间有关系，但是并没有共同特性，因此人们不会认为它们是相似的。

本体的语义相似度计算就是在特定模型内计算本体的相似度，就是把本体之间、本体结构之间相似程度用数学化语言表示，其输出通常是一个介于［0，1］之间的数，这个数值通常反映相似程度的大小。计算本体相似程度必须考虑到 3 个因素：①本体描述语言的兼容性。②能够将相似程度进行量化统计。③比较概念的粒度。本体相似性衡量的基本流程为

1）定义本体相似的环境与应用模型。在本体聚合体系中，计算本体相似性的目的可能是本体的合并，以及可以根据这个目的定义合并本体的粒度以及本体关联形式。

2）对本体及本体之间的链接进行量化定义，规定一定的本体属性，如实体、链接、概念、元素、标签等。

3）规定相似度数学公式。由于本体相似可以分为本体内实体的相似，因此我们可以为这些实体添加权重值来进行两个本体之间相似度的计算。

4）本体相似度计算的测试与检验。对于手工或自动生成的本体，目前还没有相应算法来自动测试本体相似性的正确性，所以本体相似性的测试与检验需要手工完成。

5）本体相似度的应用。本体相似度计算是为本体映射与匹配服务的，在计算出本体相似度之后，所需要的参数是供本体映射所用。因此，对于本体相似度的输出，通常采用模糊集合与阈值的方式，对本体的相似度进行判断，如果所得到的结果超出阈值，则界定为相似，然后输入到本体映射过程中。

本体相似度计算流程如图 6.8 所示。

6.2.3.2 本体语义相似度的计算

从本体相似计算的过程可以看出，本体相似度计算基于粒度大小，例如以主题为粒

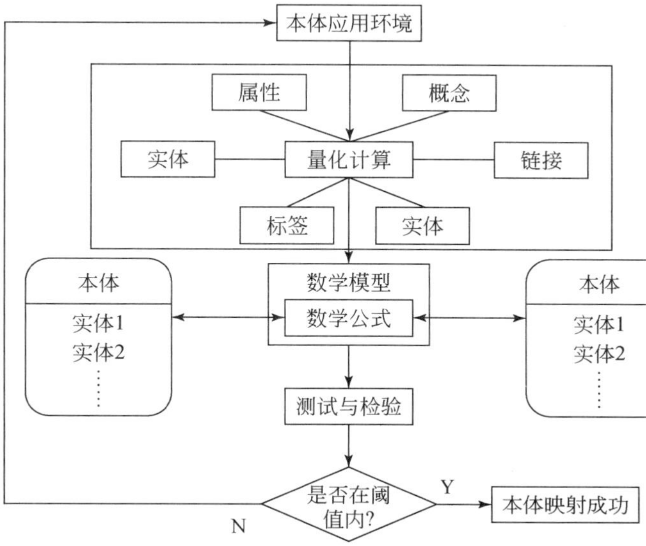

图 6.8　本体相似度计算流程

度，则两个本体之间的概念距离是两个主题之间的相似度，而最小粒度为原子概念，其相似度是通过一个或者多个本体内部的因素得出。而现有本体相似性计算方法主要有如下几个角度：

1）词序的角度（An-hai et al.，2007）。通过字符串匹配以及字符串之间的编辑距离来计算字符串与词序列的本体相似度。

2）自然语言的角度（史旗凯等，2011）。此方法与词表中词词之间的相邻程度有关，通过比较两个实体是否为同义词或词义相近程度来计算本体相似度（何召卫和陈俊亮，2005）。

3）本体属性的相似度比较（田文英，2012）。本体中还有许多可比较的属性，如定义属性为一个整数值。

4）本体的结构或者本体链接的角度。这个角度通常分为两种，一种是通过本体之间的结构逻辑关系进行本体的比较，一种是通过可视化的图形形式对本体相似度进行比较。

5）本体逻辑的角度。本体的特点之一是其具有一定逻辑推理能力，而这种方法通过利用本体的推理能力来发挥用本体描述信息的优点。

基于用户行为特征库、用户行为词表所构建的用户行为本体，本书结合其概念粒度，概念语义联系的紧密性等方面综合考虑，认为从本体属性以及本体概念方面进行相似度的计算更为可靠，而且从本体语义相似度自动化理论发展程度来讲，基于该理论的相似度计算也比较成熟。以下是对本体概念的名称、实例、属性计算相似性的举例：

（1）名称相似度

概念的名称是由字符串表示的，如果两个概念的名称从字符串上具有相似性，那么这两个概念在语义上也通常会具有相似性。所以可以通过计算概念名称字符串的方法来衡量两个概念之间的语义相似性，从字符串识别角度对概念的相似性进行分析。概念如此，本体也是同样，假如两个本体 O_1 和 O_2，它们的名称在词表中具有上下位关系或层次关系，我们可以计算层次树的路径 d，得到 O_1 和 O_2 之间基于名称的语义相似度。

$$\mathrm{Sim}(x_{O_1},\ y_{O_2})=\frac{\alpha}{\alpha+d} \tag{6.2}$$

式中，α 是一个调节变量，两个本体间的相似度可以根据路径 d 来计算。值得注意的是，一个概念通常能够反映多个变量，概念的名称通常是由多个本体表示的，因此概念的粒度比本体要大，所以在计算相似度时，需要首先计算出本体名称的相似度，根据本体名称的相似度加权得到概念名称的相似度。

$$\mathrm{Sim}_{\mathrm{name}}(X,\ Y)=\sum_{i=1}^{m} w_i \times \max_{1<j<n}\mathrm{Sim}(x_i,\ y_j) \tag{6.3}$$

式中，m、n 为本体名称 x，y 的数量；w_i 是第 i 个概念名称在所有名称集合中所占的权重。

（2）实例相似度

由 Marc Ehri（2004）结合本体映射操作应用提出一种在语义环境下对本体进行映射的方法，它通过计算概念分布的相似度来进行映射。

$$\begin{aligned}
P(X,\ Y)&=\frac{N(U_1^{x,y})+N(U_2^{x,y})}{N(U_1)+N(U_2)}\\
P(X,\ \bar{Y})&=\frac{N(U_1^{x,\bar{y}})+N(U_2^{x,\bar{y}})}{N(U_1)+N(U_2)}\\
P(\bar{X},\ Y)&=\frac{N(U_1^{\bar{x},y})+N(U_2^{\bar{x},y})}{N(U_1)+N(U_2)}
\end{aligned} \tag{6.4}$$

式中，$P(X,\ Y)$ 表示实例的聚集，既属于概念 X 又属于概念 Y 的概率；$P(X,\ \bar{Y})$ 表示一个实例属于概念 X 但不属于概念 Y 的概率；$P(\bar{X},\ Y)$ 表示一个实例属于概念 Y 但不属于概念 X 的概率。在计算相似度时，根据分布概率并利用如下公式计算两个主题的相似度。

$$\mathrm{Sim}_{\mathrm{instance}}(X,\ Y)=\frac{P(X\cap Y)}{P(X\cup Y)}=\frac{P(X,\ Y)}{P(X,\ Y)+P(X,\ \bar{Y})+P(\bar{X},\ Y)} \tag{6.5}$$

（3）属性相似度

本体所代表的概念具有属性，因此，如果两个本体的属性相似，那么这两个本体的相似性就很高。本体的属性由名称、数据类型、实例数据等要素构成，因此，对属性相似性的计算需要考虑这 3 个要素。其中，属性名称和类型是字符串型，可采用字符串相似性方法计算。本书采用 Humming Distance（1950）的算法来比较字符串相似性，设两个字符串 s 和 t（丁政建等，2010），那么 s 和 t 的相似度可以描述为

$$\mathrm{Sim}(s,\ t)=\frac{1-\left[\sum_{i=1}^{\min(|s|,\ |t|)} f(i)+\big||s|-|t|\big|\right]}{\max(|s|,\ |t|)} \tag{6.6}$$

式中，若 $|s|=|t|$，则 $f(i)=0$；否则 $f(i)=1$。因本体个体的实例对该本体的每个属性都分

配了一个值，所以属性实例数据相似度可以采用基于本体实例相似度的计算方法进行计算。设本体 X 的属性为 x_i，本体 Y 的属性为 y_j，两个属性之间的相似度计算公式为

$$\mathrm{Sim}(x_i, y_j)=w_1\times s_1(x_i, y_j)+w_2\times s_2(x_i, y_j)+\cdots+w_m\times s_1(x_i, y_j) \tag{6.7}$$

式中，w_i（$i=1, 2, \cdots, m$）是权重，分别表示属性的名称、数据类型和实例对属性相似度计算的重要程度，且 $w_1+w_2+, \cdots, +w_m=1$，其中 $s_1(x_i, y_j)$ 和 $s_2(x_i, y_j)$ 采用公式 6.6 的计算方法。设总共计算出 m 个 $\mathrm{Sim}(x_i, y_j)$，并规定相应的权值 L_k，则本体之间的属性相似度为

$$\mathrm{Sim}_{\mathrm{attribute}}(X, Y)=\sum_{k=1}^{m}L_k\mathrm{Sim}(x_i, y_j)/\sum_{k=1}^{m}L_k \tag{6.8}$$

需要说明的是，有的本体是具有很多属性的，如果计算所有这些本体的属性相似度，则会耗费巨大的计算量。可通过机器学习，将属性的优先级按高低排序，只计算信息量大的属性，而对那些信息量小的属性则进行删选。如何选择并计算信息增益大的属性的相似性，因不是本书的重点，在此不作详述。

6.2.4 本体开发工具的选择

截至目前，本体研究与开发者已经成功研究产出很多本体形成工具，这些本体建库工具可以根据它们所支持的本体描述语言的类型分为两个大类：①具有自身特定描述语言的本体工具。这类本体工具的共同特点是离开了标准的本体描述语言便不可能存在。如 Ontolingua，OntoSaurus 均是基于 LOOM 的工具，WebOnto 是基于 OCML 语言等。②基于通用 Web 描述语言。这类本体工具的共同特点是没有自己特定的本体描述语言，而是基于通用的 Web 本体描述语言，例如 Protégé、OilEd、OntoEdit 等。这些本体编辑工具可以随用户需要导入、导出成多种 Web 本体描述语言（XML、RDF（S）、DAML、OIL 等）。

6.2.4.1 本体开发工具的选择与评价

这里列举现在最为流行的 4 种本体开发工具，并通过它们的易获取性、帮助文档、字符兼容、被引率、版本更新情况、所兼容的格式等 6 个方面对其进行评价。

（1）Protégé

从实用性与合理性的角度来看，Protégé 可以让用户自主设置开发功能、提供可扩展的 API 接口，用户可以根据自己的需要重新定义系统的表示源语，也可以改变 Protégé 的数据模型来适应新的语言。文件的输出输入格式也可以自动定制，并且兼容 XML，RDF（S），OIL，DAML，DAML+OIL，OWL 等语言。Protégé 具有以下特点：①它可以结合其他本体应用，对本体描述功能进行扩展。②Protégé 支持多后台数据库存储，如 JDBC 或者 ORACEL 等。③Protégé 简单易用、免费获取。由于这些特性，Protégé 成为目前使用最广泛的本体编辑工具之一。

（2）Ontolingua

在本章后文中的“语义描述语言”一节本书对 Ontolingua 工具所支持的 Ontolingua 语

言做了一个基本阐述。此处对 Ontolingua 的开发环境做简单简述。Ontolingua 是一个 C/S 模式的本体开发工具，在总体结构上包括服务器端 Ontolingua Server 和表示语言 Ontolingua。其服务器端的设计十分人性化，采用支持分布式用户合作的方式建设本体，用户可以基于已有的本体编辑器建设本体，本体复用技术在 Ontolingua 里得到了很好的发挥。另外，用户也可以通过这些工具在 Ontolingua server 上发布、浏览、创建和编辑本体。总之 Ontolingua 具有分布式、易学习、本体复用等一系列优点。

（3）LinkFactory

LinkFactory 是一个由 Java 开发而成的形式化本体管理工具，主要由 LinkFactory（服务器端）和 Workbench（客户端组件）组成（罗昊，2007）。Workbench 方便用户对多本体进行浏览和建模，通过 JavaBean 实现动态框架，每个 Beans 有其特属功能，而对潜在形式化本体表现有限。

（4）OilED

OilED（2003）采用 FACT 推理引擎，可进行一致性检验和自动分类。OilED 支持包括 HTML 格式在内的多文件格式（徐国虎和许芳，2006），还可以通过图形可视化方式表示本体。

下面分 6 个方面来评价它们的优劣（表 6.1）。

1）易获取性，即是否可以免费下载使用或免费注册在线使用。

2）工具是否自带有使用帮助文档或已建好的示范本体库。

3）是否支持 Unicode。

4）工具在互联网上被介绍或被引用的频率是否较高。

5）工具版本的更新频率情况。

6）对本体文件格式的支持。

表 6.1　本体开发工具的比较

名称	易获取性	帮助文档	Unicode	被引率	版本更新	格式支持
Protégé	☑	☑	☑	☑	☑	☑
Ontolingua	☑	☒	☑	☑	☑	☒
LinkFactory	☑	☑	☒	☒	☒	☑
OilED	☑	☑	☑	☑	☑	☒

综合这 6 项指标，本书认为最有利于用户数据聚合的是 Protégé 工具，另外，我们还需要选择一个本体聚合工具来做 Protégé 工具进行本体聚合的补充。

6.2.4.2　本体聚合工具 PROMPT

PROMPT（李景等，2009）是本体合并工具之一（ontology merging tool），在应用到对用户兴趣的本体构建时，我们称之为本体的聚合（程秀峰，2013）。PROMPT 工具的输出是源本体聚合后的结果，源本体和新本体之间不存在映射关系。PROMPT 工具包由诸多子工具组成，它对本体的融合、校验和版本管理有重要作用。PROMPT 包含 4 大组件：

1）iPROMPT。iPROMPT 通过提供有关能够被融合元素的建议，在本体融合任务中为用户提供帮助。iPROMPT 的作用是鉴定矛盾所在和潜在问题，并通过提供可能的策略来解决这些问题和矛盾。

2）AnchorPROMPT。正如 iPROMPT 那样，AnchorPROMPT 确定了本体间其他点的相似度，这些点的相似度是没有在 iPROMPT 中得到鉴别的。

3）PROMPTDiff。PROMPTDiff 的作用是能够比较一个本体的两个版本，识别同一本体不同版本的结构差异。

4）PROMPTFactor。PROMPTFactor 能够通过因子分解现有本体的部分，让用户创建新本体。在此之中，该工具保障了作为结果而产生的子本体术语得到良好的定义。

6.3 本体的构建流程

一般来说，本体构建的流程根据本体应用范围、框架、模式、方法主要包括以下几个步骤：

1）确定本体的描述范围。首先确定本体需要描述的领域范围（徐耀琪，2010）以及在领域中的重要概念。

2）建立本体概念框架。在确定领域以及领域主要概念的情况下，对概念进行细化和除杂，去掉那些不必要的概念，精化领域知识，从而建成领域知识的概念框架体系结构，得到概念框架的整体结构（赵巾帼，2008）。

3）设计本体模式。在上一步的基础上建立本体模式主要包含：领域中概念与概念之间的关系、定义类和类的层次体系，定义属性等。定义类关系的层次体系主要有自顶向下法、自底向上法以及混合方法；而定义本体属性需要确切的属性定义来表示类与类之间的语义联系。

4）依据本体模式建立本体实例。依照上一步骤中建立的本体创建模式，逐步定义具体的本体类和本体属性，对概念进行语义标注，以及对本体进行形式化描述。

5）本体的检验评价。本体的检验评价包括检查本体是否满足一开始提出的创建需求、创建评价标准等，本体评价标准包括检查本体所用专业术语是否能清晰表达、本体所用概念及其关系是否完善等问题（程秀峰，2013）。

在本书中，除了需要对用户行为特征进行本体描述和本体创建之外，还需要建立聚合模型，基于用户兴趣进行中心聚合。因此，多数建模工作都集中于用户特征库中语义元素的抽象标识上，即发现库内的定义、概念的继承层次、潜在的关系和公理等（时念云和杨晨，2007）。实际上，无论是专业知识本体还是采用本书方法采集的用户行为本体，在本体创建方法上都具有一定的通用性，相同之处是它们在时间上都是动态的。不同之处是，领域本体的数量可能比用户行为本体的数量庞大。

6.3.1 本体的语义标注

若将本体看作简化后的知识库，那么添加实例，即进行语义标注，可看作是丰富本体的过程。如果从语义 Web 的角度来看，语义标注则是语义信息的发布过程：用户根据领域本体，为页面添加语义信息。同样，从构建用户行为本体库来看，对用户行为本体进行语义标注能丰富用户与用户之间、用户与系统之间的语义联系。

6.3.1.1 语义标注方法

语义标注的方法目前来说有手工标注、利用概念映射标注和利用词汇语义分析标注 3 种（张晓林，2002）：①人工标注主要是由专业人员来标注资源的概念集、解析资源内容结构、选择元数据元素、建立用 RDF 三元组或超文本语言标记的语义数据。②利用领域文档类型定义与文档模式进行概念层的映射与标注活动，是建立在特别主题和 DTD/Schema 之间，标注主题之间的映射关系，并将 SGML/XML 文档中的 DTD/Schema 内容元素标注变为相应的主题元数据标注（陈星光，2010）。③采用词汇语义分析的标注技术主要采用自动词汇抽取和分析方法，建立词汇集与主题类别的映射关系，然后经词汇分析找出文档或文档片断的主题类别。

6.3.1.2 语义标注技术及工具

语义标注所使用的方法工具，目前已有 12 种工具：SemanticWord，SMORE，Ontomat Annotizer，Annozilla，MnM，SHOE Knowledge Annotator，Yawas，GATE，Melita，Briefing Associate，Annotea 和 Semantic MarkupPlug-In for Internet Explore。目前还没有一个成熟的标准来衡量这些本体标注工具的优劣，主要是看这些工具是否支持 OWL 和本体词汇扩充，以及本体查询、辅助推理以及元数据自动创建等。表 6.2 即是对这 11 种语义标注工具的适用本体、自动化程度、是否支持语义标注以及开发者的概览（鞠彦辉和刘闯，2009）。

表 6.2 语义标注工具比较

标注工具名称	本体来源	本体语言	目标文档	描述工具的特色	开发者（项目）
Ontomat Annotizer	本地本体库 URL	DAML+OIL	Web 页	可以生成带标注的 Web 页面	Karlsruhe Univ.
MnM	WebOnto 服务器	RDF OCML DAML+OIL	本地文件	利用已有本体导出标记标注文档	KMi
SHOE Knowledge Annotator	本地文件 URL	SHOE	本地文件	支持多本体标注	Maryland Univ.
Annotea	本地本体库 URL	RDF	Web 页	C/S 模式	W3C
Annozilla	预定义本体	RDF	本地文件	网页半自动填充工具	—
SMORE	本地本体库 URL	DAML+OIL RDF（S）	本地文件	无缝集成内容发布	Maryland Univ.
Yawas	预定义本体	RDF	本地文件	支持个性化标注	—
Melita	预定义本体	Xi	本地文件	半自动标注	KAT

续表

标注工具名称	本体来源	本体语言	目标文档	描述工具的特色	开发者（项目）
GATE	自定义本体 The Protégé	RDF: DAML +OIL	本地文件	通过加入规则表达式进行标注	Sheiffield Univ.
Briefing Associate	本地文件	DAML	本地文件	基于 PowerPoint 环境语义标注	Te Knowledge
Semantic Markup Plug-In for Internet Explore	本地文件	DAML	Word 文档	标注的功能以插件的形式加入已有工具	MS Internet Explore- Te Knowledge

6.3.2 本体的语义描述

将用户行为特征库的信息本体化的关键是实现本体建构和本体描述，而通过本体的描述是以本体的知识活动为基础的，领域本体描述一直在追寻提高其描述的形式化和规范化、语义表达力和知识推理能力（张云中和徐宝祥，2010）。

6.3.2.1 本体描述语言

（1）Ontolingua

Ontolinggua 是建立在 KIF 和 FO 的传统本体描述语言。它最著名的案例是 Ontlingua 服务器，该服务器采用 Ontolingua 作为其本体的描述语言。通俗的说，Ontolingua 可以通过如下 3 种方式构建本体：①采用 FO 词汇，但却不能表达公理。②使用 KIF 式子。③共同使用两种方式。无论采用何种方法，Ontlingua 都由 3 个部分构成：定义头、使用自然语言描述的非形式化定义、用 KIF 或者 FO 定义的转换器。此类 Ontlingua 转换器使得通过 Ontlingua 表达的本体转换为 LOOM 等语言（岳静和张自力，2006）。

（2）RDF

RDF 是一个经典的用于描述元数据的语言。在“Web 资源”这一概念被泛化之后，RDF 可被用于表达任何 Web 页面信息，但是 RDF 具有其局限性，因为它不能直接从 Web 上提取某些隐藏信息或过程信息，比如用户对某个数字图书馆某项功能的使用偏好、用户购买在线物品的流程等。尽管如此，RDF 还是被大多数本体描述工作所采用，这不仅仅是因为它遵循 XML 语法，还在于它是机器可处理的，这为语义环境下构建本体创造了有利条件。

（3）OWL

作为 W3C 的推荐标准，语义网（Semantic Web）的核心技术之一，W3C 提出了 OWL 语言，它能够用于描述类—类关系、定义属性，通过此种方式来抽象化描述领域内的所有主题概念。OWL 允许对类和个体（individual）进行推理，并且提供 3 种表达能力依次增强的子语言：OWL-Lite、OWL-DL 和 OWL-Full（翟保荣，2011）。图 6.9 是 W3C 提供的本体描述语言栈结构，该结构图清晰地描述了本体描述语言在语义网中的结构和地位：

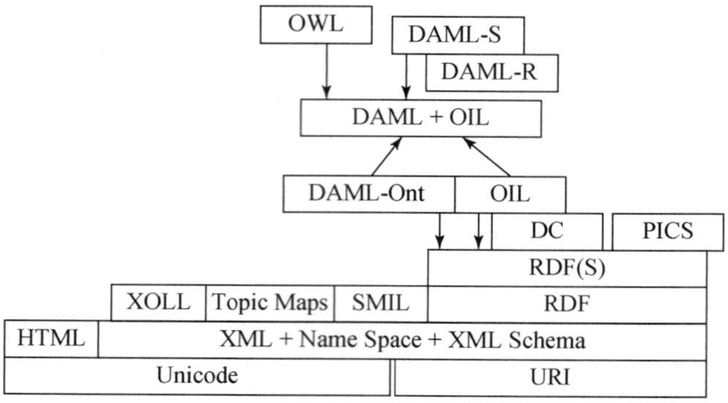

图 6.9　本体描述语言栈

6.3.2.2　用户行为本体的 OWL 描述

如前所述，XML、Ontolingua、RDF（s）、OWL 均可视为本体标注与描述语言。其中 XML 是后三者的默认语法，Ontolingua、RDF（s）和 OWL 是建立本体模型的集合，它们依据 XML 语法实现各自实体的语义表达（白华，2012）。其中，RDF（s）是一个通用的本体模型，例如著名的三元图（Triples Graphs）语言。但 RDF 具有语义约束性，对概念词汇的层次约束或表达能力不够丰富。

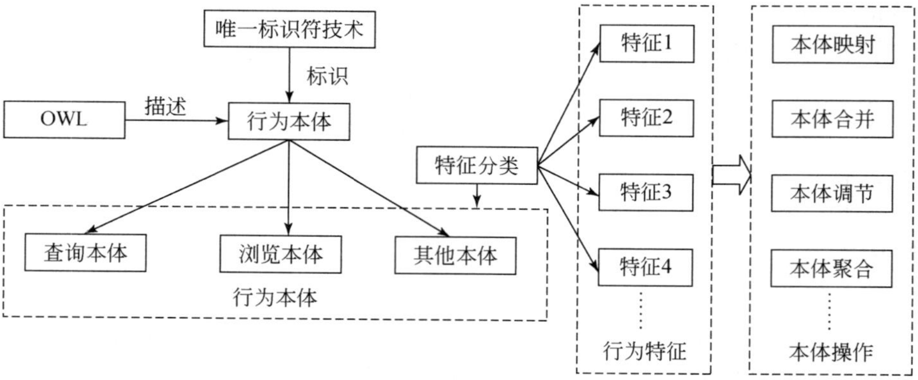

图 6.10　基于 OWL 的用户行为本体描述框架

基于 OWL 的用户行为描述框架首先使用唯一标识符技术对用户行为本体进行标识，并在特征分类的基础上，采用 OWL 语言对其描述（图 6.10）。同时特征分类模块对用户的各种语义特征进行分类，对不同类型的本体进行在本体映射、本体合并、本体调节、本体聚合的操作。

6.3.3　用户行为本体的语义描述

基于 OWL 本体语言的用户行为语义描述包括对已经进行特征分类的用户查询本体、

用户浏览本体，用户点击本体、用户使用习惯本体等进行语义描述，在此简要陈述 OWL 对查询行为本体和浏览行为本体的语义描述过程。如前文所述，SKOS（段荣婷，2011）、RDF（s）和 OWL 只是一个本体建模的词汇集合，它们都依赖 XML 的语法实现各自词汇集合的语义表述。也就是说，三者在本质上是语义相通的一套本体语言。而 SKOS 主要用于构建知识分类系统，其在语义上是一个 OWL-Full 文件，因此从分类法的角度来说，OWL 本体语言更适合作为用户行为本体的描述语言。

6.3.3.1 用户查询行为本体的语义描述

本书以第 5 章所建立的一个理想词表为例，建立一个“用户行为查询本体”（USOnt），从第 5 章的词级分类系统中可以将用户的查询词汇分为几种级别的类，主要有根查询词（TopClass），用户中心词（CentralClass）又可根据查询词的语义频度以及知识领域的状况分类 CentralClass1，CentralClass2 等。SubjectClass（表示学科性的查询词）或者 NonesubjectClass（指非学科性的查询词），之后采用 ConceptClass。由于概念密度的划分，术语 ConceptClass 的本体更加适合于第 7 章的主题概念做类比。类间关系描述采用 owl：unionOf、owl：equivalentClass、owl：intersectionOf、rdfs：subclassOf 等语句进行描述，具体参见表 6.3。

表 6.3 USOnt 类框架及其描述

本体的类型	含义	属性与本体关系	本体关系 OWL 语句描述
TopClass	最高类或基本大类	有下位类	rdfs：subClassOf
CentralClass	用户中心词	有并列类，有上、下位类	owl：UnionOf rdfs：subClassOf
SubjectClass	学科查询词	有上、下位类，或有相关类	rdfs：subClassOf hasRelativeClassOf
NoneSubject-Class	非学科查询词	有上、下位类或相关类	rdfs：subClassOf hasRelativeClassOf
Concept-Class	概念类或一般类	有上、下位类或相关类	rdfs：subClassOf hasRelativeClassOf

对于 CentralClass 级别以下的词汇，可以做更细致的分类，例如指代地区、国家、时间、颜色等的下级分类词汇可以作为查询词的类，其后用 OWL 的定义域查询该类在哪个词表，并使用值域定义它的复分号。例如我们可以将“中国”代以制定的复分号“86”，它的定义域是“US：WorldDistrictList”，对应值域“US_WorldDistrictSchemeCode；86”等。

当查询词汇的基本类别分好之后，我们可以用<owl：intersectionOf>语句进行概念之间的组配与映射。下面以表 6.3 为例，说明用户查询的过程。

```
<owl:Classrdf:ID="中国图书馆简史">
<owl:intersectionOfrdf:parseType="Collection">
<owl:Classrdf:ID="#图书馆简史">
<owl:Restriction>
```

```
<owl:onProperty rdf:resource="#hasUSClassCode"/>
<USClassCode>F09</USClassCode>
</owl:ObjectProperty>
</owl:Restriction>
</owl:Class>
<owl:Class rdf:about=" #中国" />
<owl:ObjectProperty rdf:ID=" hasUS_WorldDistrictList-
Code">
<CLC_WorldDistrictListCode>86</US_WorldDistrictLisCode>
</owl:ObjectProperty>
</owl:Class>
</owl:intersectionOf>
</owl:Class>
```

上面的 OWL 语句清楚描述了一个用户查询行为词表中的类“中国”，该类上位类是“亚洲”，它有属性“has US_WorldDistrictListCode”，值是“86”。假如标引“中国图书馆简史”这样主题的资源，要用“图书馆简史-中国”这样的主题词标引。

6.3.3.2 用户浏览行为本体的语义描述

用户浏览行为本体的描述要比用户查询行为更加具有意义，因为从用户浏览行为本体的语义结构可以判断出用户的访问模式与使用习惯等。可以通过访问节点树的方式对用户访问过的页面（节点）进行标注，从而获得用户浏览本体。例如可以将访问节点分为几个大类，根节点类（RootClass）、二级节点类（LeafClass），以此类推，以及常用节点类（FrequentClass）。

图 6.11 可以很好地诠释用户的访问习惯，例如一个读者在访问主页（RootClass）之

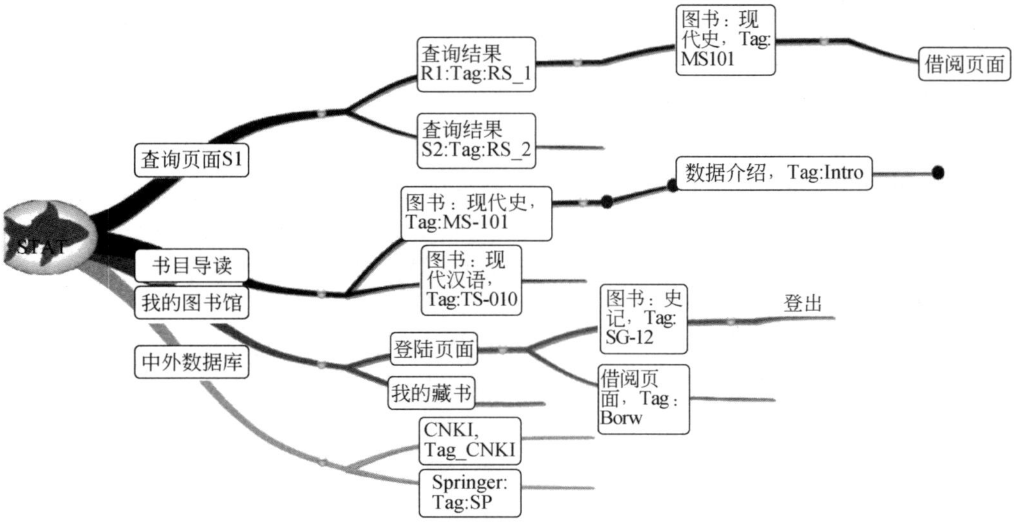

图 6.11 基于页面标注的用户浏览行为模式

后，可能进入书目导读页面（LeafClass），书目导读页面的页面 Tag 为 Reader_Guide，依次进入下一级页面，现代史，然后选择一本叫《中国近现代史》的书，其后进入书目介绍（Tag：Intor）……而每个用户的访问模式实际上就可以用 OWL 语言描述成一个规则的树状本体，rdfs：subClassOf 和 owl：UnionOf 分别描述节点的层级关系。表 6.4 即为用户浏览本体的类框架描述。

表 6.4 USOnt 用户查询本体的类框架及其描述

本体的类型	含义	属性与本体关系	属性与本体关系 OWL 语句描述
RootClass	主页节点	有下位类	rdfs：subClassOf
LeafClass	栏目节点	有并列类，有上、下位类	owl：UnionOf rdfs：subClassOf
SubjectClass	Tag	有上、下位类，或有相关类	rdfs：subClassOf hasRelativeClassOf

因此，一个完整的用户浏览本体就可以创建出来。对于 RootClass 级别以下的词汇，可以做更细致的分类，例如指代检索页面、书目页面、数据库页面、我的图书馆等的下级页面词汇可以作为浏览界面的类，再用 OWL 的定义域定义该类的位置，用值域定义它的复分号。例如可以将图书《现代史》的页面所代表的 Tag “MS-101”，它的定义域是 “US：ModernHistoryList”，它的值域 “US_ModernHistorySchemeCode：179” 等。

当查询词汇的基本类别分好之后，可以用<owl：intersectionOf>语句进行概念之间的组配与映射。下面以表 6.4 的框架为依据，描述用户浏览行为本体的一个例子。

```
<owl:Class rdf:ID=" 中国近现代史" "Tag:Intro_MS-101">
<owl:intersectionOf rdf:parseType=" Collection" >
<owl:Class rdf:ID="MS-101" >
<owl:Restriction>
<owl:onProperty rdf:resource=" #hasUSClassCode" />
<USClassCode >F10< /USClassCode>
</owl:Restriction>
</owl:Class>
<owl:Class rdf:about="BOOKLIST"/>
<owl:ObjectProperty rdf:ID=" hasUSModernHistoryList-Code" >
<US_ModernHistoryListCode >179</US_ModernHistoryLisCode>
< owl:ObjectProperty>
</owl:Class>
</owl:intersectionOf>
</owl:Class>
```

该本体表示一次完整的用户浏览行为，即 “主页—书目浏览—现代史—中国近现代史—书目信息” 的一次浏览行为。

6.3.3.3 本体关系的语义描述

本体与本体之间的关系主要有等级、并列、同一、相关等关系，它们的结构与功能如表6.5。

表 6.5 本体关系类型与功能

本体关系类型	本体关系显示	主要功能
等级关系	上位类与下位类，上级类	从属关系，实现等级聚类
并列关系	同位类，同级类	并列关系，实现子类区分
同一关系	交替类与双表列类	同一关系，实现某些两属类的灵活归属
相关关系	参见类与不同学科的相关类	相关关系，实现相关资源的联系

将本体间的关系划分为等级性质的类关系，可以明确表示本体之间的语义联系。等级关系最为明确，是上位类与下位类的关系；并列关系中，同位类显示的并列关系在外延上是不相交的，同级类在不同分面中可能有外延上的联系；同一关系中，交替类与双表列类显示的同一关系，可以视为相同类的不同位置。本体之间关系引入本体描述语句即可得到表6.6。

表 6.6 本体关系的 OWL 描述

本体关系类型	部分 OWL 语句	OWL 语句扩展
等级关系	subClassOf...	superClassOf...
并列关系	oneOf, disjointWith...	juxtapositionalClassOf...
同一关系	equivalentClass, SameAs...	hasAlternativeClass...
相关关系	intersectionOf...	relativeClassOf...

通过类间关系联想到本体的关系结构中的方法不尽完善，但其能提供基本的形式化特征，所以能通过本体语句的语义表示并实现其语义推理。下面仅举出等级关系一例：

本体间等级关系用上位类-下位类表示时，也可以理解为程序设计中的“父类—子类”关系，故用“A rdfs: subClassOf B”表示“A 是 B 子类”，对应 OWL 语句如下（郭鑫，2008）。

```
<owl:Class rdf:ID="情报学">
<rdfs:subClassOf rdf:resource="#情报检索/>.
</Owl:Class>.
<owl:Class rdf:ID="情报检索">.
<rdfs:subClassOf rdf:resource="#语义检索理论/>.
</Owl:Class>.
```

上面的代码定义了“情报学”本体，它的下位类是“情报检索”，而“情报检索”本体的下位类是“语义检索理论”、使用表6.4 的扩展语句，亦可表示为“B 有子类 A”。语句如下。

```
<Owl:Class rdf:ID="情报检索">
<rdfs:superClassOf rdf:resource="#情报学"/>
</Owl:Class>
```

这段代码表示“情报检索”中的上位类“情报学”。

6.4 本体的语义聚合

以用户需求为导向的本体、以用户体验为核心的本体以及以用户兴趣为依托的本体聚合，其根本落脚点在于对用户的网络行为所记录下的兴趣进行聚合，这种聚合所包含的元素包括用户的查询词、用户所浏览的网页标签、用户所查阅的书籍以及用户所在的位置等等信息，这些信息在数据结构上是异构的，所形成的本体也是异构的。另外，在对异构数据环境进行统一化处理，要对本体的粒度、本体链接的形态进行统一的描述，使之在用户行为特征库内统一，在此基础上对用户行为本体进行描述、映射与匹配，并在用户行为本体合并机制的基础上对同一兴趣的用户兴趣偏好进行聚合。

6.4.1 用户行为本体的异构

数据的异构性一直是困扰数据集成的重要问题。数据异构的深层次原因是各种数据平台的不兼容性和缺乏互操作性。对于用户行为特征库而言，其内部存在的异构性有数据源之间存在的系统/语法/语义异构等因素（Bergamaschi et al.，1998）。而系统异构主要存在于应用系统中的差异，有存储环境、OS 和软件环境等。例如：系统将用户行为数据存储于不同工作站（吴昊和邢桂芬，2005），这些工作站的 OS 可能是 Linux，也可能不是，开发语言也千差万别，Web 框架有可能是 IIS，也有可能是 apache。这种系统资源的底层所造成的异构需要通过数字调试、系统兼容等方法进行同步。

语法异构是指用户行为存储库有不同的数据模型，例如关系模型、层次模型、混合模型等，即使对于相同的数据模型，其存储的格式在语法规范、数据类型、数据结构上也有所不同，例如 Oracle 与 SQL Server，这两者在数据存储类型上有很大的不同之处。语义异构（Buccella et al.，2003）的含义是指在不同系统里关于数据的意义理解不同。而形成异构的原因有很多（郭鑫，2008）：①同一主题被多种异构数据源术语表达。②同一概念在不同数据源中表达的含义不同。③不同数据源的数据结构不同。④不同数据源的分布和自治使得存在于概念之间的关联不能充分展现（毕强和史海燕，2004）。图 6.12 所示的是在 XML 模型中，数据源 A 和数据源 B 存在的一种典型的语义异构现象。

针对这种数据异构的现象，研究者提出了各种解决办法。这些解决方法一般分为两类，第一类是利用分布式计算模型解决系统的异构问题，常用的形式有：①采用将多个数据库进行分布式计算模型来解决系统异构，例如 CORBA、Web Service 等。②采用 XML Schema、有向图、公共数据库模式等模型解决语法异构问题。第二种是利用语义数据模型来描述数据的语义，引入“本体”作为公共语义模型进行语义层的异构数据集成。

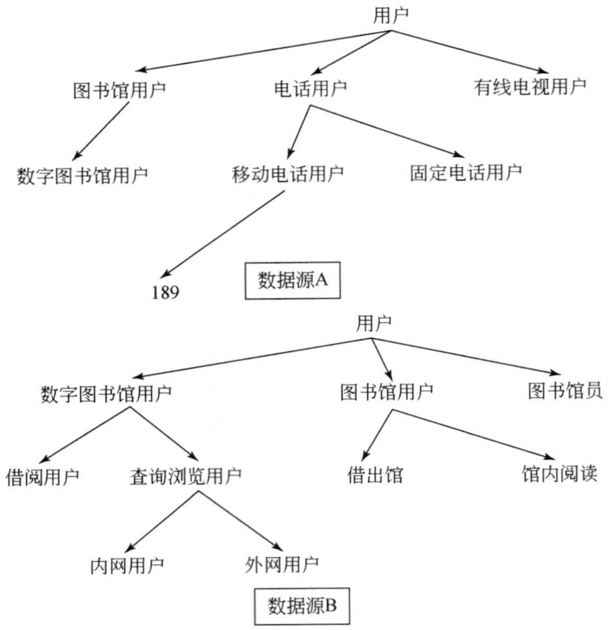

图 6.12　数据源 A 和数据源 B 语义异构现象

正如本章前几节所述，本书主要讨论基于本体的异构数据集成方法中本体的构建、映射以及匹配等，以及对用户行为本体的兴趣聚合需要考虑到的问题。

6.4.2　用户行为本体的合并

本体的合并是在本体映射与匹配的基础上，通过本体与本体的合并操作，生成更具表达力的本体以及概念表示体系，从而增强本体库的知识表达能力。也可以说，本体合并是两个（或多个）相似本体之间的融合过程，在本体工程中所处位置如图 6.13 所示。

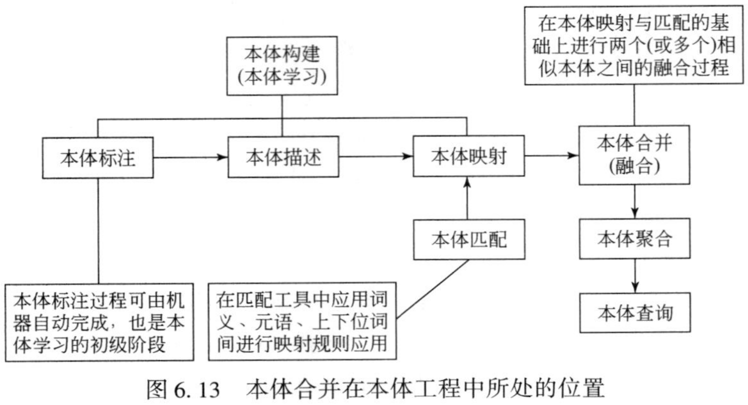

图 6.13　本体合并在本体工程中所处的位置

前人对于本体合并的方式和路径，大体可以分为两个方面：

(1) 基于多重映射关系的本体合并

本体映射主要利用创建一组规则指明两个本体中的术语的语义联系，不会改变本体的结构，而本体合并是基于两个或多个源本体生成一个新的通用本体，新本体相对源本体会改变结构。目前的研究机构大多采用基于本体映射的方式对本体进行合并，然而，单一映射的机制（即两两本体属性间的映射发现）很难保证新本体的语义强度与结构强度，因此研究者们已经考虑到利用多个本体同时互相映射来解决这一弱点。

(2) 基于概念格的本体合并

概念格（concept lattices），又称为 Galois 格，是 Wille 于 1982 年首先提出的，它是根据数据集中对象与属性的二元关系建立的一种层次结构，它将每一个概念看成是一个节点，每个节点包含一组属性，通过概念格结构模型分析对象和属性之间的关系（张文修等，2005）。由于概念格具有严密的数学逻辑描述规则（顾芳等，2004），因此它能用来弥补一些本体合并过程中出现的语义强度和合并效率差的问题，不少学者基于概念格模型对本体合并研究提出了自己的合并方法，例如 FCA-Merge 方法（刘树鹏和李冠宇，2011）等。

6.4.3 用户行为本体的聚合

用户行为本体聚合的目标是清除用户行为特征库内数据的异构性，由于用户行为特征库内的多项数据是不规则的日志文档组成的，在第 3 章和第 4 章中，本书已经提出了一些方法对其内容进行规范与标准，将用户行为数据序化、语义化。这样才能为本体的聚合做充分的准备。

在以本体映射、本体链接为技术基础的本体合并与本体融合工作做完之后，就需要将本体进行聚合。这种聚合的层次是多方面的，在本章引文中也提到，本体聚合的方向主要有 3 个：①用户行为自身的数据聚合。②用户行为与已有本体库的融合。③在消除异构性的基础上对已有本体库内的本体进行重组织，从分散数据中总结出新的信息。这 3 点从基本意义上讲都是为已具有用户行为反馈的语义检索服务的。因此，用户行为本体的聚合需要考虑的因素是如何对信息来源、结构、处理、描述得更加广泛深入。另外，与数据融合不同，数据聚合的出发点是用户数据、输出是语义检索对象，这种对象可以来源于多个系统的不同节点，数据之间可以在时空、空间上异构、在信息的加工、处理和分析中增加了语义描述内容。分析三者的比较分析见表 6.7。

表 6.7 本体合并、本体融合、本体聚合的比较

比较	系统集成	多源本体（多传感器）	时空异构性	语义化程度	基于用户	新本体
本体合并	单系统集成	单源本体 单传感器	相同时空状态下的合并	初级的语义描述，没有语义结构处理	否	是
本体融合	单系统集成	多传感器	不同时空状态下的单系统融合	涉及语义描述、语义映射、语义匹配等	否	否
本体聚合	多系统集成	多传感器	不同时空状态下的多系统融合	涉及语义描述、语义映射、语义匹配等，但更深入	是	是

基于对本体合并、本体融合、本体聚合（胡唐明，2006）的比较分析以及第2章中对语义聚合系统整体分层理论，我们可以更进一步阐述用户行为本体聚合在数据层、特征层、聚合层的作用机理。

其中，数据层的作用是对多源异构数据进行挖掘与分析，并利用包装器对多源异构数据进行封装，封装的出口是特征层中的语义粒度识别器，该识别器的作用是识别概念的粒度，从而选择输出，概念粒度小的可以输入本体库，粒度大的输入主题概念库。

特征层则主要进行用户行为特征分类以及其创建工作，包括本体的映射、匹配、调试和修正等。然后运用多种本体合并方法（张英朝等，2004）对用户兴趣、用户习惯、用户偏好等多种特征进行本体聚合。

聚合层的主要工作是基于本体描述原则，对本体进行聚合。

应用层包括多种应用，其中，应用层的语义检索应用可以在概念分类的基础上对本体进行语义操作；基于语义链接的资源导航（主题图实现），则更多地关注用户特征库的主题概念的提取，在主题概念层次划分的基础上概念之间关系进行可视化应用。

另外，需要指出的是，用户行为本体和主题概念的创建还有一个大的目的，那就是将用户行为融入已有的数字资源网络中，将用户行为反馈给系统，这样才能适当调整数字图书馆用户需求分析策略与用户行为分析水平。如图6.14所示。

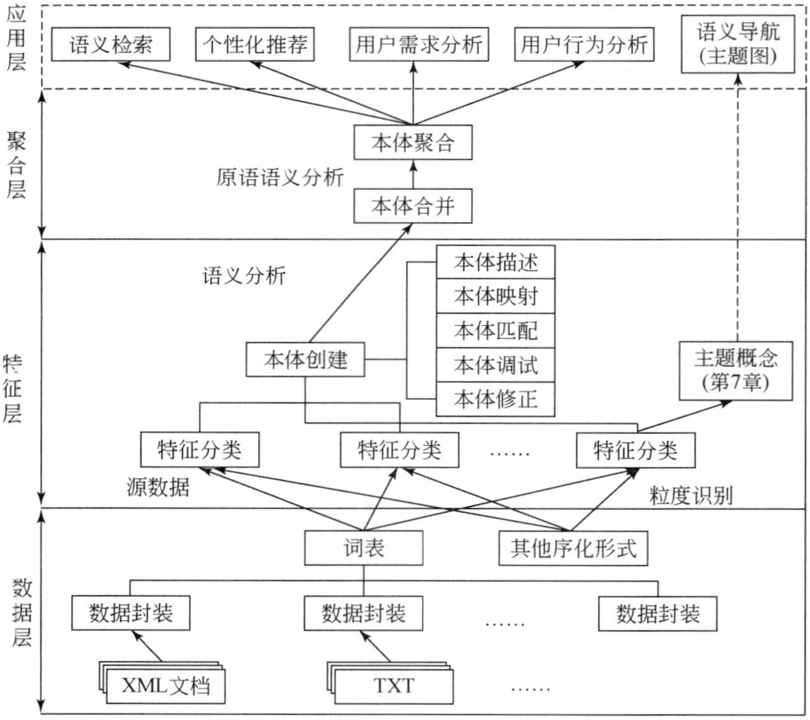

图6.14　用户行为本体的语义聚合机制

6.5 实验：基于学科概念的湖北省图书馆用户兴趣本体聚合

在开发以用户兴趣为中心的数字图书馆本体库的实践中，本书选择日志作为研究的数据源，以此作为基础构建了基于用户行为的概念本体库。选择了综合性能比较好的 Protégé 作为构建主体库的工具，本体的描述语言选用了表达能力和推理能力较强的 OWL-DL 子语言，以保证在大量的用户行为本体的创建过程中能使用推理功能进行自动归类。

6.5.1 数据源

笔者于 2012 年期间，从湖北省图书馆的信息平台上收集了系统的日志，采集的日志开始时间为 2012 年 1 月 19 日，结束时间为 2012 年 11 月 5 日，从中解析并抽样出了 80 万条用户行为日志作为基础数据，经过分词、停用词处理、特征选择之后取前 5 万个热点词汇用于本体的建立。

6.5.2 语义标注

日志中解析出来的查询条件虽由系统的用户间接提供，但直接体现了用户的需求。有些不同的关键词可能会表示相同的含义，但是只有较高使用率的词汇相对更有用于理解用户行为的意义，故需要保留这些词汇用于建立本体。根据用户搜索条件进行分词后，再进行手工整理，得到相同语义或是属于相同领域的词条的聚类。本书根据各聚类中的词条结合湖北省图书馆的馆藏目录分类名赋予各聚类一个学科的名称，表 6.8 列举了整理得到的部分概念。

表 6.8 基于学科目录分类的用户行为本体概念

化学	医学	物理	生物	计算机科学
催化剂	分子式	布朗运动	分子式	操作系统
元素	化合物	干涉	基因	碳纤维
元素周期表	化学反应	折射	氨基酸	纳米
分子式	有机化合物	碳纤维	细胞	程序员
化合物	毛细血管	纳米	脱氧核糖核酸	程序设计语言
化学反应	氨基酸	衍射	蛋白质	系统总线
布朗运动	混合物	电磁波	鸟嘌呤	频率
无机化合物	神经炎	赫兹	腺嘌呤	网站建设
有机化合物	红细胞	哈密顿力学	食物链	Windows 程序设计

续表

化学	医学	物理	生物	计算机科学
氨基酸	脊髓灰质炎	牛顿力学	生态系统	Unix
混合物	腹腔穿刺术	牛顿定律	生物圈	机器学习
蛋白质	蛋白质	重力加速度	光合作用	数据结构
酶催化反应	青霉素	能量守恒	藻类植物	嵌入式
……	……	……	……	……

6.5.3 建立本体

在本数据集中，本书把各聚类及子类定义为本体，聚类中的关键词定义为个体。

6.5.3.1 建立 Protégé 工程

运行 Protégé 4.2 工具，Protégé 工具会自动创建一个空的工程，如果在编辑时需要创建一个新的本体工程。

首先，切换到 Active Ontology 标签的窗口中，然后修改 Ontology IRI 项用于标示本体的资源访问路径，IRI 用于标识此本体资源在互联网上有统一访问地址。随着时间的改变，本体是不断变化的，这点在以用户行为为研究对象的本体库建设中尤为明显。在以后使用此本体时，我们可以指定合适的本体版本，这样更能实现对本体库的重用（图 6.15）。

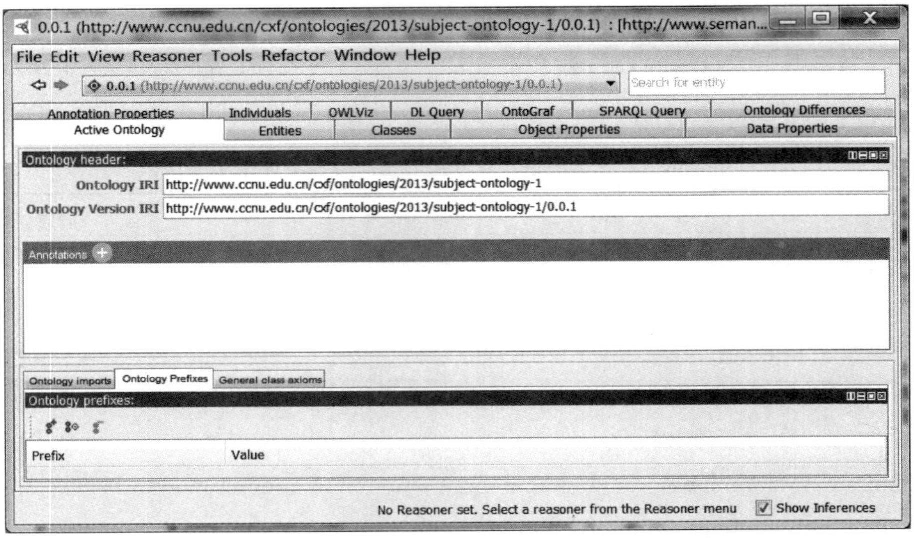

图 6.15　Active Ontology

在完成了工程的初始化工作之后，对新建的本体工程进行保存，在“Select an

Ontology format”窗口中选择 OWL/XML 选项进行创建。OWL 以描述逻辑作为数学逻辑基础，相较 RDFS 具有更强大复杂的基本词表。

6.5.3.2 创建学科概念

在语义标注和聚类的过程中，得到了词汇的聚类以及标注好的以学科为基础的聚类名称。以这些学科作为本体名称进行本体的创建。

1）选择 Class 标签，将根节点 Thing 的 label 修改为 OntologyOfHBLib 以标识此本体工程为湖北省图书馆的本体库，如图 6.16 所示。

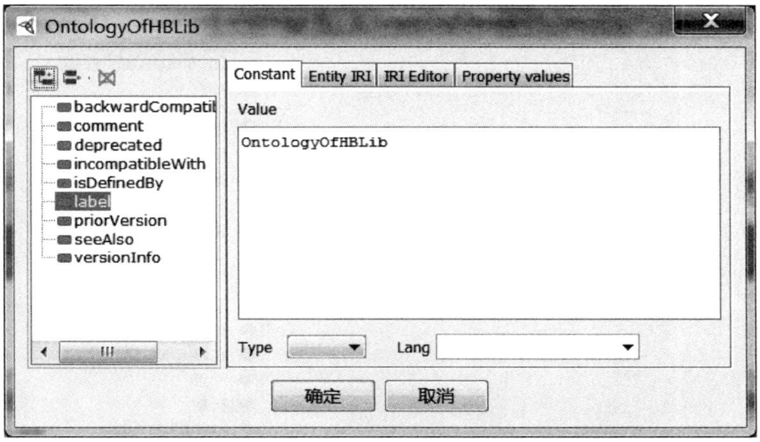

图 6.16 本体库名称修改

2）在 Classes 标签的窗口中，界面右边框选择类层次（Class hierarchy）标签，为根节点 OntologyOfHBLib 创建一个子节点，命名为“学科概念”（图 6.17）。

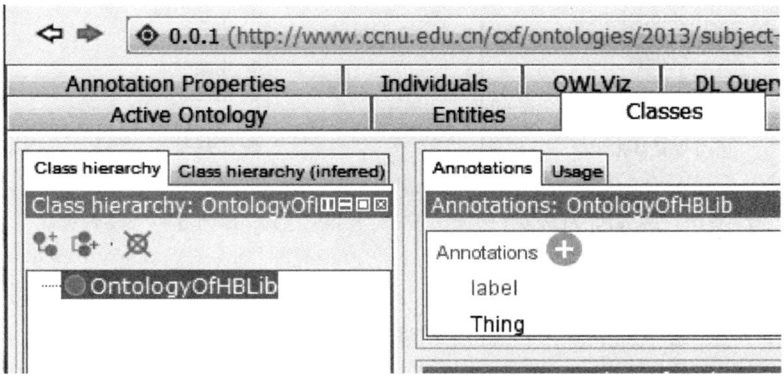

图 6.17 “学科概念”子节点

3）依次创建化学、医学、物理、生物、计算机科学等子节点，每一个节点代表一个学科的类别（图 6.18）。

4）为了将各学科分得更加细致，对学科进行了子类的划分，例如化学包含有机化学、无机化学等，物理分光学、电磁学、力学等。

6.5.3.3 创建各查询关键词的个体

选择 Individuals 标签创建本体，在 Create a new OWL NameIndividual 窗口的 Name 输入框中输入个体的名称，即关键词，然后点击确定按钮以完成此个体的创建。

依次将所有的关键词加入到个体的集合中，就得到了一个个体的集合，如图 6.19 所示。

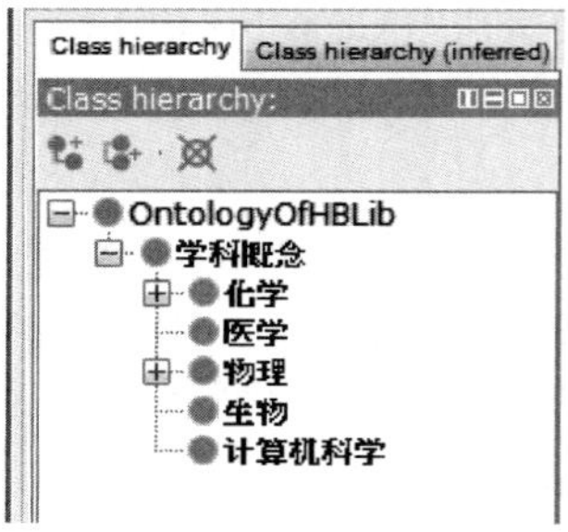

图 6.18 其他学科类别

图 6.19 本体集合

6.5.3.4 指定个体所属的类

将关键词作为成员（members）加入到各学科分类中。个体是类的实例。在领域中，个体是我们感兴趣的概念。由于目前各学科间存在着比较多的交叉领域知识，所以个体可以同时属于多个学科聚类（图 6.20）。

在 Individual 标签的窗口的 Indivuduals 信息栏中，选择需要指定类的个体。

然后，在右侧的 Description 的信息栏中的 Types 处添加所属的类，如图 6.19 所示。

然后选择我们需要指定此个体所属的类，当同时属于多个类的时候，可以指定多个类。由此可将一个个体与一个或者多个类进行关联。

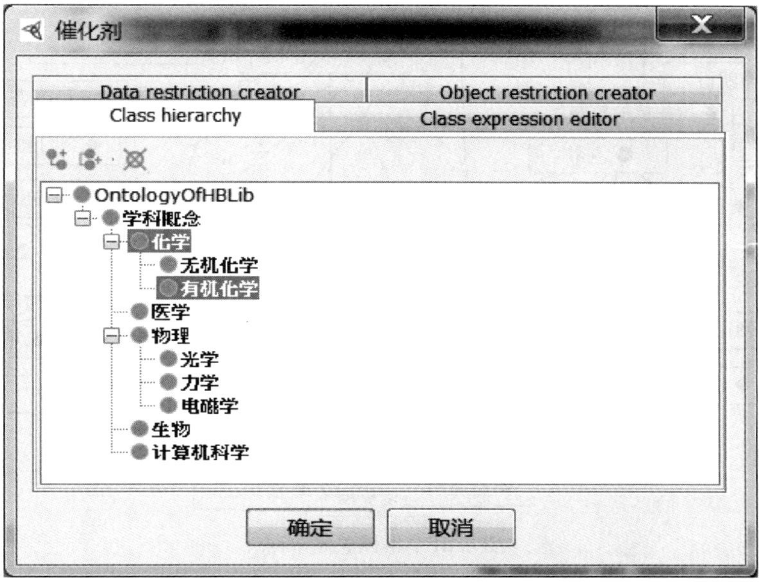

图 6.20　指定个体所属的类

6.5.3.5　本体关系展示

建立好本体，以及类与个体的关系之后，选择 OntoGraf 标签，进入本体的图形展示界面（图 6.21），在左侧的菜单中，选择学科概念的节点，然后依次双击各节点将其展开，可以显示出上图所示的类与个体的关系网状图。其中，箭头的指向代表了 hasAIndividual 的关系。

6.5.4　本体聚合

可以看出，Protégé 工具能够很方便地使用图形的方式来观测本体内部，甚至不同本体库的关系。OntoGraf 为 OWL 本体的关系提供了交互的导航功能，支持不同层次本体结构的自动组织功能，支持子类、个体、领域属性等不同的关系。并提供了几种不同的本体组织方式：

1）Grid-Alphabetical 按字母顺序网格排列方式。

2）Radial 星形状的展示方式。

3）Srping 不确定力导向的图展示方式，易于做特征的聚类。

4）Tree-Vertical 垂直排列的树形结构。

5）Tree-Horizontal 水平排列的树形结构。

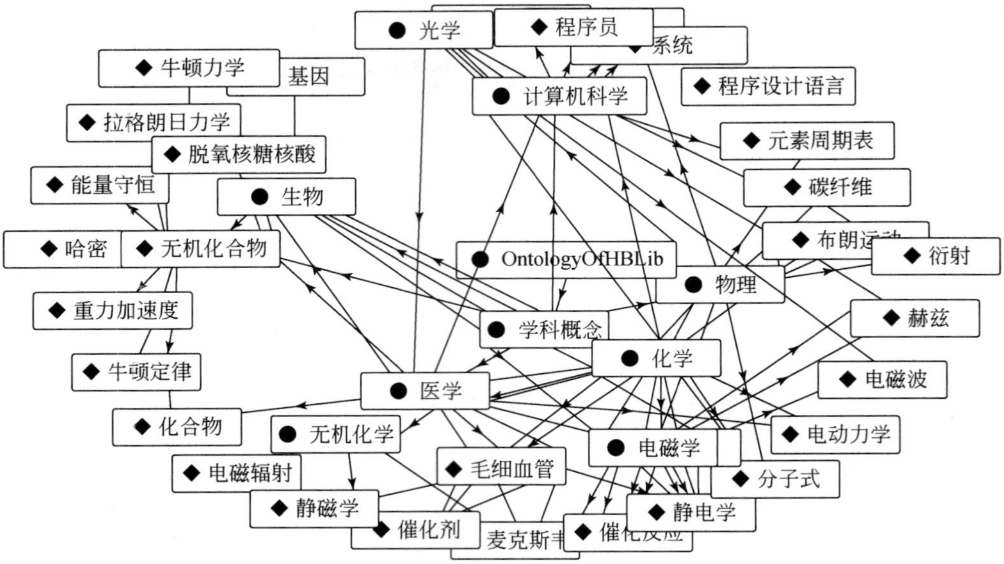

图 6.21　本体关系展示

6.5.4.1　用户本体的聚合结果

为了分析用户行为的关注点，我们需要对现有的用户行为所创建的本体进行分析，以了解用户需求的动向。从根节点展开到表示个体的节点之后，选择 Spring 的展示方式，就能比较清晰地看到各学科之间的关系以及关系的紧密程度。在创建好的湖北省图书馆用户行为本体的一部分关系数据上，借助 Spring 的方式进行展示，得到了如图 6.22 所示的关系图。

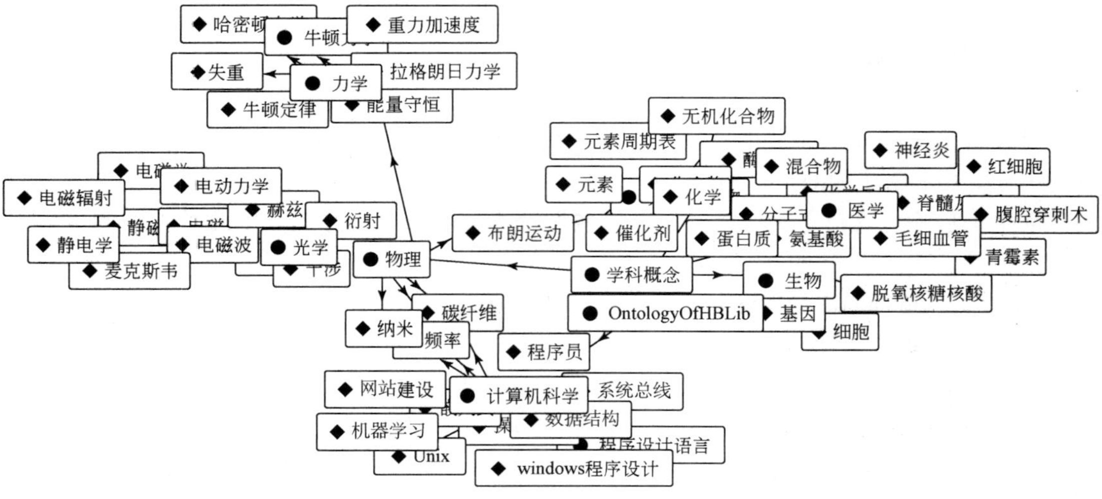

图 6.22　用户本体的聚合结果

图 6. 22 中显示，在物理的类别中，我们能看到光学和电磁学的距离非常接近，由于资料显示光的本质是电磁波，而且在这两个类别上的用户行为也非常相近，所以可以将光学和电磁学的本体进行合并。在此数据上，力学显得比较独立，和其他的学科没有太多的联系，所以，图书馆的用户可能对力学的需求是独立于其他学科领域的。

虽然在科学研究的领域中，计算机科学和其他的学科有比较多的交叉领域，但此用户行为数据显示，除了和物理有部分相同的个体，并没有和其他的学科领域显示出过多的交叉的行为。观察计算机科学和物理之间的关系，相同的个体有“纳米”“碳纤维”“频率”，由此可以猜测，用户关注较多的是计算机制造的工艺与物理中的材料物理之间的关联。如果这部分的用户行为偏向于增加的情况下，可以考虑对物理的本体进行分支处理，创建一个材料物理的本体。

在生物、化学和医学之间的关系显得相对比较紧密，说明这几个学科的交叉知识领域相对比较密切，用户可能更加关注这几个学科所产生的交叉学科。所以，可以考虑将这部分的学科根据知识领域进行聚合得到交叉学科的类别：如生物医学、生物化学、医学化学等。其中，医学和化学之间相同的个体相对比较多，说明用户对这两个学科之间的交叉知识领域关注比较多。

6. 5. 4. 2　结果分析

由用户行为本体的建设过程可以看出，用于行为的本体能够很好地对用户的兴趣进行聚类，可以根据本体聚合的效果来对现有的图书馆的信息平台、甚至图书馆的文献和书籍进行补充以及分类管理的改良，更好地为用户提供优质的信息和知识的服务。

在本体的建设方面，首先是需要进一步将馆内的用户行为的本体进行更加细致地筛选、划分和聚合，以能够更加精准地描述用户需求；其次需要进行不同用户行为的收集，对整个社会群体的需求做一个比较全面的了解，使此本体库能够在图书馆的建设中发挥更大的作用。

第 7 章　基于主题概念的数字资源聚合与可视化

词表的概念粒度小，语法重复率高，本体的概念粒度适中，可以作为数字资源体系中知识分类、知识组织以及知识聚合的有效手段，亦可以作为用户行为特征聚类的有效工具（程秀峰，2012）。然而，创建本体的最终目的是语义检索，对于用户需求中的概念导航，学科分类、栏目分类、知识链接等问题，仅仅将粒度小的知识体进行聚合，对整个知识聚合体系而言，是不完善的。因此，我们需要对图书馆数字资源中表示学科概念、种类概念、行为概念等大粒度概念体系进行研究，这包括两个方面：第一，在已有数字资源中寻找概念聚合的原理、方法、技术；第二，对用户行为特征库所生成的粒度较大的概念进行重新组织与语义链接，将用户行为概念与数字资源概念进行融合。

因此，本章的出发点为对概念聚合体系的定义、原理、意义的探讨，落脚点为基于用户行为概念与学科资源体系的可视化导航。对于可视化导航，目前已经诞生了很多相关技术方法，其中以主题图的技术最为成熟，所以本章将研究如何利用概念聚合体系来对主题图进行创建，并基于本章所提出的概念聚合体系，对湖北省图书馆用户行为数据中所涉及的相关概念进行可视化展示的实验。

7.1　用户行为主题概念聚合理论

第 5 章和第 6 章的内容立足于用户行为，本书对词频计算、词间关联、词表构建、用户行为本体的研究，可以看作是在语义网的大环境下基于用户体验的知识组织方法的两个方面：以词表组织信息可以看成是将信息以“线”的形式聚合，以本体组织信息可以看成是将信息以“面”的形式聚合。而在此基础上进行的“概念”以及“主题”的抽取与聚合范式，则是突破了“线”与“面”的关系制约，在更高维的空间中抽取用户主题概念之间的关系，其出发点是用户信息挖掘，其落脚点则是为了让离散的信息呈有序的聚合，从中可以提炼出一套面向用户的信息可视化机制，使得用户能够获得较强的信息聚合直观体验（图 7.1）。

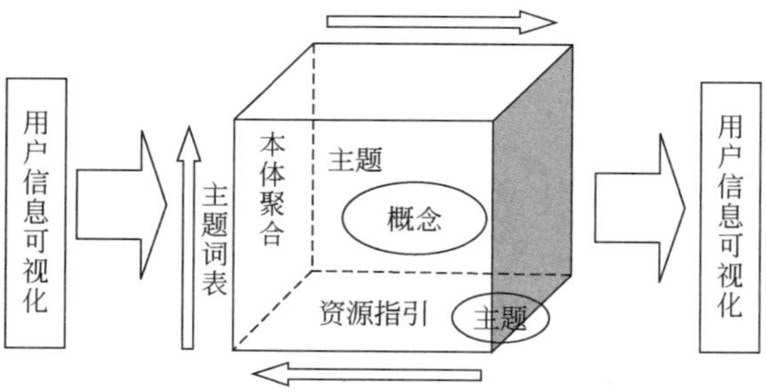

图 7.1　用户行为信息聚合的直观表示

7.1.1 一般概念聚合体系

概念聚合体系不仅是指一套概念体系，还应该包括支持对聚合状态的概念之间的联系和组织功能，对于本书而言，概念聚合体系的核心就是对概念及概念间的相互关系进行揭示。在揭示程度上，概念聚合体系可以分为对概念类聚体系和概念关联体系两个方面。

7.1.1.1 概念类聚体系

用户在网络中的行为可以上升到概念的范围，将这些概念进行类聚，需要厘清概念间的层级类别关系（马文峰等，2007；熊铭辉，2007）。层次关系中，具有代表性的就是分类法和主题法。

（1）分类法

分类法是按照一定范围的知识归属（学科或是语种）的内容组织概念的分类系统。若是根据学科分类，则它是依据信息内容的学科性质，将内容性质上彼此相同的文献集中在一起，并按由一般到具体的逻辑顺序加以排列，从而组成一个有层次、有等级的类目系统。通过等级结构体现概念间的关系，并按学科等体系排列类目结构。

（2）主题法

如第 5 章所述，最能体现主题法对进行知识聚合功能的是主题词表。词表按学科领域概念组织，形成主题词系统，并且使用规则的概念集合体表示概念。和主题词表一样，主题法以表达主题内容的词汇作为标引的对象，按字序排列主题信息，并且用参照项表示概念之间的关系。例如传统的词表以用—代—属—分—参等多种类别，分别代表主题之间的等同、等级和相关关系结构，在领域主题概念间建立起语义关联（王忠华，2011）。

（3）分类主题法

分类主题法是分类法和主题法的一个有机结合系统。分类法和主题法都是从内容角度组织信息资源的方法，两者在其外部形态、组织方式、标引方法等方面存在差异，但是在原理和性能上也有着相同之处。首先，两者都采用了共同的认识论方法——分类；其次，两者表达的对象都是主题概念，相应领域的分类法和主题法所表达的主题概念基本相同。也就是说，分类法和主题法研究的目标都是语义单元，且二者之间存在着一定的概念映射联系，两者的差异只在于类聚的方式不同和采用的标识不同。

7.1.1.2 概念关联体系

概念关联体系不仅强调对纯概念的组织与标示，更强调的是概念之间的关联。概念关联体系中，比较经典的应用例如词网、概念图、主题图等。

（1）词网

WordNet 是普林斯顿大学认知科学实验室开发的在线词典查询系统，它基于英文词汇语义，对收集的英语单词及其关系进行描述（马文峰等，2007）。WordNet 目前有 9 万多词条，包括 5 万多简单词和四万多复合词，并由各类词性组成约的七万多个词义或同义词集构成，每一集合展现一个词语概念，并构建了同义、反义等多种语义关系。研究人员利用 RDF 的属性标记方式为 WordNet 定义了 WordNet Schema 中的概念及其子类（例如动词、名词、形容词、副词等）和相应的标记方式、应用对象、取值形式等，以便开放地标记、交换、解析甚至转换 WordNet 词汇及其关系（梁桂英，2006）。

（2）概念图

概念图是以图的方式描述并展现知识的一种技术。概念图起源于教育领域，由美国康奈尔大学心理学 J. D. Novak 教授首先提出，它用于表征概念之间的相互关系，提供知识结构组织的视觉表征。一般认为概念图由概念、命题、交叉连接和层级结构 4 个基本要素构成（朱学庆，2002；袁维新，2004；钱圣波和丁振国，2004）。两个概念之间通过某一关系而形成的意义关联是命题；而不同知识领域概念之间的关系构成交叉连接；层级结构是概念的表现形式。概念图结构由节点、连接和标注组成。节点表示概念，用几何图形、图案等符号来表示；连接代表概念之间的关系，具有方向性；标注即连接节点反映其关系的文字描述。因此，概念图能够表达概念之间的空间网络结构关系（朱学庆，2002）。

以图 7.2 的“机器”概念为例，将“飞机”和“蜻蜓”这两种概念通过关系描述的形式链接起来。

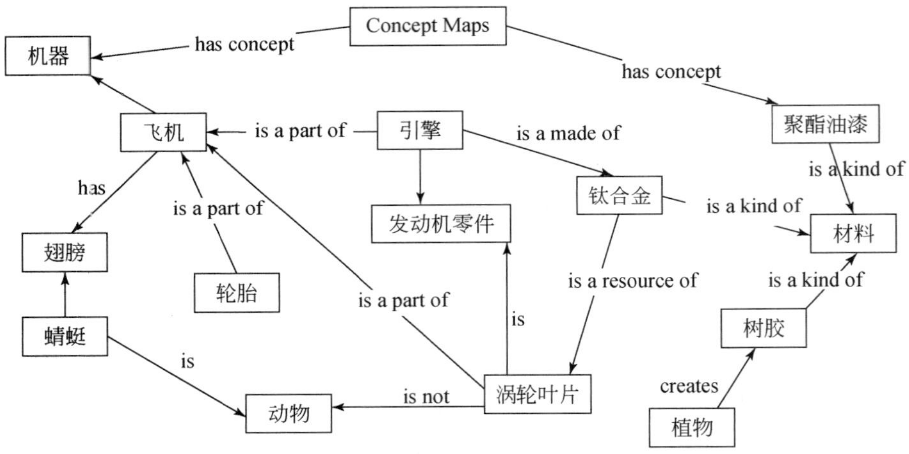

图 7.2 概念图（“机器”概念）简例

（3）主题图

主题图是用可视化方式描述信息资源中主题概念间相互关系的技术和方法。在本书第 7.4 节对其应用于用户行为概念的聚合与组织方法将有详细论述。

7.1.1.3 两种聚合体系的比较分析

由上述两种聚合体系的对比中可以看出，由于主题法、分类法等方法不强调组织之间的关联以及对关联的解释，因而无法准确、完整地显示资源的知识结构，因此属于概念聚合体系中的较低层次，它主要适用于对信息资源的整合过程。而越来越多的分类系统采用了概念关联体系的机制，例如 2005 年发布的《中国分类主题词表》电子版即对概念成族与概念结构化进行了很大改进，加入了基于主题词的语义系统架构特点。这表明两种聚合体系在涉及具体应用的过程中均有相互借鉴的趋势。

相比于概念类聚体系，概念关联体系侧重于对概念关联的组织，形成了概念聚合体系的高级形态（马文峰，2007；熊铭辉，2007）。概念关联体系中的 WordNet、ConceptMap 和 TopicMap 均是利用节点关联等方式来表示概念间的语义联系。两种聚合体系的关系可以如图 7.3 所示。

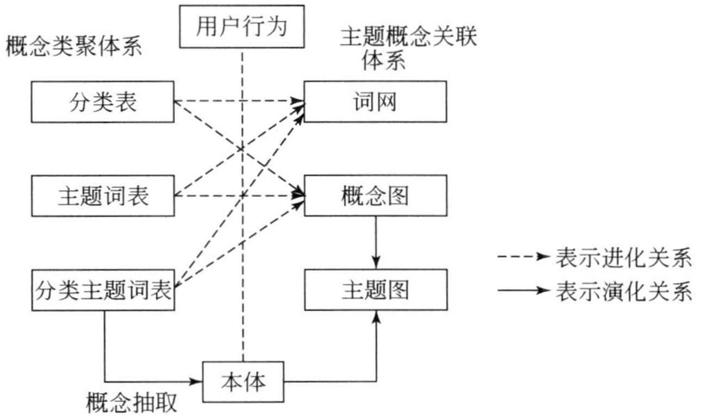

图 7.3　两种聚合体系的比较

对于用户行为来说，对用户行为特征库中所蕴含的概念在下文的用户行为概念聚合模型中将借鉴两种系统的优势，既在特征分类的基础上进行语族聚合，又将挖掘概念之间的语义关联，综合概念关联体系与类聚体系在资源聚合上的优势，探索用户行为的特征聚合模式。

7.1.2　用户行为概念聚合体系

需要首先说明的是，本书所述的概念体系是对真实世界中问题域内的事物的描述。概念聚合体系包括对用户行为数据挖掘所生成的概念和数字图书馆已有的知识概念。

7.1.2.1　用户行为概念聚合的定义

主题概念一词是数据仓储领域首先提出的。与主题或者概念不同，主题概念把现实世界中具体的事物抽象，目的是为了支持数据库管理系统成功创建知识元。因此，主题概念可以看作是现实世界到信息世界的一种信息结构，这种信息结构与机器世界没有关系，但是机器世界里进行数据存储的介质（例如数据库管理系统）需要用到这种信息结构的思想中的概念级的数据进行信息组织与存储，而其一般称为主题概念（兰鹰和杨玉梅，2012）。

主题概念面向用户和现实世界，是与 DBMS 无关的抽象模型，可用来表示某个学科或者知识分类的抽象结构，而用户行为这个术语，能够更好地将概念、本体、知识元区分开来。对于系统设计人员来说，可以在设计的开始阶段，把主要精力用于了解学科分类与用户行为特征分类，而把涉及 DBMS 的一些技术性的问题推迟到设计阶段去考虑。

7.1.2.2 用户行为的概念聚合流程

用户的行为特征归纳起来可以分为两种用户行为：用户直接使用特征与用户使用习惯特征。用户直接使用特征是指用户在查询、浏览、上传下载、点击链接等操作的时候留下的直接数据，这些数据经过采集、筛选之后可以形成线性的字符串（即词汇）；而用户使用习惯特征，需要设立一定的概念抽取模型来规范用户的这些习惯特征，例如部分用户的浏览模式、访问分布模式、使用时空模式等特征，在建立模型方面，最为实用的即为概念模型。

用户的各种行为特征形成的特征库可以看作是概念与概念、概念关系与概念关系的集合，也可以看作是数据库设计者与用户以及数据库使用者的交流语言，起到第一层抽象的作用。

如图 7.4 所示，基于主题概念聚合的模式在一方面应该具有较强的语义组织与加工能力，能够方便、直接地表达概念及概念链接中的语义关系；另一方面在这种概念聚合模式下创建的 RDBMS 与主题图等结果还应简单、清晰、易于用户理解与反馈。同时，概念模型在开发者角度来看是面向对象设计的一个基石，因为它可以极其简明地描述用例（case）之间的关系，应该说概念模型是面向对象开发过程中另一个充满主观色彩的工件（Gamma et al.，1995）。

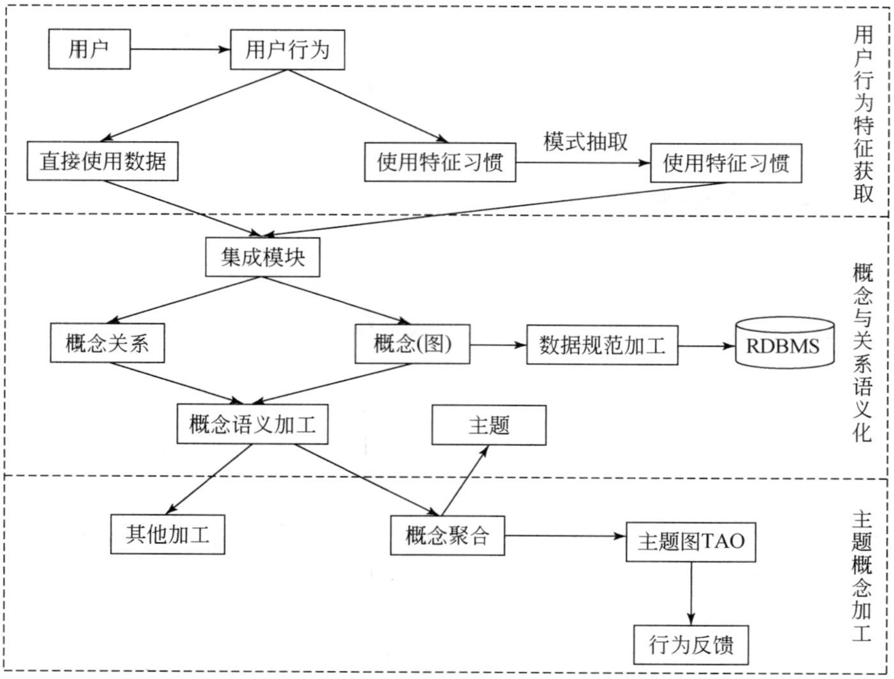

图 7.4 面向用户行为的概念关系聚合流程

由图 7.4 可知，不同的用户对不同数字资源平台的访问模式不一样，因此可能提炼出来的概念模型也有所差异，这也是概念模型受主观认识影响的一个因素。另外，概念模型的聚合特点主要有以下 4 个方面：

1）对同一使用习惯模式进行聚合。在用户特征数据库中挖掘同一种使用习惯与使用模式进行分类与整合。首先综合出几种使用模式，针对这几种使用习惯模式进行聚类。

2）对同一类型用户的聚合。同一种使用习惯代表着同一类用户，通过概念及概念关联之间的挖掘与发现，构建基于用户行为的用户种类聚合体系，提炼出具有同一种使用习惯的用户进行用户聚合。

3）通过概念链接与概念映射进行聚合。概念与概念之间可以通过共现、语义标注、空间映射等方式。将概念的语义信息进行网络化处理，通过计量的方法对概念的语义信息进行量化聚合。

4）通过概念图形的方式进行聚合。利用可视化的图形融合方式对概念进行图像层次的聚合。

一般来说，以上四种方法所提炼出的聚合模型只是对聚合已有信息资源库的一种扩展与补充。如要对已有的数据资源库进行聚合，则需要涉及元数据标引，本体创建等内容，而本章所述的概念与主题聚合方法仅是对用户特征库内的数据进行聚合，并在此基础上形成规范化的聚合数据，利用这些聚合数据对已有信息资源库中的数据做升级与扩充。

7.1.2.3 用户行为概念聚合与本体聚合的比较

经典的概念模型描述了对现实世界的实体进行概念形式化描述的过程。当用概念模型来解释和组织用户行为时，这些概念单元及其相互关系可作为准备数据供应聚合模型（王知津，2004）。以下将把这些概念和关系组织成一个简单的知识组织模型，其中包含对概念的抽取、选择、分类、关联、链接、映射，以便在数据的组织上使用。该模型用于已有本体库或数字资源库的时候是基于学科和科研本体的聚合，而应用于用户特征库的时候是面向用户特征的聚合。

本书为用户行为概念聚合模式提出了 3 种要素：①概念粒度。②概念路径。③概念映射（关联）。对用户特征的聚合实际上是基于这 3 者的衡量，这与上一章中提到的本体聚合模式具有很大的相似性，所不同的是本体聚合模式主要是基于已有本体库的，而概念聚合模式主要是基于用户特征库与学科分类的。当用户特征库与已有本体库融合的时候，本聚合体系才有效（图 7.5）。

7.1.3 概念选择与概念抽取

利用用户信息库的方法生成基于用户行为的词表与本体，并将词表与本体进行某种程度的融合，是整个语义聚合体系中面向信息检索的部分，而利用一定方法对用户行为特征

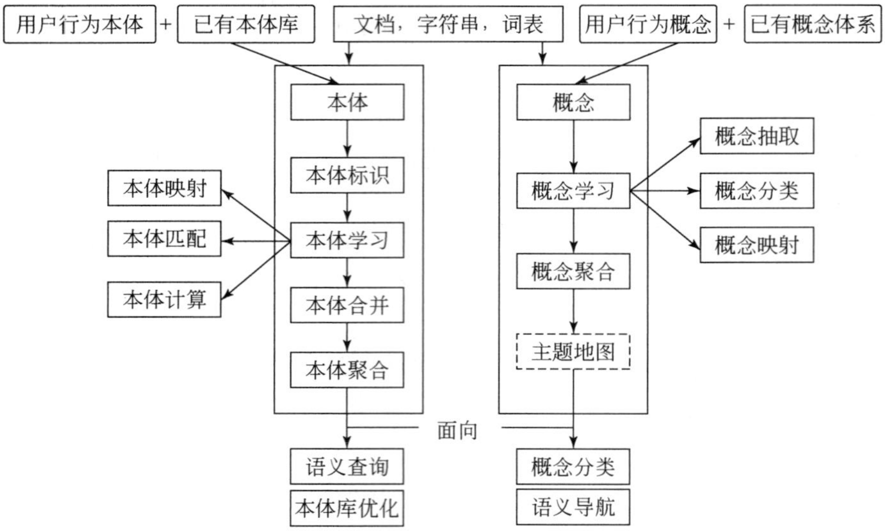

图 7.5　用户行为概念聚合与本体聚合的比较

库内的文档与 Web 页面等结构化信息进行主题概念的抽取，从而满足生成主题图，然后利用进行可视化，这是整个语义聚合体系的可视化部分。而在用户信息库中对用户信息概念进行抽取已成为概念分类、概念映射、概念关联、建立主题图和对文本信息进行聚合处理工作的基础。

概念选择与抽取主要有基于词频加权计算的概念选择与基于语义关联的概念选择两种方式。在用户数据中进行概念选择时，主要考虑的因素有概念频度、加权位置、概念长度、概念语义等，因此需要一种介于两类之间的选择与抽取方法。Lagus 等（1999）提出利用关键词选择方法提取概念与映射，韩客松和王永成（2000）提出了一种非线性加权的方法来提取主题与概念。马颖华等（2003）基于概念树的方法提出了主题词轮排选择算法。该算法考虑到了概念间的上下位关联程度，体现了部分与整体概念间的关联信息。唐一之（2009）利用 TF-IDF 算法建立词-文本关联矩阵来进行概念的抽取，以上对概念的选择主要是基于对词的加权计算，基本没有涉及概念间的关联信息。本书根据毛军等（2005）提出的算法建立起词-用户特征词之间的关联矩阵，对概念的抽取做出一定程度的算法设计。

7.1.3.1　主题词与用户特征的关联矩阵表示

首先，在备选的主题词词库中有一系列表示概念的词条 C_i，$(1\leqslant i\leqslant N)$（$N$ 表示备选词库的规模），不同的用户主题词词表具有不同的大小，因此可根据预定义的主题词构造一系列的概念向量：$\vec{D}=(d_{i1},\ d_{i2},\ \cdots,\ d_{ii},\ \cdots,\ d_{iN})(1\leqslant i\leqslant N)$，其中 $d_{ij}\in[0,\ 1]$，$(1\leqslant j\leqslant N,\ j\neq i)$ 表示概念词条 C_i 与词条 C_j 的相关程度。表示用户特征的第 k 个特征项（由特征词组成）视作一个文本向量 $\vec{T}_k=(d_{k1},\ d_{k2},\ \cdots,\ d_{kN})$。其中，$d_{ki}$ 表示第 i 个主题词在该

特征项中出现的权值。如一个主题词在一个特征项中的权值为零或者很小，则这个主题以及主题所代表的概念对该特征项的语义联系几乎没有。因此，必须设定一个阈值 α，使得当 $d_{ki} \leqslant \alpha(1 \leqslant i \leqslant N)$ 的时候，将该主题词从 $\vec{T}_k$ 中取消，这样做的目的是降低 $\vec{T}_k$ 的维数。然后选择 $\vec{T}_k$ 中出现去权值的主题词向量 $\overrightarrow{D_i}$ 中的 d_{ij}，这样即看构造一个主题词 C_i 所形成的概念向量 $\overrightarrow{D_i}$ 与特征项 $\vec{T}_k$ 的关联矩阵。

例如，一个特征项 $\vec{T}_k$ 经过以上方法构造了如下关联矩阵，经过处理后共有 6 个特征项中的词汇与主题词向量形成矩阵（表 7.1）。

表 7.1　用户特征的关联矩阵

$\vec{T}_k$	C_1	C_3	C_5	C_6	C_7	C_9
$\vec{T}_0$	$d_{0\ 1}$	d_{03}	d_{05}	d_{06}	d_{07}	d_{09}
D_1	d_{11}	d_{13}	d_{15}	d_{16}	d_{17}	d_{19}
D_2	d_{21}	d_{23}	d_{25}	d_{26}	d_{27}	d_{29}
D_3	d_{31}	d_{33}	d_{35}	d_{36}	d_{37}	d_{39}

定义了向量的空间表示后，下一步就是确定概念向量 $\overrightarrow{D_i}$ 对特征项 $\vec{T}_0$ 的重要程度。一个主题词对该特征项越重要，则说明它越能表达该特征项的主题，从而说明它成为该特征项的概念词的可能性越大，反之亦然。

7.1.3.2　特征项与概念向量距离的计算

计算向量距离的公式有多种，在此简单介绍内积、余弦、欧几里得 3 种向量距离的计算公式。

（1）内积向量距离

定义：内积空间亦称准希尔伯特空间，其原因是通过内积定义的距离完备化后会形成一个希尔伯特空间（Emch et al.，1972；刘海英，2012）。设域 F 为一个实数域，其上的一个空间 V 备有一个正定、对称、非退化以及共轭双线性形式，则此空间称为该域的一个内积空间。记作：

$$\langle \cdot, \cdot \rangle : V \times V \to F$$

例如在实数域内有乘法 $\langle x, y \rangle := xy$，则欧几里得空间 R 和点积构成一个内积空间：$\langle (x_1, \cdots, x_n), (y_1, \cdots, y_n) \rangle := \sum_{i=1}^{n} x_i y_i = x_1 y_1 + \cdots + x_n y_n$，若换成 $\boldsymbol{A}$，$\boldsymbol{B}$ 两个向量，则 $\boldsymbol{A}$ 与 $\boldsymbol{B}$ 的内积相似性距离应为

$$\text{similarity} = \boldsymbol{A} \cdot \boldsymbol{B} = \sum_{i=1}^{n} a_i \times b_i \tag{7.1}$$

（2）余弦向量距离

定义：两个向量间的余弦值可通过欧几里得点积与量级公式推导得出：$a \cdot b = \| a \|$

$\| b \| \cos\theta$，由于两个向量的属性特性，**A** 和 **B** 的相似程度 θ 通过点积形式来表达（张思颖，2013；刘永伟，2013）。则两个向量之间的相似度为

$$\text{similarity} = \cos(\theta) = \frac{\boldsymbol{A} \cdot \boldsymbol{B}}{\| A \| \ \| B \|} = \frac{\sum_{i=1}^{n} A_i \times B_i}{\sqrt{\sum_{i=1}^{n} (A_i)^2} \times \sqrt{\sum_{i=1}^{n} (B_i)^2}} \tag{7.2}$$

形成的结果取值为［-1，1］，-1 表示两向量完全不相似，而 1 表示完全相似，0 表示它们之间相互独立，介于其中的值表示中度的相似性。在文本匹配中，**A** 和 **B** 表示文档中的词频向量。余弦相似性，可被看成是一个比较文本长度的工具（路静 等，2014）。

在概念向量与特征项的式子中，余弦距离是向量$\overrightarrow{D_i}$与$\overrightarrow{T_k}$的两个向量的夹角，即是相当于把两个向量标准化之后长度的内积，因此它反映的是特征项与概念向量的分布相似性（高利，2003）。

$$d_{ik} = f(\overrightarrow{T_k}, \overrightarrow{D_i}) = \frac{\overrightarrow{T_k} \cdot \overrightarrow{D_i}}{|T_k| \times |D_i|} = \frac{\sum_{j=1}^{A} d_{0j} d_{ij}}{\sqrt{\sum_{j=1}^{A} d_{0j}^2 \sum_{j=1}^{A} d_{ij}^2}} \tag{7.3}$$

式中，集合 **A** 为第 i 个主题词条在特征项的权值大于阈值 a 的集合。由式 7.3 可知，由于所有概念向量与该概念向量自身的相关度是 1（绝对相关），因此上面的关联矩阵中（除去 $\overrightarrow{T_0}$后的对称矩阵）对角线上的所有值都是 1（程秀峰，2013）。在以下的两种向量距离计算公式中也是如此。又因为除去 $\overrightarrow{T_0}$后的对称矩阵之中的每个元素都有相关值，所以对角线之外的所有矩阵元素值均小于 1 且大于 0。该公式说明，如果表示主题词串的概念向量 **D** 与用户行为特征项 $\overrightarrow{T_k}$的距离越大，则 d_{ki}的值越大。

（3）广义 Jaccard 系数

广义 Jaccard 系数（Jaccard et al.，1901）可以用于文档数据的相似度计算，并在二元属性情况下归约为 Jaccard 系数。广义 Jaccard 系数又称 Tanimoto 系数（有另一种系数也称为 Tanimoto 系数）。该系数用两个向量 x 和 y 的欧几里得量级公式推导表示如下：

$$\text{Jaccard}(x, y) = \frac{xy}{\| x \|^2 + \| y \|^2 - xy} \tag{7.4}$$

因此，两个向量 **A**，**B** 的相似性距离应为

$$\text{similarity} = \frac{\sum_{i=1}^{n} A_i \times B_i}{\sum_{i=1}^{n} A_i^2 + \sum_{i=1}^{n} B_i^2 - \sum_{i=1}^{n} A_i \times B_i} \tag{7.5}$$

7.1.3.3 相近和同义概念权值处理及选取

当特征项与主题词进行完相似距离计算之后，特征项 T_k 中的每个元素实质是第 k 个词汇在特征项 T_k 中的权值。我们需要对该权值进行选取，依据主题词的权值对主题词进行概念语义选取的方法很多。不同的方法会对主题概念的选取造成不同的影响。上文提到的韩客松和王永成（2000）给出了一种较理想的非线性加权体系公式，适用在本概念模型选择中：

$$d_{ki}=\text{OldIndexValue}+f(p)\times f(n) \tag{7.6}$$

式中，$f(p)$、$f(n)$ 分别为第 k 个词汇的位置和频率。定义 $d_m=\max(d_{ik})$，即最后选定的主题词所代表的主题概念 d_m 与特征项 T_k 的最大语义关联为选取项。

7.1.4 概念分类与概念树

广义的概念分类是指对人脑思维所涉及的所有概念进行系统分类，作为思维地图，消除思维迷雾，以扩展思维活动时空，提高思维效率，提高果断决策的自信心。本书中所述的概念分类是基于用户行为概念的选择与抽取之上的，将概念进行学科或特征分类的理论。

7.1.4.1 概念分类

“分类学”中，对概念的定义有广义与狭义之分。广义的概念分类从语言学、形式逻辑、辩证逻辑、数学、系统论等学科所涉及的广义对象为起点，构建以“事物”为基础的概念类别；而狭义的概念分类主要是针对某一学科或某一知识库中的概念进行分类与重排。

因此，基于用户行为特征库的概念分类，其内涵是对用户行为所涉及的所有概念进行系统分类，规定一定的概念域，从而消除概念的歧义性，扩展概念空间，提高主题组织效率。概念分类的外延则体现在不同的概念关系具有不同的用户使用系统，会产生不同的分类需求，从而产生不同的概念分类观念；不同的系统对不同的用户行为数据的分类需求也不尽相同，因此需要设计一个开放的概念分类体系，使得用户提供的行为信息既能够按用户特征进行分类，也能支持数字图书馆系统对学科概念的分类工作。

在对用户行为特征库进行概念选择与抽取之后，一部分具有大量语义含义的主题词组成了新的概念，这些带有语义的概念与本体的差别在于，概念能够有机地反映主题与主题的关系，利用这些主题与主题的关系可以形成可视化的主题图，从而有利于可视化状态下的聚合。需要对概念进行选择与抽取的另一个原因是因为概念关系粒度要比本体大，利用概念分类的方法对概念的学科属性、内容属性进行一定程度的划分，能够减小在创建主题图过程中的繁重工作。

7.1.4.2 概念树

概念的粒度大在一方面可以有效支持主题图的创建。另一方面，由于数据范围变化较大，对概念分类而言，适宜采用建立分类树的方法进行概念的语义分类。概念树的基本定义如下：

在面向对象程序设计中，概念与概念之间的基本联系分为 4 种：is a kind of, is a part of, is an instance of, is an attribute of。前两种关系是基于概念继承的，后两种关系是基于概念抽象。依据概念的这些关系，我们可以将一个概念分为几个子部分，从根节点逐层细分，形成的树状层次结构叫作概念树（Christopher et al.，2010）。概念树的特点是：随着同一层次节点的增多，对根节点的语义描述越具体。每种关系都能够组成自己的概念树，例如具有继承的关系“is an kind of”的名词结构构成的概念树中，上下层概念之间存在着继承的传递性，例如 A 继承 B，B 继承 C，则 A 继承 C。由此构建的概念树中，从根节点都能找到一条路径到任意其他节点，路径称之为 knowledge-path，图 7.6 即为一个由名词概念和继承关系所构成的简单概念树。

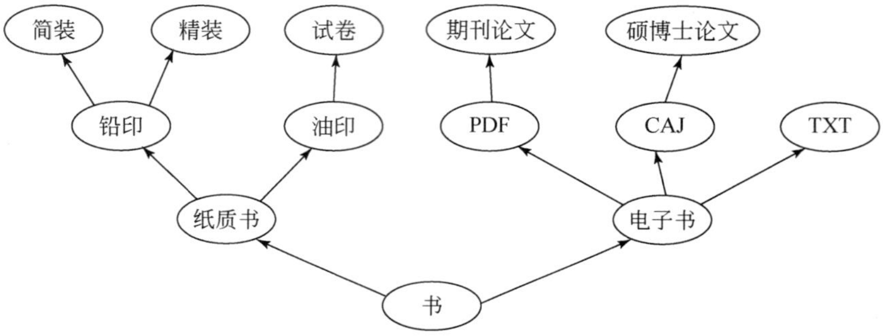

图 7.6　一个简单的名词概念树

概念树的构造方式可以采用自顶向下与自底向上的形式，在构建概念树时，对研究范围内的基本概念还未形成系统认识，宜采用自底向上的方式，而在对研究中的概念形成清晰的认识后，可以采用自顶向下的方式。自顶向下能够较好控制概念树的规模，防止概念泛化。

7.1.4.3　基于概念树的概念分类与计算

由概念树的模型可以引申出建立概念分类树的方法（谷文，2010）。建立概念分类树并进行概念分类模型的主要内容如下。

(1) 建立分类树

分类树可表达为具有层次结构的节点集合，单个分类节点用于将某组数据分解为多重子集（吕刚等，2011）。定义为 T，T 中包含 N 个节点。则有 $T=N$，N 中的子节点 N_i 含有一组属性 A_i，在此概念分类模型中设置了两个属性，一个是概念间的粒度，另一个是概念间的语义相似度。下面需要依据这两个分类特性将概念节点划分到子集合中。(N_i，N_j) 代表 N_i 到 N_j 的边。所以对每条边 $\mu(N_i \rightarrow N_j)$，$\mu(N_i \rightarrow N_j)=\{(A_k, \delta, V_k) \mid A_k \in A_i, V_k \in V_j\}$ 包含一系列分类标准，标注 A_k，δ，V_k 含有继承双亲节点 N_i 的分类属性 $A_k \in A_i$，以及一个逻辑判断 δ 和属性值 V_k。例如图 7.7 中，有八个概念节点（N_1-N_8）、两个分类属性粒度 gran 和语义相似度 sim。x 表示输入数据中随机选取的概念。

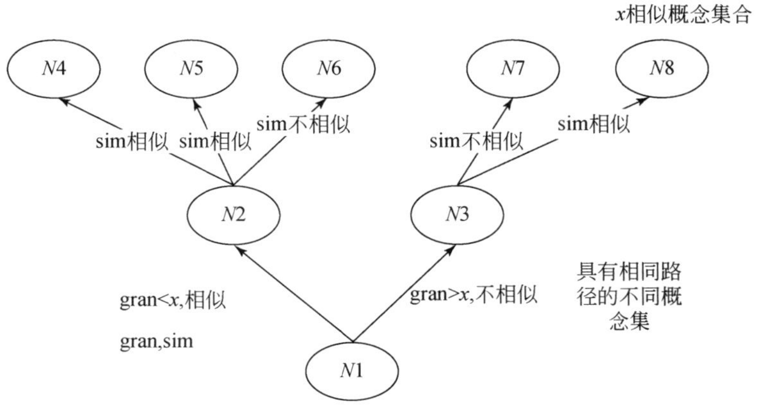

图 7.7　概念分类树

(2) 粒度计算

通过边来计算得到离最近的双亲节点的最短边距离的两个概念的粒度，并通过 WordNet 的语义定义，计算粒度的 3 个要素是节点密度、深度和到子节点的距离。概念 c 的节点密度可以通过下式计算 $\text{dens}(c)=E(c)/E$，E 表示某一个层级的密度，粒度计算公式如下：

$$\text{gran}(c_1,\ c_2)=\frac{\text{dens}(c_1)\times\text{path}(c_1,\ p)\times\text{leaf}(c_2)}{\text{dens}(c_2)\times\text{path}(c_2,\ p)\times\text{leaf}(c_1)} \tag{7.7}$$

式中，p 表示 c_1 和 c_2 的父节点，即双亲节点。通过上式可以得出，若 $\text{gran}(c_1,\ c_2)>1$，则表示 c_1 粒度高于 c_2；若 $\text{gran}(c_1,\ c_2)=1$，则表示 c_1 与 c_2 粒度相同。

(3) 计算概念语义相似度

计算两个概念之间语义相似度的 node-edges 公式（Jiang J J et al，1997）。

$$\text{sim}(w_1,\ w_2)=2\times\log(P(L\text{Super}(c_1,\ c_2)))-(\log P(c_1)+\log P(c_2)) \tag{7.8}$$

式中，c_1，c_2 分别表示主题词 w_1，w_2 在分类树中所代表的概念，$P(c)$ 是层级中遇到 c 的概率，LSuper（c_1，c_2）表示 c_1 和 c_2 的最小上限纵坐标值（吕刚等，2011；程秀峰，2013）。

(4) 建立分类映射模型的过程

通过分类树，将输入数据分为概念组，然后形成概念与特征项之间的语义映射模型。

7.1.5 概念链接与动态重组

7.1.5.1 概念链接与重组的意义

确立概念选择与概念分类机制之后，形成基于概念关系种类的概念组，概念组由词表中的主题词所构成，接下来的工作需要采用概念链接与概念映射的方式挖掘概念之间的关系，形成主题词、概念、用户行为三者之间的链接与映射。

所谓概念的链接就是对现有的概念分类体系进行信息重组，以形成新的概念链接或概念组。这种信息重组是通过建立相关的链接机制来完成而不是依靠人们事先建立的链接，也可以通过这种方式在界面层组织信息。通过这种多样化的信息链接方式，概念链接也具有不同的重组模式。

1）知识性链接，主要指的是符号代号、段落或文献等概念内容与组织体系的链接。知识性链接包含 3 种功能：①解释有关信息内容。②按知识组织体系显示或重组信息表达。③再次利用知识体系的映射关系（张晓林，2001；王翠萍，2005）。

2）参考文献映射，这是目前各个文摘索引和全文期刊出版系统所具有的一项标准功能，表现为文摘索引与其标引文献、文后参考文献与相应全文的链接，其发展趋势是走向开放的链接体系。

3）引用网络链接，通过同被引文献、引用目标文献的文献、引文耦合文献、被目标文献引用的文献等的链接。它们通过 3 种方式来形成一个以文献为中心的不断更新的相关信息集合，这 3 种方式：①在此基础之上通过引文关系来链接相关文献。②通过引用程度过滤此类文献。③动态更新引用链接。

4）语义链接，这是一种虚拟的动态链接，主要是利用语义网络和本体等来链接有一定逻辑联系的信息内容，例如将关于某一地名的概念与那些和该地名有关的特色产品的概念相联系。

5）重组性链接，是指对一组概念按专门体系重新组织，这个体系不一定是静态定义和一般化，也可能是动态的和个性化的，也不主要关注具体概念的检索。例如，个性化资源系统，按不同分类体系的不同层面组织资源体系，按主题分类组织检索结果。

7.1.5.2 概念链接动态重组

在概念分类后，对某一概念所联系到的用户特征、某一概念所表达语义的动态链接与重组通常需要解决如图 7.8 所示的以下问题。

1）有效解决同义词和多义词的问题。基于主题词之间的关联进行概念分类之后，同一个概念因为表示方式的不同而被划分在不同的概念组中。例如，许多用户查询“文章结构”一词，与用户点击的“目录”链接具有很强的语义关联，在用户需求分析时可以认为是同义词，但是由于所在的特征项、特征值与表示方式不同，很容易被上述分类机制认为表示方式不同而不存在较高的相似性，这样，一个用户特征主题词容易被划分到错误的概念组中而没有形成概念与概念之间的联系。

2）强弱链接的调整。概念与用户特征主题词、概念与概念之间在上述机制中可能被分类到错误的类别中，从而影响分类精度。因此，可以借助一些机制调整概念之间的链接权值，将主题词从用户特征空间直接映射到概念空间中，进而在概念空间上补充概念分类工作的不足。

3）链接的动态兼容问题。当用户特征库发生变化时，在链接机制内出现新的概念与链接需求，需要获得新的链接的处理能力，例如嵌入本地化的身份验证、支付控制、知识产权等。支持本地定制、个性化定制、动态定制问题。概念之间的链接需要保证能够进行个性化选择，并使得个性化选择机制能够融入信息资源服务系统。为满足以上条件，本书构建了概念链接的基本框架（图 7.8）。

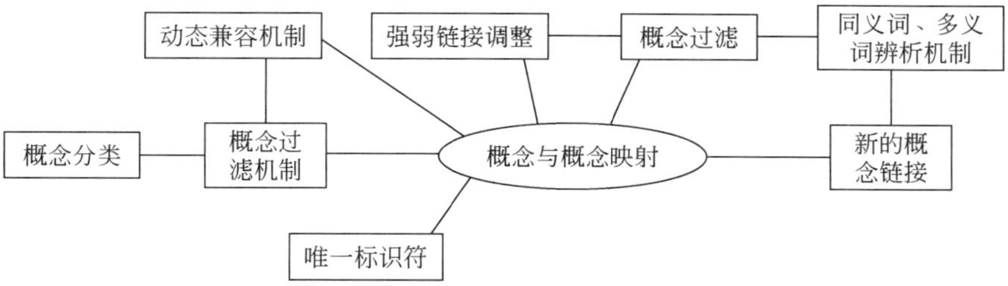

图 7.8　概念链接动态重组所需解决的问题

由图 7.8 可知，每一个概念与概念映射都会配有一个唯一的标识符，这样做的好处是可以通过标识符找到元数据库中资源的地址。概念与概念的映射通过概念过滤机制后生成链接，链接数据是动态的，并且可以支持概念分类，另外，还有一系列对概念链接的微调工作，例如链接可以通过强弱调整来实现概念与概念之间关系的调整；同义词及多义词辨析机制可以对概念内容进行辨析……最终生成的新的概念将使用户行为概念上升到领域概念层次，与已有知识库中的概念形成无缝连接。

7.2　基于概念聚合体系进行主题图创建

ISO-13250 标准将主题图描述为，“主题图定义了一个多维主题空间，其中各个位置表示不同的主题（王石林，2006）。若两个主题之间存在通道，则可根据主题之间的跳转次数测出其两两距离，而从一个主题到另外一个主题的访问路径则定义了它们两两之间的关系”（Biezunski et al.，2001）。也就是说，主题图的概念实际上是想在知识概念集合中形成一张网，即知识网。其中的每个节点表示不同的主题，连线表示主题间关系，通过节点数量可计算出任意节点间的距离。

7.2.1　主题图的主要原理

主题图理论的基础是知识网络理论。通过主题图，将抽象知识组织形成一个具象的整体知识地图网络，从而构造出知识结构并形成结构化的语义网络。与此同时，通过链接与寻址方法，便于使用者从自己熟悉的主题或概念出发，访问到所需要的节点信息。

主题图理论的来源是 Davenport 小组提出的如何将不同文档集合中的索引进行合并，该小组在长期的研究中得出一条结论：认为如果从文档集合中获得的索引具有自身的一致性，那么索引就能与知识结构模型保持一致。也就是说，如果文档知识结构模型能够以形式化的方式存在，则可以方便地利用知识结构模型来帮助合并索引结构（Pepper，2001）。

正是在Davenport小组提出索引合并概念的影响下，用以表达海量信息中的复杂知识结构的工具——主题图理论应运而生。主题图理论强调，它用于描述信息资源的信息结构的元数据格式，可以定位某一概念所在的位置，也可描述概念间的相互联系。其同时规定了一系列利用XML语言的主题图规范XTM（XML topic maps）。在这里为了说明主题图的标准规范XTM，本书举出湖北省数字信息资源库内的部分资源作为例子进行说明。湖北省数字信息资源库建设以荆楚地方文化为重点，突出湖北地方特色，注重资源的针对性和实用性。截至2011年底，湖北省图书馆自建资源总量已达5.36TB，自建数据库40个，已建设完成湖北地方戏、荆楚民俗、湖北非物质文化遗产、第八届中国艺术节、荆楚览胜、湖北小吃、辛亥革命等7个专题资源库，拍摄制作了《荆楚名胜》系列专题片22部及其他视频资源，《荆楚名胜》专题片获省委组织部科教类一等奖。如图7.9所示，我们有若干主题如“屈原”“李时珍”“黎元洪”“王昭君”“秭归县”“蕲春县”“黄鹤楼”“襄阳”“长江大桥”“粽子”“热干面”“莲藕汤”“孝感米酒”“中药”“民国”“孙中山”“临时大总统”“鄂军都督府”等18个主题概念。

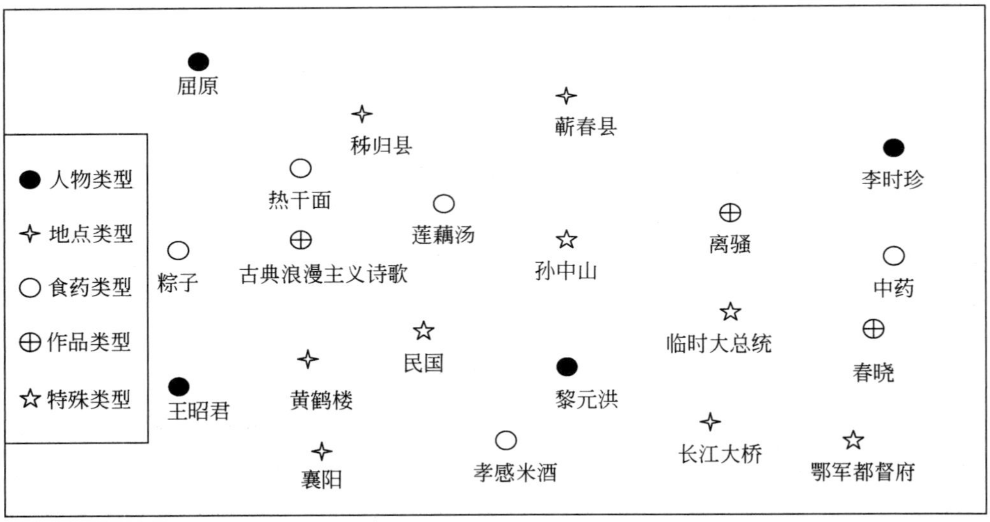

图7.9 湖北省特色资源库内部主题概念举例

7.2.1.1 主题（topic）

主题图理论将主题Topic作为所有知识的基本单位，在主题图标准中，主题与议题（subject）这两个概念存在着密切的关联。议题这个概念用来表示主题本身所要表达的现实世界中的事情，而议题则是抽象世界投射到现实世界主题上的投影。所以，一般情况下，主题是用来代表议题的对象，而议题则可以认为是存在于人们思想中的观念，而这些观念的表达则以主题的形式存在。因此，我们把主题称为议题的具体化。

主题又可根据不同属性划分为不同类型。例如，我们将湖北省特色资源库中的相关名词所包含的主题分为以下五种类型：

1）人物类型的主题如："屈原""李时珍""黎元洪""王昭君"；

2）旅游景点类型的主题如："秭归县""蕲春县""黄鹤楼""襄阳""长江大桥"；

3）地方特色食品药品类型的主题如："粽子""热干面""莲藕汤""孝感米酒""中药"；

4）文学作品议题相关主题如："离骚""古典浪漫主义诗歌""春晓"；

5）辛亥革命议题相关的主题如："民国""孙中山""临时大总统""鄂军都督府"等。

由上文的论述和图可知，以不同属性划分为不同的主题类型，主题图理论将其称为主题类型。主题类型是主题所归属的类别，某主题类型可包含多个主题；一个主题也可以归属到一个或多个主题类型之中（王石林，2006）。例如，战国末期的思想家屈原是湖北秭归人，其代表作《离骚》反映了当时朝廷的昏庸，抨击了黑暗政治现实，表达了作者至死不渝的爱国热情，是一首古典浪漫主义诗歌，后人为了纪念屈原的死，在端午节吃粽子作为纪念。这里面的一些离散的概念所形成的主题均可归为不同的主题类型，例如"离骚""屈原""楚国""粽子""端午节""古典浪漫主义诗歌"，"秭归"分别可以归纳到"文学""人物""地方""食物""节日"等类型中。另外，主题类型也可作为一个主题，而且任一主题是某些主题类型的实例（Pepper et al.，2001）。这种对主题归类的方法直接继承传统索引中的多重索引（龚才春等，2008）的思想，并且与面向对象程序设计的思路非常相似。

一般情况下，每个主题有一个明确声明的主题名称（topic names），而且不同的主题可以有相同的主题名称。但是并非所有主题都需要主题名称，例如"见23页"这类以交叉引用链接到某主题的，主题中没有明确定义主题名称（邓敏，2014）。另外，主题图还需要处理同一主题具有多个名称的问题。例如"长江大桥"这一主题，可以指代武汉长江大桥，也可以指代南京长江大桥，也可以指代横跨长江的任意一座桥梁，我们可以利用范围（scope）来指定并说明主题或主题名称的适用范围。

7.2.1.2 关联（association）

主题图中定义了关联这一概念来定义主题之间的语义关系（张露和成颖，2009）。其形式可以是一对一、一对多或是多对多的。关联也有其类型，主题图中定义关联的类型为关联类型（association types），例如，在上面的湖北省特色资源库里的简单例子里，可以存在下列一些关联关系：

1）"屈原"创作了"离骚"。

2）"屈原"出生于"秭归县"。

3）"离骚"是"古典浪漫主义诗歌"。

4）"粽子"纪念"屈原"。

利用主题关联类型将相同关系的主题类聚，以提升主题图的表达性，适用于以用户熟悉的方式在信息集合中导航信息（戴峰，2003；李清茂等，2011）。例如上文中提到的“创作”就是一种关联类型，它把主题“屈原”与主题“离骚”联系起来，“创作”关联类型中包含有“专著”与“参与写作”等。同时，关联类型使得同一类型的所有关系有着相同的表达形式。

建立主题之间的关联还应注意以下几点：

1）主题类型（topic types）可以认为是一种特殊类型的关联类型（association types）。例如，“离骚”是“古典浪漫主义诗歌”的语义可以等价地写成“Type-Instance”，如果主题图构造因子所表达的语义具有普遍性和通用性有助于主题图的标准化，那么更加便于在能够提供主题图支持的应用系统之间实现互操作。

2）关联与传统索引中使用交叉参考（cross reference）虽然都是超链接，但是两者是完全不同的。前者发生在主题之间，可以完全独立于具体的信息资源，即该资源是否存在或以何种方式存在，都不影响主题之间的关联关系。

3）主题与主题之间的关联是开放的，它们独立于具体的主题图。也就是说，上文提到的屈原创作离骚，不管我们是否拥有具体的信息资源与主题相关联，这种关联作为知识是客观存在的，因此可以适用于不同的信息资源集合。

现实中，主题图中主题的创建需要依据具体需求、信息的本体和主题图使用的信息环境而定。例如，在叙词表中，主题代表词、含义、领域；在地名中，主题可以代表历史地名、国家、行政区划、旅游景点；在技术文档中，主题可能代表组成、过程、状态等等（李清茂，2011）。

7.2.1.3 资源指引（occurrence）

资源指引是伴随着主题构建而存在的标引。一个主题可以与多个与该主题相关的信息资源关联，这类资源被称为该主题的资源指引。在图 7.9 中关于湖北省特色资源库的资源指引可以是

1）专门文字；

2）图片、影像、声音；

3）用户评论。

资源指引一般位于主题图文档之外，当然也有的位于主题图文档内部。在实际使用过程中，资源指引通常分为内部资源指引和外部资源指引（李清茂和邵莉，2008）。内部资源指引保存于主题图文档内，而外部资源指引通常是存储于全球信息网中的任何形式的资源，即 URI 能够存取到的资源（李清茂，2011）。资源指引与主题的关系如图 7.10 所示。

资源指引与主题和关联一样，也会有不同类型。在主题图中定义了资源指引之后，当使用者对某个主题感兴趣时，可以利用资源指引提供的网络超链接功能直接转换到相关资源进行访问。

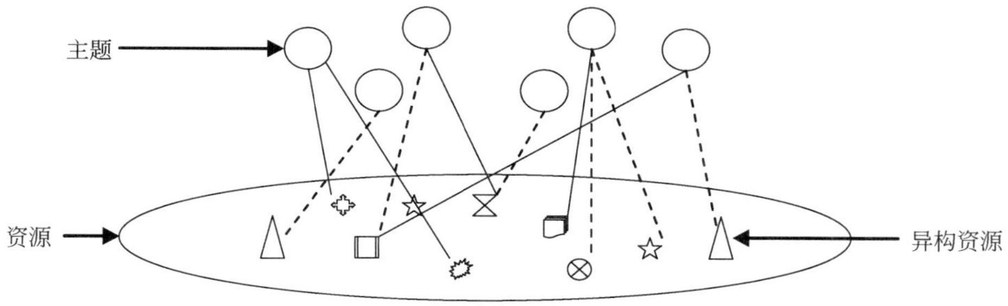

图 7.10　主题图资源指引

7.2.2　主题图的技术应用

主题图技术是在用户和资源之间建立知识地图。知识地图将资源进行关联组织，同时，知识地图可以导航用户查询相关的资源，满足用户的导航需求。采用主题图技术，可以将知识分类映射为对主题图的构建，可以较为知识化、个性化地向用户展现资源内容，使用户从其需要或者感兴趣的主题出发检索到所需资源。主题图的主要技术包括主题图数据模型、语法规范以及引擎工具 3 个方面。

7.2.2.1　主题图数据模型

在 7.2.1 中，本书围绕议题、主题、关联以及资源指引这几个主题图的表现要素进行了讨论。但是一定的数据关系不论表现形式如何，本质上都是抽象数据模型的客观反映。因此，在提出主题图具体操作关系之前，需要对主题图的抽象数据模型进行语法定义和约束定义。表 7.2 即反映了主题图数据模型的标准规范以及数据模型的发展情况。

表 7.2　主题图数据模型标准规范

标准规范名称	标准规范英文名称	ISO 标准	规范类型
主题图数据模型	Topic Maps Data Model	ISO/IEC13250-2	概要
主题图 XML 语法	Topic Maps XML Synatax	ISO/IEC13250-3	语法规则
主题图规范标准	Topic Maps-Canonicalization	ISO/IEC13250-4	标准规则
主题图压缩语法	Topic Maps-Compact Syntax	ISO/IEC13250-6	压缩规则
主题图图形模型	Topic Maps-Graphical Notation	ISO/IEC13250-7	图形规则
主题图查询语言	Topic Maps Query Language	ISO/IEC 18048	检索规则
主题图约束语言	Topic Maps Constraint Language	ISO/IEC 19756	约束规则

与 W3C 所规定的 XML 元模型一样，ISO 也对其发展的主题图进行了元模型约束。ISO/IEC13250 对元模型的约束具有以下几点特征：

1）定义方括号内的元数据为命名属性 [Property Name]。每个属性都通过一个类型来限定其取值范围。

2）定义某些属性为计算属性，意味着这些属性值可以通过计算方式从模型其他属性值中获得。

3）清楚地限定了信息项的类型和信息项属性值的类型，从而防止了实例之间的语义重合。

4）提供了一种定义良好的身份识别机制，利用这种机制避免属性值的重复。

5）对定位符、信息项属性和数据类型等概念进行精确语义描述。

对于主题图的元模型，ISO 定义了几种构建主题图的基本的元素用来构建主题图的数据模型，其中最主要的还是主题、主题特征和关联元素，下面利用常用的形式化建模方法 UML 来描述这些元素、元素属性以及元素之间的关系（图 7. 11）。

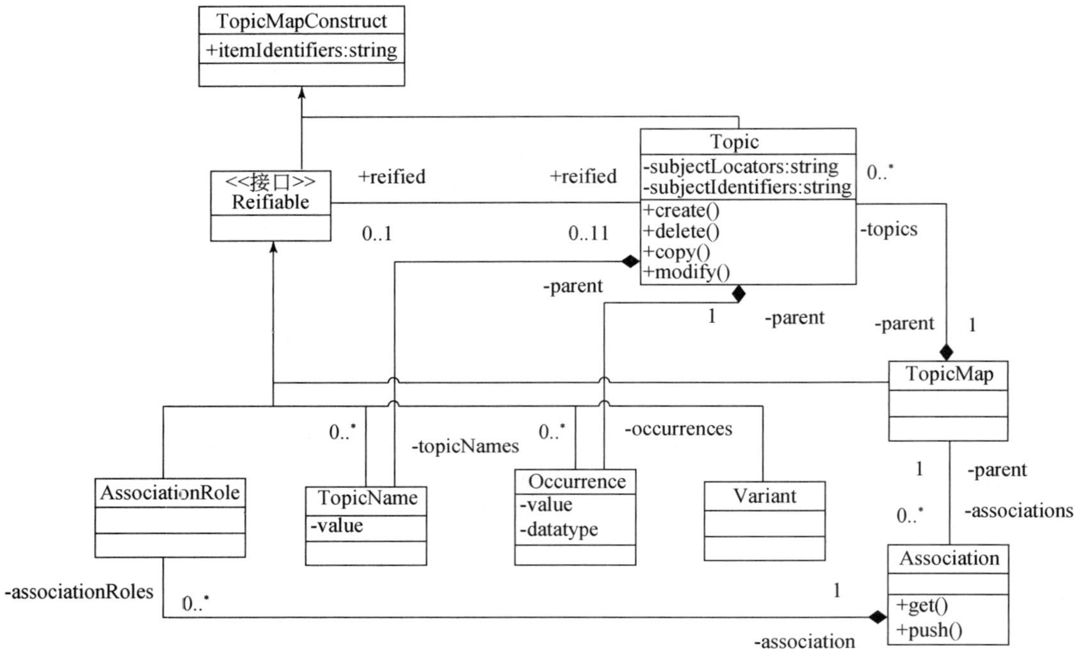

图 7. 11　主题图 UML 描述

图 7. 11 中用 UML 建模语言描述了主题项目与关联、主题项目与主题名称、主题项目变量名称和资源指引之间的关系。通过形式化建模，一方面可以准确揭示主题图各元素语义联系，另一方面在模型推广应用的时候便于在不同应用系统之间实现模型映射和互操作，对于主题图数据模型而言，通过对主题图数据建模，可以在不同主题图描述语言之间建立语义规范，并为高层的检索与约束规则提供基础。

7. 2. 2. 2　主题图语法规范

主题图语法规范采用 XML1. 0 作为其描述语言，其主要目的是提高网络应用程序之间数据的可交换性与互操作性，从而增强信息的可管理性和可发现性。因此，以 XML 语言为基础的主题图标准 XTM（XML topic maps）成为主题图最常用的信息组织与知识表示标准。XTM 是 TopicMaps. Org 组织首先设计推出的，它的出现为主题图技术带来了新的生命力。

XTM 的最初主要目标为

1）直接在互联网环境下使用。

2）支持多种应用。

3）应当与 XML、XLink 和 ISO13250 保持一定程度的兼容。

4）使得创建出的 XTM 文档简单易用、便于阅读、便于程序处理。

为了达到上述要求，XTM 定义了用 XML 标记语言定义的 19 个标签来描述主题图中的元素及语法规范。图 7.12 即为 XTM 文档的整体语法规范：

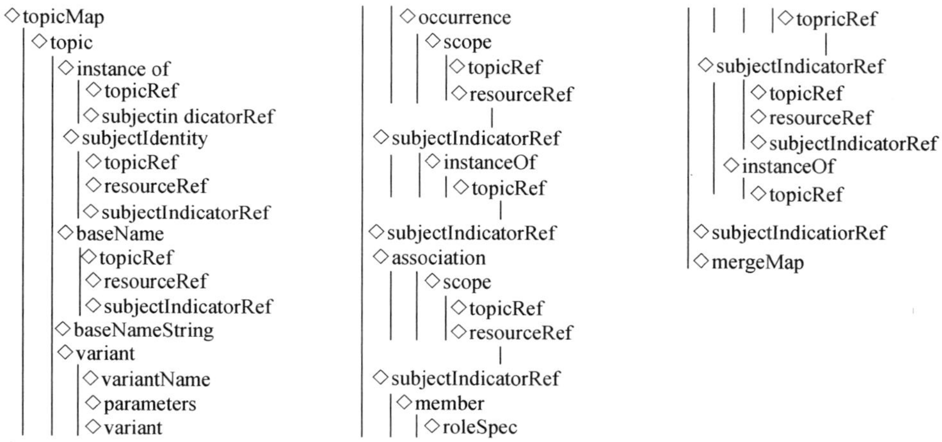

图 7.12　主题图 XTM 文档语法规范结构

由图 7.12 可知，每个 XTM 文档中一定包含根元素<topicMaps>，<topicMap>元素之下包含<topic><association><mergeMap>3 个主要的子元素，它们分别描述主题、关联以及主题图之间的合并。其他主要元素解释见表 7.3。

表 7.3　XTM 主要元素

语法元素	元素解释	Functionality
<topicMap>	主题图文档的根元素，是所有元素的父元素	Topic Map document element
<topic>	主题元素，它指明了一个主题的名称或者出处特征	Topic element
<instanceOf>	通过标记表示某个主题是一个类的实例	Points to a Topic representing a class
<topicRef>	可以链接到 Topic，提供一个内部资源 URI 参照给一个特定主题	Reference to a Topic element
<subjectIndicatorRef>	用外部资源 URI 的方式为 subject indicator 提供标志	Reference to a Subject Indicator

续表

语法元素	元素解释	Functionality
<subjectIdentity>	利用一种模糊标记将相同语义，但隶属不同上位类的事物具体化	Subject reified by Topic
<baseName>	主题基本名称，它指定了一个主题	Base Name of a Topic
<baseNameString>	主题基本名称字符串的容器	Base Name String container
<variant>	主题在某个范围的另一种基本名	Alternate forms of Base Name
<variantName>	variant 的字符串容器	Container for Variant Name
<parameters>	指定 variant 的处理环境	Processing context for variant
<occurrence>	与主题指向的资源实体	Resources regarded as an Occurrence
<association>	主题之间的关系	Topic Association
<member>	在某个联系中担当特定角色的所有成员	Member in Topic Association
<MergeMap>	与根主题图合并的子主题图	Merge with another Topic Map

7.2.3 利用概念网络生成主题图

基于对客观实际主题概念的抽取，我们就可以对某一领域内的知识进行有效数据挖掘，进而生成相应的主题图。不少学者已经为不同领域成功创建了主题图，例如裘江南（2007）的基于 XTM 的政务门户知识关联导航系统模型的应用实现，马建霞（2004）对主题图技术在沙尘暴知识导航中的实验研究等，在利用主题图直接展现用户行为库中生成的有关概念方面，还较少有相应主题图被创建。

因此，如何根据用户行为特征库内所提供的数据，生成反映用户行为特征的主题图，并进行这些主题图之间的有效聚合，有助于解决用户行为数据管理的瓶颈问题，这对提高系统聚合能力，提升用户数据的可利用程度，使开发者能够方便快捷地获得用户行为库中的相关信息，以及在克服资源孤岛现象能够提供有力支持。同时，由于用户行为特征库内的异构信息异常繁杂，如何能够动态地、高效地、准确地利用用户行为库中的信息资源生成主题图，最大限度地实现用户体验与用户使用同步，是一个难点。结合本章前几节对于用户行为概念的提取方法，本书将主题图的生成划分为 5 个基本步骤（如图 7.13）（叶飞等，2010）。

1）用户行为概念准备阶段。由于用户行为数据是繁多的，因而先于主题图构建工作的是对于概念的关联、分析归类、连接与映射分析，对于主题图用户的需求进行分析，根据主题图用户需求分析的结论对相关概念信息进行有重点的分析，形成概念模型，进而利用概念模型进行主题图的创建。

2）利用概念数据模型形成相应的主题图。主要做法为，针对数据准备阶段获取到的信息资料，依从数据资源、数据集等的规范对数据资料等资源进行钻取、挖掘、抽取等操作，形成新的数据集合。依据该数据集中的资料，参照一定的主题图规范，形成并输出处于初级阶段的主题图。

3）概念的语义识别与合法性校验。使用公开议题识别机制（PSI，即：Published Subject Identifier）与主题图的架构与约束语言（SCTM）能够对初级阶段形成的主题图进行相应的主题判断并识别语义是否合法，判别所生成的主题图是否满足用户行为特征库的描述，满足主题图使用者的基本需求。

4）合并主题图。可借用模型操作主题识别方面的机制，依据一定的规范标准，合并与聚合主题图数据模型。良好的可重用性和扩展性使得主题图可以由子主题图聚合成反映使用者全部行为的主题图：可以按照概念的划分将使用者的行为主题图分成多个子主题图，并进行进一步的构建，随后利用概念聚合方式方法，合并相应的主题图所对应的概念树，从而得到相应的结果。

5）可视化与检索。可以利用 Inxight Soft 公司研发的 Star Tree 和 Ontopia 公司研发的 Vizigator、Omnigator 等工具软件从整体视角可视化开发主题图，对主题图使用者提供可视化与浏览接口。同时，可以将主题图查询语言 TMQL 作为主题图的应用程序与主题图存储模式之间的查询接口，方便用户进行主题与概念的查询（程秀峰，2013）。

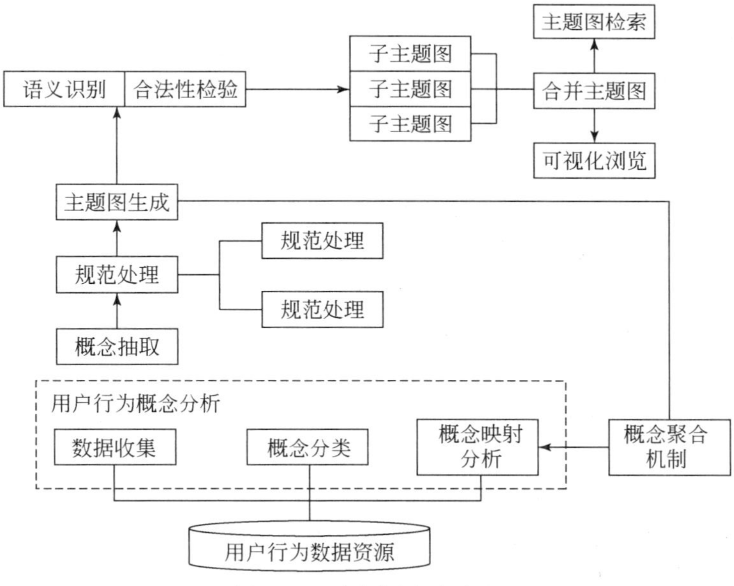

图 7.13　主题图生成流程

7.3　以用户行为概念为中心的主题图聚合

主题图是可以有效融合叙词表和概念分类与一体的信息方法。在词汇聚合上，主题图融合了关于词汇控制方面的思想，利用基本名称与别名机制来定义词表中的用代关系，以达到词汇控制的目的（李清茂，2011）。其次，主题图除了支持“用—代—属—分—族—参”的关系外，还能灵活定义概念间的关系类型，因此，词表发挥概念间聚合的功能比单纯使用词表更为先进。

7.3.1 主题概念的选择

由主题图进行用户行为数据的可视化聚合的第一个阶段，即要确定概念的可用性，在确定概念可用性的基础上确定中心主题词，所确定的中心主题词必须具有充分的语义联系，将主题词与概念树的根节点相匹配，在主题范围（Scope）内的其他概念节点一一与概念树中其他节点匹配，则可以生成以中心主题为中心的主题图，进而在此基础上进行充分可视化聚合。

上几章中论述了基于用户行为的词表与基于用户行为的本体聚合，其本质都是从用户行为特征库出发，在用户行为特征库的基础上构建对于用户行为的语义联系模式，而利用用户行为特征库来构建主题图，则是从可视化方面对用户特征进行标识与链接。

主题图聚合离不开概念，也离不开概念聚合范围。也就是说，将中心主题看作聚合的中心，其所关联的所有主题与概念，可以构成一个知识体系，通过主题图的相关技术表现出来。本章前几节所创建的概念分类树可以很好适应这一知识体系的创建。从用户行为数据角度来看，所形成的主题图是一张有语义结构的网，而从概念体系上来看，所形成的概念体实际上是概念树的可视化表达。因此，基于概念分类树的中心主题选择机制必须满足以下几点要求：其一，把经过遴选的词表中的词汇做为主题（Topic），一个词汇表示一个主题（Topic）；其二，把经过遴选的概念的语义标注作为主题，每个概念代表一个主题；其三，把表示概念树的概念节点进行语义标注，每个概念节点表示中心主题词下层级的概念。例如把“杯子”这个概念定为中心主题词，那么“玻璃杯子”、“塑料杯子”等节点应该在其叶子节点。在用基于用户行为的词表方法创建的主题图中，每个主题其实是一个术语词汇；在用基于用户行为的本质聚合方法创建的主题图中，每个主题所代表的议题其实是一个概念。

将用户行为特征库中出现的频率较高的主题词作为主题图中心主题，具有很好的效果，但是必须遵循以下规则：

1）遴选出的中心主题（central topic）应该具有丰富的语义内涵，根据其语义内涵划分的主题类型应可以将子节点划分为多种类型。例如，用查询特征库中的“查询”一词本身，虽然其出度很多，但是比之用户所用的查询词来说，由于没有太多其他主题词与其有语义关联，所以不能作为主题图的中心主题。

2）对于有“用（use）”关系的词汇，不应该创建为中心主题词，这类词汇有些需要规定为主题类型，在主题名称范围约束（Scope）中使用的“非首选词汇”（non-preferred term），并用“用”作为关联关系指向中心主题。对于作为分类指征的概念需要做出度和入度分析，如果其在概念树中的出度>>入度，则有可能作为主题图中心主题。

3）确定对于每一个能够选为中心主题的主题词汇必须放入同义词叙词网络中加以分析，对于相关主题用关系“RT（related term）”表示，对于同义关系的主题用“ST（synonym term）”表示，对于表示上位关系的主题用“BT（broader term）”表示，对于表示下位关系的主题用“NT（narrower term）”表示。如果上位词不适合做为中心主题，并且具有大量出度，则该词适宜作为主题图中心主题。例如“中心”一词，它没有上位词，但是具有相关词和同义词语，宜作为中心主题。如图7.14所示。

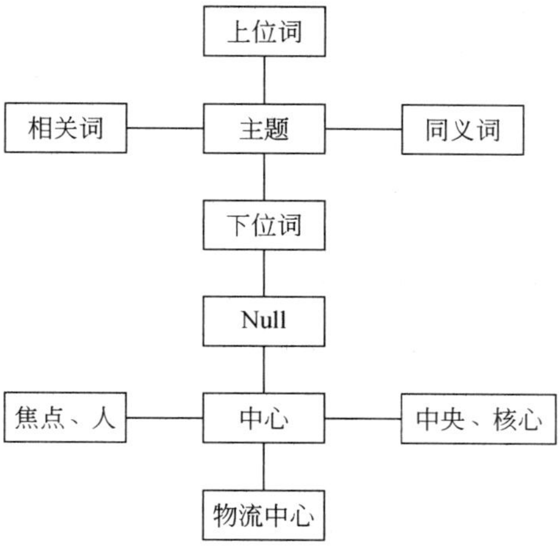

图7.14　中心主题的选择

根据具体领域的概念语义模型，可以很容易地复制一个已经存在的概念树。接下来的工作只要根据概念的词汇标识与语义联系转换成主题图中的主题与联系即可，毫无疑问，基于主题图的概念树创建无论从结构还是数据元素都应该与概念树无限接近，主题图还可以作为分类方法作用于领域概念的分类，只是作用范围比较狭窄，衡量词间的关系只有“BT/NT”一种。另外，创建出来的主题图与传统概念体系还是具有一定的区别，主要体现在：

1）概念树中的术语均是从用户行为特征库内提取出来的词汇，主要反映的是用户在网络行为中留下的异构或者半异构语言，而主题图中的主题可用半自然语言来表达（吴玉萍，2008）。

2）在组织结构上，概念树中的概念关系呈现一维的树状分布，而主题图中主题之间、主题关系之间的关系呈网状分布，不再是单纯的平面网络，而是多维空间中可灵活调整、自由扩展的网状结构。

3）概念树的结构相对稳定且保守而单一，不可能常常修改，而主题图属于开放体系之一，其知识库与主题集合可随知识领域的更新和发展进行即时修正和更新（朱良兵和纪希禹，2006）。

4）概念体系中抽取出的概念对于主题图的创建只是一种协助方法，不能就将概念体系中概念与概念的关系直接映射到主题图中主题与主题之间的关系上来，而是要分析概念与概念之间的语义联系类型，归纳为主题类型以及关联的状态，才能基于概念模型创建出主题图。

7.3.2 主题图的聚合规则

所谓主题图的聚合，是基于用户行为特征库所创建的主题词以及主题词之间的联系，以本章前几节提到的概念组织方法为指导，以数据整合、信息整合理论为基础，以概念聚合体系为支撑，组织用户信息结构中的概念及概念关系的一种可视化合并方式（程秀峰，2013）。主题图聚合的主要对象是概念体系中的概念结构的概念及关系。概念体系是用户行为特征库所产生的大量异构信息体，概念体系不是各种概念内容的汇集，而是基于用户行为模式而提炼出的词汇及其相互间的逻辑联系，具有一定层次结构，例如树状结构。基于主题图的语法规则对主题图进行合并，并且将某一主题图作为中心主题图，让其他主题图在逻辑联系与语义链接方面都向该主题图聚合，继而形成语义覆盖面更广的深层次资源链接体系，是主题图聚合的基本目的。主题图聚合规则实际上是多个主题图使用重复合并规则，并利用中心词选择机制选取语义含量最为丰富的中心主题图进行聚合的规则。

主题图合并操作规则（李清茂，2007）如下。

规则1：基于主题的合并操作规则（topic-based merging rule）

假设有两个主题A和B需要合并，下面是合并的步骤及相关条件：

1）假设存在一个单一的主题M。

2）主题M的名称特征集合与主题A和B的名称特征集合的并集相等。

3）主题M的议题指示器集合与主题A和B议题指示器集合的并集相等。

4）主题M的可寻址议题与主题A或B中任意一个可寻址议题相等。

5）在需合并的主题中，只要主题A和B作为关联角色出现在相关关联中，就用主题M替换主题A和B。

6）主题M的资源指引赋值（occurrence assignments）与主题A和B资源指引赋值集合的并集相等。

7）移除主题A与B。

说明：如果主题A与B的可寻址议题不同，那么将会报错。

规则2：依据主题名称的合并规则（topic-naming-constraint-based merging rule）

如果两个主题具有相同名称（BaseName），且适用范围（Scope）也相同，那么两个主题会被合并。

现假设在主题图M中存在两个主题A和B，下面是合并的步骤及相关条件：

1）主题A存在一个范围约束Scope S1，在其范围内有一个基本名称字符串B1。

2）主题B存在一个范围约束Scope S2，在其范围内有一个基本名称字符串B2。

3）根据范围相等原则（scope equality principle），Scope S1与S2相等。

4）根据字符相等原则（string equality principle），字符串B1与B2相等。

5）以上条件全部满足，则主题A与主题B应该合并。

说明：Scope S1与S2应该是无约束范围（unconstrained scope）。

规则 3：依据主题——和内涵的合并规则（subject-based merging rule）

如果两个主题具有相同的概念、意义和内涵，在议题标识<subjectIdentity>元素中指向相同的主题或资源时，那么这两个主题会被合并。

现假设主题图 M 中存在两个主题 A 和 B，下面是合并的步骤及其相关条件：

1）根据 URI 相等原则，主题 A 和 B 所代表的寻址议题 URIs 相等。

2）主题 B 是主题 A 的议题指示器（subject indicator）。

3）存在两个 URI，U1 和 U2，并且 U1 是主题 A 的议题指示器，U2 是主题 B 的议题指示器，如果根据 URI 相等原则，那么可以能够判断 U1 与 U2 相等。

4）存在两个 URI，U1 和 U2，并且 U1 是主题 A 的议题指示器，U2 是主题 B 的议题指示器，如果议题指示器根据特定应用程序规则判断相同，那么可以判断 U1 所指示的议题指示器揭示的议题与 U2 所指议题相同。

7.4 实验：基于主题图的图书馆用户个人博客主题概念聚合

本实验对目前学术博客存在概念分类不全、标签使用不规范、知识组织脱离语义环境、不能充分提供用户兴趣挖掘等问题。在分析数字图书馆中个人博客中的概念、用户行为特征库中的部分概念以及学术学科分类中的概念基础上，以用户概念“博主”为聚合中心，利用主题图技术，将个人博客中所涉及的知识概念链接进行重组，并对重组结果进行验证和可视化展示，以期对数字图书馆中的个体信息提供一种概念聚合模型。

7.4.1 数据源分析

（1）图书情报博客

国内图情类博客可分为 3 种：图情博客圈、图书馆图情博客聚合、e 线图情博客（陈恩满，2009）。图情博客圈中的博文经版主审核后，通常博文质量较高，但来源上局限于门户网站内所收集的博文。图书馆图情博客聚合主要收集知名博客，而现有聚合软件功能较为简单，未能深入博文内容进行信息组织。e 线图情博文分类类目较多，内容涉及图情领域各个方面，但学术性不足。目前，图情专业最大的博客圈是新浪“图林博客圈”（新浪博客，2009a），最优图情博客聚合是“厦大聚合”。

（2）用户检索行为概念

我们将借助用户行为特征库对“博主”这一信息概念进行中心聚合。

7.4.2 数据搜集

结合当前数字图书馆个人博客的现状，本书通过“厦大聚合”“图林博客圈”与“中国图书馆博客论坛”（新浪博客，2009b），选取其中共链次数≥2 的知名图情博客作为本书的主要数据来源，以递进方式从基础博客出发搜集其中所链接的个人博客，若它们被基础博客链接2次以上，则作为本书的主题概念；然后从知识源出发借助词表规范与图书情报领域相关知识，将它们中规范化的标签作为知识分类标准之一，并且参考“图林博客圈”分类方法确定图情博客知识的分类类目；最后将知名博客中的图情博文中的概念作为最后的数据来源。

7.4.3 模型的基本结构

结合本章中概念聚合体系以及以用户为中心的主题概念聚合理论，笔者设计了基于主题图技术，以用户查询概念为中心点，开始聚合学术博客内若干概念。该博客知识组织结构主要有两个层次：关联层、资源层。如图7.15所示。

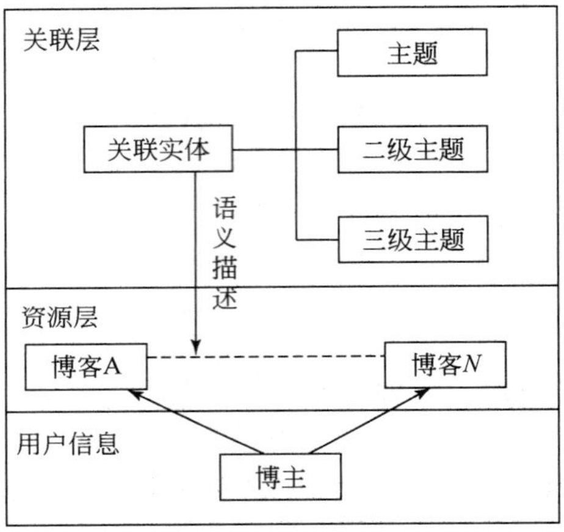

图7.15 数字图书馆个人博客知识组织结构

（1）关联层

关联层由主题之间的关联，主题与资源之间的关联关系两部分构成。其中主题又分为一级主题（抽象父类主题）、子主题（具体主题）等。主题间的关联关系形成基于学科的语义网络。而主题关联层是信息组织的本体，主题是资源通过ID与其相关联。

（2）资源层

资源层具体来源于某一学科的学术博客，其内容存在界限，主题语义较明确。因为资源层是从学术视角收集的信息，能有效避免多义、同义、缩略词歧义等问题，凸显了专业学术数据库的特点及深度。

最终，我们可以构建一个数字图书馆博客所衍生出来的概念层次关系，对于这些概念的标签内容，我们可以将这些标签内容与关联层的主题概念、主题资源进行关联，从而建立起具有层级结构的主题图模型，如图7.16所示。

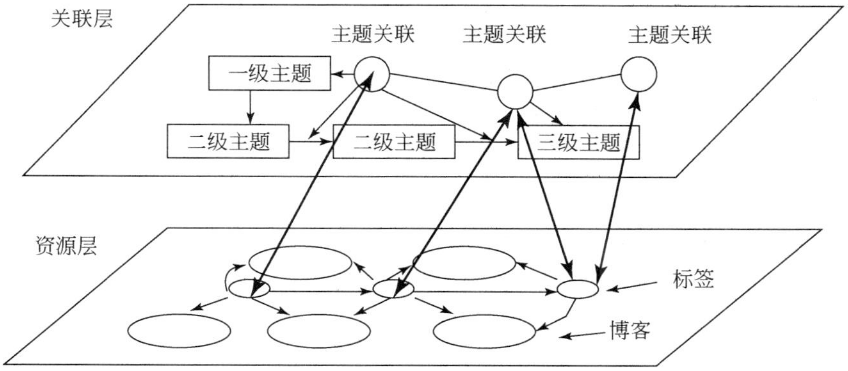

图 7.16　数字图书馆个人博客知识主题图模型

7.4.4　模型的实现

该模型主要是从用户需求、博客及学术 3 个方面来抽取主题并建立关联，其后构建本体，实现语义关系网络。

7.4.4.1　定义主题类型

博客的构成有标题、时间、类别、正文、tag、评论、相关链接、访问量等基本概念组成。而用户的需求是：博主写了什么内容的博文及其发布时间，多少用户看过并转载该文章，以及用户评论是什么。若这些问题能使用户心理得到满足，那么用户还会想知道该博文是否能够成为他创新的源泉，发现知识间关联甚至新知等。由此，本书定义 4 个主题类型："博文""知识类别""tag""评论"，如图 7.17 所示。

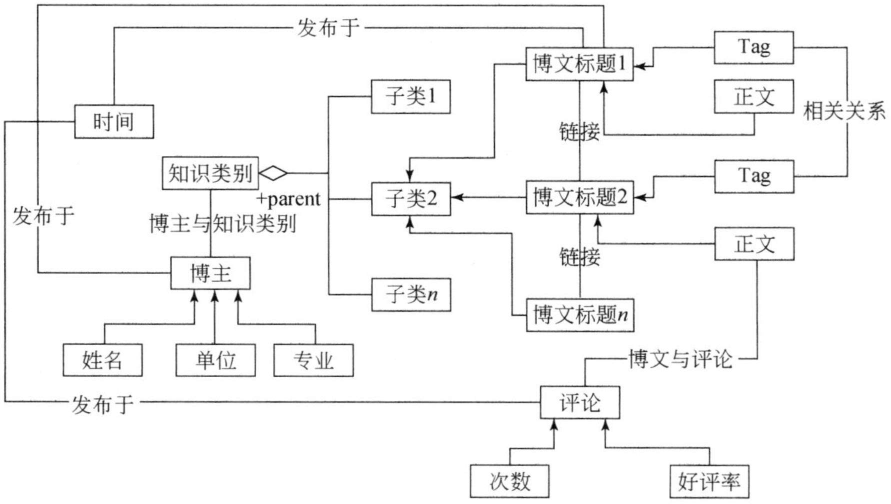

图 7.17　博客的主题类型关系

（1）“博文”主题类型

博文是学术博客的内容主体。博文由标题、正文、引用构成。为此，本书在“博文”主题类型下设置了与博文存在聚合关系的3个主题类型：“标题”“正文”“引用文献”。并对每个主题的属性作了规范和说明。

（2）“知识类别”主题类型

博文的知识类别是博客中较为重要的概念，由此，本书定义“知识类别”这个抽象主题类型，参考博文原来的类别，并通过标签辅助分类，最终抽取某学科的多个具体子类主题类型，形成学术博客知识分类的标准。

（3）“tag”主题类型

tag是博客要素之一，对其知识内容的表达和揭示具有重要的意义。Tag可作为知识分类标准之一，并深入到知识内部进行描述。

（4）“评论”主题类型

其他用户根据博文的内容或针对博文已有观点而发表个人看法，其次数能反映博主和博文的人气，好评率的高低能够反映出博文观点的正确性、新颖性，以及博文的质量和社会价值等。

（5）“博主”主题类型

对于聚类的中心概念“博主”，我们需要建立一个相应的主题类型。

7.4.4.2 定义关联类型

关联在主题图中扮演重要角色，可用来表现两个主题甚至多个主题之间的语义联系。对学术博客知识的主题图中，本书规定如下7种关系：“发布”“引链”“研究”“交流”“属于”“相关”，如图7.18所示。

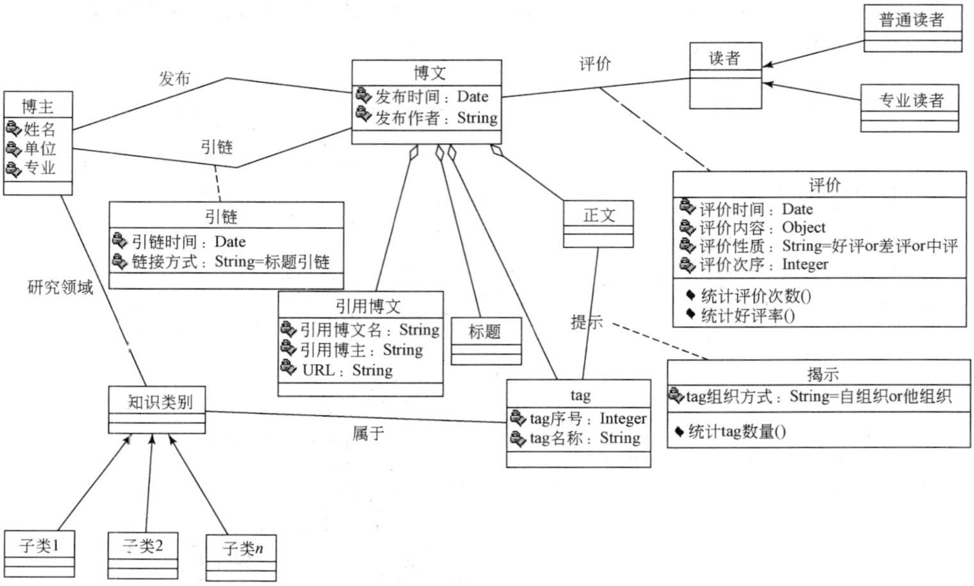

图7.18 博客的主题类型与关联结构

(1) 关联—“发布”

“博主”与“标题”“博文”等概念之间存在“发布”关系。

(2) 关联—“引链”

“博主”与“博文”之间存在着“引链”关系。

(3) 关联—“研究”

“博主”主题类型与“知识类别”主题类型必然存在“研究”关联。

(4) 关联—“交流”

博文与评论之间必然通过用户语言存在“交流”的关系。

(5) 关联—“属于”

“博文”与“知识类别”之间是“属于”的关系。

(6) 关联—“相关”

通过“tag”与“知识类别”之间的关系表达“关联”。

7.4.4.3 概念的分类

在图书馆类博客中，“厦大聚合”推荐的图情领域知名博客有139个。“图林博客圈”经圈主加精的博客有10个，“中国图书馆博客论坛”经圈主加精博客有10个。本书从博客的名气与其文章质量两方面衡量，选取前两个集合中相重合的博客作为本书的实例基础(程秀峰，2013)。经汇总统计，共有6个博客，分别是：竹帛斋主、图林老姜、毳毳少年、书蠹精、书疗导员、图林丫枝。其中被6大基础博客链接两次以上的博客有15个，再加上6大基础博客，经过去重后共有20个博客，分别是：毳毳少年、图林老姜、书疗导员、竹帛斋主、书蠹精、图林丫枝、老槐也博客、建中博客、编目精灵、西北老汉、图谋、蓝天白云、粱董吧台、超平的博客、雨禅的博客、学林望道、数图研究、游园惊梦、徒有其表、河边夜谈。本书以此20个图情博客为本书的数据来源。

经统计，上述20个博客中有18个博客都通过自组织形式对博文内容进行了分类。从呈现的分类来看，竹帛斋主、书蠹精、数图研究3大博客可通过博文类别来识别博文内容，其他15个博客无法通过类别识别博文内容，而且博文分类根据每个博主的偏好而不同。以往通过学科的层次分类，不能较好呈现所有的图情博客信息。图林博客圈聚集了图情领域的知名专家学者，博文的内容及其知识分类都是经过精选之后进行组织的，具有一定的权威性和学术性。由此本书选取图林博客圈的博文分类作为知识类别的依据，具体有：图书馆学术、图书馆文化、图书馆生活、图书馆资讯、图书馆事业。此外，知识类别可根据实际需求进行多方面扩展。

7.4.4.4 中心概念聚合的主题图呈现

在确定知识的分类后，即可将对应博文进行学科归类。本书将上述20个博客的文章按tag及5类知识类型作了对比，以用户行为概念“博主”为中心，参考学科分类体系，使用OKS开发的Ontoploy工具构建图情领域的学术博客知识主题图，具体如图7.19所示。其中，每个主题反映一类知识，使用者还可由自己的偏好选取不同维度的主题做更多查询。例如，若想了解某知识类别下的图书馆文化，可点击此类别下的标题，将会呈现诸多该主题的相关学术博文的标题，以及其他关联展示。因此，这种方法能够有效组织信息并为使用者呈现更有效的针对图情博客的导航，并且使用户能更直观地了解主题概念的语义联系。

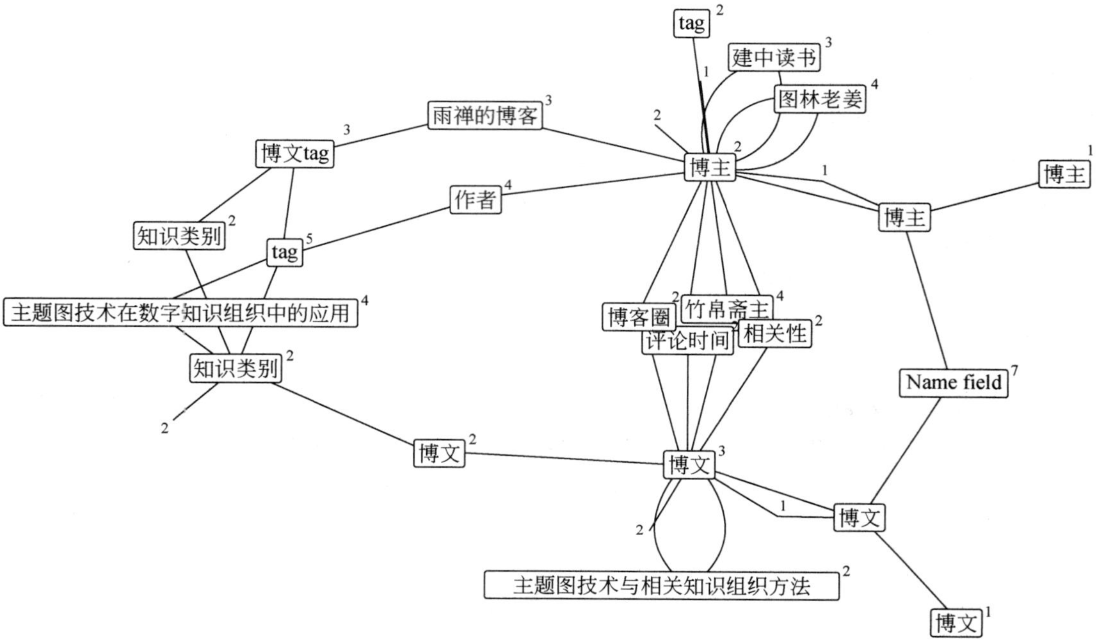

图 7.19　中心概念聚合的主题图可视化呈现

第 8 章　基于关联数据的数字图书馆资源聚合

8.1　关联数据的采集与处理

8.1.1　数字图书馆数字资源聚合的必要性

数字图书馆资源种类繁多，应用平台也不尽相同，并且有不同的数据结构与组织方式，以及导航和检索方式的多样化，造成了日益严重的信息孤岛问题（伍革新，2013）。为了应对数字资源需求的具体问题，帮助解决数字图书馆在当前建设以及未来发展中亟须解决和完成的任务，将各种数字资源（例如电子期刊、电子书籍以及包含在自建数据库和网络数据库内的各类数字资源）聚合，建立以 Web 访问方式统一检索平台，通过数字检索平台为用户提供异构、多样化、分布式和跨平台的数字图书馆相关资源。为了达到这一目的，在完善和提高基础设施和管理手段的同时，还应该不断提高以资源聚合为核心的数字图书馆工作水平。

数字资源管理和系统管理的优劣是评判数字图书馆资源服务质量与效率的重要指标之一，但当前的数字图书馆应用系统平台在资源发布与资源检索方面的短板制约了用户对数字图书馆的使用。比如统一资源检索平台的建设初衷是方便用户查阅与用户信息需求相匹配的信息资源，但是复杂且专业的操作以及多次页面跳转，使得用户必须对不同数字资源数据库的访问途径与使用方法有一定了解后，才能查询到与自己信息需求相符的资源，间接给用户设立了障碍。那么如何化繁为简，增加数字资源服务便捷性以及易得性，使得更多读者减少在获取信息的过程中消耗的时间成本，增加将信息转化为知识的机会，是数字图书馆建设和研究的重点。

8.1.1.1　化解数字图书馆“数字资源孤岛”问题，提高数字资源的沟通效率

在常用数据系统中，用户面临这样一个问题，面对各种接口的检索结果，必须逐一甄别孤立、分散以及来自不同数据源的各类型数据，从而获取与自己信息需求匹配的数字资源。用数字图书馆资源聚合技术，将分散的、异构的数字资源相关联，并提供访问和检索接口，能够降低用户使用成本，提高数字图书馆中数字资源的被利用效率，使数字图书馆更好地提供一站式服务（刘世影等，2007）。

8.1.1.2　提供统一的检索接口，优化数字资源使用环境

信息技术和互联网的快速发展，使得网络信息资源的获取变得简单而丰富，各种自

建的数据库存储着各种类型的数字资源，这些数字资源间的关系存在着显性和隐性的关联。用户在提出信息需求后，需要在各种检索接口、数据系统间查询。这不仅提高了用户的使用成本，也降低了数据资源关联性的发现。数字图书馆资源的聚合，可以加强数字资源间的显性关联，同时也可以揭示数据资源间的隐性关联，对数字资源检索系统的统一有利于帮助用户对资源进行聚集、去重、归并、聚合等相关工作，大大提高数据资源的使用效率，即信息化的平台系统和信息技术有助于构建优质的网络环境（伍革新，2013）。

8.1.1.3 加强数字图书馆服务质量，提升数字资源利用效率

建立了数字资源聚合后，数据资源之间的壁垒被打破，逐渐形成一个相互有关联性的整体，再借助统一的入口和检索平台实现资源获取。通过统一检索平台，用户相比以前能以更低的时间成本、获取高质量、强关联以及高信度的数字资源，数字资源的聚合不仅有利于用户，而且有利于提高数字图书馆管理效率，以及技术人员、服务咨询人员、图书馆管理人员等的工作效益。标准化与规范化的数字资源有助于提升资源管理的效率，提高数字资源的利用率，加强资源服务的效果，进而达到数字图书馆服务的高效便捷（魏星德，2012）。

总而言之，数字图书馆资源聚合是为解决“数字资源超载”“数字资源孤岛”等问题而提出的一种有效方法，它不仅能够实现异构资源的沟通、共享，还能够提高数字资源的检索、管理和服务效率。当前，数字图书馆资源的聚合方式还存在一些问题，聚合程度还有提升的空间；但随着计算机技术、互联网技术、数据库技术等其他相关资源聚合技术的发展，数字图书馆的资源管理和服务也将日趋完善。

8.1.2 数字图书馆关联数据的采集

关联数据的采集主要有以下 3 种方式。

8.1.2.1 被动服务器采集方式

该方式是指直接从服务器日志中获取存储数据资源，而后进一步获取相应的数据实体。其中包括各种类型的数据，而多以源文件等形式存储。这种采集方式适用于多媒体等资源的查找与关联，如文本、图片、音频、视频等。

8.1.2.2 数据端采集方式

该方式从数据库中进行数据的查找与分类关联。数字图书馆中的主要数据内容，主要是以元数据的形式存储在不同数据库中，可以从数据库中迅捷而且准确地查找相应的资源，这也是主要的对数字图书馆进行数据关联的采集方式。若要进行数据库端的采集，还需要获得相应的管理权限。而使用数据库端采集数据，虽直接而准确，但因数据库的数量庞大，及数据库安全措施等因素，多难以实施。

8.1.2.3　客户端嵌入式采集方式

用户可以全面而精确地通过客户端嵌入式采集方式获取数字图书馆的数字资源。该方式是指以用户的方式对数字图书馆的资源进行正常访问，并对能访问到的资源进行采集和关联等。该方法能帮助解决识别资源种类、路径补充、资源内容等问题，但需要修改网页甚至客户端设置。而其缺点主要在于该方式忽略了数字图书馆数字资源存储的方式、物理位置、存储环境等因素。

8.2　基于关联数据的数字图书馆数字资源聚合内涵

“我们淹没在网络数据资料的海洋中，却又忍受着知识的饥渴。”约翰·奈斯比特（John Naisbitt）一语道尽了网络时代人们的无助与困惑（1984）。作为全球信息高速公路上网络数字资源基本组织形式之一的数字图书馆，用户既对数字图书馆存储的大量而丰富的数字资源，例如数字期刊、电子图书以及网络数据库有无限的需求；又对这些集图、文、声一体的多媒体数字资源自身带有的多类型、无序、优劣混杂、没有统一组织与管理的特性而感到无所适从。有研究者认为，对数字图书馆数字资源进行数据关联的聚合，有助于用户较快较好地利用数字图书馆的数字资源。

8.2.1　基于关联数据的数字资源聚合扩展

我们知道，数字图书馆界在文献资源的共建与共享上面采取了诸多的行动，例如中国高等教育文献保障系统（China Academic Library and Information System，CALIS）、数字图书馆国际合作计划（China Academic Digital Associative Library，CADAL）、共享工程等项目。然而，数字图书馆还是没有真正实现所有数字资源的语义融合（王春玲，2011）。通过使用关联数据，可以对来自不同数据资源库中的同一对象及其相关信息进行融合，实现多个分布式异构数据源的语义关联，并将该对象及其所有相关信息以统一的视图形式返回给用户或读者，用户或读者还可在不同的数据资源库之间进行浏览、查阅，使得用户可以获得更加丰富的数据和信息（管进，2002）。

由此可见，关联数据在数字图书馆中的应用大大降低了数字图书馆融合分布式异构数据源的复杂程度。另外，关联数据不仅实现同类知识单元（如文献资源）的融合，还能通过在不同的知识单元（文献资源、报道、摘要、人或组织机构等）之间建立各种关系（如主题、发表时间、作者、期刊名等）的链接，从而将独立、分散、异构的不同知识单元也有效地融合在一起，实现真正的整体数据源语义融合（谢宝义，2011）。

8.2.1.1　基于关联数据的数字图书馆数字资源的发现功能拓展

在无限开放式的网络环境下，用户获取信息资源，并将资源转化为知识的途径不再仅限于数字图书馆。迅猛发展的网络搜索引擎不断挑战数字图书馆作为知识或资源收藏者及传播者的地位。如果数字图书馆仅仅只为用户提供资源检索的服务，无法适应现代信息技术的发展，也很难满足用户日益增长的信息个性化需求。对此，图书馆要从信息提供向知识提供转型，改进馆内资源组织与服务体系，向成为知识或者资源的发现者和创造者而努力。

目前，数字图书馆主要是通过自建数据库和购买数据库这两种途径获取数字资源，虽然提供了一站式的检索服务，但其检索出来的结果也只能是来自一个库或几个库的资源。利用关联数据构建一个更加宽泛的，利于知识发现的网络资源环境，用户只需检索某一知识点或关键词。利用三元组，可以扩展出更多数字资源，将数据库之间隐藏的“断链”重新连接，用户可以在显性知识的关联中，探索隐性知识。总而言之，关联数据在数字图书馆资源聚合中的应用能够为用户或读者提供更方便、更准确以及更全面的知识服务。

8.2.1.2 基于关联数据的数字图书馆资源优质服务扩展

数字图书馆数字资源应用关联数据技术实现的聚合，不仅可以帮助该数字图书馆的用户或读者获取到更多的外部数字资源，反过来，外界数字资源需求者也可以获取到该数字图书馆的优质资源。也就是说，数字图书馆既可以是数字资源的检索者，也可以是数字资源的提供者。更重要的是，作为资源服务提供者的数字图书馆，真正意义上做到用户需求至上的工作要求。

众所周知，数字图书馆的数据具有较强的规范性以及相对的稳定性，并且有专业的部门对其进行实时管理、维护和更新，因此数字图书馆方一旦发布或更新其所持的数字资源，关联数据技术便可在确保数据间关系的稳定性和有效性的基础上，对数据资源进行实时地监测、适时地调整和定期地维护，这对于外界用户运用外部数据源等方式获取数字图书馆数字资源具有重要意义，可以推广到更多的领域进行实际运用。

8.2.2 基于关联数据的数字资源聚合模式

基于关联数据的数字图书馆资源聚合的实现面临着一个重要挑战——互操作和数字资源共享。如何将图书馆分布式的系统结构与数字资源有机地聚合起来，并为用户或读者提供一个统一、高效的资源获取机制？是数字图书馆资源聚合需要解决的一个重要问题，这个问题可以在结合数字图书馆原有的系统结构的基础上，通过利用 OAI-PMH 协议，聚合数字图书馆元数据，构建一个基于关联数据的数字资源服务系统得到解决。

8.2.2.1 基于 SPARQL 的关联数据源聚合模式

运用关联数据对资源数据库的访问方式进行标准化管理，数字图书馆用户或代理只需知道 Web 服务器的地址，便可以利用 SPARQL 直接对数据库进行访问，而无须明白某个关联数据的具体存储方式及其发布网站的体系架构等任何技术细节性的问题（刘炜，2011）。

基于关联数据的数字图书馆资源聚合模式可分为数据发布层、数据关联层和数据聚合应用层（图 8.1）（马费成，2011）。数字图书馆的数据发布层主要包括来自数字图书馆的数字资源，如数字期刊、文摘索引、电子书籍等，我们可通过关联数据将这些数字资源发布到网络上，用户或读者便可通过网络浏览资源（郑燃等，2012）。数据聚合应用层是指数字资源的浏览、SPARQL（simple protocol and RDF query language）检索等基于关联数据的应用（王春玲，2011）。

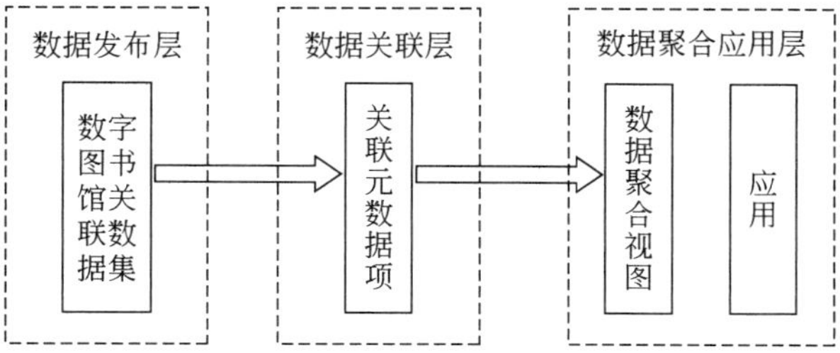

图 8.1　基于关联数据的数字图书馆资源聚合模式

8.2.2.2　基于关联数据的数字资源聚合过程

对于数字图书馆来说，通过资源聚合将外部数据源和本地数据源聚合到一起，为用户提供可视化、全方位、多角度的访问和了解资源的途径，能够扩展资源范围，改进用户服务，从而提升数字图书馆的价值（丁楠和潘有能，2011）。下面具体介绍关联数据实现数字图书馆资源聚合的过程，其模型如图 8.2 所示。

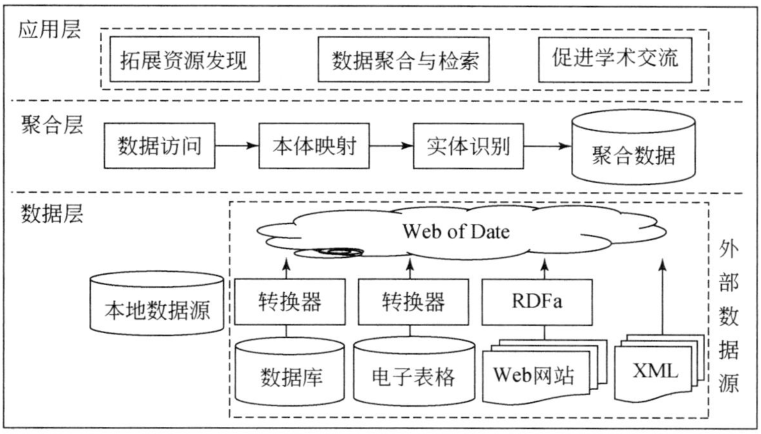

图 8.2　关联数据实现数字图书馆资源聚合的过程模型

1）数据层。数字图书馆的数据层包括本地数据资源和外部数据资源两大部分，其中本地数据资源指的是数字图书馆自身所收藏或购买的电子书目、词表、网络期刊文献以及其他数字资源等；外部数据资源是指能够链接到关联数据网中的各种数据资源集，它们具有关系型数据库（如 D2RServer、Triplify 等）、电子表格（如 Excel）和 Web 网站等多种存储形式，所以在进行关联数据转换时必须采取不同的方法。

2）聚合层。聚合层包括4个步骤：数据访问、本体映射、实体识别和聚合数据。在数字图书馆资源的聚合层中，数字图书馆按照统一的规范（如SPARQL）或协议（如HTTP）访问外部关联数据资源集，并将其与本地数据资源集进行本体或语义上的映射，自动或半自动地进行实体识别（如ISBN识别、ISSN识别等），最终形成聚合数据以供应用层使用。

3）应用层。在数据资源聚合的基础上，数字图书馆可以拓展其原有的应用或开发新的应用项目。例如，很多数字图书馆通过开展资源发现项目扩展其资源检索界面，实现了同一个页面呈现更多的数字资源信息，然而，由于这种形式主要是通过MARC记录里的数据来实现，带有一定的局限性。而关联数据的出现，为扩展数字图书馆的资源信息提供了结构化的聚合数据，使得数字图书馆具有了新的应用形式。

8.2.2.3 面向数字图书馆数字资源的关联数据聚合过程

数字图书馆数字资源的丰富、繁杂与多元化和聚合化等趋势，对知识组织、数字资源组织和管理维护理念的变革提出了现实的挑战和迫切的需求，基于关联数据的聚合机制，对实现数字图书馆信息资源的语义化描述和知识化关联具有非常重要的参考价值和借鉴意义。具体来说，面向数字图书馆数字资源的关联数据聚合模式包括数字图书馆关联数据的发布和语义关联链接的管理两大部分，在这一过程当中，需要解决的问题还有很多，诸如建立关联数据语词集、描述数字资源的语义、发布关联数据、构建和维护语义关联等。

数字图书馆资源的关联数据化过程，首先要实现的就是数字资源的关联数据化，数字资源的关联数据化需要在关联数据的基本思想及原则指导下，利用语义网相关技术（如RDF、Ontology、SKOS以及SPARQL等），将图书馆术语表、主题标题表、分类表、叙词表和其他规范文档等知识组织系统以及资源描述性元数据作为关联数据发布到Web网络之中，并提供访问、浏览和查询功能（张海玲，2013）。这一过程包括以下几个步骤：数字图书馆数字资源URI的命名、关联数据词汇集的创建、网络数字资源的语义本体描述和数字图书馆关联数据的数据层发布等。首先，在对数字图书馆数字资源进行URI命名时，W3C针对语义网环境所制定的Cool URIs命名规范是我们必须要严格遵循的。其次，要实现关联数据词汇集的创建，需要借助于FRBR（functional requirement for bibliographic records）、RDA（remote data access）所提供的多种描述方法，同时还要结合OWL（Web ontology language）和SKOS（simple knowledge organization system）所具有的语义递进转换机制来进行（王春玲，2011）。第三，数字资源的语义描述有两种方法：一种是借助实体抽取、本体构建和RDF映射等机制，由此同时，利用D2RQ等转换工具转化RDF元数据的形式；另一种方法是利用Drupal等内容管理系统重新创建新的语义描述性元数据。最后，在选择数字图书馆关联数据的发布模式时，需要结合数字图书馆资源自身的特点及其实际应用需求来决定。另外，为了实现数字图书馆资源的最优化发布，还要充分发挥各种关联数据的发布工具的重要作用。

数字图书馆关联数据的链接管理中，各个数据集和数据源之间的关系也会变得错综复杂，关联网络迅速扩张，不同数据集之间关系的变化都会影响到与其相链接的其他数据集的状态（伍革新，2013）。因此，要想在数字图书馆中发挥关联数据的重要作用，必须对这些动态变化的链接进行实时有效地监控、管理和维护（孙鸿燕，2011）。通过数字图书馆数字资源内容链接的实现，让不同数据集之间的关联呈现知识化服务，是关联数据技术应用最大的价值所在（白海燕和朱礼军，2010）。数字图书馆关联数据的链接状态主要有以下 5 种：初态、断链、新链接、不变和消失。WOD-LMP 协议、更新通知技术、主动监测技术、社会网络技术、实体识别技术和本体映射技术等构成了维护和管理这些动态链接的主要方法和技术。鉴于实体间的 RDF 链接在揭示数字图书馆数据集之间的关系上的重要作用，不难发现，在数字图书馆资源聚合上构建、管理和维护关联数据的 RDF 链接就显得尤为关键。因为实现数字图书馆资源语义聚合的条件是 RDF 链接的构建，RDF 链接的维护主要体现在对 RDF 链接进行动态地增添、变换以及去除等操作，这就很好地保证了数字图书馆资源聚合的精确性和有效性。

8.2.3 基于关联数据的数字图书馆资源聚合及资源服务平台设计

8.2.3.1 基于关联数据的数字资源聚合平台技术构成

基于关联数据的数字图书馆资源聚合及其服务平台设计除了要运用到关联数据技术之外，还涉及其他的一些相关技术，如云计算、云服务、云存储、数据仓库等技术。

1）云计算技术。云计算是一种在分布式处理、并行处理和网格计算等计算技术的基础上相互融合发展起来的数字资源提供方式，云计算可以把动态的、关联的、分布异构的数字资源进行有效聚合，通过网络等形式以服务方式提供给用户（李永先等，2009；乔京洲，2010）。云计算服务的提供者负责管理和维护数据中心的正常运作，提供给用户无限大的存储空间和足够强的运算能力；而用户只需接入网络，就可以通过电脑、平板、手机等设备在有网络的任何地点方便快捷地使用数据和服务，实现低配置设备享受高性能的计算服务（杨明芳和袁曦临，2009）。

云计算的目标就是“能够像用水电一样地使用云计算”（江锡民，2016）。它集虚拟化技术、集群技术、负载均衡计算、分布式技术、网格计算和新一代 Web 技术于一身，其核心思想就是将大量通过网络连接的数字资源进行统一调度和管理，以形成一个计算资源池供用户使用。从云计算目前的应用和发展来看，它具有以下几个特点（王静一，2011）：资源共享池、无处不在的网络访问、弹性服务、按需服务和计量付费服务等。云计算的原理如图 8.3 所示。从图中可明显看到，云计算的应用包括 4 个层级：基础设施层、存储层、平台层和应用层。其中基础设施层是由大量主机群集而成的，除此之外，宽带问题也影响着云计算的应用发展；存储层主要涉及的是数据库中文档、词表、软件等的存储问题；平台层主要有 3 个功能：身份认证、协同操作和收发消息；应用层主要是为广大用户提供 ERP、SCM 和 CRM 等服务与应用。

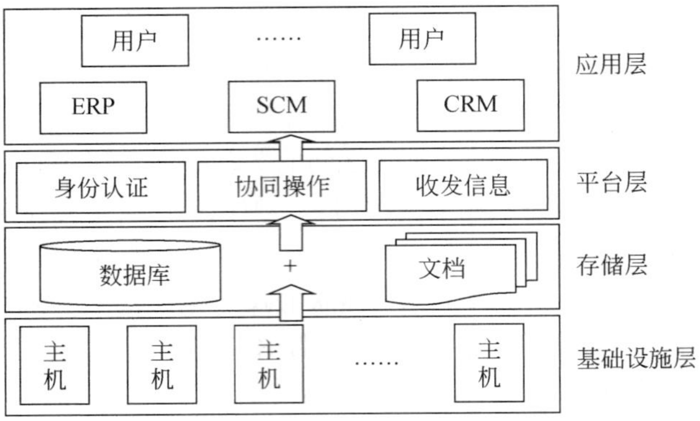

图 8.3　云计算的原理

2）云服务内容。云服务也可以称为云模式服务。云计算服务主要是指基于云计算的各项服务，可以是伴随云计算的出现才得以产生的服务内容，也可以是在云计算出现之前就已经存在的，但由于云计算而推动的相关服务（孙坦和黄国彬，2009）。云计算服务的表现形式可以分为多种，例如 LaaS 服务（基础设施即服务）、HasS 服务（硬件即服务）、SaaS 服务（软件即服务）和 PasS 服务（平台即服务）等（王文清和陈凌，2009）。

数字图书馆云服务是数字图书馆服务和云服务两个概念的复合体，它是指在满足读者需求（如文献需求、信息需求和知识需求等）的基础上，聚合数字图书馆各种资源（包括内部资源、外部资源、人力资源等）以及多种服务（如体验式服务、协同服务、网络社区服务等），架设在云端的一种用户服务方式。在构建数字图书馆云服务时，应该遵循以下几个基本原则：用户导向原则、系统性原则、共享性原则、可扩展性原则、可管理性原则和安全性原则（杨明芳和袁曦临，2009）。

3）云存储环境。和以往的网络存储及硬件设备相比，云存储环境的区别不仅仅在于存储设备的不同或相同，而是集合网络设备、存储设备、服务端软件、服务器及操作系统、应用程序、公共访问接口、接入网络环境和客户端程序等多个部分组成的复杂系统（王庆波等，2009）。可以说，云存储是云计算系统的延伸，我们可将其理解为配置了大量存储空间的云计算系统，是一个以存储数据和管理数据为核心的云计算系统（张龙立，2010）。云存储技术具有高性能、低成本、高容量、易扩展、更安全等优势，它受网络宽带的发展、Web2.0 技术、应用存储技术、分布式文件系统、网格技术、集群技术、数据压缩技术、P2P 技术、CDN 内容分发系统、存储网络化管理技术以及存储虚拟化技术的影响（伍革新，2013）。云存储平台由数据存储层、数据管理层、数据服务层和用户访问层自下而上整体架构而成，云存储控制服务器和后端存储设备共同构成了云存储系统的核心（郭金婷等，2010）。

4）数据仓库技术。1991 年数据仓库创始人 Inmon 定义了“数据仓库”（data warehouse，DW）的概念，称其为“一个用以更好地支持企业或组织的决策分析处理的、面向问题式的、集成的、可时时更新的、根据时间不断衍变变化的数据集合”（2002）。数据仓库具备多种表现形式，其具有以下基本特征：一是数据仓库中的数据是面向主题进行分类和组织的；二是数据仓库与数据仓库之间的关系以及主题内容是聚合的；三是数据仓库的数据源是相对稳定和独立的；四是数据仓库的数据内容是随时间不断增加和变化的。不同的数据仓库有不同的结构，其组成部分和体系结构也各不相同，但通常来说，数据仓库其内涵都应该包括以下几个部分：数据源、数据的存储与管理和数据展示等（胡新平，2010）。

8.2.3.2 基于关联数据的数字图书馆服务平台的设计

数字图书馆服务平台以数字资源的数字化存储和网格化传递为基础，重视网络数字资源的共享和面向用户的个性化服务，其最终目标是建立起尽可能满足用户需求的数字图书馆服务，实现以资源和知识为导向并向以用户为中心的推进和强化，真正实现数字图书馆资源的集约化，做到网络数字资源的检索、查询和共享。

数字图书馆数字资源聚合中的服务平台构想提出为图书馆文献数字资源的共建共享带来了全新的理念和解决方案，为实现基于图书馆的全方面数字资源共享提供了一种应用环境（袁援，2010）。它与当前数字图书馆所运用的聚合技术相比，其主要特点体现在以下几个方面：首先，数字图书馆服务平台不仅是数字资源主体，还是数字资源的客体，这就大大增强了其面向用户的资源定制能力，使其服务能力更加个性化；其次，关联技术的应用，使得数字图书馆服务平台的资源不再是简单地集合在一起，而是动态聚合各种异构资源，以形成一个有机整体；再次，基于关联数据的数字图书馆服务平台为广大用户提供了“一站式”的服务体系，用户或读者通过统一的检索操作界面，就能无缝地检索到自己所需的相关数字资源；然后，基于关联数据的数字图书馆服务平台具备协作交流、共同解决问题的能力；最后，基于关联数据的数字图书馆服务平台能够实现数字资源的优化聚合和共建共享（喻昕和王敬一，2011）。

数字图书馆服务与关联数据的关系离不开先进网络技术的支持，关联数据和服务作为当今主要的网络信息技术之一，对于提高数字图书馆的资源聚合和服务质量，帮助用户更好地获取所需资源具有重要的意义。在数字图书馆服务平台中使用关联数据技术能够对数字图书馆中的资源进行扩展和关联，从而为用户或读者提供更丰富、更有价值的检索结果。另外，数字图书馆中建立服务平台能够为资源聚合提供一个安全性更高、成本更低、扩展更容易、资源分配调度性更强的网络环境。各数字图书馆将各个“云”提供的 Open API 汇集到一起，将其自身的内部资源与外部资源相关联，便可创建一个跨“云”的基础架构，为用户提供一种透明的、统一的资源服务体系，从而形成数字图书馆的“混合云”(图 8.4)。基于关联数据的数字图书馆服务平台将服务和关联数据结合起来，在服务集成平台上聚合并链接内外部数字资源，有效地实现了区域内数字资源的发现、传递和共享。

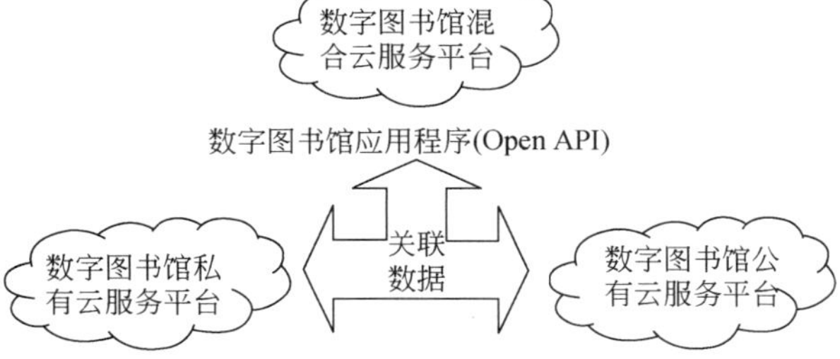

图 8.4 数字图书馆云服务与关联数据的关系

8.2.3.3 基于关联数据的数字图书馆云服务平台架构

根据数字图书馆云服务平台的主要特点及其与关联数据的关系，并结合上一节基于关联数据的数字图书馆资源聚合模式的研究，本书提出了一个基于关联数据的数字图书馆云服务平台的总体框架，如图 8.5 所示。基于关联数据的数字图书馆云服务平台总体框架主要由数字图书馆云服务平台和数字图书馆关联数据处理平台两大模块构成。其中，数字图书馆的云服务平台主要包括数字图书馆基础设施服务、数字图书馆基础平台服务、数字图书馆公共服务平台和第三方公共服务平台、混合服务平台和数字图书馆本地应用平台与应用系统以及第三方应用系统。数字图书馆关联数据处理平台则主要由数字资源的描述、发现、匹配、调度及发布这几个流程构成。用户或读者通过向数字图书馆云服务平台发出请求，数字图书馆关联数据处理平台则先对用户的需求进行数字资源描述，再通过云服务平台对数字资源进行发现挖掘，在数字资源云中寻找匹配的资源，并借用关联数据技术对其进行聚合、优化与分享，用于数字资源的调度和发布环节；与此同时，数字图书馆也将利用关联规则在自己的资源库中创建关联数据，经过处理聚合后，数字图书馆再按一定的程序和规则将关联数字资源发布在 Web 网络上。这是基于关联数据的数字图书馆云服务平台的过程和实现机制。

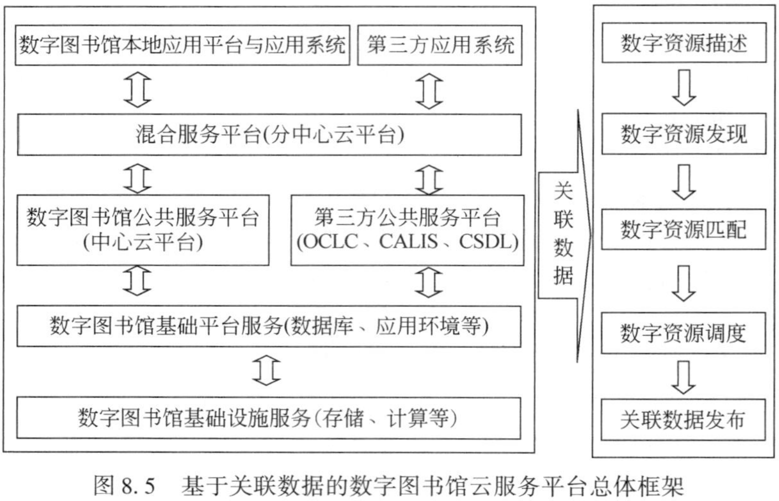

图 8.5 基于关联数据的数字图书馆云服务平台总体框架

8.3 基于 Drupal 的关联数据平台

Drupal 是在 Web2.0 中以开源方式发展起来的一种 CMD，同 Fedora 和 Dspace 相比，Drupal 具有更为显著的 Web2.0 特性和面向对象面向用户服务的理念。Drupal 是基于 XAMPP（Apache+MySQL+PHP+PERL）的技术架构和实现基础，对开发人员来说，它是一个非常强大的软件开发平台；对应用人员来说，它是一种功能强大的资源内容管理系统。

8.3.1 Drupal 模块及其概念

Drupal 中包含有论坛模块、博客模块、标签模块、评论模块、RSS 订阅模块、协同写作模块、分享模块、投票模块、RSS 分享模块等功能模块，这些功能模块都是以模块化的方式进行管理和操作的，每一种模块的功能又可以作为单独的功能和操作而存在。因此，我们可以说，模块（modules）是 Drupal 的最大特色之一，Drupal 的新功能一般都是通过模块的方式导入的，管理员则是通过启用或关闭某一模块来决定是否启用这一功能模块。Drupal 服务平台的功能模块大致分为 3 类：①核心功能模块。最核心功能模块是 Drupal 中必不可少的一部分，安装之后即默认开启，包括过滤器（filter）、区块（block）、节点（node）、系统管理（system）即用户管理（user）等，都是不能关闭的。②基本功能模块。和核心功能模块相似，基本功能模块也是 Drupal 安装之后就能直接使用的，不同的是，基本功能需要手动开启，并且需要管理员身份开启之后才可以在系统中进行使用。③扩展功能模块。Drupal 中扩展功能模块是用户自定义的模块内容，可以到 Drupal 的官方网站进行下载安装，扩展模块具有高效简单易用等优点。每个模块压缩后都是一个文件夹，Drupal 安装时需要将模块拷贝到对应的模块文件夹中，以管理员身份登录后进行相关功能的设定和配置，用户就可以直接使用了。若要卸载某一模块，只需要从相应的模块文件夹中删除该文件夹即可。

如图 8.6 所示，Drupal 的关联数据结构包含了 URI for everything、可解引（dereferenced）的 HTTP URI，Cool URIs、支持 HTTP 的内容协商机制（Content Negotiation 如带 Hash 的 URI）、303 转向、Restful Web Services、数据 RDF 化（RDFrize）等内容。

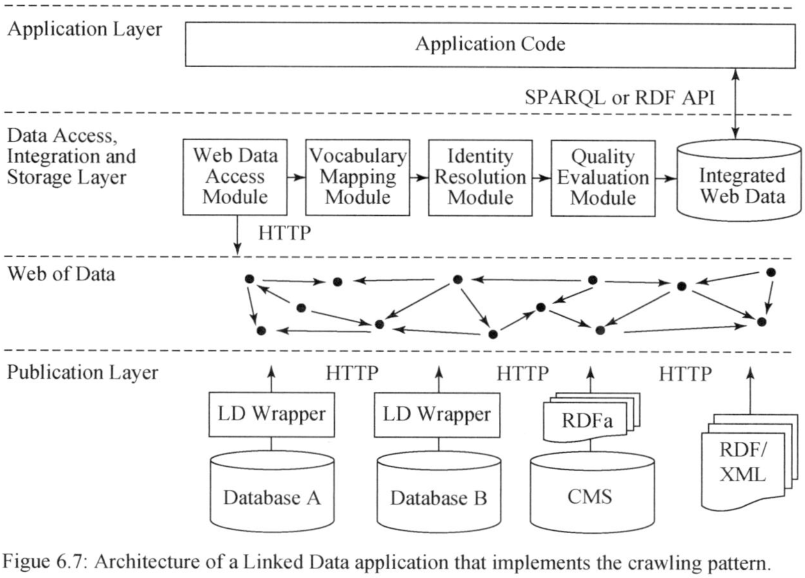

图 8.6　Drupal 中关联数据体系结构（W3C，2008）

8.3.2 Drupal 的内容模型

Drupal 中的每个内容模块均是相互独立的，系统中的内容对象都是一个个节点。在 Drupal 中，所有的节点都是可以设定和扩展的，节点需要以管理员身份登录后添加，还可以由用户进行开发和手动定义，以得到新的类型。同时，我们也可以将节点按分类进行组织，这一分类可以是层次性的，父类也可以包含若干个子类。在 Drupal 的基本模块中，有一个特殊的模块来支持其分类功能，这一模块就是 Taxonomy，它不仅支持预先以管理员身份定义的分类体系，还可以支持以用户身份定义的标签内容，其中论坛的主要内容就是根据用户的使用分类来进行组织的节点。另外，可以将 Drupal 中的主题分为外观和风格，管理员可以根据网站特点和用户需求选择一个默认的主题，普通用户也可以根据自己的爱好和需求选择其他的主题。主题是 Drupal 中个性化的重要体现之一。区块通常是包含通往其他节点的链接，它能够起到布局、导航和提醒的重要作用。同时，Drupal 中还能够显示最热门的新闻区块、最新发表的新闻区块、最新博客文章区块及最近评论区块等内容。对于最新安装的 Drupal 系统来说，会提供一个用户登录区块以及一个包含了目前可执行操作的导航菜单，并根据用户的所有权限和操作在导航区块中显示相应的菜单项。

如图 8.7 所示，Drupal 的语义模块非常丰富。除此之外，Drupal 系统还会根据用户的所有权限和操作，决定哪些模块需要显示，哪些模块不应该显示。如果用户已经登录该系统，界面中就不再显示用户的登录区块；如果最近没有新闻类的内容节点，系统中也就不会显示最近新闻区块。同时，管理员可以在区块与管理中启用或禁用某一区块，也可以自主设置区块在界面中的显示位置。

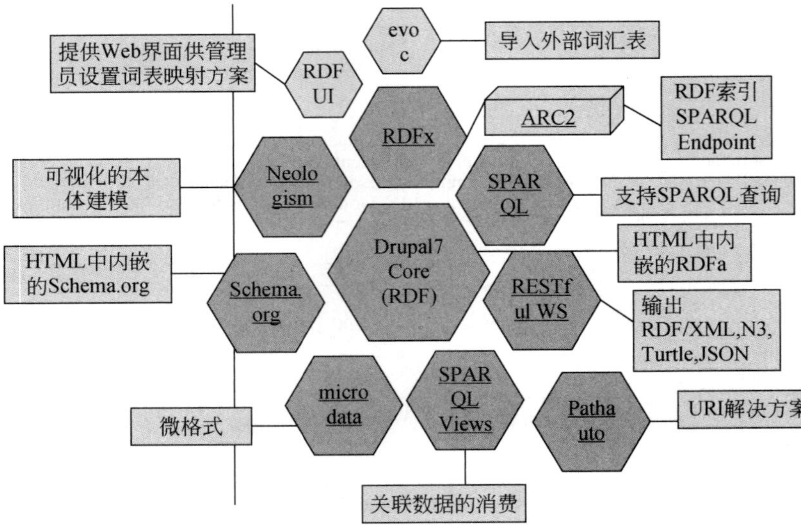

图 8.7　Drupal 支持的语义网模块

8.3.3 内容模型与 RDF 模型的映射

Drupal 中包含了多种功能，其中基本功能具有当前 Web 2.0 环境中的常见功能。同时，Drupal 还支持管理员预定义标签和用户自定义标签。预定义标签允许具有权限的用户预先导入，供其他用户在添加标签时进行选择，在图书馆中，我们可以利用这一功能预先导入数字资源检索中常用的关键词；自定义标签则可以由普通的注册用户随意添加。Drupal 的应用范围非常广泛，除了内容管理系统之外，它还可用于论坛、博客、相册、协同协作、政府网站、企业门户、艺术类网站及个人网站等。针对不同功能及其应用，Drupal 提供了众多的插件及第三方软件来支持，从而使 Drupal 对每一功能及其应用都能实现用户个性化的自定义。

如图 8.8 所示，Drupal 的关联结构从字段到内容都能明确指向和定向。Drupal 强大的基于关联数据的建站功能是引起大量数字图书馆研究人员广泛关注的重要因素之一，也是 Drupal 在数字图书馆中实现资源聚合与服务的应用的主要方式，基于 Drupal 建立的数字资源网站可以快速地搭建数字图书馆数字资源聚合平台。在应用 Drupal 建立整体的门户网站之前，图书馆数字资源聚合与管理需要图书馆首先投入人力物力来更新和维护其静态的 HTML 网站，但这一措施并不能改变用户日益减少的现状，甚至由于技术、资金等方面的原因，导致很多数字图书馆还没有建成自己的门户网站。在引入 Drupal 服务平台后，数字图书馆门户网站系统不仅减轻了图书馆对技术的依赖程度，还加入了用户书评、RSS 新书通告、基于标签功能的民俗分类及用户评级等，实现了用户服务中质的飞跃。美国密歇根州安阿伯市地区图书馆（Ann Arbor District Libraries，AADL）是应用 Drupal 进行图书馆建设的成功案例之一，它在应用 Drupal 启用新网站之后，用户的访问量急剧增加。

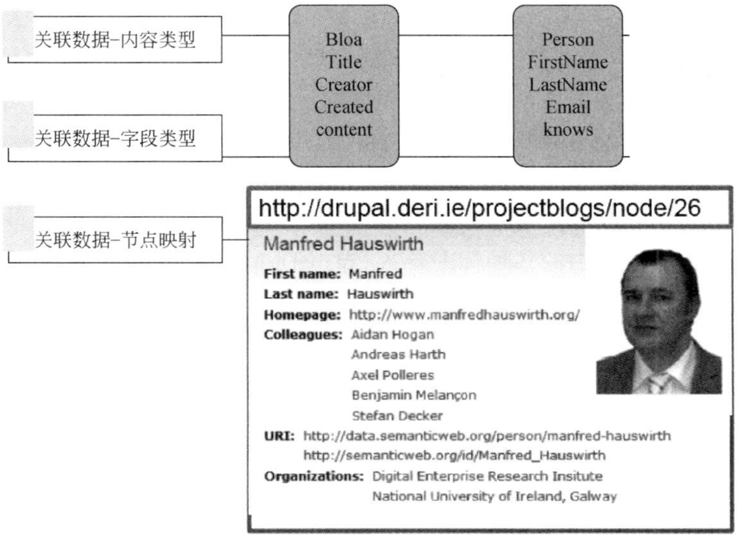

图 8.8　Drupal 的关联结构

在 AADL 中，用户可以通过预先注册 workshops，如果某门课程的注册已经满员，就会将后来的学员安排在等待列表中，用户也可以看到自己的这一状态。客户端可以进行注册管理、下载学生信息、浏览和删除学生列表、给所有注册者群发邮件及限制注册人数等。胡佛公共图书馆在利用 Drupal 建立自己的网站之后，可以在没有系统工作人员干预的情况下就能够进行内容的更新和网站的重组，以实现图书馆网站的分布式更新。

如图 8.9 所示，Drupal 的内建模块与现实中的实物指向是一一对应的。资源的内容类型、字段与元数据方案中 RDF Mappings 词表和创建节点（日志、文章）、内容节点（实体）也是对应的。在数字图书馆的发展过程中，有多种平台、不同数据库厂商和系统提供商等，构架多样、标准繁多的异构系统在为图书馆的资源建设提供重要指导的情况下，也加重了图书馆对平台、技术的选择负担。Drupal 的产生为数字图书馆的系统构建和资源聚合提供了重要支持，将多种异构系统聚合到一起，在节省时间的情况下为各图书馆提供了更加完善的支持系统。以印第安纳大学普渡大学图书馆（Indiana University Purdue University Library，IUPUL）为例，它将 Drupal 系统与原有的 ExLibris 查询检索系统聚合到一起，而且能从 Metalib X-Server 中抽取数据库描述和资源的分类信息，在完善图书馆网络系统的基础上促进了数字资源的有效聚合，完善了图书馆的网络服务体系。

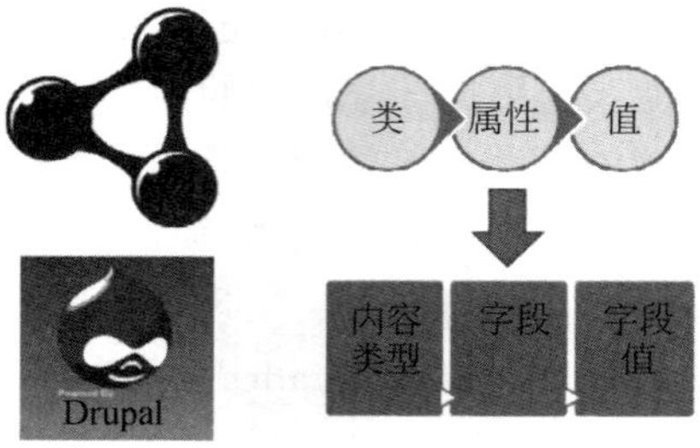

图 8.9　Drupal 中的字段对应关系

如图 8.10 所示，针对图书馆的实体目录资源导航中，图书馆的每个实体资源对象都可以虚拟为对应的具有语义关联关系的字段值和名称。图书馆在 Drupal 进行网络系统构建的过程中，也促进了系统本身的不断发展和完善，并且能够催生出多种聚合模块（聚合现存的异构系统），从而促进 Drupal 自身的群组不断增加和改进，完善了系统的结构和功能。从目前已有的模块中可以看出，Drupal 系统所涉及的模块是功能强大，以 Bibliography 索引模块为例，它能将图书馆原有系统中的各种标准导入/导出 Drupal 系统，其支持的格式主要有 RIS、BibTex、MARC、XML 及 EndNote 等，Faceted search、OAI－PMH、Biblio Normaliz 及 Biblio Facets 等则是 Bibliography 模块所衍生出来的新的功能模块。用户从 Millennium WebOpac 系统中所搜集的 MARC 可以记录到 Drupal 中并建立新目录系统的 Millennium 模块，导入 MARC 记录作为 Drupal 节点的 MARC 模块，并利用 Drupal 中的 Search API 实现全球范围内检索内容的显示。同时，我们还可以根据 ISBN 号将图书的标题、作者、封面图片等信息发布到 BookPost 模块中，并聚合 Drupal 和 ApacheSolr 模块，从而使图书信息服务更加完善。我们可以用 BookReview 模块对网站中的书评进行发布。在书评发布过程中，将一篇书评作为一个节点，并放置可定制字段来为用户的书评撰写提供帮助。

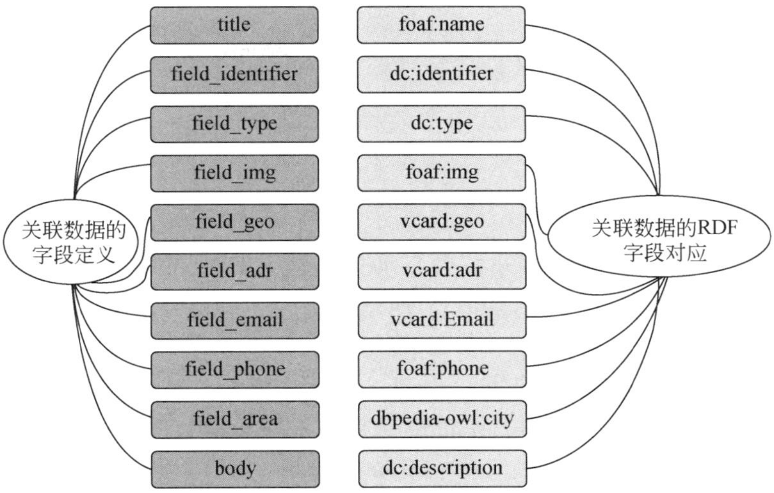

图 8.10　Drupal 中的图书馆关联数据字段对应关系

如图 8.11 所示，Drupal 的关联数据指向是一一对应，或一对多进行相互关联。Drupal 的站点内容模型就可以映射到基于 RDF（resource description framework）的本地词汇表（vocabulary）：

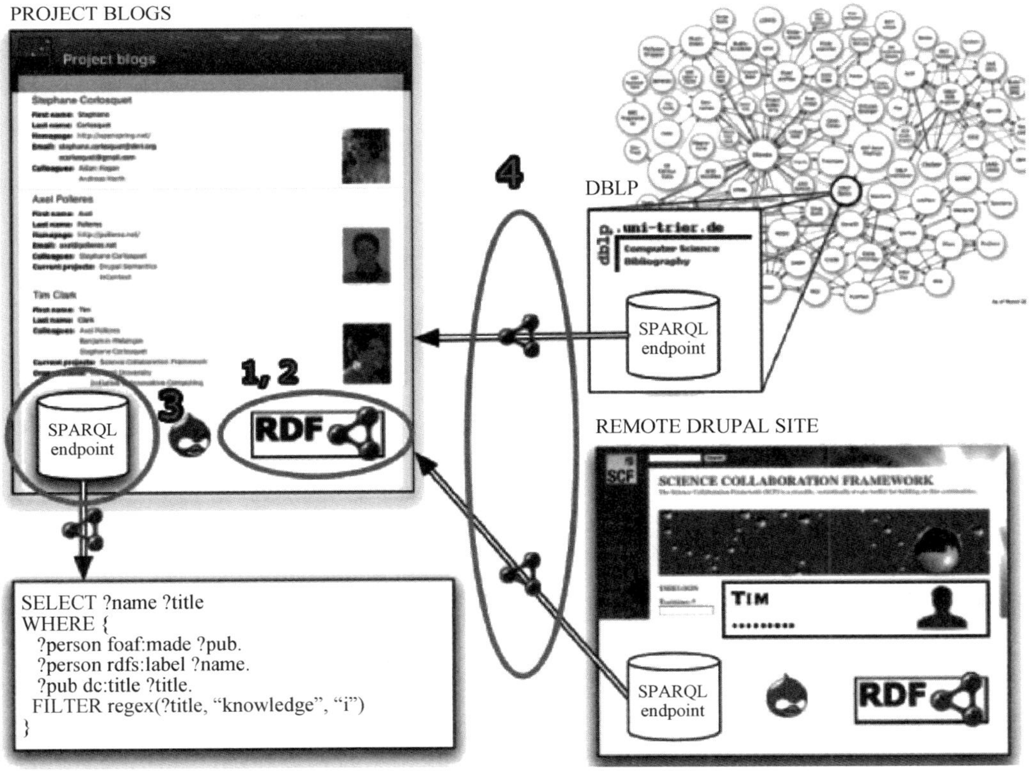

图 8.11　Drupal 中的关联数据结构

site：Property

ardfs：Class

rdfs：Label Blog

site：Title

ardf：Property

rdfs：Label Title

当定义好站点的内容模型后，系统会自动生成基于 RDF 的本地词汇表，网址的命名空间（namespace）的前缀默认为“site”，地址默认为“http：//samplesite/ns#”，当一个节点创建之后，系统会自动赋予一个 httpURI，一般默认为：http：// samplesite/node/nodeno（samplesite 为站点的 URL 地址，nodeno 为节点编号，可以根据时间等自动生成），指向该博文内容的具体页面。同时，系统也会自动生成该博文的 RDF 数据内容，RDF 数据条目中术语的命名空间为“site：http：//samplesite. /ns#”，RDF 数据也自动获得一个 httpURI，一般默认为“http：//samplesite/node/nodeno/rdf”，Drupal 的 Web 服务器 Apache 支持接收和发送 applicationsite/rdf+xml 类型的指令，因而在关联数据浏览器上访问 http：//samplesite/node/nodeno/rdf，可返回 RDF 数据，可以让用户自由浏览所需要的内容页面。有了这样的机制，Drupal 站点中的所有内容都可以自动将数据源信息内容用 RDF 数据模型的方式表现出来，并根据其语义数据模型，自动创建并获取内容页面的 URI 链接，发布分享给其他用户（夏翠娟等，2012）。如图 8. 12 所示。

RDF Types: org:Organization (编辑)

FIELDS	RDF PREDICATES	MAPPING TYPE	DATATYPE	操作
简介	dc:description	property		编辑
馆代码	dc:identifier	property		编辑
类别	dc:type	property		编辑
主页	foaf:homepage	property		编辑
照片	foaf:img	property		编辑
地址	v:adr	property		编辑
经纬度	v:geo	property		编辑
E-mail	v:Email	property		编辑
电话	foaf:phone	property		编辑
行政区域	org:subOrganizationOf	property		编辑
created	dc:date, dc:created	property	xsd:dateTime	
changed	dc:modified	property	xsd:dateTime	

图 8. 12　Drupal 中字段的属性值

8. 3. 4　基于 Drupal 的图书馆目录导航

如图 8. 13 所示，运用基于 Drupal 的湖北省图书馆目录导航，可以根据实体图书馆的导航目录，快速地对图书馆进行查阅与浏览，详细目录如图 8. 14 所示。

以 Drupal 为平台的湖北省图书馆目录导航，在使用关联数据处理导航数据时，可以看

湖北省图书馆名录

	类别	行政区域	地址	电话	经纬度
湖北省图书馆	省馆	湖北	武汉市武昌区，公正路25号	086-27-65398578、65398570	(30.552209099267262, 114.404754973948)
武汉图书馆	市馆	武汉市	武汉市建设大道861号	027-85718020	(30.580292544187756, 114.37934875488281)
黄石市图书馆	市分馆	黄石市	黄石市下陆区桂林北路	86 714-6353390	(30.181044387831786, 115.0484848022461)
华中师范大学图书馆	院校馆	武汉洪山区	武汉市洪山区桂中路	086 27-67868359	(30.518720924154092, 114.36122708022594)

图 8.13　湖北省图书馆目录导航

首页

湖北省图书馆

由 admin 于 星期五, 09/17/2013 - 23:10 提交

行政区域:

武汉市

馆代码:

hbl

类别:

省馆

主页:

http://library.hb.cn

地址:

湖北省武汉市武昌区武珞路45号

经纬度:

30.552209099267262，114.404754973948

E-mail:

电话:

+86 27 8884 6079

照片:

图 8.14　湖北省图书馆详细目录

出关联数据的分类模式分为两种情况：一是当知识点和数据内容相对独立时，关联数据的前后内容与次序之间没有包含关系；二是当知识点和数据内容有语义关联时，其中的有序化和关联化需要明确指向，并用 URL 等形式将其呈现（伍革新，2013）。针对数字资源中相对孤立的知识点等知识内容，Drupal 服务平台不会单独创建新的知识资源，而是根据管理员或用户的需求，手动添加相关的功能模块或服务模块，实现半自动化的资源检索查询和展示呈现方式；如果数字资源中的知识包含相互关系和内容指向时，平台能够根据用户检索查询的需要提供与该知识点相关的所有知识点关系网络结构图，提供个性化的内容检索和导向服务。其 SPARQL 语句命令查询既包括上述的关键词前序查询、数字资源间的知识关联关系查询，还包含数字资源间的语义关联关系查询。关联关系查询的命令语句如下

示例所示。

PREFIX Sample: <http://samplesite/sampleOntologies/SampleName#>

SELECT? Samplename WHERE {Sample: sampleconceptName Sample: include? samplename}

导航链接中关联数据的完整路径和算法如下。

```
ResultSet rs=Sampleodq.getPrevsC'  sampleDomainOntology", samplenodeName);
learningPath=samplenodeName+"+samplelearningPath;
QuerySolution qs;
while (rs.hasNextO) {
qs=rs.nextQ;
if(! odq.getPrevs("sampleDomainOntology",qs.get("samplename").toStringQ.sub-
string(qs.get("samplename"),toStr
ingOJndexOfC'#")-^)),hasNextQ) {
String sitname=qs.get("samplename ").toStringQ.substring(
qs.get ("name") JoStringO.indexOf(',#")+1);
samplelearningPath=itname+"<"+samplelearningPath;
} else {
iteratorPrevs("sampleDomainOntology'\
qs.get("name").toString0.substring(qs.get("samplename")JoString0.mdexOf("#")
+I));
iteratorlncludesC'sampleDomainOntology",
qs.get("samplename").toString0.substring(qs.get("samplename").toString0.in
```

在使用 Drupal 构建图书馆目录导航时，可以根据用户的真实需求建立个性化的导航服务。本节提出了构建基于 Drupal 的图书馆目录导航平台，可以将信息量庞大的图书馆群进行有序化的关联处理，并可实现搜索服务、导航服务、定制服务和问答服务。通过推荐合适的导航内容来帮助用户在大量图书馆查找中快速定位，利用个性化技术，为用户提供个性化的帮助。

第 9 章　基于关联数据的数字图书馆创新服务

在知识型社会，互联网技术和环境不断发展，因此信息服务愈发呈现出专业化、综合化和集成化的趋势。信息技术和信息服务水平的提高也促使数字图书馆的服务呈现出高效化、精品化和个性化的特点（伍革新，2013）。在这种情况下，如何借助计算机技术和网络技术以及知识技术和通信技术等现代信息技术推进和支撑数字图书馆创新服务就显得迫在眉睫，关联数据作为数字图书馆数字资源融合的重要手段之一，已经为数字图书馆创新服务提供了坚实的基础。本章主要对关联数据构建的数字图书馆资源融合后，如何借助信息服务提供方的专业知识与能力，进一步拓展数字图书馆资源服务的广度与深度。最终的目的是为数字图书馆的用户提供一个良好开放的环境，使得用户可以根据自身的实际需求来获取所需的知识或数字资源。这里需要指出的是用户的需求是在知识选择、知识获取、知识利用和吸收，以及知识再创造的过程中形成的。数字图书馆以服务平台为依托，根据用户的需求，对资源进行相关操作，比如搜寻、分析、组织等，最终有效支持用户的检索、学习等（陈建红和郭向勇，2008）。总的来说，数字图书馆基于关联数据的创新服务主要有知识发现、知识挖掘、知识分享、资源咨询、个性化服务定制与推送等。

9.1　基于关联数据的知识发现与知识服务

知识服务不仅仅是一个节点，而应该是贯穿用户使用数字资源的整个过程。正是由于知识内容和知识呈现以及产生的背景不同，特别是在用户对信息搜索、检索、组织、分析、聚合整个过程，都会有相应的知识产生，知识服务就是在整个过程中感知知识环境和用户使用环境，随时为用户提供知识支撑以及知识创新。数字图书馆之所以能够吸引用户，关键在于知识服务。在数字图书馆资源聚合的基础上，为用户提供专业、全面的知识服务的关键在于基于关联数据汇集各种知识，既包括显性知识，更包括隐性知识。基于关联数据的知识发现和知识服务更是推动图书馆服务水平提升和服务创新的重要力量（廖志江，2012）。

9.1.1　基于关联数据的知识发现

语义网和本体技术为数字图书馆资源聚合提供了方向，越来越多的专业研究人员不断深入研究语义网技术，从而实现知识发现。随着深入研究，研究取得了一定的成果，多集中于标准语言，比较有代表性的有 SKO、SPARQL 和 SOWL 等。但是，由于语义网的高度自由性以及成熟度不高，其发展并没有达到人们的预期。此外，研究人员在相关规范的制定与发布中，没有太重视研究与实践，最终导致语义网无法产生直观的效果。另外，语义网的实现需要利用各个学科领域的相关知识，包括数据仓库、机器学习、知识表征、自然语言处理等，因此语义网的技术门槛和应用成本较高。为了改变语义网面临的状况，同时推进数据资源融合不断向前，提出关联数据相关概念，并促进相关技术的发展。关联数据的逐步发展，促进了各类开放数据集的发展，促使越来越多数据之间的关系得以链接，形成数据云。关联数据技术作为语义网实现的关键技术，得到了数字图书馆领域专业人员的支持。关联数据技术将成为数字图书馆资源聚合的关键技术，也是在此基础上实现知识发现的技术（李奕，2013）。

本书探讨的是利用关联数据对数字图书馆的资源进行聚合，并在此基础上进行知识发现。本书所述基于资源聚合的知识发现指的是从大量聚合数据中提取最新的、最快的，同时也是满足用户需求的，而且可以被用户理解的知识。信息检索系统中的知识发现的过程主要有以下几个步骤：选择数据源、处理数据层、转换数据类型、挖掘数据内容、解释和评估数据等（Frawley，1992）。同样的，基于关联数据的知识发现也包括以下几个步骤：选择数据源、预处理数据、聚合关联数据、挖掘关联数据、解释和评估关联数据、优化知识发现整个过程等。其中的关键步骤是数据挖掘（李楠，2012）。到目前为止，数据挖掘得到了很大的发展，其技术和理论也比较成熟，并逐渐深入到语义本体领域。要充分利用数字图书馆的相关资源和海量数据，并且有效地利用关联数据实现知识发现，这是存在一定的困难的。为此，需要借助知识发现模型，借助关联数据技术，构建一个基于关联数据的知识发现模型。其中最为关键的环节是数据源的选择和关联数据的挖掘。

数据源选择是将数据从数据集中检出的过程（Fayyad et al.，1996）。需要特别注意的是数据源的数量不仅非常巨大，而且还不断增长，并且由各种各样的提供者提供的。这些各种各样的数据源，在知识表达和知识分类上存在不同，主要表现在知识表达上，不同的数据采用不同的本体或词表；在知识分类上，不同的数据从属于不同的学科领域；在访问方式和到达途径上，不同的数据也不一样。

数字图书馆中有各种各样结构和动态的数字资源，而实现知识发现的前提是对各种数据源的选择和集成。基于关联数据的知识发现的关键在于根据用户需求对数字资源进行识别和筛选，在此过程中需要保证数据的准确性、完整性和效率（李楠和张学福，2013）。为此可以借助 SPARQL 来解决相关问题。所谓 SPARQL，即 RDF 数据模型定义的查询语言和数据获取协议（李琪和吴刚，2013），是网络数据库的查询语言和数据获取标准。SPARQL 查询的基本形式是包含三元组的模式的集合，也成为基本图模式。图 9.1 展示的是一个简单的 SPARQL 查询。

如果借助 SPARQL 的方式来获取数据源的话，其核心模块和功能结构主要包括以下几个：数据源相关知识的索引与检索词库、相关数据源系统的识别、数据源的排序等。此外 SPARQL 查询技术也运用在联合查询处理中，从而实现分布式数据源的查询与处理，实现对知识内容的智能处理与知识导航服务。

```
SELECT DISTINCT?author?phone WHERE{
<http://data.semanticweb.org/conference/eswc/2009/proceedings>
                    swc:hasPart?pub
?pub swc:hasTopic?topic.
?topic rdfs:label?topicLabel
FILTEER regex{str(?topicLabel),´ontology_engineering´,´i´

?pub swrc:author?author.
{?author owl:sameAs?authAlt}UNION{?authAlt owl:sameAs?author

?authAlt foaf:phone?phone
}
```

图 9.1　SPARQL 查询示例

基于关联数据的资源聚合的知识发现，一方面要实现实际应用，另一方面发现和生产知识才是最终目标。一般来说，基于关联数据的知识挖掘有两种途径，即直接挖掘策略和混合挖掘策略。直接挖掘即借助已有的语义关联基础，实现数据或资源间链接的发现，或者借助特定模式组织和架构新的关联知识（李楠和张学福，2013），直接挖掘策略的执行需要借助针对关联数据的系列算法。混合挖掘策略则是在聚合的关联数据集的基础上，借助基于单一关键词匹配的数据挖掘，从而实现指定模式的知识发现，以挖掘数据间的关联为目标。混合挖掘策略将数据检索和数据挖掘这两个过程进行了分离，从而具备灵活性和低成本。这里的成本指的是用户学习使用和学习扩展 SPARQL 以及关联数据底层逻辑中的负担，包括对本体、语义等进行了解和认知的负担。利用 RLE（run-length encoding）编码可以有效减少数据库计算时的数据量，使其直接对存储器中的编码数据进行数据挖掘，并在数据快速变化时能够有效更新编码数据，提升处理效能。

基于关联数据的信息发现十分适用于数字化学习平台中的用户服务，这是因为数字化学习平台中的学习资源是不断更新、动态生成的，而基于关联数据的信息发现可以及时有效地获取这些资源，并在有限的时间里展示出更多的资源。在数字图书馆采用了关联数据技术对资源进行组织后，用户或读者不仅可以对各种数据信息进行发现和关联，更可以提高其利用率。这才是数字图书馆基于关联数据对资源进行更加广泛地描述、关联和发布的目的。本书中所说的基于关联数据的知识发现服务不仅要分析用户或读者的需求，还要对检索的资源进行判断和评价，最终协助用户或读者快速地获取相关资源。综上所述，此类知识发现服务可以更加有效地发现关联数据数字资源。当前，人们比较重视借助主题检索等途径，来拓展数字图书馆的目录查询、书目检索等功能，还可以为用户提供更多的信息（杨爱武，2012）。但是这里的知识发现的实现途径多利用部分书目、MARC 数据等，通过相关主题标目和 MARC 记录中的其他数据实现，如封面图片等，因此也存在着信息揭示深度较低，对结果进行浏览和精炼深度较低等问题。而基于关联数据的知识发现与服务则可以有效地解决相关问题。

9.1.2 基于关联数据的语义检索

借助关联数据实现知识发现与知识服务，可以给用户提供各种有价值的服务内容，包括知识导航、学习规划和知识咨询等（赵岩，2015）。通过知识挖掘后，适合用户各种需求的知识库就存在于数字图书馆的资源库中了，如专题知识库、学科知识库、导航知识库等。知识库不仅要将满足用户信息需求的显性知识与隐性知识简单提供给用户，还应该将知识提供贯穿于信息资源用户的各项活动中，比如学习生活、研究开展、科学研究、决策支持等，从而为知识服务赋予更大的价值。完成对资源层的知识发现后，如何提升知识服务十分重要，而基于关联数据的语义检索是其中较好的解决方案之一。基于关联数据的语义检索与当前数字资源检索方式存在不同，基于关联数据的语义检索不是简单停留在对字面上的机械匹配，而是从数字资源的概念内涵与基本语义角度来对资源进行阐述。需要指出的是，基于关联数据的语义检索还可以对知识元数据进行有机聚合，从而形成一个知识元数据库，可以实现知识间的相互印证和彼此关联，最终形成一个网络知识系统，这个系统具备内容广泛、关系紧密的特点。

本体是基于关联数据的语义检索的基础理论之一。“本体”的概念最早来源于哲学领域，学者将其从哲学领域引申至计算机和信息科学领域，并赋予其新的含义。知识本体即存在的知识，在计算机科学中，“我们可以把知识本体视为领域知识规范的抽象和描述，表达、共享、重用知识的方法”（Guarino，1995）。一般情况下，学者们将知识本体分为以下几类，如图 9.2 所示：①上层知识本体，主要用于描述一些基本化的术语和概念，包括时间、空间和事件等，是我们生活的真实世界中基本的常识，并且这些概念在某些特定领域和情境下是相互独立的，用于人们之间的交流与沟通。②领域知识本体与任务知识本体，是用来描述特殊领域的相关知识，比如专家知识等。③应用知识本体，主要用于借助属性、关系等对真实世界中特定领域的知识进行定义与描述。目前知识本体的构建多基于 XML 语法，因此本书利用 RDF 知识本体语言结构来进行本体的构建。

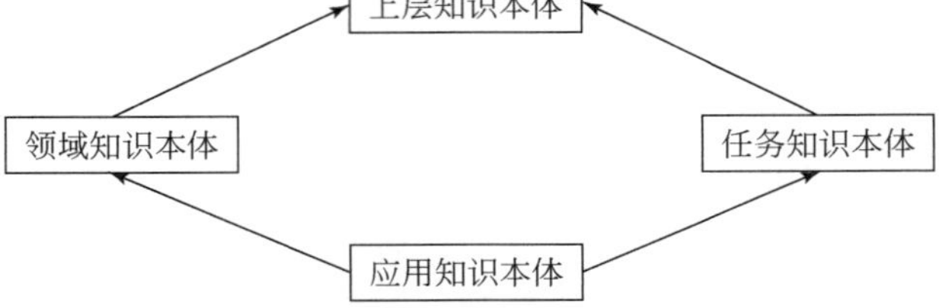

图 9.2　知识本体的分类

语义网是基于关联数据的语义检查的另一个更为宏阔的理论基础。所谓语义网，即能够根据规范的语义内容进行资源链接判断的网络技术，“语义网的实现方式和基本原理是把数字资源进行机器识别的数据语义化处理，应用数字资源中的语义关联和元数据的链接导向，完成对数字资源的访问和自动化处理”（Berners-Lee et al.，2001）。语义网通过 RDF 和 XML 技术，最终构建一种不仅可以理解人们日常沟通交流的自然语言，而且可以简化人与计算机之间的沟通交流的智能网络。知识本体是语义网的理论基础，借助知识本体的运用满足用户或读者的需求，从而对知识进行理解和推敲。语义检索是语义网研究中的重要部分，也和本书密切相关。虽然语义检索还没有确切的定义，但是学者们存在一个普遍的共识，即语义网是一种全新的基于本体的检索方式，在信息组织、检索实施和结果展示中都包含一定的语义成分，其一般流程如图 9.3 所示。用户在检索界面通过输入相关检索条件，进入系统进行检索条件的解析，当然这里的检索条件可以是主题、关键词、表单或自由文本等。在解析阶段主要是指系统将检索信息转化为本体查询语言，最终在数据库中找出满足条件的三元组和相关文档资料等，最终通过用户界面呈现给用户或读者。

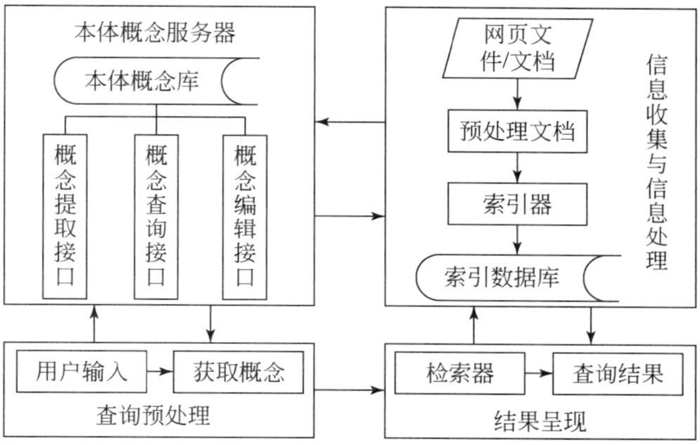

图 9.3　基于本体的语义检索概念模型

因此，本书构建了一个基于关联数据的语义检索模型，这个模型是从基于本体的语义检索之概念模型出发，具体见图 9.4，主要包括以下几个基本步骤：①建立智能的人机接口。智能人机接口即智能接口，主要目的在于借助人工智能和仿生工程等构建一个人机交互环境，最终方便人机之间的交互，使得人机交互变得简单自然，这对于增强系统服务功能具有重要意义，最终提升用户的使用体验。人机交互界面可以更好地提供各种服务方式和服务内容，帮助用户找到自己感兴趣的数据资源。②建立语义查询引擎。SPARQL 在语义查询引擎组件中，是采用图匹配模式的核心算法，具体的内容如下所述：首先，对包含在领域本体内的概念进行推理与分析，借此找出概念之间的相互关系，并把其中重复、矛盾和无意义的部分进行剔除，以此来精简查询语句的结构；然后利用图匹配的相关算法，来查询关联 RDF 数据的语义。③本体推理。基于关联数据的语义查询中所需要的基础支撑工具就是本体推理机，本体推理机作为其中必不可少的基础性支撑工具，国内外许多相关机构都在进行研发，并已有一大批本体推理机出现，比如 W3C 研发的对本体进行测试的本体推理机，DIG 研发的基于描述逻辑实现的本体推理机等，都是其中比较有代表性和影响力的本体推理机，此外还有一些集成在本体管理系统和语义网开发平台中的推理机引擎等（伍革新，2013）。本书进行语义标注时采用的是 OWL-DL 以及扩展动态时序表达能力，并且推理机采用经典的 Tableaux 算法来提高关联数据的表达能力。

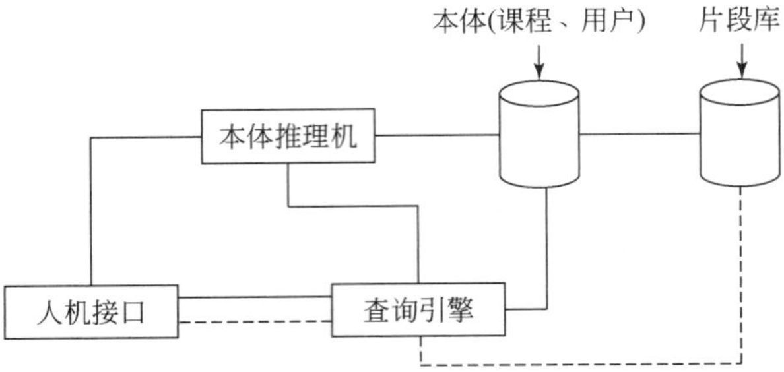

图 9.4　基于关联数据的语义检索模型

基于关联数据的语义检索目前存在一些问题，主要表现在：①异构信息系统之间的互操作问题；②信息表达与检索智能化与有效性不足（赵岩，2015）。针对第一个问题，基于关联数据的语义检索则可以有效地解决异构信息系统间的互操作问题。数字图书馆的建设需要各种各样的机构和组织的参与，机构和组织类型多样，其发展趋势主要有两个特点：一方面是他们关注的数字资源内容不同，不同的机构和组织在数字图书馆建设过程中有不同的侧重点，因此资源建设也有不同的特点；另一方面是因为资源种类和内容的不同，导致数字图书馆系统的组织方式、组织目的、运行手段等各方面都不相同，更深入地讲，在具体系统的技术实现上采用的技术、平台架构和体系结构也不相同，导致各种系统之间的互操作问题日益突显。针对第二个问题，基于关联数据的语义检索也可以很好地解决信息表达与检索智能化与有效性不足问题。目前常见的数字图书馆检索机制是以关键词为主，这是目前多数数字图书馆给用户或读者提供的服务方式。这样的检索机制虽然常见，但是无法理解用户的查询语言并对其进行加工，因此不具有深层次的语义处理能力。用户或读者在现有的数字图书馆中进行关键词检索的效率是比较低的，因为单纯地依靠词处理技术来实现的知识获取只是语法层面的浅层知识，因此难以满足用户或读者的现实需要。而基于关联数据的语义检索则可以克服这一不足之处。

9.1.3　基于关联数据的知识服务

关联数据不是简单地将资源集中起来，而是利用数据库内以及数据库之间的资源关联从而将动态的虚拟组织串联起来协同解决用户需求。因此，关联数据为数字图书馆的知识服务提供了强大的技术支持。基于关联数据的知识服务具备诸多特点，比如自我优化、自我组织、自我修复和自我保护等。目前关联数据技术不断发展与成熟，对知识和信息的组织技术也不断发展，已经深入到知识元数据的层次与水平上了，并以此为基础构建一个知识脉络，这个知识脉络是关于数字图书馆的数字资源内容的，最终目的是要实现对数字资源与知识资源的整体聚合与任意存取。

当前数字图书馆数字资源呈现出分布广泛、结构各异的特点，为了全面有效地实现数据知识的深度聚合，关联数据在这方面具有十分重要的作用。借助关联数据，用户可以对知识进行充分共享，用户可以借助任意接口读取所需要的知识。除此之外，关联数据在处理数字图书馆的知识服务的问题上也具有重要的作用，这也是关联数据更为重要的优势。正是因为关联数据的诸多优势，它可以为知识和信息组织提供一种新型工具，从而为数字图书馆的知识服务提供可行、有效的解决方案。作为信息组织的新型工具，关联数据并没有模仿传统数字图书馆中常用的叙词表、分类法等传统低效率方法，而是采用概念地图、以本体为核心的语义 Web 技术、语义网络、语义网格等新型技术和工具等。基于概念地图的知识咨询与导航服务是其中应用的较为广泛的形式与方法，这也是基于关联数据的数字图书馆知识服务的重要特点。

概念图主要是由知识概念及知识概念节点之间标注有关系标签的连接弧构成（Chen，2009）。概念图在各个领域内都得到了广泛的应用，并被逐渐引申至图书馆科学领域之中。目前，Mind Manager、Inspiration、Concept Draw、Cmaptools 等是概念图的主要代表工具，得到了广泛的应用。其中 Cmaptools 具备多种功能，包括概念图的检索、概念图的协作编辑和共享等，概念间的关系结构，概念间的资源链接、备注信息等均可以进行展示，不但可以展示概念间的关系，还可以进一步补充该概念。一个典型的概念图如图 9.5 所示。这一概念图借助可视化展示的方法揭示了与此相关的知识间的相互逻辑关联。作为表述知识间关系结构的图形化工具，概念图可以为用户的知识服务提供有效的保障，用户的知识服务包括知识获取、知识积累、知识转移和知识创造等各个环节。需要特别指出的是，在数字图书馆知识服务体系中嵌入概念图的服务，可以有效地发挥概念图的效果和作用。将概念图应用在数字图书馆的服务中，最关键的思想和方法在于信息构建和知识管理（赵岩，2015）。信息构建和知识管理是两个不同的概念，但它们存在共同点，即强调知识的显性化，反过来说，将知识间的联系进行展示也有助于知识的理解和管理。用户因为存在不同

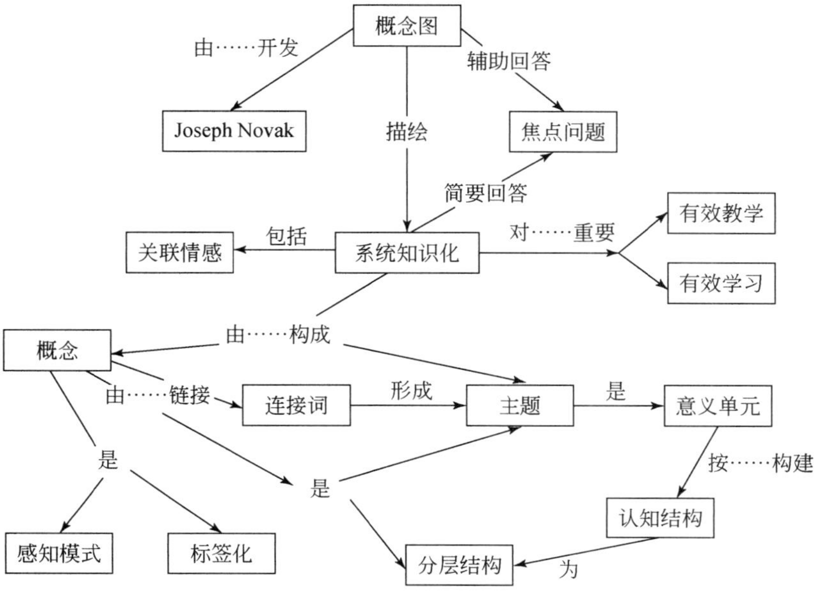

图 9.5　概念图示例

的需求，因而所需要的服务也极具个性化的特点，为了提升数字图书馆知识服务水平的质量与内涵，就需要根据用户的实际需求，提供个性化的知识和推荐服务，从而让用户直观地、形象地、经松地获取和展示相关知识。除了给用户提供个性化的知识外，还允许用户用图示图解的方式创建、梳理自身的知识脉络。基于语义的数字图书馆知识和概念地图，具备两个方面的特点：一是指导用户根据自身需要创建知识脉络；二是让用户知道数字资源内容在知识库中的分布结构。让用户知道了数字资源内容的分布，可以让用户对自身的需求更加明确，从而更容易获取相关的服务内容。基于用户导向的知识服务引导，可以让用户和管理员快速、准确、及时、便捷、高效地检索和获取到自己想要了解的知识提供明确的引导。

将基于用户导向的概念图服务引入至数字图书馆数字资源服务中，可以有效补充数字图书馆的数字资源知识服务体系。关联数据作为数字图书馆知识服务的技术支撑有许多的体现，基于概念图的数字资源知识服务就是其中一种。基于概念图的数字资源知识服务包括诸多环节，如知识获取、知识累积、知识转换、知识应用以及知识创造等。我们需要给用户提供一个基本的保障平台，这个平台的作用在于满足用户或读者的多元化和全面化的知识需求，并促进读者与读者之间共同合作和协同创新的实现。借助保障平台，不仅要将数字图书馆的文献资源融入基于概念图的数字资源知识服务中去，而且可以将外界网络所包含的各种资源与服务融入进来，基本框架见图 9.6。整个框架体系包含 4 个基本环节：①知识获取阶段。借助概念图的检索，可以获取相关知识范畴的核心概念层级展示，并补充与网络资源及其他相关数据库资源的链接。②知识积累阶段。概念图展示的知识概念间的关系可以帮助读者或用户以此分析各知识概念之间的关系，从而获取知识概念的基本结构和相关资源。用户获取这些相关资源后，进行相关消化和吸收，最终内化为自身的个人知识。③知识转化阶段。用户在将隐性知识显性化的同时，借助概念图的知识交流与知识共享功能，可以和其他用户或读者进行交流互动，从而完善概念图的结构或体系。④知识应用与创造阶段。在这个环节中，用户或读者通过运用概念图，描绘知识创新思路，将新增知识或资源重新绘制一个新的概念地图，有助于读者从宏观上把握知识。用户不仅可以

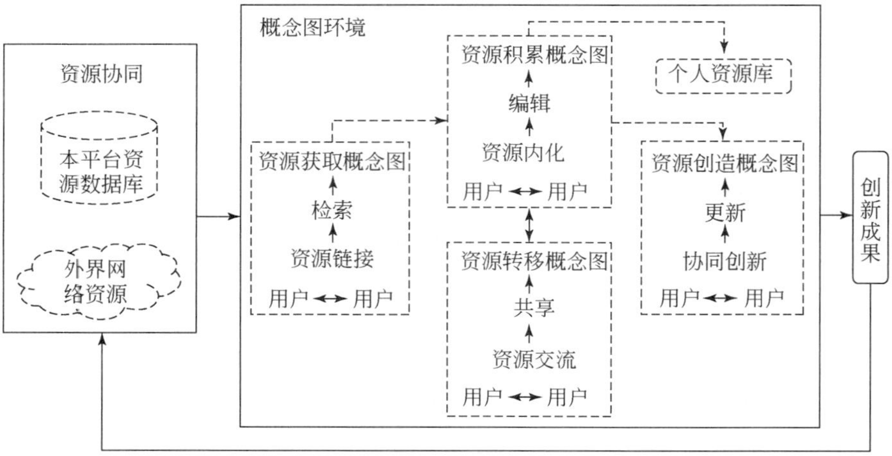

图 9.6　基于概念图的知识服务框架

把握知识，还可以对知识进行创造性的应用，为后续知识积累和应用创新提供指导，而这些新创造的知识结果也将以创新成果的形式成为新的资源补充，最终实现知识的增值。

基于概念图的知识服务的关键是概念图库的构建。“概念图库是储存概念图的数据库，它是在常规数据库和数据源的基础上，有针对性地从相应或相关的数据中抽取知识点，按照一定的知识体系进行整序和分析而组织起来的数据库，它是经过分类、序化和重组后的知识集合”（胡昌平和严炜炜，2013；任奎礼，2008）。在数字图书馆的知识服务中引入基于关联数据概念图的服务的过程中，我们需要考虑的关键问题是通过概念图的构建来满足用户或读者的各种需求，包括用户或读者对检索、参考以及存储概念图的主要需求。概念图的划分可以根据用户或读者的不同需求被划分为 3 个层次，知识元库、专业知识仓库和源数据库的建立需要考虑这个层次因素，采用分层建库的方法。主要有两种构建概念图库的方式，自动构建和人工构建。所谓自动构建即利用定量研究的算法自动生成默认的概念地图，不过在构建的过程中需要结合知识概念在语词层次上的相关性。自动构建的概念图的结果相对来说比较客观，这是因为这种概念图的构建方法是在对文献资料的定量分析的基础上构建的。由于结果比较客观，因此这种构建方式适合用于读者浅层次的浏览和了解某一知识的基本内容，而不适合做深层次的研究。人工构建的特点就是具备较强的主观性，这是因为人工构建的过程是用户或读者结合自身的知识情况，比如知识结构、思维方式和认知风格等，在此基础上开展思维发散，并据此借助箭头将与目标概念间的知识概念连接起来，并在连接线上标识概念间的逻辑关系。正是人工构建的概念图具备较强的主观性，因此适合用户对获取的知识概念进行分析和归纳总结。

从上面的总结可以看出，对数字图书馆馆藏资源借助关联数据进行融合后，为信息资源用户提供的知识服务，主要有以下主要特点：①资源高度聚合。借助关联数据，数字图书馆能将各种数字资源聚合，将知识碎片集成成一个整体。从而满足信息资源用户个性化需求和更好地为信息资源用户提供一站式的知识服务。数字图书馆利用关联数据在资源层面将各种碎片化、异构的资源有机地融合一体，这些资源包括物力资源、人力资源、技术资源和数字资源等。对于聚合后的数字资源，进行深层次的组织、加工和归纳，达到不同数据来源的资源高度聚合，从而为用户提供显性知识和隐性知识兼顾的信息资源结果。这种集成性的知识服务极大地提高了知识服务的灵活性和智能性，更贴近用户需求。②价值利用更直接。资源的价值体现在如何使用，从而产生相应的价值。基于关联数据的数字图书馆的知识服务最大限度囊括了用户需求的信息，并在此基础上，帮助用户解决具体决策问题，继而推进信息资源与具体生产力转换。③用户的自主性得到满足。知识服务根据用户的关系特征和内容特征，通过用户的显性需求，推理出用户潜在需求，极大增加用户使用知识服务的满意度。这种有针对性的个性化服务，以内容为导向，结合用户信息需求，将整个链上知识整体展示给用户，用户能自主地进行数字资源获取。同时用户拥有最大的自由度能直接与系统进行交互，不断靠近自己真正的需求。

9.2 基于关联数据的信息个性定制与推送

数字图书馆运用关联数据技术，在对用户或读者的实际需求进行智能分析的基础上，可以给用户提供相关的数字资源，并提供相关检索意见。更加重要的是，基于关联数据的数字图书馆服务可以全过程跟踪用户或读者的资源搜索过程，并据此为用户或读者提供关于某些特定问题的、帮助性的知识服务，这也可以说是基于关联数据的信息个性化定制与推送服务的基本内涵。定制互动式的服务方案是基于关联数据的信息个性化和推送服务的特点。借助互动的服务方式利用各种数据分析技术，为用户或读者提供准确、及时的数字资源与知识，并且这种服务方式是主动的。另外，与用户或读者进行互动，用户和读者可以将意见反馈给系统，从而促进数字图书馆信息个性化定制与推送机制的完善。

9.2.1 基于关联数据的用户服务模型

图书馆是知识的存储者也是传播者，如何为用户或读者提供服务，帮助他们获取相应的资源是所有图书馆的工作的出发点。随着数字图书馆发展，用户个性化需求和对于更细粒度的知识需求，以及数字图书馆知识服务的呼声越来越高。关联数据带来的变化不仅仅局限在资源方面，对于如何为用户提供信息服务也带来了极大的挑战。即数字图书馆自身的资源种类和数量更加丰富多样，用户的种类逐渐增多，因而需求也越来越多样化，并且用户获取相关信息或知识的途径越来越多。正是因为用户群体的扩大和用户信息获取途径的增多，致使用户对信息识别的准确性却越来越差（廉清，2005）。在这种背景下，数字图书馆资源服务具有一个现实的迫切需求，即借助关联数据的相关技术方法，对数字图书馆的数字资源进行有机和统一的聚合，并构建用户服务模型，这个服务模型具备集成性质，如图 9.7 所示。最终将数字图书馆中各种数字化的资源进行有机的聚合，形成一个有机整体，从而为用户提供集成性的信息服务。将数字图书馆的用户服务在内容上从浅层次的文献服务深入到深层次的知识服务上，这是面向用户的服务模型的创建与应用的目的，而且要实现可视化、智能化与个性化的服务形式，最终有效提升数字图书馆的信息服务质量，满足用户的信息需求。

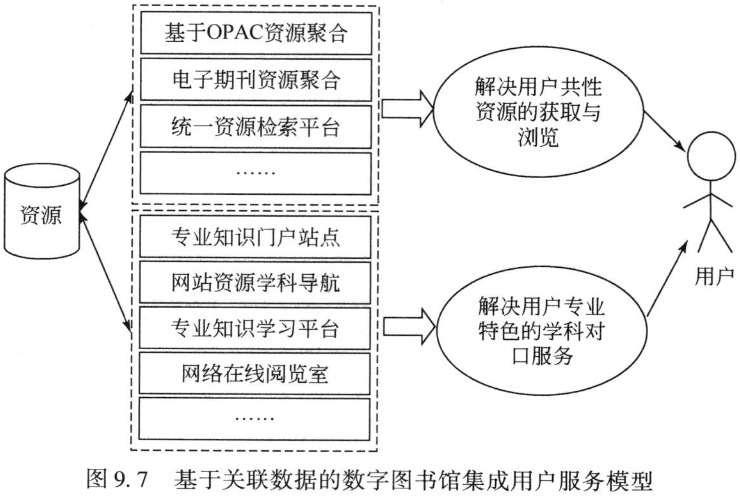

图 9.7　基于关联数据的数字图书馆集成用户服务模型

在利用关联数据技术对信息进行聚合的基础上，数字图书馆可以对原有的应用进行拓展，或是开发新的应用（赵卫军，2013）。利用关联数据对 OPAC 的资源进行聚合是利用关联数据对信息进行聚合的首要步骤。作为数字图书馆自动化集成系统的重要组成部分，OPAC 是图书馆用户获取数字化资源的切入点，也是一个数字图书馆来揭示自身资源的最好出发点（丁楠和潘有能，2011）。数字图书馆的资源各种各样，比如图书、期刊、报纸、电子资源、随书光盘、磁带、远程资源等，数字图书馆利用关联数据的相关技术方法，基于 OPAC 框架，对这些不同类型、不同载体、本地及远程资源进行全面揭示与聚合，实现统一标引和全面检索获取。目前有许多数字图书馆采用扩展目录检索界面，通过实施资源发现服务来展示更多的信息，从而帮助用户发现更多动态的结果。借助资源发现服务的目录检索界面主要是借助主题标目和 MARC 记录中的数据实现的，因而存在一定的局限性。而关联数据则可以很好地解决这种问题，这是因为关联数据可以为扩展书目信息提供结构化的集成数据，更好地为用户提供新的资源发现和访问服务。当前随着数字图书馆服务的不断扩展，其服务领域也在不断扩展，已经从早期的图书文献服务拓展到了各个方面，数据对象也从最开始的科学研究数据扩展到了地理数据等各种其他数据信息。虽然对数据的操作只是保存、交换和再利用，但是已经有越来越多的数字图书馆开始帮助用户保存和管理他们的数据信息，并和全社会共享。在这种情况下，针对用户个性化的信息需求，数字图书馆创新服务面临着新的挑战，比如构建各种专门的知识站点、网络学科资源导航、专业知识学习平台、网络在线阅览室等，加强不同类型与领域之间信息的融合等。为了有效应对这一挑战，可以借助关联数据技术，对地点、名词、题名和概念等的匹配和映射，在数据对象之间建立语义链接，从而为用户提供更有意义的检索结果（赵卫军，2013）。

数字图书馆知识服务与用户需求不能完全匹配，而借助关联数据的优势则可以很好地解决这个问题。当前背景下，数字图书馆中有各种各样的信息技术在运用，因此信息资源用户可以借助全文检索、跨库检索、虚拟参考咨询、开放链接、文献传递、用户培训等数字图书馆开展的基础服务以及信息推送、知识挖掘等个性服务来获取信息资源。但这些服务还远远不能满足信息资源用户对于信息获取的个性化、细粒度化知识的需求。基于关联数据的数字图书馆资源用户模型在融合之前数字图书馆成熟的服务模式上，进一步处理信息资源，让用户从形式以及内容上获得更加全面的信息资源。在数字图书馆的实践中，用户在利用信息的过程中，会表现出检索行为，还有交互的行为。关联数据结合用户行为，为形成的知识内容增值后再提供给用户。最终帮助数字图书馆与全球性的数据网络建立起链接，并拓展数字图书馆的资源边界和服务内涵，借助这种创新型的知识服务，并结合其他领域的数字资源和服务平台，最终提升数字图书馆的服务质量。

9.2.2 基于关联数据的协同信息推荐模型

对大多数用户经常检索的数字资源的观察，是基于关联数据的协同信息检索的主要工作和关键点。通过对用户的观察，研究用户对各种资源的评价内容，从而找出用户的需求规律，进而通过总结出用户的实际或近期的信息需求，为目标用户主动推荐相关信息或数据资源（傅俏等，2014）。这种主动的服务方式对数字图书馆来说具备重要的意义，并真正实现面向不同用户或不同用户群体的个性化信息服务，不过这要借助各种服务方法和技术。协同资源推送系统的构建极为重要，因为它具备诸多功能：一是能够实现准确的数据挖掘；二是具有较强的信息过滤、知识检索和资源聚合的功能，最终可以有效实现数字图书馆的个性化资源定制与推送服务。也就是说，基于关联数据的协同信息推荐系统具备以下两大特征：一是具备较强的灵活性和动态性；二是以服务用户为中心，以提供准确的数字资源为中心。基于关联数据的协同信息推荐系统之所以具备较强的灵活性和动态应变性，是因为基于关联数据的协同推荐系统是一个开放的系统，可以根据用户的实际需求对知识进行随时随地地组合、变化和更新。基于关联数据的协同信息推荐系统以服务用户为中心，以提供准确的数字资源为中心，是因为基于关联数据的协同推荐系统采用的是“总体设计，分步实施”的技术方案。设计者要结合不同用户的实际需求来设计推荐系统，并使其和用户的具体需求产生紧密的联系。这样做的前提是设计者要对不同学科专业领域内的学术资源的主要特征进行分析。这里需要提出的是，基于关联数据的协同信息推荐系统还具备智能化信息分析和处理的功能，这主要体现在两个方面：一是主动推荐；二是协同推荐。这两个方面在真实的应用实践中很好地体现了基于关联数据的协同信息推荐系统的智能化信息分析与处理功能。在主动推荐方面，信息推荐系统主动跟踪用户需求，通过对用户浏览信息和访问数据库的记录的分析，对用户的实际信息需求进行推理，向用户主动地推送所需要的信息（丁楠和潘有能，2011）；在协同性推荐方面，协同推荐能使资源在信息需求相同的用户之间进行共享，借助用户间相同或相似性的分析，在此基础上实现信息推荐（伍革新，2013）。

如图 9.8 所示，基于关联数据的协同信息推荐模型主要包括 3 个基本层次：数据资源层、业务逻辑层、用户服务层。不同的层次具备不同的工作内容，具体如下：数字资源层的主要工作有两个方面，一是对数字图书馆的各类数字资源进行统一的配置和调度；二是结合用户的共同需求，利用元搜索技术获取外界网络数字资源以及其他数字图书馆或资源平台共享的数字资源。为了达到这个目的，需要在数字图书馆之间，数字图书馆与外界数字资源间建立有效的链接，最终实现对数字资源的深度聚合和有效的管理。业务逻辑层则是对历史记录的保存，主要是存储用户使用的各种资源，并管理和维护用户需求与数字资源间的一致性，管理和维护具体用户与资源数据集间的一致性，通过这些管理和维护操作，借助用户—资源共同驱动的协同过滤算法最终实现个性化定制，并把定制好的数字资源推送给需要的用户。用户服务层则是为用户创建个性化的资源空间，或者允许用户对自身的资源空间进行个性化的设计和规划，使得用户可以顺利地接受和存储系统推送过来的数字资源。用户服务层存储的是用户个性化的信息需求，并根据用户的具体需求分析这些信息，借助协同推荐来为用户提供便捷的信息导航与查询等。

基于关联数据的协同信息推送机制中最为主要的算法技术就是基于用户的协同过滤推送技术，其主要的思想和实施过程即借助用户—项目评分矩阵，通过基于关联数据的最近邻近关联方式，计算出与目标用户相关度比较高的邻近用户，并以此为基础预测用户对某

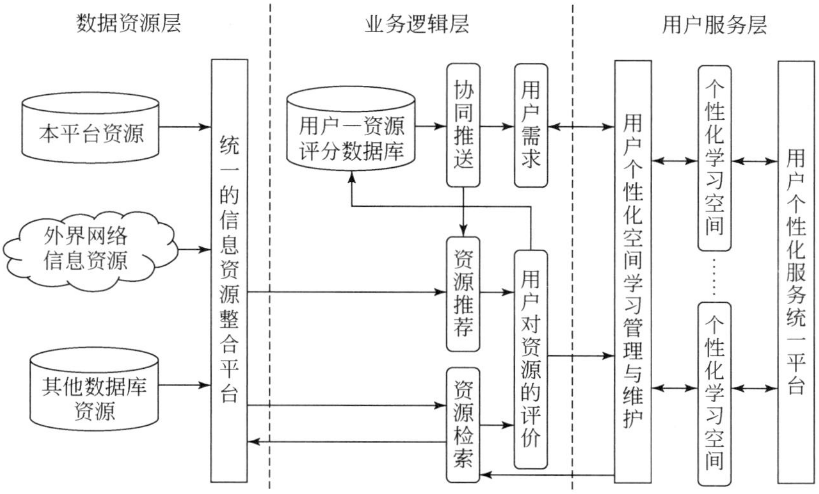

图 9.8 基于关联数据的协同信息推荐模型

一项目的喜好程度，把喜好程度高的项目推荐给目标用户。不过一般来说，喜好程度的计算多采用加权平均的方法。根据目前的实践效果，这种协同过滤技术和其他技术比起来，还是比较成功的。这种协同过滤技术的基本步骤包括（马文峰等，2003）：

1）建立用户—项目的评分矩阵。我们用 m 来表示用户数，用 n 来表示项目数，这样就构成了一个 $m\times n$ 的评分矩阵 A（m，n），用 i 来表示矩阵的行，用 j 来表示矩阵的列，R_{ij}就是用户 i 对项目 j 的评分数据，也即 $R_{ij}=0$ 的意思就是某用户还没有对该项目进行评分。

2）计算用户相似度。在搜集用户对某项目的喜好程度（即用户的偏好数据）之后，需要通过对这些数据进行处理以确定用户在信息品味上的相似度到底是多少。由此，可以采用比较的方法来对用户之间的相似度评价进行计算。在本书中我们选用皮尔森相关相似性计算法，用户 i 和 j 对项目 c 的评分是用 $r_{i,c}$ 和 $r_{j,c}$ 来表示的，用户 j 对共同评分过的项目的平均评分用 r_j 来表示，而用户 i 和 j 对项目评分平方的平均值用 r_i^2 和 r_j^2 来表示，则用户 i 和用户 j 之间的相似性 sim（i，j）的计算公式如下：

$$\mathrm{sim}(i,\ j)=\frac{\sum_{c\in I_{ij}} r_{i,\ c}\cdot r_{j,\ c}-\left(\sum_{c\in I_{ij}} r_{i,\ c}\right)\cdot \bar{r}_j}{\sqrt{\sum_{c\in I_{ij}} r_{i,\ c}^2-\bar{r}_i^2}\cdot\sqrt{\sum_{c\in I_{ij}} r_{j,\ c}^2-\bar{r}_j^2}} \tag{9.1}$$

3）寻找最近邻居。借助皮尔森相关性计算方法，计算出当前用户 u 与所有用户的相似性，计算结果就构成了当前用户 u 的最近邻居集合，如下表达式所示：

$$N(u)=\{u_1,\ u_2,\ \cdots,\ u_k\} \tag{9.2}$$

式中，$\mathrm{sim}(u,\ u_k)\leqslant\mathrm{sim}(u,\ u\ (k-1))\leqslant\cdots\leqslant\mathrm{sim}(u,\ u_2)\leqslant\mathrm{sim}(u,\ u_1)$，且 $m\geqslant k$ 为邻居的大小。

这里需要指出的是最近邻居用户的计算方法有多种，皮尔森相关性计算方法只是其中的一种，我们也可以根据之前确定好的阈值来进行最近邻集用户的选择，那么这里的相邻用户其实就是在数字资源查询行为和服务需求上相似性大于平均值的用户。

4）预测对数字资源满意的评价。最终的结果，即数字资源系统的各个部分，还是需要根据实际情况作出修正和调整的，比如根据用户的建议和评价等作出修正。数字图书馆服务提升的重要方面就是用户的评价。用户对资源的打分需要提前设计相应的加权评分系统，用以对用户评分的真实性和有效性进行统计。具体的计算过程如下：与其他用户的相似度乘以他们对该项目的评分，并除以所用评分用户的相似度之和，由此来对一个经过很多用户评分的项目对结果产生的影响进行修正。其中，用户 u 对项目 i 的预测评分用 $P_{u,i}$ 来表示，用户 u_k 对项目 i 的评分用 $r_{u_k,i}$ 来表示，用户 u 的最近邻用 Neighbors（u）来表示（李智琦等，2011）。预测评分的计算公式如（9.3）所示：

$$P_{u,\ i}=\frac{\sum_{u_k\in \mathrm{Neighbors}(u)}\sin(u,\ u_k)r_{u_k,\ i}}{\sum_{u_k\in \mathrm{Neighbors}(u)}\sin(u,\ u_k)} \tag{9.3}$$

经过这样的计算后，我们先对项目的预测评分进行排序，然后选择其中评分较高的前 n 个项目推荐给用户，这其实就是我们平时所说的 TOP-N 推荐（尹航，2012）。

9.2.3 基于关联数据的智能信息推拉

随着数字图书馆的不断发展和各种应用的不断深入，不得不面对两个重要问题：一是数据层面，二是服务层面。在数据层面中，由于数据库的来源不断增加，各个数据库相互独立，导致信息内容之间链接不紧密，加之查询方式单一，在信息查询、检索、获取时产生了极大的障碍，又因为数字图书馆的资源种类极其复杂，内容和数据结构各异，数据异质等特征导致信息组织以及聚合有极大难度，不仅图书馆内部数据管理耗费极大，而且用户使用也有极大不便。服务层面上，首先是用户检索需要专业技巧；其次对于检索结果用户需要耗费时间进行甄别，无法实现“所见即所得”的目标；第三，它还无法对信息内容的变化进行跟踪（高凤荣等，2003）。在这种情况下，最关键的问题在于借助新的技术手段，同时考虑用户的需求，把用户的需求放在最关键的位置，然后进行数字资源的聚合，从而为用户提供个性化的服务。其中，基于关联数据的智能信息推拉提供了解决方向。所谓基于关联数据的智能信息推拉技术，即在信息的“推送”和“拉取”的过程中，采用关联数据的技术和方法，通过将多种学科领域内的技术方法与智能信息拉取和智能信息推送技术结合起来，这其中多学科领域的方法包括知识发现方法、机器学习方法、人工智能方法、知识工程的知识推理搜索等（王枞等，2001），最终形成的一种基于关联数据的新型信息推拉技术。“基于关联数据的智能信息推拉为信息的‘推’和‘拉’插上了‘智能’的翅膀，有效地提高了‘信源’对‘用户’兴趣的推测水平，实现主动的个性化信息推送服务”（Chuanjun，2004）。

推送体系结构由创建者或开发者设置任务或目标，是一种活动的自动化软件程序，它借助动态个人助理的概念来对频道信息进行访问，最终查询到用户感兴趣的数字资源等，并及时更新和改变用户所关心的 Web 页面资源，最终将更新和变化的信息借助报告的形式发送给用户。因此，通过上述分析，我们可以对基于关联数据的智能信息推送下一种定义：它是一种新型信息技术，是在信息化进程中迅速成长起来的，具有高度智能化、用户体验好、具有知识服务特点的信息服务系统。

顾名思义，基于关联数据的信息推拉技术其实就包括信息拉取技术和信息推送技术，这两种技术存在各自的优点，也存在各自的不足之处，如图 9.9 所示（马明霞等，2005）。下面从两个方面来介绍这两种技术：信息推送技术，即为用户定期地传送其需要的信息，当然这是需要在一定的网络协议和技术标准的支持下进行，信息推送技术最终可以减少信息资源的过载。这种信息推送技术对用户高效率地挖掘价值高的信息具有重要的意义和作用，因为它可以大大减少用户在网络上靠自己搜寻信息的时间，之所以这样是因为它能够及时跟踪用户的兴趣爱好，对用户浏览过的 Web 页面进行关注，并将用户不关心的数字资源进行过滤，定期地给用户提供有效的信息（戴昭，2012）。作为一种信源端主动、用户端被动的信息传送方式，信息推送技术具备主动性、专业性、个性化、高效率、智能化、连续性和灵活性的诸多优点，但同时它也存在诸多的问题，比如针对性较差、浪费带宽、无法跟踪信息的状态、也无法确保信息的成功发送、产生数据风暴、信息源任务过载等问题（李桂贞和郑建明，2007）。

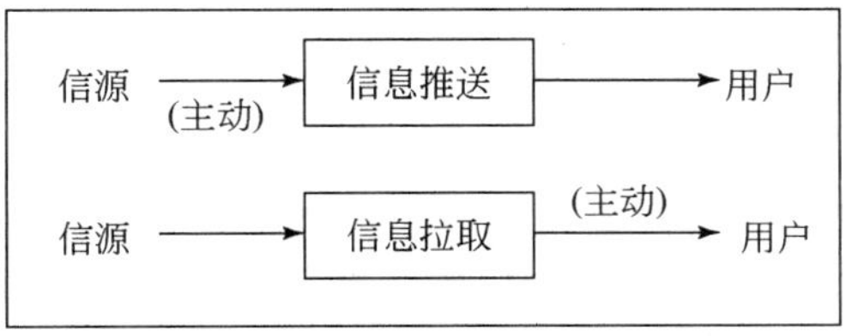

图 9.9　信息推送与信息拉取

信息拉取技术是指用户主动地、有目的地在网络上查询所需要的资源，即用户通过浏览器给 Web 发出请求，由 Web 来获取所需要的信息。与信息推送技术不同，信息拉取技术是一种用户端主动的信息传送模式，那么其主要的优点是针对性较强，信息传输量小，信息任务轻，但不足之处在于检索效率低下，及时性较差，对用户的要求比较高，缺乏信源和信宿之间标准化的沟通方案等。那么把信息推送技术和信息拉取技术进行结合，则可以有效避免这两种技术的不足，发挥各自的优点，这正是基于关联数据的技术方法将两者结合的好处，如图 9.10 所示。那么信息推送技术和拉取技术结合的顺序和方式又是如何

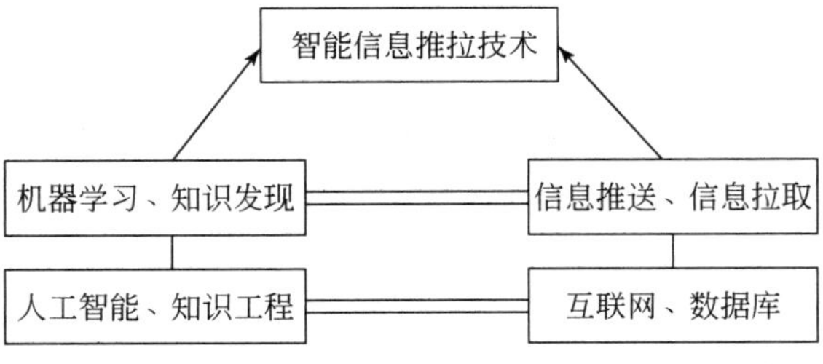

图 9.10　基于关联数据的智能信息推拉技术模式

呢？根据这两种技术结合顺序和结合方式的不同，可以将基于关联数据的数字资源智能信息推荐模式分为：先推后拉式、先拉后推式、推中有拉式、拉中有推式。

当前的数字图书馆信息服务模式的主要特点是单向主动性，信息检索、信息处理、信息决策、实施选择是信息服务模式最典型的工作流程。当然这种信息服务模式也存在一些问题，诸如需要检索的数字资源数量大，处理过程也比较复杂，而且这种信息服务模式在客户机的存储和处理能力，在互联网带宽的大小（即网络的通信量）方面的要求比较高。虽然借助信息推送的技术，但要真正完成数据的分析、处理和决策任务还是需要用户或读者付出大量的精力和时间，因为它只能通过服务器推送一些非常原始的数据和信息，或者推送一些经过简单分类的数字资源等。现在越来越多的数字图书馆推出了主动信息服务。和单向主动式的数字资源服务不同，这种新的主动数字资源服务大大增强了信息服务的主动性，这是和数字资源单向主动式的服务的最大不同之处。在主动的服务模式下，服务提供方可以自动根据用户的信息需求向其提供相应的信息服务，在此过程中脱离用户的干预，不需要用户付出大量的精力，付出主动的努力（黄国忠，2005）。当然数字图书馆之所以能够自主分析用户的资源需求并为用户提供相关服务，并具备较大的适应性的前提在于基于关联数据的资源推拉技术发挥着重要作用（李桂贞和郑建明，2007）。

智能信息推拉技术其突破性的贡献主要有以下两个方面（Bhide et al.，2002）：一是利用资源拉取的历史和资源推送的功能，从而提高资源拉取的效率；二是通过分析资源推送的历史趋势，增强资源拉取的针对性，从而使得整个信息服务的机器系统能够主动为用户服务，并进一步减轻用户的体力和脑力劳动。智能信息推拉技术极大地改善了用户与数字化信息服务系统之间的交互作用，这主要是因为智能信息推拉技术借助一定的技术和方法，将这两种技术在结构上进行了有机的结合与调整。一个典型的基于关联数据的智能资源推送与拉取的数字图书馆主动信息服务架构如图 9.11 所示。整个信息服务架构包括一些智能推送模块和一些智能拉取模块。智能推送模块包括资源管理、推送策略、需求管理和检验更新等技术单元模块；智能拉取模块包括预测意图、自动生成频道栏目、用户及地址的统计管理等技术单元。智能推送模块向智能拉取模块传达更新信息，智能拉取模块向智能推送模块提供被拉取的栏目属性、建议生成的栏目以及预定信息等。

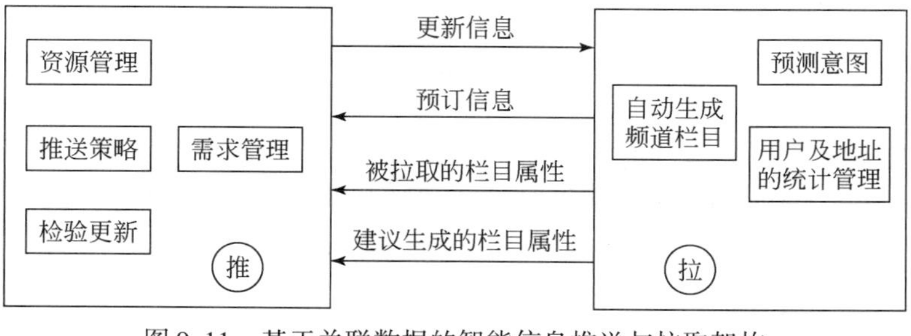

图 9.11 基于关联数据的智能信息推送与拉取架构

9.2.4 基于关联数据的信息服务集成

当然如何将关联数据应用在数字图书馆的信息服务中，我们也面临着一系列的挑战。一方面，关联数据技术使得不同数据库、不同系统、不同领域之间的数据进行相互关联，使得网络中的信息、数据或资源可以实现共享。数字资源、数据或者知识间的关联和网络共享对于数字图书馆信息服务质量和效率的提高十分重要，通过资源的关联对于用户或读者获得丰富的、准确的资源十分有意义；但是当前网络环境发展和变化十分快，其中的信息和数据日新月异，网络中的关联数据数字资源不断变化和日益更新，会有新的关联数据的加入和旧的关联数据的淘汰。除此之外，数据与数据之间的关系也会随着这些数据的变更而发生变化。通过上面的分析可以获知，关联数据可以在一定程度上解决分布式异构资源的聚合问题，但是随着越来越多的新数据和新的数据关系的不断加入或变化，数据资源的管理也存在一些问题，呈现出复杂和困难的局面，因此有必要对各种信息服务进行聚合集成。数字图书馆利用关联数据技术实现数字资源的有效聚合，通过对各种来源数据库中的异构数字资源进行组织、整理和归纳合并，可以为用户提供一站式的聚合集成服务，可以满足用户或读者使用馆外资源；除了要对馆内异构数字资源进行聚合外，还需要对馆外的异构数据资源进行组织和聚合，既要实现资源内容的相互融合，也需要数字资源在形式上的统一，最终方便各种用户的读取和利用。

当前的信息社会不断发展，存储介质也在不断更新换代，面对图书馆中各种各样的异构资源，面对各种资源数量和质量的不断增长，以及泛在计算环境下的数据交换、融合和再利用不断增多的环境，图书馆面临的一大难题就是对这些异构资源进行聚合与利用。数字图书馆提供集成服务的前提是资源的集成，只有集成的资源才能够提供集成的服务。网络环境中存在着各种各样的数字资源，这些资源是独立的、分散的、异构的，要利用基于关联数据的资源聚合与集成来解决这些问题，对于最大化地提高各种网络资源、信息数据的利用率十分有意义（张燕，2013）。关联数据可以对各种数字资源进行有效的链接和集成，这些数字资源包括来自不同数据库、不同层次、不同结构、不同内容的数字资源等。目前主要有浏览器和搜索引擎这两种较强的用户交互性数字资源集成模式。浏览器数字资源集成模式，向用户提供了一种对信息空间进行无限浏览的机制；搜索引擎数字资源集成模式，决定了从哪里开始对数字资源进行浏览和查阅。使用超链接的方式进行网络信息的浏览和获取是目前最常见的方式，这种方式是比较方便、操作简单的，但是也存在一些缺点，主要是链接缺乏语义理解基础，不是建立在语义关联的基础上的。目前，RDF 技术为广大用户提供了一种实用性较强、有效性较高的资源集成服务方式，作为一种关联数据的核心技术，RDF 可以准确无误地将 Web 上被标识的数据资源表达成元数据。RDF 主要具备两个方面的功能，一方面，RDF 三元组描述的资源可以在浏览器中打开，另一方面，借助 RDF 提供的资源链接，可以在检索时以包含特定查询内容的 RDF 文件形式显示出来。RDF 三元组描述的资源可以在浏览器中打开，可以帮助读者实现数字资源的浏览和阅读，用户还可以借助链接实现对其他数据库中的同一信息或相关信息的浏览；借助 RDF 提供的资源链接，借助集成数据查询功能，可以实现对数字资源的搜索，并允许查询结果以包含特定查询内容的 RDF 文件形式显示出来。可以说，RDF 实现了将网络环境中的分散资源进行相互关联和集成，可以让用户查询和获取资源更加方便。关联数据的统一标示和描述让整个数字图书馆的数字资源的处理变得越来越容易，从识别、交换到再利用等变得越来越便捷，也让数字图书馆与其他信息机构、数据存储组织间的合作变得越来越紧密。数字图书馆在提升自身服务水平的同时，也极大地提升了自身的价值。

9.3 基于关联数据的数字化虚拟参考咨询

目前数字参考咨询服务被很多数字图书馆应用，也取得了较好的效果，但是对用户个性化信息需求由于数字图书馆资源本身的限制，加之线上人工服务在时间、空间上的限制还无法达到预期效果。基于关联数据的数字化虚拟参考咨询服务能有效解决这一困境，及时对用户或读者的问题进行分析、判断，并将其运用在数字资源与知识材料的组织中去，将对数字资源的搜集和整理融入用户或读者问题的解决过程中。更为重要的是，它将经聚合过的资源进行创造性的应用，最终满足用户或读者的个性化信息需求。基于关联数据的数字化虚拟参考咨询服务目前主要包括同步式参考咨询服务、异步式参考咨询服务、多级化参考咨询服务、合作式参考咨询服务等几种形式（李亚婷等，2010）。

9.3.1 同步式参考咨询服务

同步式参考咨询服务（synchronous reference service）主要是指利用网上实时聊天软件（Internet relay chat，IRC）、网络白板（white board）、网上寻呼系统（I seek you，ICQ）、桌面视频会议（desktop video conference，DVC）等同步交流工具或软件而开展的同步式互动咨询服务。同步式参考咨询也叫交互式参考咨询服务（interactive reference service，IRS）。之所以叫同步式参考咨询是因为在虚拟的网络环境中，用户与平台咨询员之间的交流是“面对面”的，面对面的交互要依赖于那些同步式的交互应用软件，利用这些软件进行信息传递和资源共享等服务。

9.3.1.1 同步式参考咨询服务的涵义

商业领域是实时参考咨询服务最早起源的领域，有些网上批发零售商为了及时了解、咨询和掌握一些客户的需求动向，通常借助 chat 软件工具来实施参考咨询服务。为了更好地和用户进行交流，这些拥有网站的批发零售商就利用 chat 软件工具来开展实时服务，并响应在线顾客的需求，如 Land’s End（现改名为 Cisco Customer Interaction Suite）。随着同步式参考咨询服务在商业领域的成功运用，其他领域诸如企业会议、互动式培训机构、各种兴趣小组等，也开始逐渐采用同步式参考咨询服务。例如有些著名的商业站点（如 Yahoo！MSN 等）利用实时交互工具来进行与顾客的沟通和交流。在图书馆应用领域，同步式交互软件工具的应用可以大大缩短用户的咨询时间，为图书馆读者与工作人员之间的交流提供了极大的便利。在具体的应用中，读者可以利用在线聊天工具和图书馆的工作人员加为好友，然后提出相关问题，馆员则针对用户提出的具体问题进行相应的解答。当然，现在的信息技术发展十分迅速，不断进步，有许多具备交互式功能的聊天软件，并且这些软件的功能也更加完善，呈现出模块化和智能化的特点，数字图书馆实时式参考咨询服务的内容也逐渐丰富和多样化。

9.3.1.2 同步式参考咨询服务采用的主要方式

1）聊天软件。同步式参考咨询服务的技术手段丰富多样，聊天软件是其中的一种。聊天软件的服务模式可以是一对一的，也可以是一对多的，不管何种服务方式，聊天软件都可以实现即时信息传递。这些聊天软件可以进行文本信息的即时传递，也可以进行图片、声音、动画和视频等其他格式文件的传递。如果要利用聊天软件实施同步式参考咨询服务需要做一些准备工作，一是硬件上的准备工作，二是软件上的准备工作。在硬件方面，需要保证双方的计算机具备一定的配置，一定的带宽条件，用来满足用户与图书馆服务人员之间的信息传递和交流的流畅性；在软件方面，交流的双方需要安装一些相同或一致的聊天程序。现有的实时式参考咨询服务主要采用的软件有 ICQ、OICQ、Microsoft Messenger、Yahoo Messenger、AOL Instant Messaging 等。而在我国，常见的聊天软件有 QQ、微信、Skype、UC 等。

2）呼叫中心。呼叫中心是一个以接入电话为主要活动的呼叫响应中心，是指 3 个或 3 个以上的话务员集中处理打入或打出电话的组织，以提供电话服务为主。而现代的呼叫中心是以高科技计算机电话集成（computer telephony integration，CTI）技术系统为基础，将 Internet 信息技术、网络信息处理技术和商业智能技术与业务系统紧密结合在一起，将公司的人工业务代表、计算机处理系统、通信系统、信息等资源聚合成高效、统一的服务工作平台。与一般的聊天工具相比，呼叫中心具备更加强大的功能，不仅可以进行各种文档信息和多媒体文件的传递和共享，还可以进行页面推送和同步浏览。与聊天软件相比，呼叫中心具备集成化、便捷化、智能化、主动化和个性化的特征，但是呼叫中心的费用更高，而且它还要求咨询员具备一定的技术素养。

3）视频技术。视频技术是同步式数字参考咨询服务中一种迅速而有效的沟通方式。视频技术的出现，使得参考咨询过程变成了一种面对面的会议交谈（张丹，2008），让交流的双方可以及时清晰地感知对方的声音、表情、手势等肢体语言的变化，及时了解双方的状态等，更加准确地提供服务。视频会议又被称为视讯会议、会议电视等，即指利用电视或通信网络手段来召开会议，它是一种以传送音频、视频为主的通信手段。视频会议既可以实现单点视频通信，也可以实现多点视频通信。单点视频通信，即一方发送消息，一方接受信息，那么数据流的流向是从发送方到接受方，其数据流是单向的；多点视频通信，即参与节点可以互通信息，实现多点同步交互通信，那么数据流的方向是多向的。此外，视频会议还可以将不同会议开展的活动情况、会议内容及各种文件展现在每个分会场。但是视频会议对用户的软硬件配置要求比较高，并且需要相应的插件和足够的带宽才能畅通运行，虽然在国内外的商务会议和远程教育中心应用的比较广泛，但在数字图书馆参考咨询服务中的应用却不是很多。

9.3.1.3 同步式参考咨询服务在数字图书馆中的应用

关于同步式参考咨询服务在图书馆中的最早应用，目前有两种说法：一种认为是在1998年，由Bill Drew在纽约SUNY-Morrisville创建了chat软件，并用于参考服务为其产生的标志；另一种则认为，在1994-1995年间发起的“MOO's”项目应被视为chat服务最早的起源（郭晶和林皓明，2002）。在我国，最早开展“同步问答咨询”服务的图书馆是北京大学图书馆，北京大学图书馆于2002年10月21日就开展了相关服务。随后清华大学、复旦大学等很多高校图书馆都开展了同步式参考咨询服务（赵华，2009）。Real-time Reference或者Live Online Reference（同步式参考咨询服务）实际上也可以看作是Chat Reference、Virtual Reference或Digital Reference。数字图书馆中的同步式参考咨询服务应用原理十分简单，即用户按照一定的协议，只需要登入数字图书馆站点，就可以和数字图书馆的相关咨询人员进行同步交流和实时互动。目前，除了chat软件被应用在数字图书馆的同步式参考咨询服务中，网页推送技术（page pushing，PP）、网页呼叫中心等也被应用在数字图书馆的同步式参考咨询服务中。数字图书馆咨询馆员不仅可以借助实时交互软件，通过随时发送悬浮按钮与用户进行即时的交流沟通，还可以利用浏览窗口给用户推送页面，及时关注用户的在线求助等。最重要的是，这些实时交互软件可以保存谈话记录，为以后的日志查阅和分析提供基础。

9.3.2 异步式参考咨询服务

异步式数字参考咨询服务（asynchronous reference service），与同步式参考咨询服务不同，它的问答形式不是实时的，借助E-mail、论坛留言、博客、Message Board等方式来实现。在数字图书馆的具体实践中，最简单、最基本和最广泛的数字参考咨询服务是将FAQ、电子邮件、Web表单等多种方式结合起来（张会田，2004）。用户借助数字图书馆主页上的咨询链接等，通过向数字图书馆的参考咨询人员发送邮件或留言等方式进行沟通。数字图书馆的咨询人员根据用户提出的问题，在一定的时间期限内将解决办法反馈给用户，这里的一定期限一般是一到两个工作日。

数字图书馆开展异步式参考咨询服务主要采用的方式包括：常见问题解答库、电子邮件与网络表单、留言板和BBS服务等。

9.3.2.1 常见问题解答服务

常见问题解答（frequently asked questions，FAQ），是数字参考咨询服务中最基本的一种方式，常见问题解答系统一般会涵盖到有关数字图书馆的使用说明、专业数据库的检索方法以及核心数字资源的基本介绍等等。FAQ服务是图书馆咨询人员根据对用户长期的调查研究和长期的参考咨询实践，将各种常见的问题进行分类组织和编辑聚合，并附上对应的解决方案，最终形成一个包含常见问题及解决办法的问题解答系统或帮助系统，并将这个问题解答或帮助系统以链接的形式展示在数字图书馆的主页上的某个特定位置，用户可以通过链接来进行浏览和查询。既有助于数字图书馆的读者自己获取问题答案，节省了时间，并且避免了数字图书馆参考咨询馆员的重复劳动，从而节省了时间与精力。目前数字图书馆将FAQ平台运用得比较好的服务架构中，FAQ不仅具备浏览和查询功能，而且具备问题分类、方法聚合和全文检索等功能，就像是一个小规模问题解答数据库一样。有的数字图书馆参考咨询台还为每个问题设置了一个浏览计数器，它可以根据用户搜索或者访问该问题的数量来对常见问题进行排序（何茂霞，2008）。

9.3.2.2 电子邮件与网络表单服务

电子邮件异步参考咨询方式主要包括以下两种形式：①电子邮件咨询，即在网页上设立电子邮件链接以便直接给参考咨询人员发送相关问题。②电子表单形式，即读者通过数字图书馆提供的咨询表单填写问题（初景利，2003）。

电子邮件参考咨询服务。作为信息社会中运用最为广泛的信息传递方式，电子邮件（E-mail）也是异步参考咨询服务中最为常用和典型的方式。电子邮件咨询主要流行于20世纪80年代中期，作为一种主要的数字参考咨询服务方式，在电子邮件参考咨询服务中，用户或读者主要是借用电子邮件来传递文字或文档类的信息，当然也可以传递图片、声音、动画以及视频等文件。一般的参考咨询平台只设有一个电子邮件入口，这是因为参考咨询平台的规模较小。正因为如此，读者将问题发送后，参考咨询馆员再统一地进行逐一地解答和回复（张丹，2008）；不过，当参考咨询平台规模比较大的时候，电子邮件系统一般会有多个邮件入口，并且利用不同的邮件入口将不同类型和主题的问题进行分类。分类式的电子邮件咨询服务，大大地提高了电子邮件参考咨询服务的效率（邵爽，2009）。

网络表单参考咨询服务。网络表单（Web-form）的服务模式就是让用户填写网络表单，对相关问题进行提问，数字图书馆参考咨询馆员在收到网络表单后，根据读者的具体问题进行分析，提出解决办法或方案，然后以电子邮件的形式反馈给读者，或者直接发布在网上。当然表单服务模式的前提是数字图书馆参考咨询平台提供一个统一的表单链接入口，用户或读者只需要将自己的实际问题填入表单，提交即可，而不需要用户或读者启动自己的邮箱。在具体的表单填写过程中，我们需要将读者姓名、电子邮件地址、问题类型、主题、内容，乃至读者就该问题已经得到的数字资源等填至表单中。“参考咨询馆员一般会在1~2个工作日内对问题加以解答，按所填写电子邮件（E-mail）地址发送到用户邮箱，同时编辑后存入数据库供用户浏览和检索。”（熊鹰和胡眠，2004）

9.3.2.3 留言板和BBS服务

留言板和BBS（bulletin board system，电子公告栏）服务是一个比较自由的读者咨询平台，它借助BBS这种电子信息服务系统开展交互式数字参考咨询服务。用户或读者需要将自己想要咨询的问题通过专门的网页发送至特定的区域（即BBS）。参考咨询馆员需要做的工作就是借助留言板将信息公告、读者疑难解答、用户意见及建议等反馈在留言板这一平台即可。留言板是公开可见的，所有的用户都可以看到上面的问题、答案、意见等，不仅可以获得自己提问的解决方案，也可以浏览其他用户的问题和解决办法，用户或读者之间也可以进行相互的交流和讨论，促进数字资源的共享（何茂霞，2008）。在数字图书馆主页上设置数字参考咨询服务的留言板和BBS服务在国内的数字图书馆中非常常见。随着信息技术的不断发展，BBS的功能也在不断完善，从单一的留言功能转向复合功能，从而使BBS具备一定的信息流动性和开放性，比如消息转发、邮件和对话功能等（张丹，2008）。

9.3.3 多级化参考咨询服务

多级化的参考咨询服务为了适应不同层级用户或读者的问题咨询需要，在数字资源上呈现出纵向分类的特点，人力资源上也呈现纵向分类的特点。

9.3.3.1 多级化参考咨询服务的涵义

多级化参考咨询一方面继承了当前数字图书馆参考咨询服务模式“可获得性”（Accessibility）的特点，即在数字图书馆主页上某一显著位置“参考咨询台”链接的方式；另一方面它还对参考咨询体系进行了详细的划分。这一举动具有重要的意义，首先，它能帮助用户或读者深入解决其所遇到的问题；其次，它能够为这些用户或读者提供针对性的数字资源和人力资源支持。因此，多级化参考咨询服务为实现数字图书馆参考咨询服务的个性化和连续性提供了一定程度的可能。除此之外，多级化参考咨询服务对数字图书馆参考咨询工作人员也提出更高的要求，尤其是在其知识结构和业务素质上。（杨学义等，2008）。

9.3.3.2 多级化参考咨询服务的主要特点

数字图书馆的参考咨询工作是体现数字图书馆服务功能的主要窗口。数字图书馆只有扩大参考咨询服务的范围，提升参考咨询服务的质量，才能使其服务内容更加深化，提升自身的服务层次。在提升数字参考咨询服务的同时，根据用户的实际需求和意见，参考咨询服务的内容和馆员分工等都呈现出多级化的特点（祖芳宏和章丽，2006），包括服务对象多级化，服务模式多级化，馆员分工多级化。

服务对象多级化。服务对象的多级化是数字图书馆参考咨询服务多级化的主要特点。数字图书馆参考咨询服务的对象分为3个层级，即基础性咨询读者、一般咨询性读者和重点咨询读者。第一种是基础性咨询读者，主要是指社会普通公众以及一些低年级的学生。这些读者的需求较为简单，因而数字图书馆参考咨询服务的工作重点也应该放在如何将目录系统更好地进行组织，数字资源更好地充分展示等，为读者提供详细的书目参考服务及基本咨询服务等。在具体的服务开展中，着重指导读者进行相关信息的检索、获取和利用，辅导他们利用一次文献。第二种是一般咨询读者，主要是指高年级学生、研究生和一般教职工。这种读者具备一定的信息素养，因而数字图书馆在提供具体服务时应该侧重于通过开设一些文献资源检索课程或专题讲座，从而教会他们如何快速获取和充分利用各种数字资源，并增强读者获取文献资源的能力和情报意识，在服务中为广大研究人员和教职工提供各种类型的工具书，编制书刊目录和索引等，最终帮助读者完善自身的知识结构。第三种是重点咨询读者，主要包括专家、教授、科研人员和学科带头人等这一类人。这类人的信息需求较为复杂，这与他们的工作、学习情况密切相关，重点参考咨询读者一般是学校的精英、国家的栋梁，他们承担着重要的教学科研任务。在为这类读者服务时，数字图书馆参考咨询工作人员要借助学科导航、文献检索、情报调研、馆际互借等途径来实现服务，即为支持他们的教学科研提供一些最新的文献资料和某一课题的最新动态。

服务模式多级化。服务模式多级化的出现与用户需求多样化、服务对象多级化和技术环境现代化密切相关，正是因为这些因素的出现，导致单一的参考咨询服务模式已经无法满足用户或读者的需求。在这种情况下，数字图书馆的参考咨询服务模式也呈现出多级化的特点，包括文献咨询服务、信息服务和知识服务 3 个层级的服务模式。这种多层级的服务模式可以适应环境的变化和用户的多样化需求，提高咨询服务的效率，满足用户的不同需求等。①文献咨询服务是数字图书馆工作的重要方面，体现在读者检索、获取和利用数字图书馆文献资源的过程中，主要是针对用户的低层次的疑难问题进行一定的指导和帮助。②信息服务是指数字图书馆依托互联网技术、计算机技术为用户有针对性地提供系统的文献资料的个性化服务方式。与文献咨询服务相比，信息服务利用了一些先进的信息技术，在节省用户时间的同时也带给了用户一些更新颖、更细节的资源内容。③知识服务是对信息文献资源的深层次开发、加工和利用。当今知识时代，用户的需求从简单的文献检索转向了知识的需求，因而数字图书馆参考咨询服务的重点也从文献信息服务转向了知识服务。知识服务比文献信息服务更加深入和专业，数字图书馆参考咨询人员要提供细化知识单元，结合用户特定的需要，深入到文献的具体内容中去，并据此提出解决问题的方案，最终向用户提供高层次、全方位的知识单元。

馆员分工多级化。馆员分工的多级化关系到数字图书馆参考咨询服务的多级化，因为随着数字图书馆参考咨询服务的多级化，对馆员的业务素质和知识结构提出了新的要求，针对不同参考咨询工作的不同层次和特点，结合参考咨询馆员的个性特征和知识背景等，对他们进行层级化的分工，才可以更好地为读者或用户提供服务，做到人尽其才，分工合理。馆员分工的多级化，需要参考数字图书馆对用户咨询问题的层级分类。针对不同层级的问题，匹配上不同层次的咨询馆员，并为不同类型的用户提供最佳的咨询服务。和服务模式多样化一样，馆员分工多级化也应该包括文献咨询服务、信息咨询服务和知识服务 3 个层次。

1）文献咨询服务层面上的参考咨询的用户需求较为简单，因此为其服务的馆员也主要承担的是一些比较简单的参考咨询工作，馆员可以直接给出问题答案。因此就要求这类参考咨询馆员对数字图书馆的数字资源布局、数字资源分类系统、常规性问题等有清晰的了解。

2）信息咨询服务层面上的参考咨询的用户需求重点在于精确检索、快速获取和充分利用文献资源上，因此馆员也应该立足于指导和帮助用户或读者进行相关任务。为了更好地为读者或用户服务，馆员就必须经常性地分析和跟踪用户的资源需求，并建立相应的需求档案、课题档案等，实现个性化服务。

3）知识服务层面上的参考咨询用户需要的多是特定问题的知识，这类用户关注的往往是一些有深度的研究型问题。因此馆员在具体工作中，就需要将更多的时间和精力花在深层次的研究性型参考咨询工作上，如用户需求研究、文献资源加工研究、知识创新服务研究等，最大化地满足用户的个性化知识需求和完善参考咨询体系（伍革新，2013）。

第 10 章 基于关联数据的馆藏资源语义聚合实证研究——以非物质文化遗产中“楚剧”为例

在本章中，以中国传统戏剧类别中的一种——楚剧，作为馆藏资源语义聚合实证研究的对象，全面展示其资源从标注、关联、聚合到服务的全过程。本章首先对楚剧资源聚合的必要性与可行性展开分析；其次构建了楚剧资源元数据标准及领域本体，并对资源进行规范化的标注；然后通过语义关联模型，进行楚剧领域各类资源的关联数据创建与发布，实现了资源语义关联；接着搭建了非物质文化遗产资源聚合与服务平台，面向用户提供楚剧资源服务。最后，将本书搭建的基于关联数据的非物质文化遗产资源聚合与服务平台与传统信息系统进行了比较分析，验证了基于关联数据的非物质文化遗产资源聚合方法的可行性与科学性，体现了该方法的优势所在。

10.1 “楚剧”资源聚合的必要性与可行性分析

中国传统戏剧是我国非物质文化遗产的重要组成部分，起源于原始歌舞，是一种历史悠久的综合舞台艺术样式，经过汉、唐到宋、金才形成比较完整的戏曲艺术，它由文学、音乐、舞蹈、美术、武术、杂技以及表演艺术综合而成，至今约有 360 多个种类（梁国楹和王守栋，2011；徐娜，2013），传统剧目更是不计其数。湖北古称为楚，楚天楚地孕育了灿烂辉煌的楚文化，诞生了 20 多个地方戏曲剧种。如今，在文化历史悠长的荆楚大地上，仍然活跃着众多的艺术剧种，楚剧就是楚苑艺坛一枝独秀的奇葩。楚剧从 1926 年冠名到今天，已有近百年的历史，它一直以鲜明的平民化、地方化、通俗化、生活化特色，吸引着大量的听众。

中华人民共和国成立后，楚剧得到了空前的繁荣和发展。先后成立了武汉市楚剧团、湖北省楚剧团和一批县级专业剧团。现今全省尚有湖北省楚剧团、武汉市楚剧团、大悟县楚剧团、广水市楚剧团、云梦县楚剧团、孝南区楚剧团、黄陂区楚剧团等 15 个楚剧专业艺术表演团体。改革开放后创作的《狱卒平冤》《虎将军》《养命的儿子》《中原突围》《娘娘千岁》均在全国获大奖。楚剧贴近生活，紧跟时代，表现手段丰富多样，具有很强的包容性，充分显示了鄂东一带地方文化的特色。目前楚剧面临着剧团锐减、人员老化、经济困难、后继乏人、观众萎缩等诸多困难，对珍贵资料与老一辈艺人技艺的抢救也因缺乏资金而难以开展，迫切需要有关方面加以关心扶持。2006 年 5 月 20 日，楚剧经国务院批准列入第一批国家级非物质文化遗产名录，这也足以说明楚剧传承与保护的重要性，对楚剧相关资源及其相关人员进行有效整合势在必行。

一方面，从资源组织的角度，楚剧领域所涉及的资源类型多样、内容繁多、组成复杂、受众广泛，迫切需要对数量庞大、标准不一、系统异构的楚剧资源进行聚合与重组，以消除“资源孤岛”与“资源超载”现象，同时将楚剧资源及其语义关联高效地提供给有所需求的用户，实现检索过程与检索结果的可视化（李劲等，2013）。因此，楚剧资源的聚合正是多样化的民族文化资源建设发展到一定规模与程度的必然要求，也是适应信息环境和用户需求变化的结果；另一方面，从非物质文化遗产的保护与传承来说，对楚剧资源实现有效聚合，不仅是地方特色资源合理保护的需要，更是非物质文化遗产保护的主要内容之一。楚剧是具有代表性的地方剧种，作为中国传统戏剧的组成部分，其产生与发展与地方地理环境和当地的经济发展水平、文化水平都有着密切的联系（陈高朋，2010），其中蕴含的中华民族的精神价值、符号价值和文化意识，体现了当地劳动人民的创造力。对楚剧资源实现语义层面的聚合，不仅是对其进行保护与传承的有效手段，更丰富了非物质文化遗产的资源结构，对其他非物质文化遗产项目的资源组织也有一定的借鉴意义。此外，对楚剧资源实现有效聚合，对丰富民众精神文明有着重要的作用。非物质文化遗产是中国民族知识和经验的积累，不仅可以让我们了解过去、认识历史，也可以通过这种文化给我们带来新的灵感。楚剧作为中国传统戏曲的一种，不仅是当地及周边群众在实践中产生的文化结果，也是一种经验与总结。实现楚剧资源的聚合，弘扬荆楚文化，不仅可以帮助人们了解当地的民风民俗，也可以丰富人们的精神世界，对改善人民的文化环境、提高生活质量都有一定促进作用。

当然，对楚剧资源实现合理组织和有效聚合并不是空穴来风，更不仅仅只是一句口号，而是有一定的理论依据与实践基础的。首先，各级政府的支持与引导。目前，国务院文化部已经批准并确定了三批非物质文化遗产名录，号召各地区、各部门认真贯彻工作方针、切实做好非物质文化遗产的保护、管理和合理利用工作。湖北人民政府、武汉市政府、文化部、宣传部等当地政府部门特制定了一系列保护措施，为楚剧资源聚合与文化保护提供了政策依据，有力保障了楚剧文化的发展；其次，对楚剧艺术及相关传承人的研究从未间断，大量的研究者针对楚剧发展脉络、概况、存在问题及解决方法做出了探讨，尤其是20世纪80年代编纂的《中国戏剧志》（湖北卷）更是对楚剧进行了全面记载，为我们了解楚剧、研究其资源聚合提供了翔实的理论依据与资源素材；再次，数字化与网络化技术为楚剧资源聚合提供了技术保障。随着计算机技术和网络技术的发展，数字资源已经成为社会核心资源之一，而相关的数字化技术更成为文化资源保护与传承的核心技术：数字化采集与存储技术为楚剧资源的完整保护提供了保障、数字化复原和再现技术为楚剧资源有效聚合提供了支撑、数字化展示与传播技术为楚剧资源的共享提供了平台、虚拟现实技术为楚剧资源的开发利用提供了空间；最后，楚剧在地方的影响力及群众喜爱程度，也促进了其资源聚合的进程。湖北许多地区都建成了当地的楚剧团，如武汉市楚剧团、孝感楚剧团、新洲区楚剧团等，这些剧团以及一些有关于楚剧研究的协会、学会，都对楚剧资源的保存及传承起到了推动作用，也为笔者查找相关资料、收集实证素材提供了实际帮助。

综上所述，楚剧资源的聚合是必要的且是具有较大可行性的。基于此，本书设计了实证研究的技术路线，如图 10.1 所示。楚剧资源聚合实证研究可以分为 3 个阶段：资源采集、资源存储与处理、资源聚合与服务。为了方便实证展示，本书通过 3 个小节进行了具体阐述：10. 2 小节“楚剧”资源收集及语义描述、10. 3 小节基于“楚剧”资源的关联数据创建与发布、10. 4 小节“楚剧”资源聚合与服务实例展示。最后，将本书搭建的基于关联数据的非物质文化遗产资源聚合与服务平台和传统信息服务系统进行了比较研究，以突显该平台的优势所在。

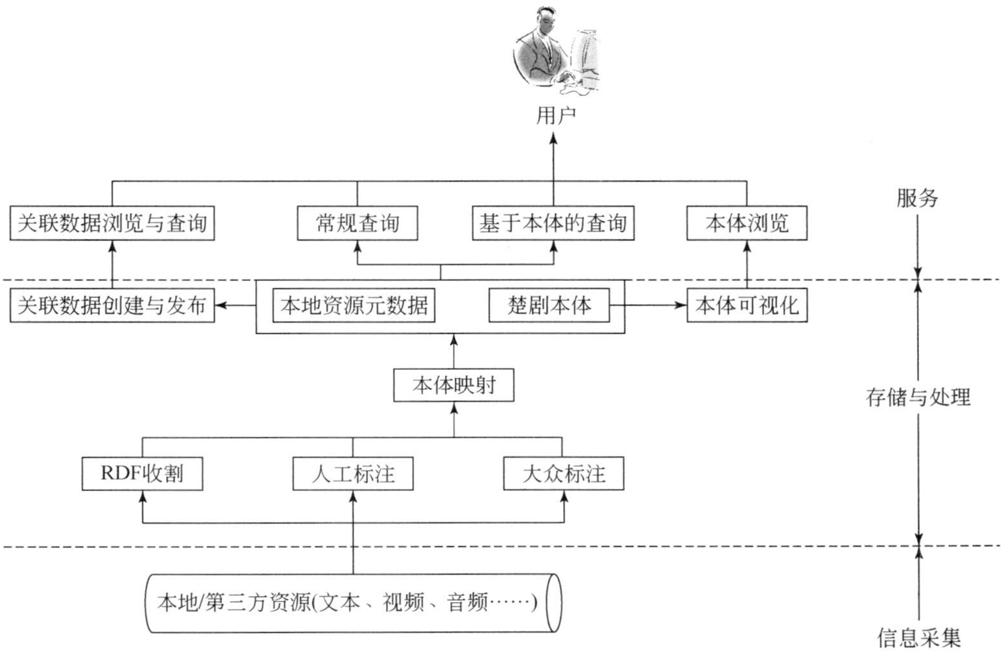

图 10. 1　非物质文化遗产资源聚合实证研究技术路线图

10. 2 “楚剧”资源采集及语义描述

本节是实现楚剧资源聚合的第一个步骤，主要分为 4 个阶段，分别是资源收集、元数据标准制定、领域本体开发以及语义标注。

10. 2. 1 “楚剧”资源收集及元数据标准制定

本书研究的目标资源主要包括 7 种类型，分别是数字资源（本书、视频、图片、音频，以及模型资源）、知识资源（本体、词表、知识组织资源等）、机构资源（包括戏班、剧团、研究机构、协会、学会等各类与楚剧有关的机构）、人员资源（包括表演者、研究者、工作人员等各类与楚剧有关的人员）、数据库资源（如湖北省数字图书馆的非物质文化遗产特色数据库等）、项目资源（即楚剧）以及事件资源（与楚剧相关的事件）。

针对不同的资源类型，采用不同的数据收集方法。例如，针对文献资源，主要是从图书、期刊论文、学位论文以及会议论文中获取，为了保证数据的规范性与一致性，选取CNKI与万方数据库资源为数据来源，并将领域设定为“图书情报档案”，获取各类文本资源200项。同时，为了后续创建关联数据的需要，使用万方数据库提供的批量导出信息的功能，获取文献的XML格式的元数据信息，如图10.2所示；针对视频、图片、音频等多媒体资源，则直接从网络中获取，获取多媒体资源200项，如图10.3所示；针对人员、机构、事件等，则通过万方学术机构库、机构主页、个人主页、维基百科等采集资源的基本信息，形成相应的数据集；而知识资源则是通过《中国图书馆分类法》《汉语主题词表》《中国分类主题词表》，以及从文本资源中抽取的主题词、从多媒体资源中抽取的标签获得。

同时，根据非物质文化遗产元数据构建的工作流程，针对楚剧领域，构建其元数据标准规范。一方面，基于资源类型特征维度，将楚剧数字资源划分为一本书、视频、图片、音频，以及模型资源5种类型，不同载体的资源建立有不同的元数据标准；另一方面，基于项目内容特征维度，将“楚剧”所涉及的元数据标准划分为非物质文化遗产核心元数据、中国传统戏剧领域元数据以及楚剧剧目元数据标准。楚剧领域元数据既可以复用非物质文化遗产核心元数据及中国传统戏剧领域元数据标准中的元数据项，也可以根据自身特色进行扩展。本书在本章之前对楚剧领域元数据标准规范做出了详细说明，并针对具体的楚剧剧目进行了实例著录。图10.4展示对视频资源进行元数据标注的示例、图10.5展示了对楚剧剧目进行元数据标注的示例、图10.6展示了对楚剧艺人信息的元数据标注示例。

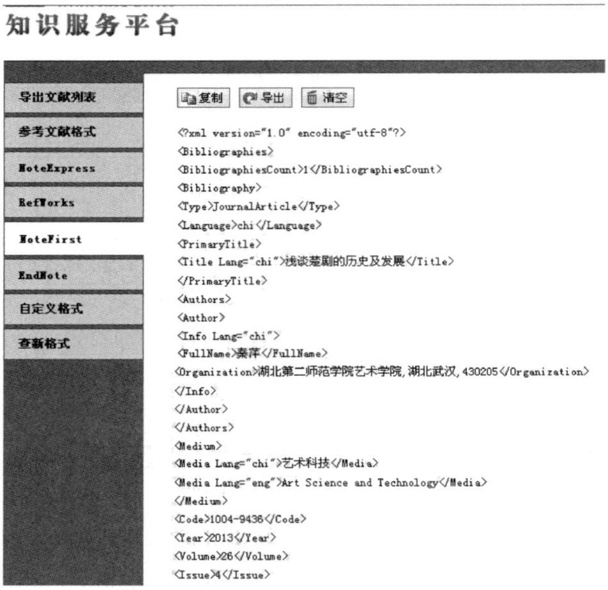

图10.2　XML格式的文献资源元数据信息界面

湖北大鼓-《如此乞丐》《这...	116,612 KB	FLV 文件
楚剧《访友》选段 周萍阶 ...	90,457 KB	FLV 文件
张桂桃--楚剧--《何氏劝姑...	110,321 KB	PPTV媒体文件(.
楚剧 访友-陈常喜 周萍阶 ...	104,065 KB	PPTV媒体文件(.
楚剧观灯 张明智 周萍阶 (...	16,144 KB	FLV 文件
楚剧周萍阶起解1（流畅）	35,289 KB	FLV 文件
楚剧周萍阶起解2（流畅）	35,265 KB	FLV 文件
楚剧周萍阶会审1（流畅）	50,989 KB	FLV 文件
楚剧周萍阶会审2（流畅）	38,344 KB	FLV 文件
楚剧周萍阶会审3（流畅）	38,201 KB	FLV 文件
楚剧音配像《玉莲汲水》选...	22,796 KB	FLV 文件
楚剧 送友--风吹垂柳千枝摇...	12,796 KB	MP4 文件
楚剧音配像《白扇记》上 李...	58,181 KB	FLV 文件
楚剧《吵嫁妆》（汪玲蔽、...	133,090 KB	FLV 文件
楚剧音配像《白扇记》下 李...	73,105 KB	FLV 文件
楚剧音配像《何氏劝姑》原...	100,606 KB	FLV 文件
2008101119594155168	8 KB	JPG 文件
【庵堂认母】周萍阶	11,926 KB	文件
周萍阶送友1-----4	21,865 KB	FLV 文件
周萍阶送友1——1	34,545 KB	FLV 文件
周萍阶送友1——2	27,410 KB	FLV 文件
[送友]黄致鹏[黄涛]周萍阶	17,512 KB	FLV 文件
《赵五娘吃糠》上集	47,331 KB	FLV 文件
转十里 (7)	12,082 KB	FLV 文件
楚剧《养麦馍赶寿》“检过...	63,570 KB	FLV 文件
玉堂春1	50,000 KB	FLV 文件
桂香闹房 (2)	13,291 KB	FLV 文件
玉堂春2	50,000 KB	FLV 文件
张德和休妻	24,418 KB	FLV 文件
周萍阶英台抗婚	50,000 KB	FLV 文件
周萍阶访友，下集	25,000 KB	FLV 文件
周萍阶访友，上集	50,000 KB	FLV 文件
楚剧 访友-陈常喜 周萍阶 ...	86,425 KB	FLV 文件
a何氏劝姑》—周萍阶主演 (...	103,184 KB	FLV 文件
楚剧：何氏劝姑，周萍阶版...	110,321 KB	PPTV媒体文件(.
英台抗婚	637 KB	FLV 文件
窦娥冤 之 斩窦娥（流畅）	83,899 KB	PPTV媒体文件(.
楚剧电影《葛麻》（流畅）	133,303 KB	PPTV媒体文件(.
楚剧《大别山人》下 陈长喜...	96,055 KB	FLV 文件
楚剧 桂香闹房	121,854 KB	FLV 文件
楚剧恩仇记中	109,130 KB	FLV 文件
楚剧恩仇记下	108,443 KB	FLV 文件
楚剧恩仇记上	168,320 KB	FLV 文件

图 10.3 部分多媒体资源采集

	A	B	C	D	E	F	G	H	I	J	K	L
1	视频名称	链接	表演者	角色	行当	视频时长	视频类型	题材	剧种类型	主要唱腔	视频创时间	视频表演
2	葛麻	http://ww	熊剑啸	葛麻	丑	20'09''	戏曲片	地方剧	楚剧		2007/9/30	1952年
3	葛麻	http://ww	余少君	马金莲	旦	20'09''	戏曲片	地方剧	楚剧		2007/9/30	1952年
4	葛麻	http://ww	陈梅村	马铎	老生	20'09''	戏曲片	地方剧	楚剧		2007/9/30	1952年
5	葛麻	http://ww	熊剑啸	葛麻	丑	1h30min	电影	地方剧	楚剧			1956年
6	葛麻	http://ww	李雅樵	马金莲	旦	1h30min	电影	地方剧	楚剧			1956年
7	葛麻	http://ww	陈梅村	马铎	老生	1h30min	电影	地方剧	楚剧			1956年
8	追报表	http://ww	高少楼	老队长	老生	43'33''	小型电影	现代题材	楚剧		2009/12/14	1977年
9	追报表	http://ww	朱世慧	小会计	丑	43'33''	小型电影	现代题材	楚剧		2009/12/14	1977年
10	追报表	http://ww	张巧珍	二嫂		43'33''	小型电影	现代题材	楚剧		2009/12/14	1977年
11	追报表	http://ww	蔡顺英	小李		43'33''	小型电影	现代题材	楚剧		2009/12/14	1977年
12	站花墙	http://xiyou.cntv.	春香、王	旦、生		9'47''	动漫	花鼓戏	楚剧		2010/5/3	1905/
13	站花墙	http://gx	高月楼	杨玉春	生	45'03''	戏曲片	荆州花鼓戏	楚剧		2012/4/19	30年代
14	站花墙	http://gx	余文君	春香	旦	45'03''	戏曲片	荆州花鼓戏	楚剧		2012/4/19	30年代
15	站花墙	http://ww	沈云陔	杨玉春	小生	45'04''	戏曲片	荆州花鼓戏	楚剧		2013/10/1	30年代
16	站花墙	http://ww	章炳炎	春香	小旦	45'04''	戏曲片	荆州花鼓戏	楚剧		2013/10/1	30年代
17	站花墙	http://ww	夏东胜	春香	小旦	54'19''	戏曲片	荆州花鼓戏	楚剧		2013/10/1	建国后
18	站花墙	http://ww	李建英	王美蓉	旦	54'19''	戏曲片	荆州花鼓戏	楚剧		2013/10/1	建国后
19	站花墙	http://ww	徐大树	杨玉春	小生	54'19''	戏曲片	荆州花鼓戏	楚剧		2013/10/1	建国后
20	蝴蝶杯上		沈云陔	胡凤莲	旦	45'21''	戏曲片	湖北地方戏	楚剧	迓腔		1
21	蝴蝶杯上		高月楼	田玉川	生	45'21''	戏曲片	湖北地方戏	楚剧	迓腔		1
22	蝴蝶杯上		陈梅村	田云山	老生	45'21''	戏曲片	湖北地方戏	楚剧	迓腔		1
23	蝴蝶杯上		关啸彬	卢凤英	花旦	45'21''	戏曲片	湖北地方戏	楚剧	迓腔		1

图 10.4 视频资源元数据标注（部分）

正式题名	并列正式题	交替题名	主题词	关键词	分类法	分类号	简介	事件地点	事件日期	事件描述	角色	作词
追报表			追回报表；	楚剧；地方戏剧			小会计虚报产量，老队		1977年	长春电影制	老队长；小会计；	
蝴蝶杯	汉阳恩仇记	大游龟山	蝴蝶杯；亻	楚剧；地方戏剧			明代，江夏知县田云山		1950年	楚剧工作团	卢林；胡凤莲，	
蝴蝶杯	汉阳恩仇记	大游龟山	蝴蝶杯；亻	楚剧；地方戏剧			明代，江夏知县田云山		1970年	湖北省楚剧	卢林；胡凤莲，	
站花墙			空手摘花；	楚剧；地方戏剧			宦门之后杨玉春，因		1980年	中国唱片社	春香，王美蓉，	
乌金记			含冤得雪；	楚剧；地方戏剧			桐城富豪王员外嫁女		1956年	参加湖北省	周明月，王桂	
秦香莲			中国戏曲；	楚剧；地方戏剧			北宋年间，陈世美进京应试，考中状元，被				秦香莲；陈世	
刘介梅			忘本回头；	楚剧；地方戏剧			湖北黄冈农民，解放		1958年	该剧目参加	刘介梅；张仙	

图 10.5 剧目资源元数据标注（部分）

	A	B	C	D	E	F	G	H	I	J	K
1		性别	籍贯	生卒年	原名	别名	艺名	字	号	职业	擅长行当
2	罗福礼	男	湖北孝感罗家官塘							楚剧演员	
3	李品三	男	湖北孝感》	1882-1938	李光仪		云中仙			楚剧演员	旦
4	李百川	男	黄陂县泡树	1896-1944	李祖鹏		小宫宝	荫庭		楚剧演员、	花旦
5	黄汉翔	男	湖北沔阳县	1882-1944			黄黑苟			楚剧演员	丑角、老生、
6	徐鑫培	男	湖北黄岗县	1883-1961	徐进宝		小进宝			楚剧演员	老生、净角
7	严少臣	男	新洲县仓埠	1884-1959	张海	瞎子海				琴师	
8	江秋屏	男	黄陂县泡桥	1886-1945			小宝宝			楚剧演员	
9	王若愚	男	黄陂县方家	1890-1964	王元宝		小桂清			楚剧演员	旦、丑
10	涂月卿	男	孝感县小河	1890-1981	涂德春					楚剧演员	花旦、青衣
11	鲁小山	男	鄂城县人	1892-1959	鲁全安					楚剧演员	丑
12	董炳炎	男	孝感县东乡	1892-1967	张德贵		小桂芬			楚剧演员	小旦、小生
13	张玉魂	男	黄陂县人	1895-1953			小春芳			楚剧演员	花旦、青衣
14	王醒明	男	云梦县清明	1895-1959			小连生			楚剧演员	小生
15	姚如春	男	汉川县人	1896-1948			灵芝草			楚剧演员	花旦、小生
16	陶古鹏	男	新洲县阳逻	1896-1970	陶德金		古鹏	云卿		楚剧演员	生
17	余文君	男	汉阳县兴隆	1902-1950	余必大		筱双红			楚剧演员	花旦、小生
18	高月楼	男	汉阳县人	1908-1955			小叫天			楚剧演员	
19	余笑予	男	汉阳县兴隆	1935-20010						楚剧演员、	丑
20	李雅樵	男	汉阳县人	1923-1995						楚剧演员	生
21	袁碧玉	男	湖北武汉人							楚剧演员	
22	高少楼	男	汉阳人							楚剧演员	杂行
23	徐大树	男	湖北武汉人							楚剧演员	小生
24	沈云陔	男	湖北新洲县	1905-1978						楚剧演员	旦
25	关啸彬	男	孝感官家河	1921-1968	官金庭					楚剧演员	旦

图 10.6　楚剧艺人信息的元数据标注（部分）

构建基于资源类型特征维度与项目内容特征维度的元数据标准规范，其优势表现在 3 个方面：①针对资源类型与项目内容的不同特征与侧重点，分别建立元数据标准规范，可以分别从这两个层面进行资源标注，标注粒度更细，为后续的语义标注、关联数据构建以及资源检索提供依据。②针对没有载体记录的资源，如楚剧的领域知识体系、口头传承的传统剧目以及言传身授的技艺等，都可以通过项目内容特征维度的领域元数据以及剧目元数据进行展示。③所构建的二维元数据标准规范具有一定的推广价值，不仅针对楚剧领域，而对其他非物质文化遗产项目也适用，甚至对于文化遗产以及范围更大的民族文化资源、数字图书馆资源等都可以制定类似的元数据标准。

在基于关联数据的非物质文化遗产资源聚合与服务平台中，可以实现对元数据的有效管理。可从文本、视频、音频、图片以及模型这五种资源类别中选择一种，管理该种资源类别下的元数据，如图 10.7 所示。在该功能下，允许对已经构建的元数据项及元数据修饰词进行各类操作，如添加元数据、修改元数据、删除元数据以及排序等。

全选	排序	英文名称	中文名称	表单类型	数据类型	元数据长度	是否多值	是否必填	内容类型	状态	操作
	0	oldId	图片编码	hidden	长整型	0	单值	否	基础信息	可用	修改
	1	id	标识	hidden	字符串	36	单值	是	基础信息	可用	修改
	2	title	标题	input	字符串	50	单值	是	基础信息	可用	修改
	3	keyword	关键词	input	字符串	50	单值	否	基础信息	可用	修改
	4	abstract	摘要	textarea	字符串	500	单值	否	基础信息	可用	修改
	5	description	描述	textarea	字符串	100000	单值	否	基础信息	可用	修改
	6	source	来源	input	字符串	200	单值	否	基础信息	可用	修改

图 10.7　元数据管理页面

图 10.8 展示是元数据添加功能。允许对元数据英文名称、中文名称、数据类型等多个元数据项的属性进行著录。

构建合理的元数据标准，既可以对不同载体、不同格式、不同内容的数字资源内容进

图 10.8　元数据添加

行有效揭示，还可以对它们实现基于内容和形式的多维整合，为用户跨类型、跨载体的检索资源提供依据。但元数据标准并没有建立起这一领域内共有概念及概念之间的关系，所以需要在下小节进行楚剧领域本体的开发。

10.2.2 “楚剧”领域本体开发

开发楚剧领域本体的作用主要体现在两个方面：从资源组织层面，元数据标准主要是人为设计的，元数据项缺乏明确的、形式化定义，无法利用机器的强大功能直接对元数据进行理解和处理（欧石燕，2012），且不同载体、不同内容的资源存在的多种元数据标准规范，它们之间并不能完全兼容，也缺乏对各元数据项的语义描述。因此，本书构建的元数据标准虽然提供了楚剧资源聚合的语义基础，但仍旧没有完全解决资源描述的异构性和语义性问题，这就需要构建楚剧领域本体，从而建立起概念及概念之间的关系；从资源展示层面，所构建的楚剧领域本体充分展示了该领域的知识体系，较为完整地反映了楚剧中所承载的知识内容，因此可以在后续应用与服务中，通过本体可视化，为用户提供楚剧中所涉及的概念与知识，便于人们理解楚剧传承的文化精髓和知识结构。同时，该领域本体还将指导楚剧资源关联模型的构建，从而最终实现资源在语义层面的聚合。

本书依据本体开发的七步法，全面优化了楚剧领域本体开发的全过程，如图 10.9

所示。其中类别与属性的确定，以及实例的添加，是构建楚剧领域本体的关键步骤。如，基于楚剧本体中的一个类——声腔，可以建立如图 10. 10 的层次，以此作为该类属性的依据。

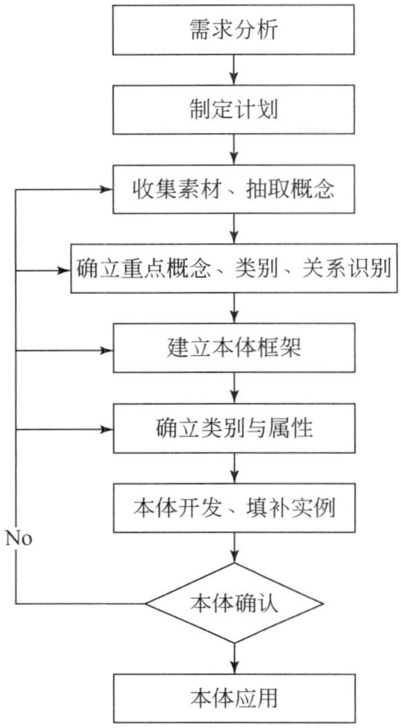

图 10. 9　楚剧领域本体开发流程

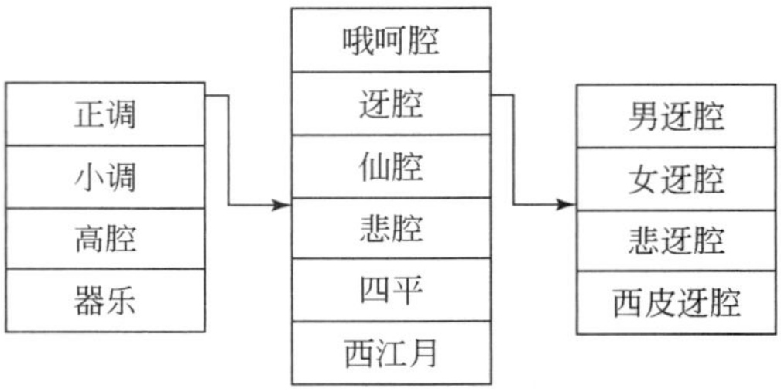

图 10. 10　楚剧声腔的层次示例

依据图 10. 9 设计的“楚剧”领域本体开发流程，借助于本体构建工具 Protégé 手工构建领域本体。Protégé 由美国斯坦福大学生物医学研究中心和医学院联合开发，有 3. X 和 4. X 两个版本，版本 3. X 支持 OWL1. 0 和 RDFs，版本 4. X 只支持 OWL2. 0，由于后续关联数据构建的需要，本书使用的版本是 Protégé_3. 4. 6。图 10. 11 与图 10. 12 分别展示了 Protégé 命令行启动方式及主界面。

楚剧领域本体是描述资源相关领域内概念及概念之间的关系模型，采用概念图来展示资源本体，其中节点表示该资源本体中的概念，连接表示它们之间的关系。用概念图可对楚剧领域本体进行全面、形象的描述。图 10. 13 显示了所建楚剧本体的类属关系。

构建好楚剧本体类属之后，就需要依据本体的类确定其属性。每一个属性都是一个二元关系，本体属性分为对象属性（object property）和数据属性（data property），前者表示两个类的实例间的关系，后者表示类实例与 RDF 文字或 XML Schema 数据类型间的关系（王存刚等，2008），其中属性之间可以建立不同的关系，以便进行本体推理。

图 10.11　Protégé 命令行启动方式

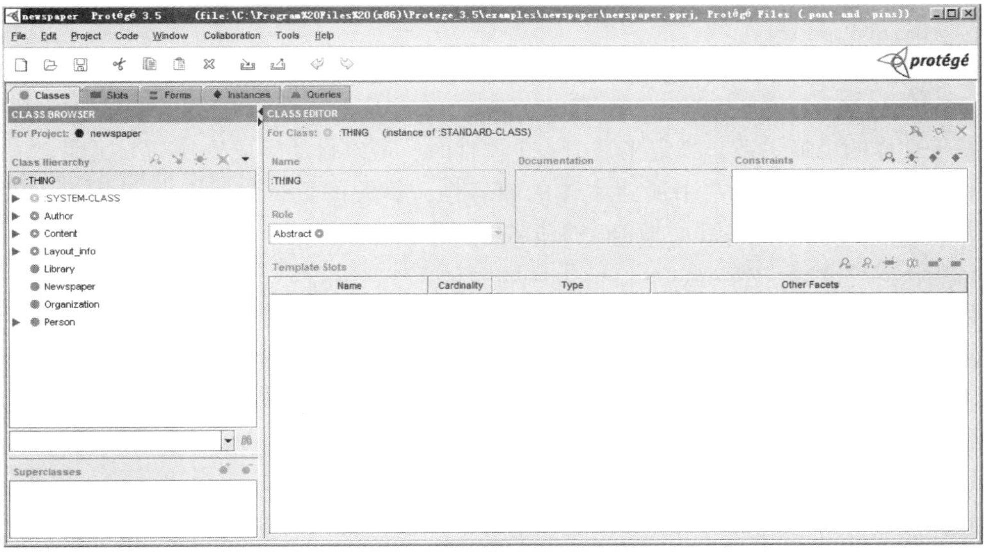

图 10.12　Protégé 主界面

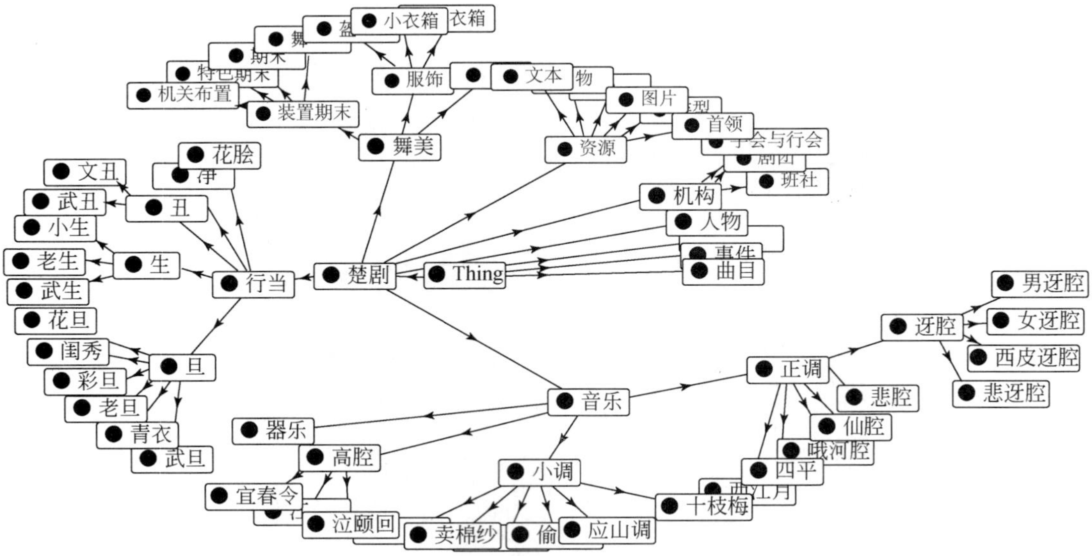

图 10.13 楚剧领域本体（类属）

以下代码显示了人物关系中，师（hasMaster）徒（hasDisciple）关系的可逆性（inverseOf）：

```
<owl:ObjectProperty rdf:ID="hasMaster">
<rdfs:domain rdf:resource="#人员"/>
<owl:inverseOf>
<owl:InverseFunctionalProperty rdf:ID="hasDisciple"/>
</owl:inverseOf>
<rdfs:range rdf:resource="#人员"/>
</owl:ObjectProperty>
```

基于这样的可逆关系，当定义其中一个属性时，可以自动生成另外一个属性。

需要指出的是，为了本书所建本体的兼容性，资源的数据属性基本借用了 DC 的术语，即在本体 RDF 文件头部增加 DC 的命名空间声明：

```
xmlns:dc="http://purl.org/dc/elements/1.1/"
```

构建好本体类和相关属性后，即可添加实例，在 Protégé 中可以可视化浏览相关内容，Protégé 中可以安装使用大量第三方插件来处理、显示本体，如图 10.14，利用 OntoGraf 插件，可以完整显示楚剧本体类和实例的关系，其中，不同类型的线条代表不同的属性关系。

当本体类属关系复杂，实例繁多的时候，受屏幕限制，本体各部分重叠严重，OntoGraf 还允许选择性显示，如图 10.15，选择隐藏本体类，只显示实例。

由于 Protégé 适用于单机，而不适于 Web 共享，因此本体构建完毕后，本书将其嵌入 Web，开发基于本体的资源共享平台。

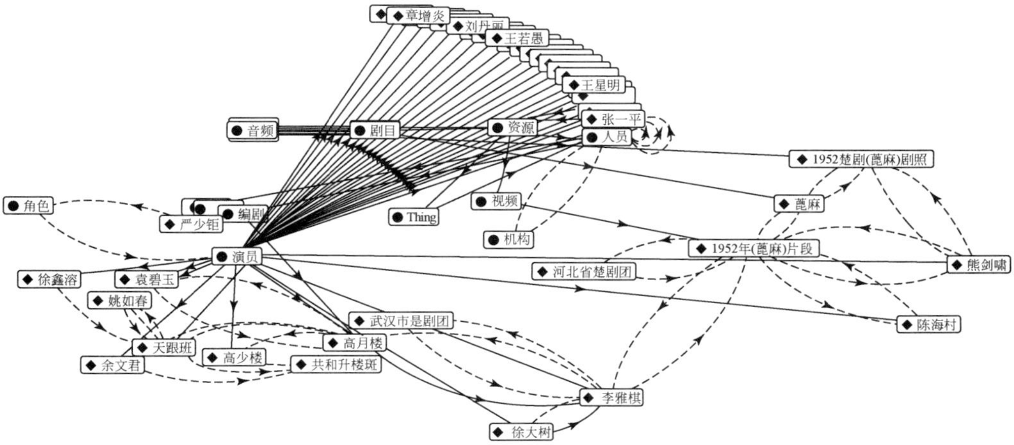

图 10. 14　楚剧本体可视化浏览

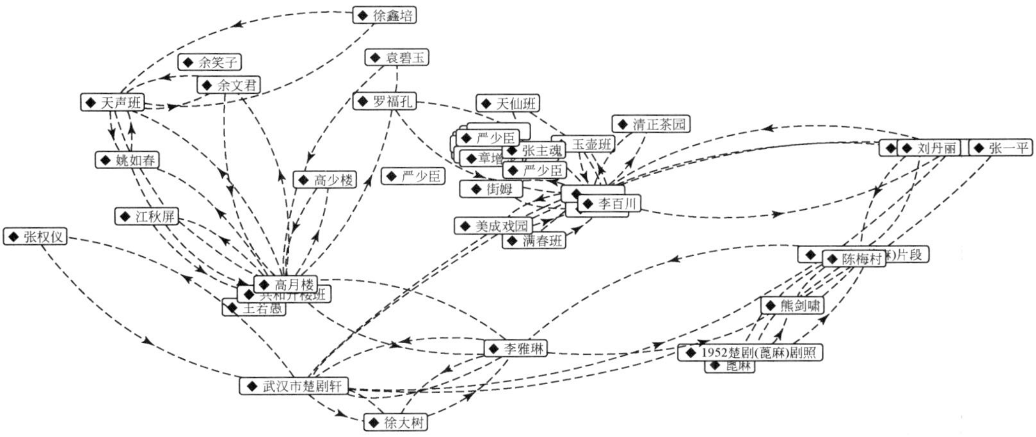

图 10. 15　楚剧本体实例关系（部分）

10. 2. 3　“楚剧”资源语义标注

对非物质文化遗产资源进行语义标注，可以体现出 4 个方面的优势：①标注对象。可以标注视频、音频、图像等各类资源，也可以对没有具体载体的知识资源，如剧目信息进行标注。②标注方式。可以借助语义标注平台，通过人工、半自动、自动标注方式进行标注。③标注元素。对非物质文化遗产资源进行语义标注，是基于元数据与本体的，从资源类别维度和项目特征维度体现了资源的外部特征及内容特征。④标注存放的位置。可以通过元数据与本体的管理，采用多种资源存储方式，将标注后的资源存放入非物质文化遗产资源库。

本书通过人工标注与大众标注两种方式，构建非物质文化遗产资源语义标注模块，实现对楚剧资源的精确化描述。接下来，以图片资源为例，展示资源标注与管理的过程。图 10.16 呈现图片资源从上传、标注、审核、管理到入库的全过程。

通过资源上传功能，可将各类资源上传至该平台，为实现资源标注做准备，如图 10.17 所示。可以选择不同的使用模型，即出现不同的元数据项。如可以选择图片、视频、文本、音频及模型类别中的任意一种，根据资源类别的不同，其元数据信息也有所不同；同时，可以选择资源分组。这里资源分组是根据项目内容特征维度进行划分的，可以选择非物质文化遗产某一个具体领域。如果资源不适合添加到任意一个分组中，可以选择整个非物质文化遗产范围，根据其核心元数据进行标注；如果资源能够继续细化，则可以选择某一具体非物质文化遗产项目，或者某一具体非物质文化遗产项目中的特征元素，如中国传统戏剧中的剧目等。

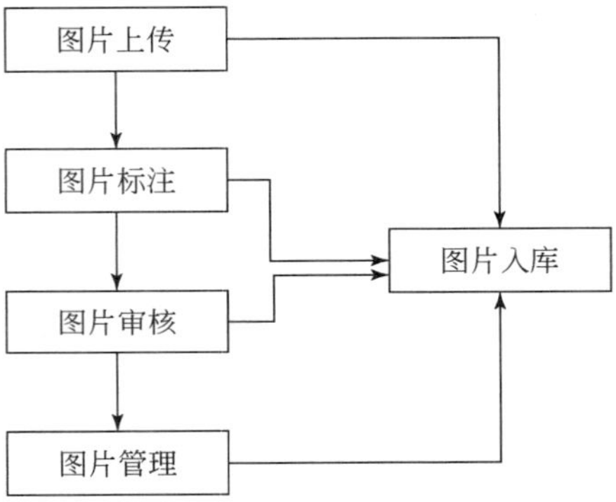

图 10.16　图片资源管理流程

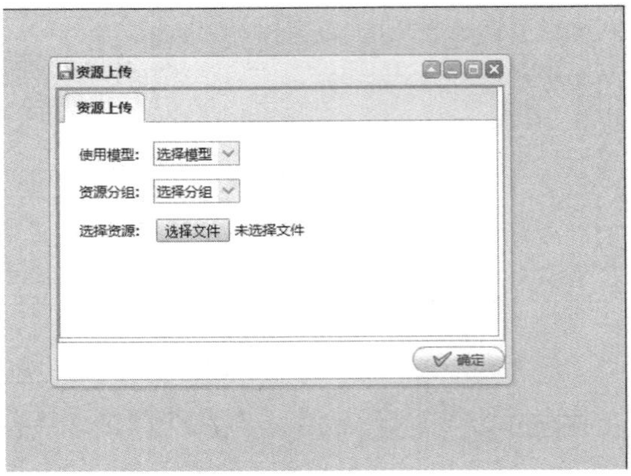

图 10.17　资源上传

资源上传成功之后，有提示“上传完成”，可以同时选择多项资源上传。当资源都上传成功之后，可以首先对资源进行简单描述，如图 10.18 展示的是对图片资源进行的简单描述。在这个环节也可以不进行著录，在图片著录与审核功能模块中再对图片信息进一步完善。对图片资源进行的简单描述中可以修改图片标题，关键词等信息。

接着，对图片资源进行著录。对图片资源的描述信息进行完善的过程也就是对其实现语义标注的过程。语义标注的对象就是站点下所有上传但是没有进行著录的图片资源。如果查询想要著录的图片资源，点击页面中间图片所在栏目的名称，查询的即是该栏目下所有图片资源。可以选择一张或者几张图片资源进行标注，如图 10.19 所示。

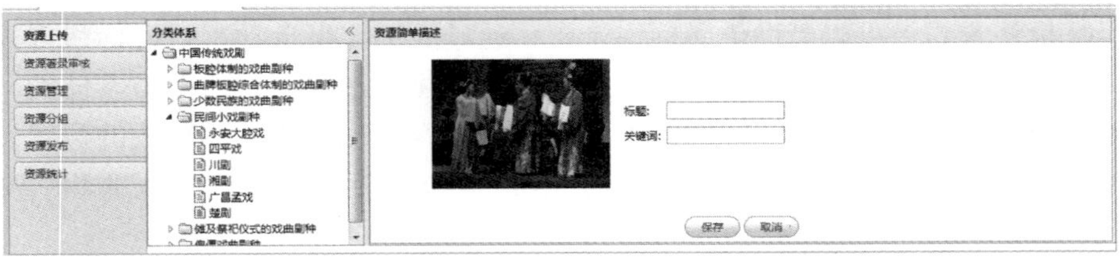

图 10.18　图片资源的简单描述

图 10.19　图片资源的选择

然后，对选择的某一张或者几张图片资源进行标注了。在资源著录审核功能下，可以选择资源分组及模型类别，并通过上传时间、主题相关性等项目进行排序。图 10.20 展示的是图片资源标注的基本元数据项，主要资源的外部特征进行描述，如标题、关键词等；图 10.21 展示的是图片资源内容信息的元数据项，富含大量的语义信息，主要对围绕资源内容特征进行描述，如图片人物、场景、相关事件等。同时，可以通过图 10.19 中的分类体系，展示某一图片所属资源内容的本体关联。

图 10.20　图片资源基本信息标注

接下来，系统审核员便可以对已标注的资源进行审核和管理了。最后，将已经标注和审核通过的资源加载到非物质文化遗产资源库中。当然，入库后的非物质文化资源的标注信息也是可以进行修改的，但是也需要审核人员对修改信息进行审核。

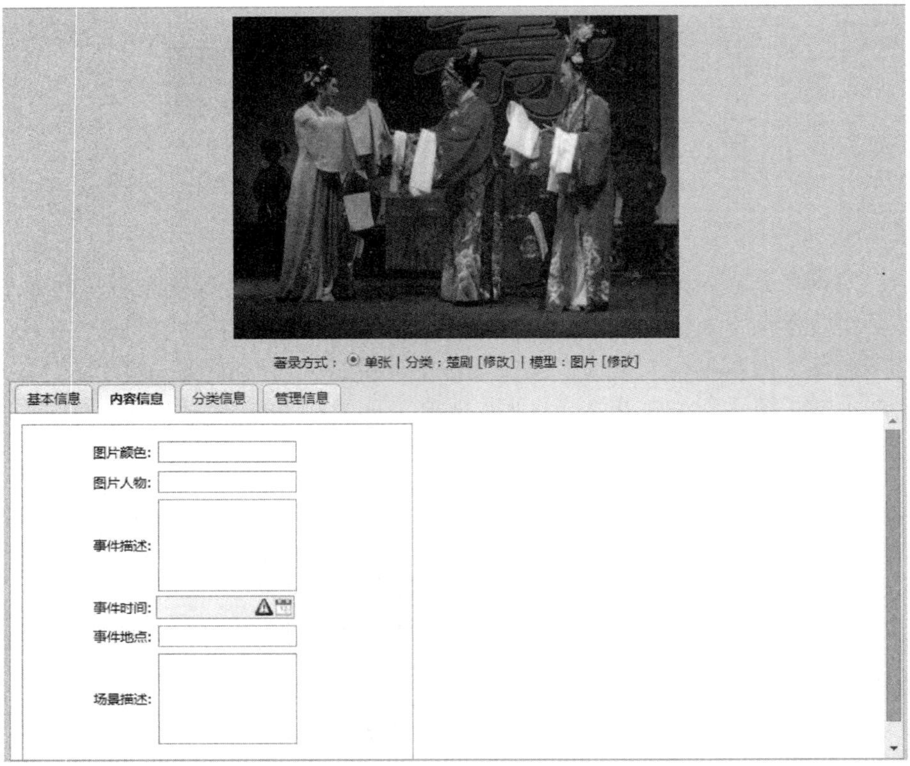

图 10.21　图片资源内容信息标注

10.3　基于“楚剧”资源的关联数据创建与发布

在对楚剧资源进行了语义标注之后，就需要将数字资源以及知识资源，和楚剧相关人员、机构、项目信息、数据库信息、事件信息以及地点、时间信息相关联，实现楚剧资源的关联数据创建与发布。本节使用第 4 章所定义的关联数据项及其属性，借助于已构建的非物质文化遗产语义关联模型，通过非物质文化遗产关联数据创建与发布平台，实现楚剧资源的关联数据创建与发布。

本书通过借助人类计算的思想，将计算机难以完成、而人类却容易完成的任务交给人类完成。在楚剧资源的关联数据创建过程中，即采用该思想，让计算机来辅助关联数据的创建。按照模块化的思想，根据任务的生命周期，设计了用户注册、任务提交、任务分解、任务调度、任务申请、任务执行、任务提醒、任务审核、任务完成等流程。该模块开发环境为 java+mysql+tomcat，采用 B/S 结构。

服务器环境要求如表 10.1 所示，客户机环境要求如表 10.2 所示。服务器和客户机之间需要能通过 Internet 进行连接。模块系统结构采用本书构建的非物质文化遗产关联数据创建与发布平台结构。

表 10.1　非物质文化遗产关联数据创建与发布模块服务器环境要求

项目	推荐配置
CPU	酷睿双核 2.6G 或以上；AMD BARTON 2500+或以上
内存	1G 或更多（加大内存是众多数据库专家推崇的提高 MYSQL 速度的最佳方案，建议使用 1G 或以上；）
硬盘	预留 4G 以上硬盘空间
数据库	MySQL
操作系统	WINDOWS 2008 SERVICE
Web 服务器	Tomcat 6 或以上
浏览器	IE6 或以上

表 10.2　非物质文化遗产关联数据创建与发布模块客户机环境要求

项目	推荐配置
CPU	奔腾双核 2.0G 或以上；AMD BARTON 2500+或以上
内存	256MB 或更多
硬盘	预留 1G 以上硬盘空间
操作系统	Window98/me/2000/xp/7
浏览器	IE6 或以上

下面，将通过资源提交、任务分解、任务申请、关联数据创建、关联数据发布与浏览这 5 个环节，展示楚剧资源关联数据创建与发布过程。

（1）任务提交

可以通过资源整体及资源片段两种方式实现对楚剧资源的提交，如图 10.22 与图 10.23 所示。资源整体提交即是以某一个独立的资源为单位，如一篇论文、一幅图片、一个视频等；资源的片段提交则是人为地将资源划分成若干个部分，再进行提交。

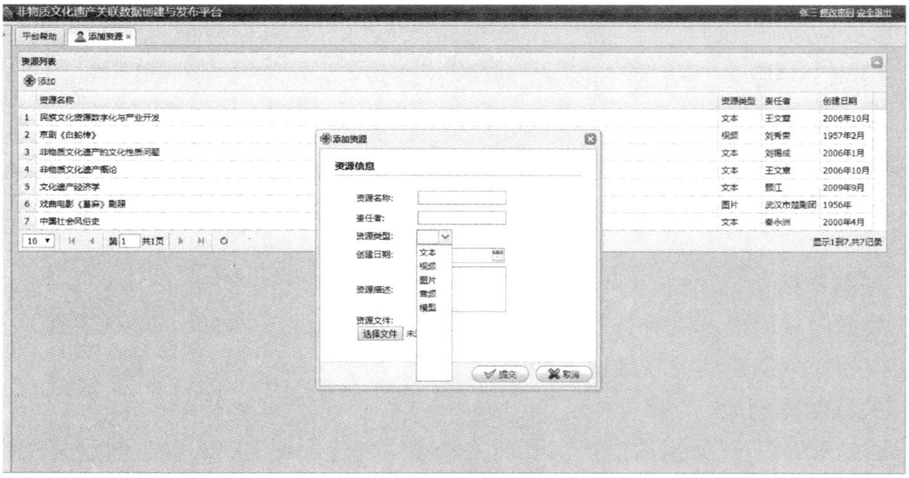

图 10.22　资源整体提交方式

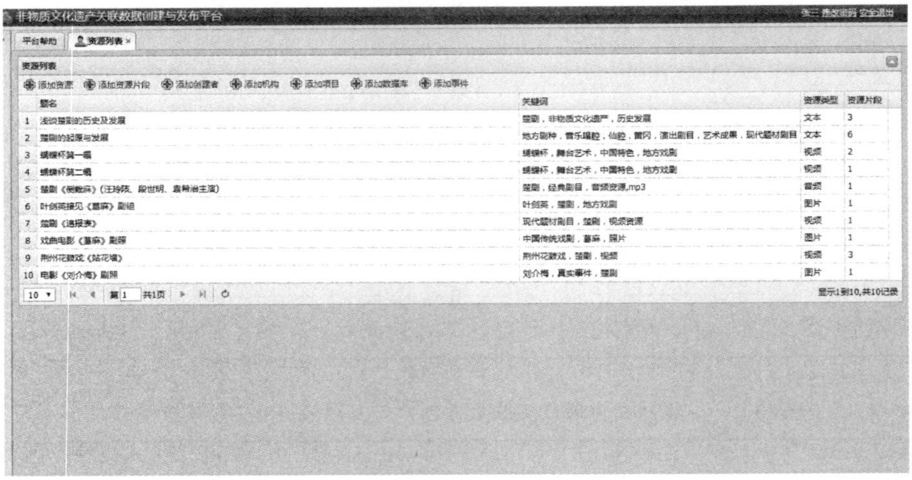

图 10.23　资源片段提交方式

（2）任务分解

任务分解功能，可以将提交的楚剧资源分解为各个子任务，如图 10.24 所示，为其关联数据的创建与发布做好准备。

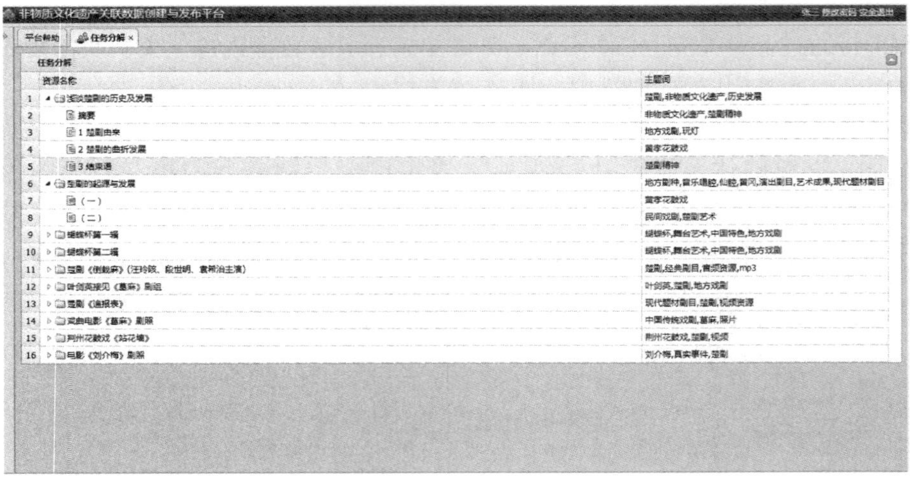

图 10.24　楚剧资源关联数据创建与发布模块的任务分解功能

（3）任务申请

关联数据创建用户可以对分解的关联数据任务进行申请，获取自己熟悉领域的任务，并根据获得的任务创建其关联数据，如图 10.25 所示。

（4）关联数据创建

用户通过对 RDF 三元组的描述，实现关联数据创建。图 10.26 即为创建关联数据的操作界面。

图 10.25 楚剧资源关联数据任务申请

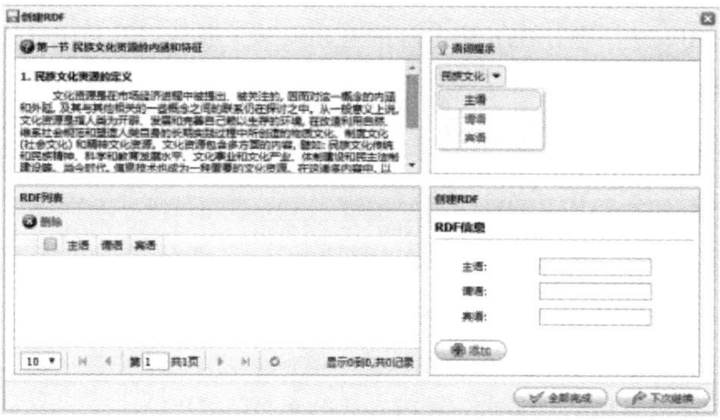

图 10.26 创建关联数据的操作界面

（5）关联数据发布与浏览

创建后的关联数据可以借助 D2R-Server 工具来发布浏览。图 10.27 为楚剧资源关联数据发布主界面，可以发布多种类型的资源，具体分为数字资源、知识资源、数据库资源、项目资源、事件资源、人员资源以及机构资源。D2R 提供生成 Mapping 文件的执行脚本。进入 D2R Server 的根目录，执行下面的命令：

```
generate-mapping-o mapping.n3-d driver.class.name
-u db-user-p db-password jdbc:url:...
```

根据第 4 章定义的资源类别及属性，通过调整，生成的映射文件如图 10.28 所示。

启动 D2R 服务器之后，用户可以浏览楚剧关联数据资源列表，如图 10.29 所示。

在此基础上，可以对相关资源的具体情况进行查询与浏览，如图 10.30 所示。同时，可以对相关人员、机构、项目等类型的资源进行基于关联数的据浏览与查询，如图 10.31 所示。图 10.31 展示了与楚剧名家“沈云陔”有关的信息，包括其工作单位、专业擅长、代表剧目等多项信息内容，并可以通过页面中的链接查找相关资源，实现了资源的多维关联。

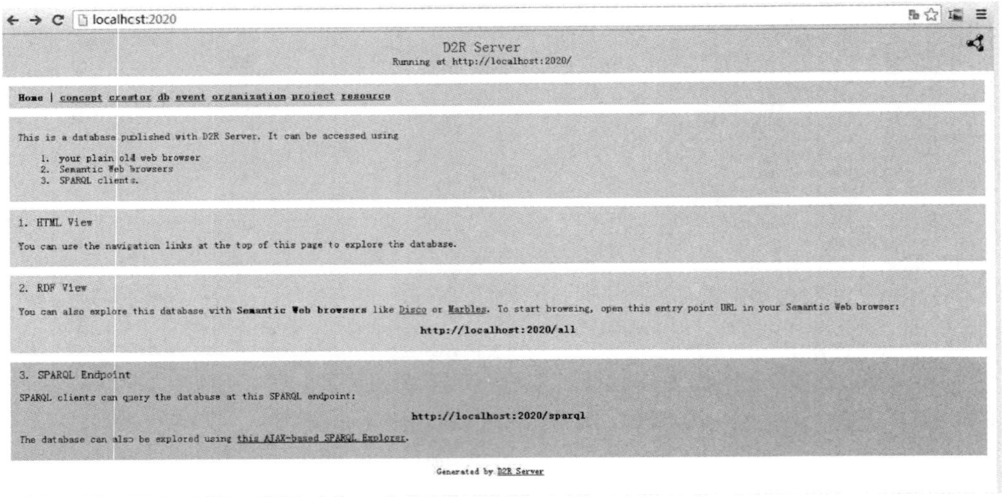

图 10.27　基于 D2R 服务器的楚剧资源关联数据发布主界面

```
 # Table resource
map:resource a d2rq:ClassMap;
        d2rq:dataStorage map:database;
        d2rq:uriPattern "resource/@@resource.label@@";
        d2rq:class vocab:resource;
        d2rq:classDefinitionLabel "resource";
        .
map:resource__label a d2rq:PropertyBridge;
        d2rq:belongsToClassMap map:resource;
        d2rq:property rdfs:label;
        d2rq:pattern "@@resource.title@@";
        .
map:resource_label a d2rq:PropertyBridge;
        d2rq:belongsToClassMap map:resource;
        d2rq:property vocab:resource_label;
        d2rq:propertyDefinitionLabel "resource label";
        d2rq:column "resource.label";
        .
map:resource_id a d2rq:PropertyBridge;
        d2rq:belongsToClassMap map:resource;
        d2rq:property vocab:resource_id;
        d2rq:propertyDefinitionLabel "resource id";
        d2rq:column "resource.id";
        d2rq:datatype xsd:integer;
        .
map:resource_type a d2rq:PropertyBridge;
        d2rq:belongsToClassMap map:resource;
        d2rq:property vocab:resource_type;
        d2rq:propertyDefinitionLabel "resource type";
        d2rq:column "resource.type";
        .
map:resource_title a d2rq:PropertyBridge;
        d2rq:belongsToClassMap map:resource;
        d2rq:property vocab:resource_title;
        d2rq:propertyDefinitionLabel "resource title";
        d2rq:column "resource.title";
```

图 10.28　楚剧资源关联数据的部分映射文件

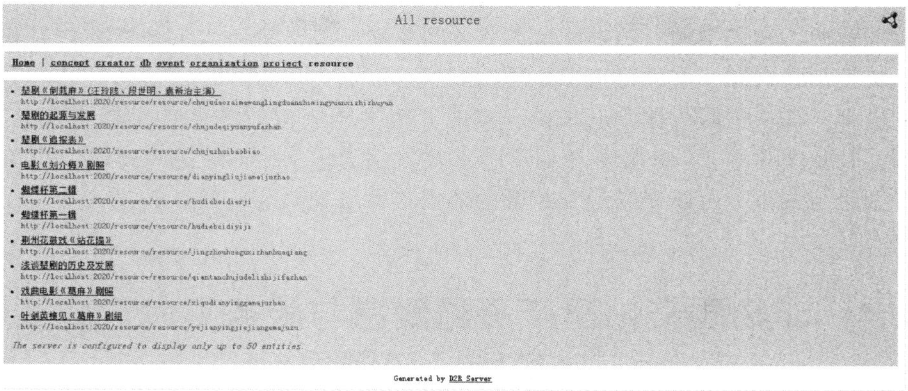

图 10.29　楚剧关联数据资源对象列表

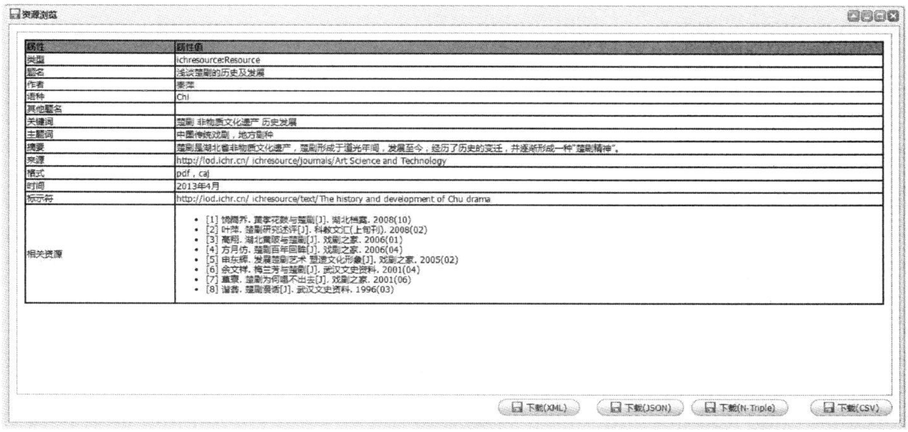

图 10.30　关联数据浏览器查看资源详情

图 10.31　楚剧相关人员多维信息关联展示

本书所构建的楚剧领域关联数据具有如下两个方面的特点：①从关联数据广度来说，集成了数字资源、知识资源、数据库资源、项目资源、事件资源、人员资源以及机构资源等七种不同类别的资源，全面覆盖了楚剧领域的各方面内容，并提供对这些资源的信息关联及浏览检索。②从关联数据深度来说，实现了楚剧领域粗粒度（如某篇文章、某本书、某个视频、某张图片等）、中粒度（如章节、片段信息等）、细粒度（具体知识单元）的关联数据创建与发布，可以根据最细粒度的知识单元展现信息资源，为用户提供了更为丰富的检索入口。

10.4 非物质文化遗产资源聚合与服务平台应用实例——“楚剧”资源展示

在对非物质文化资源实现了语义标注和关联数据的创建及发布之后，需要将这些已经实现了语义关联的各类数据以合理的方式呈现给用户，所以非物质文化遗产资源聚合与服务平台的建设，是最终面向用户实现非物质文化遗产资源利用的必要环节。该平台由被管理的资源对象、平台管理员及平台用户组成。被管理的对象是在开放网络上的所有非物质文化遗产资源；管理者是资源管理器和管理人员，资源处于管理器和系统管理员的管理之下；平台用户是非物质文化遗产资源的受众群体，包括个人和机构。对于平台的部分注册用户，也允许他们向该平台提供资源，但需要管理人员进行审核。本平台可以调度和控制网络环境下的所有元素来满足网络应用及用户需求。接下来，以不同类型、不同种类、不同内容的楚剧资源为例，进行平台实例展示。

总体来说，本节的主要目的是以楚剧资源为例，建立中国非物质文化遗产聚合平台的原型系统，因此未考虑大量数据及大规模查询的需求，所采用开发工具的选择原则是简单、易用。

√ 服务器端
操作系统:Windows 7 中文旗舰版
Web Server:IIS7.0 中文版
数据库:Access 2010 中文版
√ 开发工具
后台开发:Microsoft C# 2010
前台开发:Adobe Dreamweaver CS 6.0

构建非物质文化遗产资源聚合与服务平台的目的主要有以下几点：

1）为用户提供资源访问的接口。用户对非物质文化遗产资源进行访问时，并不关心其元数据与关联数据信息的具体细节，而更需要获取资源本身以及资源隐藏的知识关联。所以，本书构建的非物质文化遗产资源聚合与服务平台将楚剧资源的元数据及关联数据信息等细节隐藏起来，用户看到的是一个经过了抽象描述的楚剧资源描述。资源分类、元数据描述以及关联数据的语义关联关系描述一般都是很复杂的，但经过处理，只有经过该平台授权的特殊用户（如专家型用户等）才能查看楚剧资源的元数据或者关联数据的详细信息。普通用户可以通过用户界面对资源进行浏览与检索，但如果需要下载资源（如楚剧的音频或者视频资料）就需要通过相应的支付流程进行资源的获取。

2）协调非物质文化遗产资源的共享与利用。该平台需要支持多个资源请求者同时使用一个楚剧资源，也要支持某一个资源请求者使用多个不同类型的资源。

3）资源的生命周期管理。该平台需要对资源从提交、标注、入库到最终资源服务的全过程进行管理。

图 10.32 是非物质文化遗产资源聚合与服务平台的用户界面。基于该平台可以对用户提供相应的信息服务，如基本信息展示、各种类型资源的浏览与检索、资源语义标注等。

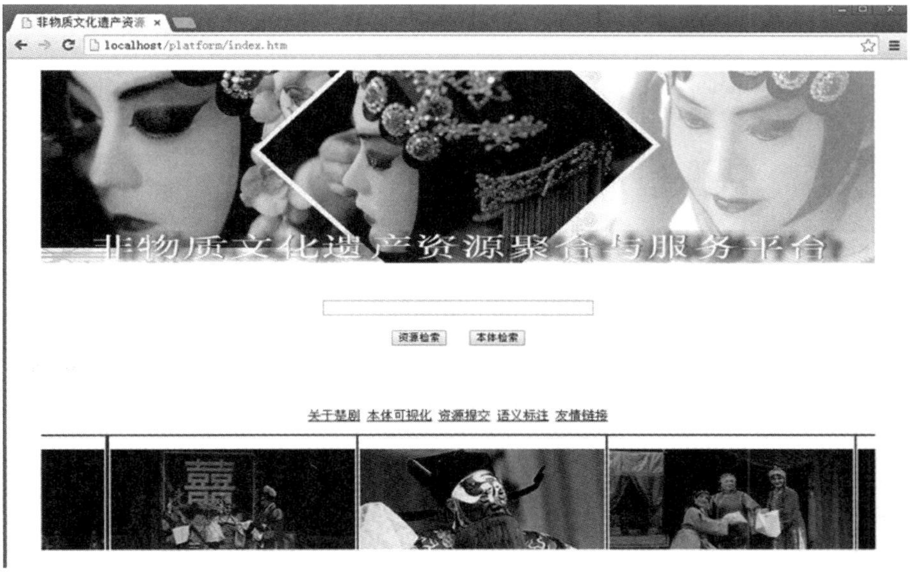

图 10.32　非物质文化遗产资源聚合与服务平台用户界面（以楚剧为例）

图 10.33 展示的是有关楚剧的基本情况介绍，便于用户对这一非物质文化遗产项目进行大致了解。

非物质文化遗产资源聚合与服务平台为用户提供五个方面的服务。其中，资源提交及其语义标注功能，已经在 10.2 小节中进行了展示，这里主要对非物质文化遗产资源聚合与服务平台中的分类导航、在线浏览、资源检索以及本体可视化展示功能进行说明。

（1）非物质文化遗产资源的分类导航

非物质文化遗产资源从资源类型特征维度，划分为音频、视频、图片、文本、模型五类，由这五种类别实现其资源分类导航。每一种载体下的分类，再按照非物质文化遗产资源项目内容特征维度进行划分，划分的资源类目更为清晰明了，由此体现基于二维的非物质文化遗产资源划分方式的优势所在。如图 10.34 所示，楚剧资源就应该被划分在“中国传统戏曲”这个大类中的“民间小戏剧种”子类中。

图 10.33　楚剧介绍页面展示

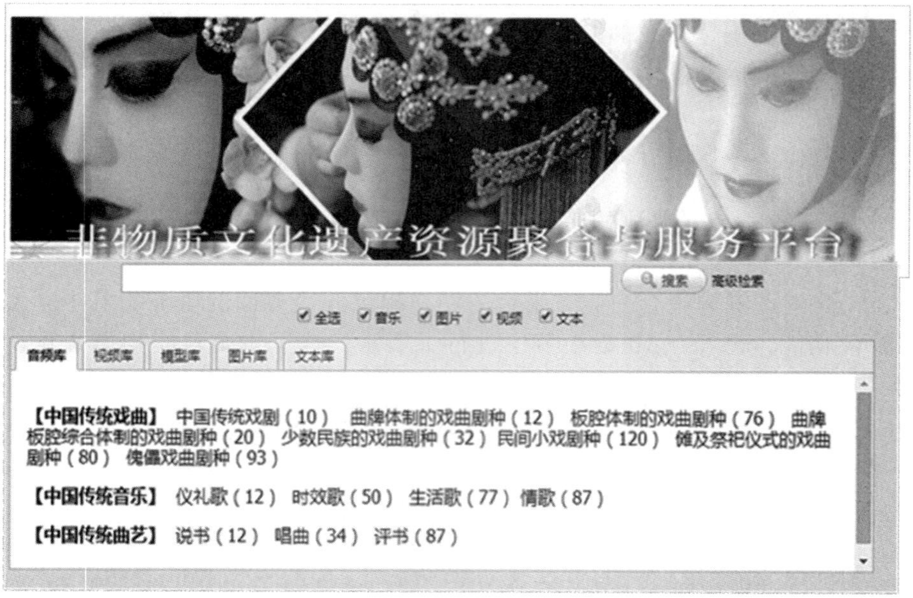

图 10.34　非物质文化遗产资源聚合与服务平台分类导航功能

（2）非物质文化遗产资源的在线浏览

本平台可以通过资源列表，查看资源概况，也可以在资源详细浏览页面中，查看自己感兴趣的具体资源。同时，登录用户也可以对自己所需要资源进行收藏、下载等操作。对于不同类型的资源，浏览界面也会有所差异。如音频与视频资源，可以通过页面中所嵌入的在线播放器，实现音频或者视频资源的在线播放功能；针对文本资源，则可以检索资源的题录及摘要信息，也可以根据章节需要，检索具体的资源内容；同时还可以在资源浏览页面查看该资源的描述信息，方便用户从各个方面了解资源的外部特征与内容特征，如图 10.35 所示。

图 10.35　非物质文化遗产资源浏览

（3）非物质文化遗产资源检索

为了提高检索效率，缩小语义鸿沟，非物质文化遗产资源聚合与服务平台所提供的检索功能应该集成不同的检索模式。在传统的关键词检索基础上，还提供了基于多媒体资源的内容检索、基于本体的语义检索以及基于关联数据的 SPARQL 检索。通过对非物质文化遗产资源进行的资源标注，用户可以基于素材内容的语义关联进行检索，在检索时通过查询资源库及本体库实现知识扩展以及资源内容的语义推理。然而，基于语义的资源检索还处于研究阶段，进展缓慢，本平台也并未完全实现，这也是在以后研究中有待解决的问题。

通过对非物质文化资源内容进行语义标注后，可以按照资源属性进行检索（如题名、作者等），可实现基于关键词的检索，也可以基于布尔逻辑检索表达式实现高级检索。如以楚剧领域中某一人物——“葛麻”为检索词进行检索，不仅可以获取资源名称、创建者、创建日期等基本信息，也可以从用户对视频资源动态感知层面出发，挖掘楚剧中的旋律、音调、画面质量、故事场景等方面，实现基于内容的音频或者视频检索。所有的资源都会按其类别（视频、音频、图片、模型、文本）生成不同链接，在相关页面进行资源展示，图 10.36 ~ 图 10.38 分别展示了图片、音频、视频资源的浏览。同时，对于可识别的视频（mp4、avi 等）、音频（wav、mp3 等）格式，本平台采用最新的 HTML5 多媒体标签进行标注，可以无插件显示其内容，如视频显示采用 HTML5 的 Video 标签：

```
<video width="320" height="240" controls>
<source src="video/movie.ogg" type="video/ogg">
<source src="video/1952 年武汉楚剧团录制《葛麻》.mp4" type="video/mp4">
Your browser does not support the video tag.
</video>
```

图 10.36　图片资源展示

图 10.37　音频资源展示

图 10. 38　视频资源展示

对于文本资源，除了 txt 和 HTML 文件可以直接在线浏览以外，其他格式文件以链接方式供用户下载。

在下一步的研究中，本平台还将根据用户的信息行为和检索习惯，增设热门检索词检索功能，即跟踪客户检索信息，进行热门检索词服务，将用户检索信息中出现频率最多的词设置为热门检索词。目前这一功能还未实现，但在本平台中，已经建立了对用户检索日志的后台管理模块，为前台开发基于热门检索词的资源检索功能提供数据准备，如图 10. 39 所示。

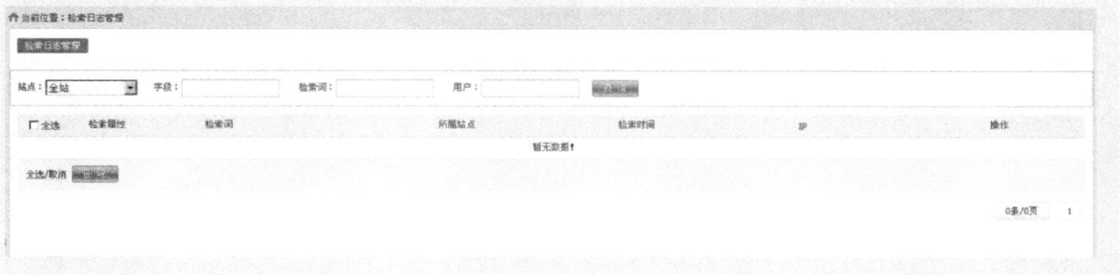

图 10. 39　用户检索日志管理

(4) 本体浏览与检索

图 10. 14 等展示了 Protégé 中对本体的可视化浏览，而在 Web 上实现本体的可视化，需要进行二次开发，常见用于 Online 本体可视化的技术和方案主要有 TouchGraph、jOWL、Processing、Prefuse、Flexviz 等，而其中大部分方案要么需要第三方插件、要么是收费软件，本书为了兼容和开放，采用了基于 jQuery 的 jOWL 技术。

JQuery（2016）是一种最新的前端脚本技术，它是一个兼容多种浏览器的 JavaScript 框架，核心理念是 write less，do more（写得更少，做得更多）（张守恒，2013）。jQuery 在 2006 年 1 月由美国人 John Resig 在纽约的 barcamp 发布，吸引了来自世界各地的众多 JavaScript 精英加入，由 Dave Methvin 率领团队进行开发。如今，jQuery 已经成为最流行的 JavaScript 框架，在世界前 10000 个访问最多的网站中，有超过 55% 在使用 jQuery。同时，jQuery 是免费、开源的，使用 MIT 许可协议。jQuery 的语法设计可以使开发者更加便捷，例如操作文档对象、选择 DOM 元素、制作动画效果、事件处理、使用 Ajax 以及其他功能。除此以外，jQuery 提供 API 让开发者编写插件。其模块化的使用方式使开发者可以很轻松地开发出功能强大的静态或动态网页。

而 jOWL 是 David Decraene 开发共享的一组用于在线显示处理本体的 JQuery 插件（纯 JavaScript 代码），同样是一款开源软件，更符合资源共享的目标。图 10.40 展示了楚剧本体类属关系，并以本体树的形式呈现类间的等级关系；图 10.41 展现了楚剧本体类的属性定义；图 10.42 展示了楚剧本体的实例。在此基础上，可以基于 SPARQL 语言实现对楚剧本体的查询功能，同时也满足对楚剧关联数据的查询，如图 10.43 所示。

在首页进行检索时，若点击本体检索，系统将首先检索本体类，然后检索实例，得到结果后进行类属、实例推理，同时以检索词检索资源库，最终返回结果（图 10.44）。如输入人名“熊剑啸”，系统先检索本体类，无相关结果，检索实例，显示属于“演员”的实例，而演员的上位类为“人员”，同时返回其相关属性：隶属单位、师徒、同事等，最后返回“熊剑啸”相关资源的链接。这样的检索方式，所有信息与资源无缝链接，在查询资源的同时展现了本体结构。

图 10.40　基于 jOWL 的楚剧本体类属浏览和显示

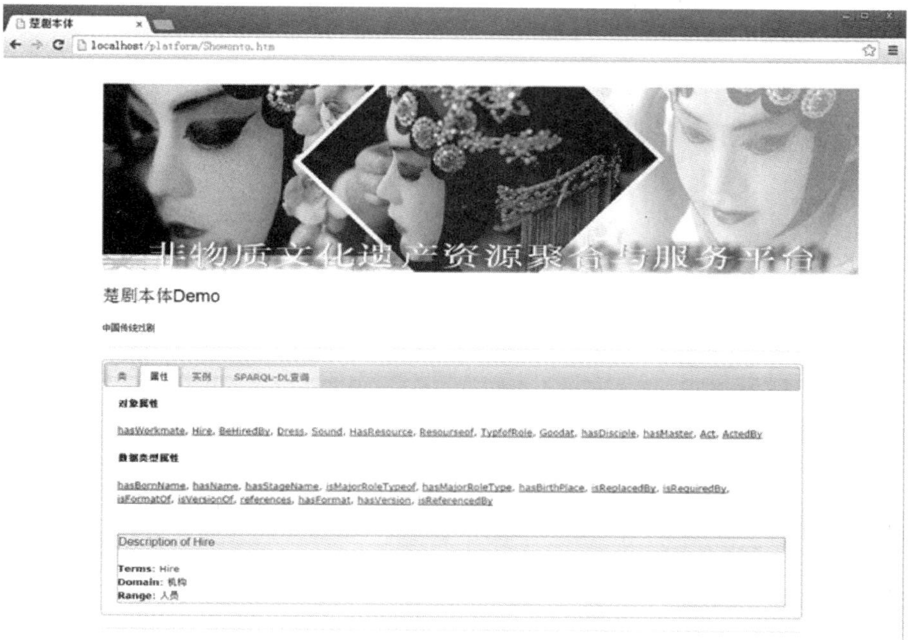

图 10.41　基于 jOWL 的楚剧本体属性浏览

图 10.42　基于 jOWL 的楚剧本体实例浏览

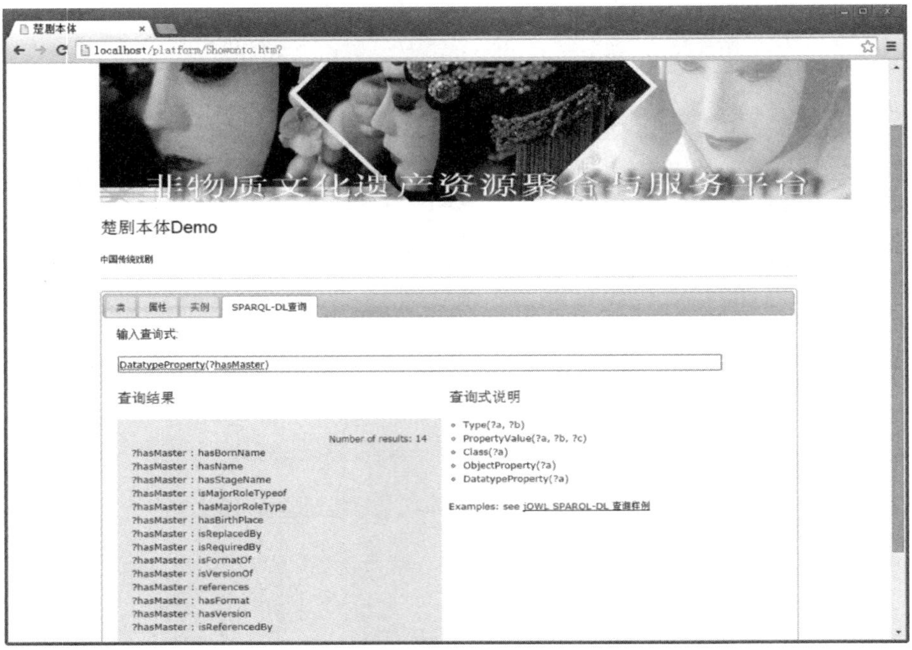

图 10.43　基于 jOWL 的楚剧本体 SPARQL-DL 查询

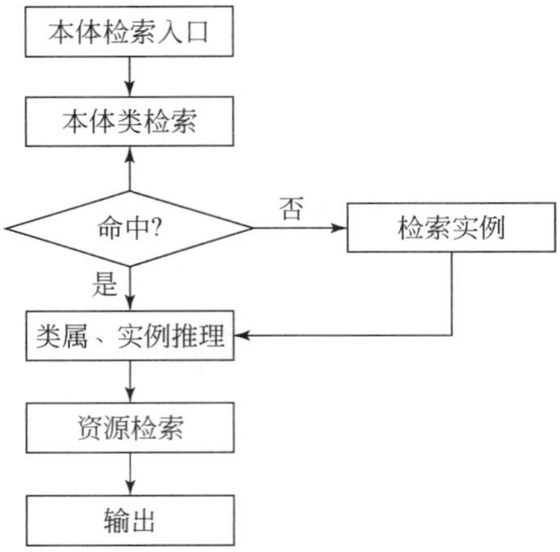

图 10.44　非物质文化遗产资源聚合与服务平台的本体检索流程

图 10.45 展示了以“熊剑啸”为检索词的本体检索结果，除了可以呈现与其相关的信息资源外，还可以全面展示与熊剑啸有关的概念信息，如师徒关系、同台演出的合作关系、工作单位等信息，并提供这些信息的链接以便于用户查询与浏览。

在此基础上，用户还可以通过平台所提供的链接，找到更多的有用信息，如点击熊剑啸所出演的楚剧经典剧目“葛麻”片段，可以关联出与“葛麻”这一字段相关的所有资源，如图 10.46 所示。这一页面的呈现方式与资源检索结果一致，通过点击资源链接，也

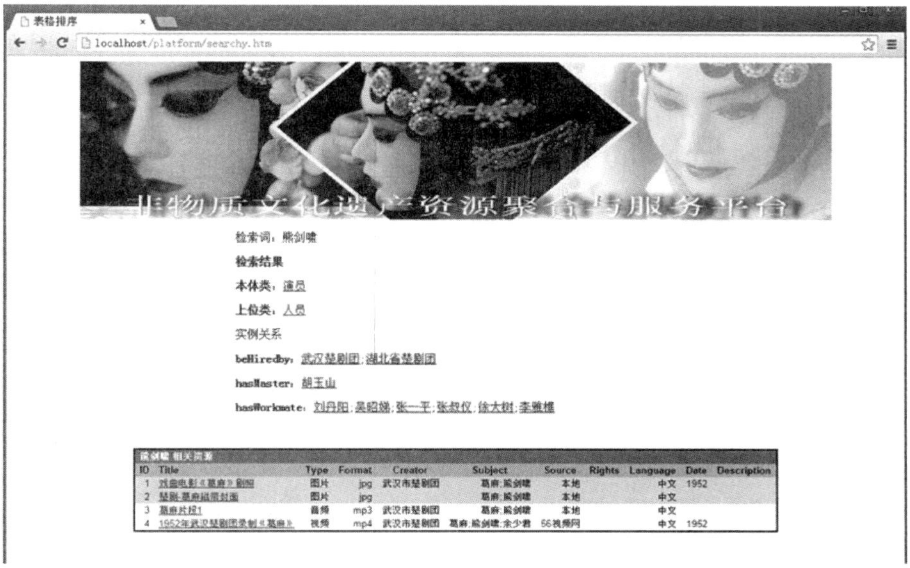

图 10.45　以“熊剑啸”为检索词的本体检索结果

可以对不同类型的资源进行浏览与查询。

图 10.46　基于关联数据的“葛麻”相关资源列表

通过对楚剧资源进行的语义标注、关联数据创建与发布以及资源展示的过程，可以充分看到基于关联数据的非物质文化遗产资源聚合，全方位地呈现了楚剧这一领域的重要概念及知识体系结构，同时为用户提供了更多的资源链接，在方便用户查找、浏览、使用资源的同时，进一步发掘了资源中概念及概念间的关联关系，从而获更多的知识。例如，可以根据楚剧艺人间的师徒关系以及艺人籍贯所在的地理位置，深入挖掘基于时间与空间维度的楚剧传承脉络。如图 10.47 展示了楚剧 79 位艺人的师徒关系，图 10.48 与 10.49 分别展现了楚剧中最具代表性的两个派系的时间传承关系。同时，通过对楚剧人员相关信息的语义标注，获取这些艺人的籍贯信息，进一步从时间传承与空间传承两个维度，展现这两个派系技艺的传承规律，如图 10.50 所示。

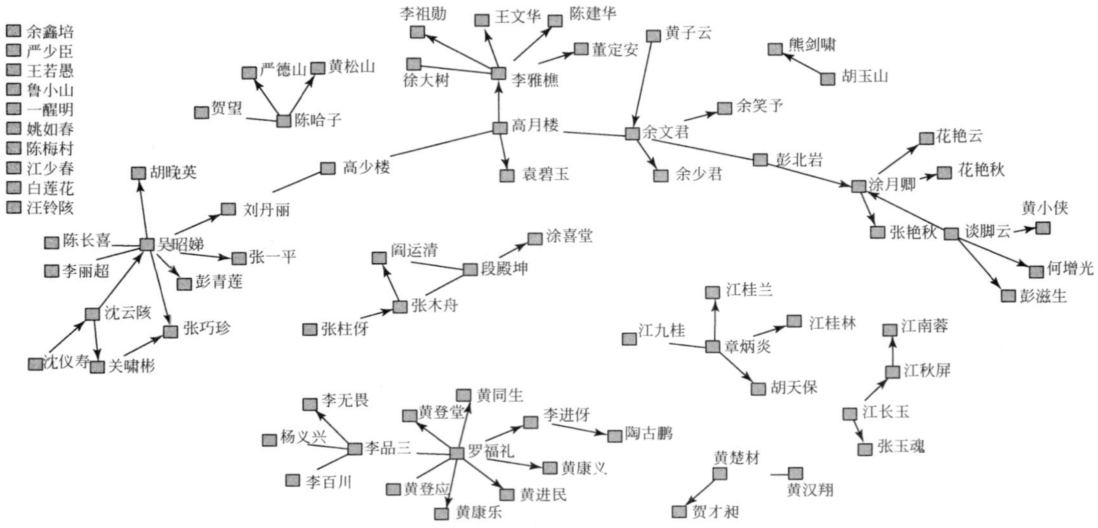

图 10.47　楚剧 79 位艺人传承关系

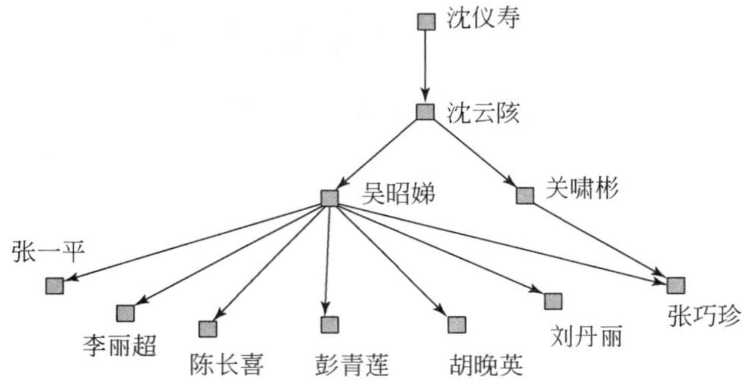

图 10.48　“沈派”艺人时间传承关系

从图 10.50 中可以看出，“沈派”艺人传承结构较为发散，传承范围较广，其艺人来源于湖北省孝感、鄂州、黄陂、武汉等地区，促进了楚剧的繁荣；而“李派”艺人人数众多，师徒传承关系上也较为复杂，但传承范围并没有“沈派”大，大部分师徒关系都集中于同乡，尤其在后期，有许多艺人都未有收徒。通过楚剧传承时间、空间、时空结合的可视化展示，可以看到，在非物质文化遗产传承的过程中，尤其是类似于楚剧这种言传身教的传播形式中，都存在着一些核心人物，可能是艺术名家，也可能收徒众多，这些中心人

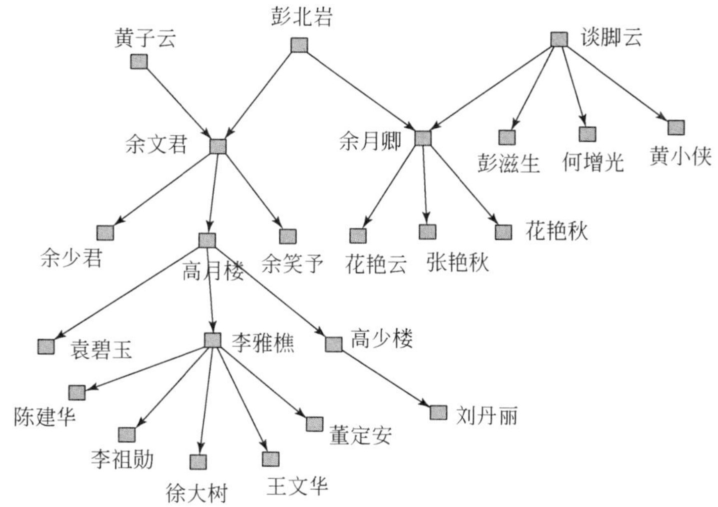

图 10.49 “李派”艺人时间传承关系

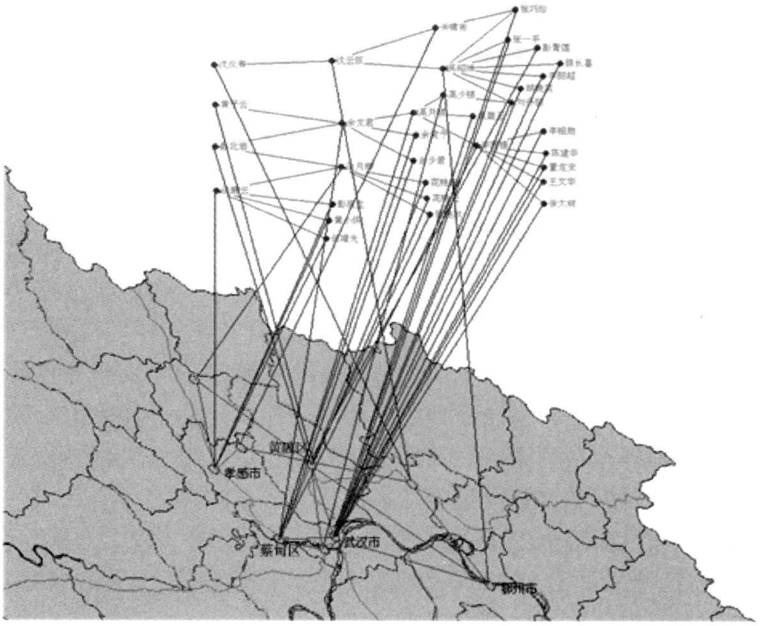

图 10.50 基于时空耦合的楚剧艺人传承情况

物对某一非遗项目的传承乃至繁荣与发展起到了重要的作用，也显示出非物质文化遗产传承人保护的重要性。另外，非物质文化遗产的传承也会受到一定的地域影响，例如，在楚剧传承中，武汉作为传播中心，其地理位置、经济情况都起到了一定的作用，这也表示非物质文化遗产保护中，对文化空间的保护至关重要。

通过时空耦合所反映出的楚剧传承关系与规律，说明基于关联数据的非物质文化遗产资源聚合方式，更易于发现某一领域资源的内在规律和隐性知识。以知识的传承为核心，合理利用资源，加强对传承人及文化空间的保护，最终实现民族文化的弘扬与发展，这也是本书的研究意义所在。

10.5 “聚合平台”与传统信息系统的对比分析

本书 10.2 至 10.4 小节以楚剧资源为例，进行了基于关联数据的非物质文化遗产资源聚合实证研究，集中地表现出所搭建的基于关联数据的非物质文化遗产资源聚合与服务平台具有以下特色。

1）依据两个维度实现非物质文化遗产资源的元数据标注。由于资源类型与格式的多样，简单采用某一种元数据规范及其修饰词进行资源描述存在着困难。本平台区分了资源类型，体现了不同类型数字资源的特色，也规范了非物质文化遗产资源元数据标准。

2）对资源的收集采用统一标准，但允许用户在登录后进行资源上传，并由专门的人员负责审核，实现资源的动态补充。

3）提供应用示范领域的本体模型及可视化信息。本书以楚剧作为实证研究对象，通过构建楚剧领域本体，规范了楚剧领域中的概念描述及关联关系，同时将这一领域的本体结构进行可视化展示，让用户在浏览具体资源的同时，也可以更加深入地了解楚剧领域的知识结构与完整的资源体系。

4）提供多种模式下的复合检索方式。本平台提供关键词检索、文本检索、多媒体检索、关联数据检索等多种检索方式，也可以合并使用，通过多个检索点的切入，帮助用户更好更快地定位所需资源。

通过 10.4 小节中对楚剧资源的浏览与检索实例展示，反映出本书构建的非物质文化遗产资源聚合与服务平台在体系构架、服务功能、检索功能、资源集成度等方面有了一定的改进，可以从以下几个方面与传统的信息系统进行对比。

1）从平台支撑技术角度。传统的信息服务系统一般基于关系型数据库、SQL 进行开发，以数据库和文件网络为驱动，注重开发者的业务逻辑层面。而本书开发的非物质文化遗产资源聚合与服务平台，是基于关联数据和数据网络的，以语义网技术为支撑，提供语义标注、资源导航、资源浏览、资源检索、本体检索等多项功能，所使用的开发技术与显示技术都是较为先进而且兼容性好的，如使用基于 jQuery 的 jOWL 技术实现本体可视化、以 HTML5 展示具体资源、基于 SPARQL 语言实现本体及关联数据的查询等，用户端无须任何插件，用户直接使用浏览器就可以对平台进行访问。

2）从资源检索功能角度。传统的信息服务系统主要实现各类资源的单独检索，如 CNKI、万方数据库等，一般都是对数字化文本资源进行检索，且检索方式一般为关键词检索。而本书开发的非物质文化遗产资源聚合与服务平台，可以便捷地实现领域内跨资源类型、资源格式的联邦检索，并为用户提供多种检索途径：基于关键词对资源进行检索、基于内容对图片资源进行检索、基于语义描述对音频视频资源进行检索，同时还通过领域本体对概念及概念间关系进行精确描述并实现本体可视化。基于本体的检索方式显性地展示出资源间的隐藏关系，如 10.47 图中所展示的师徒关系等。

3）从资源集成角度。广度上，传统的信息服务系统主要针对某一类资源进行集成，如 CNKI 所融合的资源类型为文献资源，CALIS OPAC 的资源聚合对象主要是图书，而基于关联数据的非物质文化遗产资源聚合的对象是与该领域有关的所有资源，除了最为常见的数字资源外，还包括了知识组织资源、人/机构资源、事件、数据库、项目等多种，并以本体的可视化形式进行了展示。同时，基于关联数据的非物质文化遗产资源聚合，还可以无缝链接分布在关联数据云中的外部资源，一方面通过元数据收割融合至本地数据库，另一方面本地数据库中的资源也可以通过关联数据发布方式被外部资源发现并获取，这样就可以对资源所形成的数据网进行无限扩展；深度上，传统的信息服务系统主要提供粗粒度与中粒度的数据集成方式，而基于关联数据的非物质文化遗产资源聚合方式将资源分解成若干个部分，深入到具体的知识单元，可将资源发布为细粒度的关联数据。

4）从资源关联与知识发现角度。传统信息服务系统所存储的资源相对孤立，资源间缺乏关联关系的呈现与揭示，即便是我们浏览或检索到了两个相关资源，也不一定了解其中的关联关系，难以对相关资源进行知识发现。而基于关联数据的非物质文化遗产资源聚合与服务平台，基于元数据、本体及关联数据技术进行设计与实现，通过各类资源的语义互联和知识导航，显著地提高了资源的语义揭示和自动发现能力，如图 10.50 中，就可以反映出时间与空间耦合的楚剧传承规律，为该领域内的知识发现提供了基础。

5）从用户角度。传统的信息服务系统使用开发技术较为成熟，系统性能较为稳定，但是难以满足当今日益增长的用户个性化需求，一般只能提供常规的资源浏览与检索功能，难以适应用户深层次知识服务的需求。而基于关联数据开发的非物质文化遗产资源聚合与服务平台，提供了多种新型知识服务功能，包括资源的集成浏览、关联导航、语义检索、本体检索以及 SPARQL 查询等。虽然关联数据技术、语义网技术仍在不断发展与完善的阶段，但凭借其巨大的自身优势，在数据资源的动态发现、异构资源检索、语义互操作、数据挖掘、知识发现等方面有着良好的应用前景。

通过以上 5 个方面的对比，可以看出，本书所开发的非物质文化遗产资源聚合与服务平台的底层技术框架已经发生了根本变化，集成了语义网、关联数据、本体等关键技术，并在资源描述、语义关联、资源检索、数据集成等多个方面体现了关联数据的巨大优势，有着良好的应用前景和发展空间。基于关联数据自主设计并实现非物质文化遗产资源聚合与服务平台的新型知识服务应用功能，改进该平台的实时动态性和大规模的数据处理能力，充分利用数据网络中的相关资源实现知识发现，从而深入挖掘出非物质文化遗产领域中更多的隐性知识并使其得以传承，这些都将成为下一阶段的研究目标。

参考文献

安晓逸. 2007. 金融领域本体库的构建和GUI界面设计. 长春：吉林大学硕士学位论文.

白海燕，朱礼军. 2010. 关联数据的自动关联构建研究. 现代图书情报技术，(2)：44-49.

白华. 2012. 基于OWL方法的分类法本体语义描述探索. 情报杂志，(2)：124-129.

白如江，于晓繁，王效岳. 2011. 国内外主要本体库比较分析研究. 现代图书情报技术，(1)：3-13.

毕强，史海燕. 2004. 信息集成服务模式研究. 图书情报工作，(9)：30-33.

邴照宇. 2012. 浅谈语义、句法对大学英语写作的推动作用. 科教文汇(上旬刊)，(4)：119-120.

常春，王星. 2011. 叙词表无关联词分析与处理. 情报杂志，(8)：106-108.

常春，曾建勋，吴雯娜，等. 2010. 叙词表词间关系合并方法研究. 情报杂志，(12)：117-120.

常娥，王雅戈，王晋玲. 2011. 民国文献主题词表编纂研究. 农业图书情报学刊，(1)：63-66.

常唯. 2006. 大学生对图书馆和信息资源的认知(OCLC报告：结论部分). 图书情报工作动态，(7)：1-4.

常颖聪，何琳. 2015. 科学实验数据元数据模型构建研究——以植物学基因表达实验为例. 图书情报工作，(13)：117-125.

晁亚男，毕强，滕广青. 2012. 国外数字图书馆用户研究现状与发展趋势——基于JCDL，ECDL和ICADL的分析. 情报理论与实践，(35)：124-128.

陈传夫，马浩琴，黄璇. 2011. 国家公共部门数字资源增值利用的定价问题及对策. 情报资料工作，(1)：11-15.

陈恩满. 2009. 图情博客信息的组织管理研究. 图书馆建设，(2)：101-104.

陈高朋. 2010. 黄梅戏的保护与传承. 昆明：云南民族大学硕士学位论文.

陈建红，郭向勇. 2008. 高校图书馆知识服务运行机制研究. 图书馆，(1)：68-69.

陈丽萍. 2008. 新西兰奥克兰大学信息共享空间建设之启示. 图书馆理论与实践，(4)：41.

陈明奇，姜禾，张娟，等. 2012. 大数据时代的美国信息网络安全新战略分析. 信息网络安全，(8)：32-35.

陈希. 2006. 利用学科导航系统开发和整合网络数字资源. 图书馆论坛，(5)：230-232.

陈星光. 2010. 基于语义Web的信息检索系统的研究. 镇江：江苏科技大学硕士学位论文.

程秀峰. 2012. 基于电子政务平台查询关键词共现多维可视化聚类分析研究. 情报学报，(4)：33-37.

程秀峰. 2013. 基于用户行为的图书馆数字资源语义聚合研究. 武汉：华中师范大学博士学位论文.

初景利. 2003. 图书馆数字参考咨询的理论与实践研究. 北京：中国科学院研究生院(文献情报中心)博士学位论文.

崔日新. 2013. 大规模数据挖掘聚类算法的研究与实现. 西安：西安电子科技大学硕士学位论文.

戴峰. 2003. 基于XML主题图知识导航技术研究与实现. 长沙：国防科学技术大学硕士学位论文.

戴昭. 2012. 三网融合环境下图书馆信息服务研究. 长春：东北师范大学硕士学位论文.

邓敏. 2014. 基于主题图的标签语义挖掘研究. 武汉：华中师范大学硕士学位论文.

邓胜利. 2008. 国外用户体验研究进展. 图书情报工作，(3)：43-46.

丁楠，潘有能. 2011. 基于关联数据的图书馆信息聚合研究. 图书与情报，(6)：50-53.

丁政建，张路. 2010. 一种改进的本体相似度计算方法. 计算机工程，(24)：39-41.

董福壮，罗伟其. 2001. 信息集成技术及其发展(综述). 暨南大学学报(自然科学与医学版)，(5)：74-80.

杜小勇，马文峰. 2005. 数字资源集成系统体系结构研究. 情报资料工作，(3)：42-45.

段荣婷. 2011. 基于简约知识组织系统的主题词表语义网络化研究——以《中国档案主题词表》为例. 中国

图书馆学报，(37)：54-66.
范爱红，姜爱蓉. 2001. 基于知识管理的学术数字资源整合体系——对 ISI Web of Know ledge 的评介. 现代图书情报技术，(6)：43-46.
范剑文. 2009. 分布式教育资源聚合与个性化应用研究. 电化教育研究，(9)：80-83.
冯向春. 2011. 高校图书馆对校内数字化教学资源的整合研究. 图书馆，(1)：100-102.
洑云龙. 2013. 云计算平台下的数据挖掘研究. 南京：南京邮电大学硕士学位论文.
傅俏，卢章平，盈江燕，等. 2014. 高校机构知识库与用户的互动关联策略研究. 图书情报工作，(24)：31-36.
高波，刘兹恒. 2001. 网络环境下国家图书馆信息资源共建共享现状调查报告. 中国图书馆学报，(4)：48-52.
高凤荣，马文峰，王珊. 2003. 数字图书馆个性化信息推荐系统研究. 情报理论与实践，(4)：359-362.
高利，徐长梅. 2003. 基于颜色分布相似性的图象内容检索. 计算机工程与科学，(3)：52-55.
高晓华，朱锰钢. 2008. 图书馆数字资源整合的实现技术研究. 西安文理学院学报(社会科学版)，(2)：127-129.
高新陵，谢友宁. 2005. 基于用户的数字资源整合模式研究. 图书馆杂志，(5)：35.
龚才春，黄玉兰，许洪波，等. 2008. 基于多重索引模型的大规模词典近似匹配算法. 计算机研究与发展，(10)：1776-1781.
谷文. 2010. 基于概念分类的多本体映射方法研究. 长春：长春工业大学博士学位论文.
顾芳，曹存根. 2004. 知识工程中的本体研究现状与存在问题. 计算机科学，(10)：1-10+14.
管进. 2002. 基于关联数据的图书馆知识服务策略研究. 图书馆理论与实践，(6)：9-11.
桂林斌，邓开陆. 2008. 高校图书馆数字资源整合方式的探讨//云南省高等教育学会：云南省高等教育学会高职高专教育分会 2008 年优秀论文集.
郭家义，宋玲. 2004. 数字图书馆整合实践与思考. 图书馆杂志，23(6)：44-49.
郭金婷，张文亮，王雪超. 2010. 云计算时代下图书馆发展的机遇与挑战. 内蒙古科技与经济，(12)：157-159.
郭晶，林皓明. 2002. 关于图书馆利用 Chat 软件开展实时参考咨询服务的探讨. 大学图书馆学报，(6)：49-52+91.
郭鑫. 2008. 基于本体的异构数据集成技术研究与实现. 北京：中国航天第二研究院硕士学位论文.
韩客松，王永成. 2000. 一种用于主题提取的非线性加权方法. 情报学报，(6)：650-653.
韩书娟. 2013. 基于 OWL 的 IEC61850 与 IEC61970 模型融合研究. 北京：华北电力大学硕士学位论文.
何蕾. 2004. Web 数字资源整合系统的技术研究及实现. 计算机工程与应用，(2)：139-142.
何茂霞. 2008. 异步数字参考咨询服务模式探析. 黑龙江教育学院学报，(6)：148-149.
何庆，汤庸，黄永钊. 2007. 基于本体的法律知识库的研究与实现. 计算机科学，(2)：175-177.
何召卫，陈俊亮. 2005. 本体相似研究综述//中国通信学会：2005 通信理论与技术新进展——第十届全国青年通信学术会议论文集.
贺兰芳. 2010. 网络技术环境下图书馆信息服务策略. 图书情报工作，(s1)：162-165.
胡昌平，严炜炜. 2013. 基于概念图的个人数字图书馆知识服务拓展. 情报理论与实践，(6)：37-40.
胡昌平. 2005. 面向用户的资源整合与服务平台建设战略——国家可持续发展中的图书情报事业战略分析(2). 中国图书馆学报，(2)：5-9+24.
胡娟，程秀峰，叶光辉. 2012. 基于主题图的学术博客知识组织模型研究. 图书情报工作，(24)：127-132.
胡唐明. 2006. 一种基于本体的语义研究. 现代情报，(2)：153-154+156.

胡新平. 2010. 云图书馆构想. 情报理论与探索, (6): 29-30.
湖北省图书馆. 2007. 湖北省图书馆数字信息资源概况. http://www. library. hb. cn/csjq/html/3. html [2016-3-9].
化柏林. 2016. 学术论文中方法知识元的类型与描述规则研究. 中国图书馆学报, (1): 30-40.
黄昶, 陆伟, 吴朝晖. 2002. Grid 技术研究现状及应用. 计算机科学, (12): 36-39.
黄镝. 2002. SFX—电子数字资源整合的利器. 图书馆杂志, (3): 49-50.
黄国忠. 2005. 基于智能信息推拉技术的主动信息服务. 情报杂志, (10): 59-60.
黄建年. 2009. 国家数字资源联合导航系统构建研究. 情报杂志, (3): 188-191.
黄婧, 郝永艳. 2011. 基于 OPAC 系统的全文资源整合实践模式研究. 图书馆学研究, (6): 44-46+93.
黄如花. 2007. 数字资源管理的重要工具——分类法在构建元数据框架体系中的应用调查及建议. 情报科学, (11): 1601-1608.
黄晓斌, 夏春明. 2005a. 数字资源整合研究的现状及发展方向. 情报理论与实践, (1): 75-77.
黄晓斌, 夏明春. 2005b. 论图书馆数字资源的整合. 图书情报工作, (1): 56-59.
黄永文. 2010. 关联数据在图书馆中的应用研究综述. 现代图书情报技术, (5): 1-7.
贾宏. 2006. 数字图书馆个性化服务技术述略. 现代情报, (3): 71-74.
贾君枝, 卫荣娟, 罗林强. 2009.《汉语主题词表》XML 文档的自动生成研究. 现代图书情报术, (5): 50-54.
江锡民. 2009-11-17. 云计算像供电一样提供信息服务. 新华日报, 第 A07 版.
姜春林, 陈玉光. 2010. CSSCI 数据导入 Biexcel 实现共现矩阵的方法及实证研究. 图书馆杂志, (42): 58-63.
姜丽华, 黄敏, 马永光, 等. 2005. 基于 Multi-agent 技术的 Web 文本挖掘模型及应用. 计算机工程, (1): 217-218.
金博, 史彦军, 滕弘飞. 2005. 基于语义理解的文本相似度算法. 大连理工大学学报, (2): 291-297.
鞠彦辉, 刘闯. 2009. 国外典型语义标注平台的比较研究. 现代情报, (29): 215-217.
孔敬, 李广建. 2005. 学科信息门户: 概念、结构与关键技术. 中国图书馆学报, (5): 50-53.
兰鹰, 杨玉梅. 2012. 基于 UML 的图书馆文档管理系统的数据库建模. 科技信息, (36): 506.
李爱国, 汪社教. 2003. 学术数字资源整合工具—SFX 及其启示. 现代图书情报技术, (1): 48-50.
李春旺. 2005. Web 信息整合机制研究. 图书情报工作, (10): 15-19.
李春元. 2012. 网站漏洞扫描软件 WEBSCAN 的设计与实现. 北京: 北京交通大学硕士学位论文.
李富玲, 卢振波. 2002. SFX—数字资源整合新工具. 现代图书情报技术, (6): 69-71.
李广建, 刘晓娟, 黄永文. 2006. Cross-Search 系统的设计与实现. 图书馆杂志, (7): 46-51.
李桂贞, 郑建明. 2007. 基于智能信息推拉技术的数字图书馆主动信息服务[J]. 情报杂志, 26(2):65-67.
李红雨, 赵乃瑄, 彭蕾. 2004. OpenURL 框架和 SFX 技术在异构数据整合中的应用. 南京工业大学学报(自然科学版), (5): 95-97.
李劲, 程秀峰, 宋红文, 等. 2013. 基于语义的馆藏资源深度聚合模型探析. 湖北民族学院学报(自然科学版), (2): 212-215.
李景, 孟宪学, 苏晓路. 2009. 领域本体的构建方法与应用研究. 北京: 中国农业科学技术出版社.
李景. 2009. 领域本体的构建方法与应用研究. 北京: 中国农业科学院博士后出站报告.
李静云. 2010. 语义网格环境下数字图书馆的服务整合. 现代情报, (8): 52-54.
李俊. 2013. 关联数据的知识发现研究. 情报科学, (3): 76-81.
李楠, 张学福. 2013. 基于关联数据的知识发现模型研究. 图书馆学研究, (1): 73-77+67.

李楠. 2012. 基于关联数据的知识发现研究. 北京：中国农业科学院博士学位论文.
李培. 2007. 信息检索与信息融合. 北京:人民邮电出版社.
李鹏，乔晓东，韩烽,等. 2008. 基于用户浏览行为的数据采集及应用. 现代图书情报技术，(11)：56-59.
李琪，吴刚. 2013. 语义传感器 Web 中的数据管理技术研究. 计算机科学，(6)：1-7.
李清茂，邵莉，杨兴江. 2011. 主题图与传统信息组织方法的比较. 农业图书情报学刊，(8)：9-14.
李清茂，邵莉. 2008. 阿坝州旅游文化信息资源组织困境与主题图解决策略研究. 阿坝师范高等专科学校学报，(2)：60-62.
李清茂. 2007. 基于主题图技术的旅游文化信息资源组织. 成都：四川大学硕士学位论文.
李清茂. 2011. 主题图理论与应用方法研究. 成都:四川大学出版社.
李书宁. 2004. 网络用户信息行为研究. 图书馆学研究，(7)：82-84.
李亚婷，曹洁，彭洋，等. 2010. Web 环境下关联数据的应用. 情报理论与实践，(11)：122-125.
李永先，栾旭伦，李森森. 2009. 云计算技术在图书馆中的应用探讨. 江西图书馆学刊，(01)：39.
李志国，冯永，钟将，等. 2007. 基于 Super—P2P 的分布式知识管理模型. 计算机科学，(7)：184-186.
李智琦，陈世颖，杨怡凝. 2011. 基于数据挖掘的个性化推荐在 SNS 中的应用. 电脑知识与技术，(28)：6828-6830.
廉清. 2005. 数字图书馆用户服务模型研究. 情报杂志，(11)：117-119.
梁桂英. 2006. 谈谈学科信息门户的知识组织体系建设. 情报探索，(1)：47-50.
梁国楹，王守栋. 2011. 中国传统文化精要. 北京:人民出版社.
梁慧. 2013. 基于语义的馆藏资源深度聚合与可视化展示的保障机制研究. 武汉：华中师范大学硕士学位论文.
廖志江. 2012. 知识发现及数字图书馆知识服务平台建设研究. 情报科学，(12)：1849-1853.
刘成山，张秀君,赵捧未. 2011. 基于代理的语义对等网环境下的数字图书馆模型. 情报理论与实践，(5)：101-103.
刘国峰，黄少滨，程媛. 2013. 一种基于聚类和辅助词典的模式匹配方法. 哈尔滨工程大学学报，(2)：10-20.
刘海英. 2012. 适用于无线胶囊内镜图像的 TV 模型图像处理技术. 青岛：山东大学硕士学位论文.
刘洪涛，张平，黄智兴,等. 2004. 用户浏览行为数据采集方法综述. 西南科技大学学报，(2)：45-59.
刘甲学. 2008. 基于 Web 服务的地方文献共享平台研究. 情报科学，(8)：1229-1231.
刘健. 2015. 基于协同进化理论的图书馆知识生态化机理与技术实现研究. 长春：吉林大学博士学位论文.
刘明辉，张志平，张新民. 2008. 网络资源聚合方法探析. 机械管理开发，(5)：170-172.
刘世影，杨雨师，吴戈. 2007. 数字图书馆资源整合研究. 现代情报，(2)：97-98.
刘树鹏，李冠宇. 2011. 基于形式概念分析的本体合并方法. 计算机工程与设计，(4)：1434-1437.
刘炜. 2011. 关联数据：概念、技术及应用展望. 大学图书馆学报，(2)：5-12.
刘永伟. 2013. 基于 Lucene 的实验室采集数据搜索引擎系统的搭建. 北京：首都师范大学硕士学位论文.
刘子辉，陈强，彭渝，等. 2013. 高校图书馆数字资源整合方式研究. 重庆科技学院学报(社会科学版)，(6)：75-77.
卢共平. 2004. 论数字图书馆的服务集成. 图书馆，(5)：47-50.
路静，顾军华. 2014. 改进和声搜索算法及其在连续函数优化中的应用. 计算机应用，(1)：194-198.
吕刚，郑诚，胡春玲. 2011. 基于概念分类的多本体映射方法研究. 计算机应用研究，(9)：3335-3337.
罗昊. 2007. 一种基于 RDF 的本体转换技术的研究与实现. 武汉：湖南大学硕士学位论文.
罗欣，夏德麟，晏蒲柳. 2005. 基于词频差异的特征选取及改进的 TF-IDF 公式. 计算机应用，(9)：

2031-2035.
罗旋. 2006. 基于复句领域本体的语义标注方法研究. 武汉：华中师范大学硕士学位论文.
马费成. 2011. 基于关联数据的网络数字资源集成. 情报杂志社，(2)：168.
马建霞，周宁丽，张智雄. 2004. 主题图技术在沙尘暴知识导航中的应用研究. 图书情报工作动态，(2)：12-12.
马明霞，朱秀平，陈存业. 2005. 智能信息推拉(IIPP)技术在图书馆信息服务中的应用. 现代情报，(6)：94-96.
马文峰，杜小勇. 2005. 数字资源整合方式研究. 图书情报工作，(5)：67-71.
马文峰，杜小勇. 2007a. 关于知识组织体系的若干理论问题. 中国图书馆学报，(2)：13-17+46.
马文峰，杜小勇. 2007b. 数字资源整合的发展趋势. 图书情报工作，(7)：66-70.
马文峰，高凤荣，王珊. 2003. 论数字图书馆个性化信息推荐系统. 现代图书情报技术，(2)：16-18.
马文峰. 2002. 数字资源整合研究. 中国图书馆学报，(4)：64-67.
马文峰. 2003. 基于知识组织理论之上的数字资源整合. 情报资料工作，(1)：26-28.
马颖华，王永成，苏贵洋，等. 自动标引中基于概念层次树的主题词轮排选择的算法实现[J]. 高技术通讯，2003，13(6)：18-21.
毛军，王永成，刘凯. 2005. 基于关联矩阵的主题概念选择算法研究. 计算机仿真，(5)：90-91.
孟凡静，李国朋. 2006. 分布式异构数字资源整合概述. 中华医学图书情报杂志，(5)：66-68.
孟小峰. 2003. Web 信息集成技术研究. 计算机应用与软件，(11)：32-36.
孟宇龙. 2010. 基于本体的多源异构安全数据聚合. 哈尔滨：哈尔滨工程大学博士学位论文.
倪静，孟宪学. 2014. PROV 数据溯源模型及 Web 应用. 图书情报工作，(3)：13-19.
聂应高. 2011. 高校图书馆门户建设的思考. 湖北科技学院学报，(2)：143-145.
欧石燕. 2012. 面向关联数据的语义数字图书馆资源描述与组织框架设计与实现. 中国图书馆学报，(6)：58-71.
蒲筱哥. 2009. 数字资源整合技术研究现状述评. 情报探索，(3)：28-31.
钱圣波，丁振国. 2004. 远程教育中的知识管理研究. 西安电子科技大学学报(社会科学版)，(4)：89-92.
乔京洲. 2010. 基于云计算的泛在图书馆建设的架构与实现. 新世纪图书馆，(6)：82-85.
裘江南，姚永祥. 2007. 基于 XTM 的政务门户知识关联导航系统模型研究. 情报学报，(2)：260-265.
任奎礼. 2008. 高校图书馆知识服务研究. 天津：天津大学硕士学位论文.
邵爽. 2009. 医学院校图书馆数字参考咨询服务研究. 长春：东北师范大学硕士学位论文.
沈利峰. 2005. 数字图书馆网络数字资源整合研究. 北京：中国农业科学院硕士学位论文.
沈晓近. 2006. 浅论基于 JXTA 的 P2P 网络技术的应用. 中国西部科技，(36)：32-33.
时念云，杨晨. 2007. 基于领域本体的语义标注方法研究. 计算机工程与设计，(24)：5985-5987.
史旗凯，郭菊娥，李子叶，等. 2011. 事实主题与组织战略的一致性测度研究——基于词义相似度计算的实证分析. 科研管理，(32)：46-52.
舒江波. 2008. 本体库的构建方法及应用研究. 武汉：华中师范大学硕士学位论文.
苏新宁，章成志，卫平. 2005. 论数字资源整合. 现代图书情报技术，(9)：54-61.
苏哲. 2010. RSS 新闻聚合型网站的数据分析系统. 北京：北京交通大学硕士学位论文.
孙鸿燕. 2011. 图书馆关联数据的综合管理及其实现. 图书馆学研究，(23)：51-54.
孙丽霞. 2010. 3G 技术下移动数字图书馆的服务方式探究. 情报科学，(10)：1484-1486.
孙坦，黄国彬. 2009. 基于云服务的图书馆建设与服务策略. 图书馆建设，(9)：1-6.
谭洁清. 2011. 关联数据的简介与进展. 信息与电脑，(1)：103-106.

唐一之. 2009. 基于知网的领域概念抽取与关系分析研究. 湘潭大学自然科学学报, (31): 135-140.
陶俊, 孙坦, 刘峥. 2012. 关联数据映射语言: R2R. 中国图书馆学报, (3): 100-109.
田文英. 2012. 基于本体的概念相似度计算研究. 计算机光盘软件与应用, (5): 162-156.
田向阳. 2007. 图书馆数字资源整合研究. 西安: 陕西师范大学硕士学位论文.
田依林, 滕广青, 张凡, 等. 2011. 基于概念格的社区用户知识服务模型研究. 情报科学, (8): 1201-1204.
田子德, 毕强, 王雨. 2012. SFX 在数字资源整合中的应用. 情报科学, (12): 1858-1861.
图林过客. 2009. 厦门大学图书馆图林网志聚合. http://rss. xmulib. org/lis/search. php [2016-8-30].
汪旺滔. 1991. 排序原理与排序思想. 中学数学, (7): 46-47.
王爱丽. 2006. 数字资源整合技术与模式研究. 图书馆学研究, (3): 60-62.
王春玲. 2011. 数字图书馆资源整合探讨. 中国报业, (20): 81-82.
王纯. 2000. 中国数字图书馆建设、数字资源开发及网络建设的现状. 中国图书馆学报, (4): 79-81.
王枫, 成可, 涂序彦. 2001. 基于智能信息推拉技术的客户关系管理系统. 计算机工程与应用, (20): 10-11+18.
王翠萍. 2005. 试论个性化服务的信息资源整合. 情报资料工作, (4): 37-40.
王存刚, 王斌, 姚文琳, 等. 2008. 基于 Ontology 的 Web 信息检索系统研究. 计算机工程与设计, (24): 6316-6319.
王红会. 2005. 数字图书馆信息资源组织方法及服务模式. 情报杂志, (9): 65-66+69.
王辉, 康美娟. 2004. 数字资源的整合探讨. 情报杂志, (3): 128-129.
王静一. 2011. 基于云计算技术的数字图书馆云服务平台架构研究. 长春: 吉林大学硕士学位论文.
王军, 张丽. 2008. 网络知识组织系统的研究现状和发展趋势. 中国图书馆学报, (1): 65-69.
王军. 2005. 主题词表的自动丰富-从元数据中提取关键词及其定位. 中文信息学报, (6): 37-42.
王军. 2009. 数字图书馆的知识组织系统: 从理论到实践. 北京: 北京大学出版社.
王亮, 郭一平. 2004. 基于 Webservice 的异构数据库检索系统. 大学图书馆学报, (1): 29-31.
王梅文. 2008. 基于本体的药学领域知识管理. 中华医学图书情报杂志, (17): 4-7.
王庆波, 金滓, 何乐. 2009. 虚拟化与云计算. 北京: 电子工业出版社.
王庆一等. 2002. 多信息块 Web 页面的信息抽取. 计算机应用研究, (10): 23-26.
王润生. 2007. 信息融合. 北京: 科学出版社.
王善民. 2009. 电子商务网站用户跟踪与访问数据分析研究. 长春: 吉林大学硕士学位论文.
王石林. 2006. 主题地图及其在软件工程专业知识管理中的应用研究. 武汉: 武汉理工大学硕士学位论文.
王涛, 卢显良, 侯孟书. 2005. Peer-to-Peer 网络中文件查询的研究. 计算机科学, (10): 49-51.
王薇. 2013. 基于关联数据的图书馆数字资源语义融合研究. 南京: 南京大学硕士学位论文.
王伟. 2012. 基于数据挖掘的图书馆用户行为分析与偏好研究. 情报科学, (3): 16.
王文宏, 王凤蕊, 潘全科. 2007. 基于 P2P 计算的教育资源库共享系统研究. 计算机工程与设计, (13): 3130-3132.
王文玲, 刘婧, 郑永丰. 2005. Web 整合技术研究. 图书情报工作, (10): 20-24.
王文清, 陈凌. 2009. CALIS 数字图书馆云服务平台模型. 大学图书馆学报, (4): 13-18+32.
王以群, 胡忠红. 2004. 网络环境下的数字资源共享整合技术. 情报科学, (10): 1203-1205.
王曰芬, 宋爽, 熊铭辉. 2007. 基于共现分析的文本知识挖掘方法研究. 图书情报工作, (4): 66-70.
王征, 刘宁庄, 张建成. 2006. 数据融合的方法及应用研究. 自动化与仪器仪表, (4): 77-80.
王知津, 张国华. 2004. 知识组织概念模型及相关问题. 中国图书馆学报, (4): 7-11.

王忠华. 2011. 领域本体创建过程中知识源的选取研究. 现代计算机(专业版), (3): 16-18.
魏冰鑫. 2013. 基于用户需求导向的图书馆服务创新. 大众文艺, (11): 224-225.
魏星德. 2012. 数字图书馆资源的云存储模型研究. 上海: 上海海洋大学硕士学位论文.
温钊健. 2012. OCLC Worldcat 云计算数字图书馆模型. 图书情报工作, (15): 54-60.
吴大鹏. 2012. 基于 Linked Open Data 语义关联的医疗信息在线查询系统的设计与实现. 大理: 云南大学硕士学位论文.
吴昊, 邢桂芬. 2005. 基于本体的信息集成技术研究. 计算机应用, (2): 456-458.
吴旻. 2012. 图书馆关联数据的集成管理研究. 图书馆理论与实践, (9): 67-69.
吴笑凡, 张磊, 质良, 等. 2006. 基于主题地图的异构知识集成. 现代图书情报技术, (11): 49-52.
吴玉萍. 2008. 基于主题图的数字图书馆知识组织研究. 武汉: 华中师范大学硕士学位论文.
伍革新. 2013. 基于关联数据的数字图书馆资源聚合与服务研究. 武汉: 华中师范大学博士学位论文.
夏翠娟, 刘炜, 赵亮, 等. 2012. 关联数据发布技术及其实现——以 Drupal 为例. 中国图书馆学报, (1): 49-57.
夏翠娟. 2009. Drupal 在图书馆中的应用. 图书馆杂志, (5): 47-52.
夏立新, 金燕, 方志等. 2009. 信息检索原理与技术. 北京:科学出版社.
夏立新, 叶飞. 2009. 利用主题图实现城市圈电子政务系统数据整合模型的构建. 现代图书情报技术, (11): 17-22.
夏立新, 叶光辉, 程秀峰. 2013. 基于词词关联矩阵改进的模糊检索研究(一)——模糊集合检索系统中词词关联矩阵构造的策略和时机选择. 情报学报, (2): 116-124.
鲜国建. 2013. 农业科技多维语义关联数据构建研究. 北京: 中国农业科学院博士学位论文.
肖强, 郑立新. 2011. 关联数据研究进展概述. 图书情报工作, (13): 72-75+134.
谢宝义. 2011. 高校图书馆数字资源整合模式研究与实践——以石家庄铁道大学图书馆为例. 图书馆建设, (2): 33-35+40.
新浪博客. 2009a. 新浪“图林博客圈”. http://q.blog.sina.com.cn/library/ [2016-8-30].
新浪博客. 2009b. 新浪“中国图书馆博客论坛博客圈”. http://q.blog.sina.com.cn/tushult [2016-8-30].
熊传宇. 2013. 基于 Map-Reduce 的海量数据约简算法研究. 武汉: 武汉理工大学硕士学位论文.
熊回香, 李青维. 2013. 国外典型语义视频本体分析研究. 情报杂志, (6): 121-126.
熊铭辉. 2007. 面向个性化服务的知识组织机制研究. 南京: 南京理工大学硕士学位论文.
熊霞, 常春. 2010. 基于叙词表的知识单元检索系统设计. 图书情报工作, (12): 50-53+108.
熊鹰, 胡眠. 2004. 区域性数字参考咨询协作服务系统研究. 情报杂志, (2): 89-91.
徐国虎, 许芳. 2006. 本体构建工具的分析与比较. 图书情报工作, (1): 44-48.
徐和祥, 张世明. 2010. 基于元数据语义模型的数字资源 Top-N 检索. 计算机工程, (36): 273-276.
徐娜. 2013. 中国戏曲文化在景观设计中的应用. 杨凌: 西北农林科技大学硕士学位论文.
徐婷. 2012. 福州城市内河绿线宽度探讨. 福州: 福建农林大学硕士学位论文.
徐耀琪. 2010. 基于本体的甲骨卜辞语料标注的研究. 上海: 华东师范大学硕士学位论文.
许萍华, 丁申桃. 2005. 数字资源整合目标与模式探讨. 图书馆杂志, (5): 32-34.
闫志红. 2008. 我国高校图书馆数字资源整合模式研究. 重庆: 重庆大学硕士学位论文.
颜端武, 岑咏华, 毛平, 等. 2007. 领域知识本体的可视化检索研究. 中国图书馆学报, (4): 60-63+76.
杨爱武. 2012. 基于关联数据的图书馆创新服务研究. 图书与情报, (3): 85-88.
杨成明. 2011. 微博客用户行为特征实证分析. 图书情报工作, (12): 21-25.
杨飞萍. 2006. 图书馆数字资源整合方式简介. 浙江交通职业技术学院学报, (7(z1)): 152-154..

杨海燕. 2012. 大数据时代的图书馆服务浅析. 图书与情报, (4): 120-122.
杨华, 唐艳春. 2005. 基于用户需求的数字资源整合研究与实践. 情报资料工作, (5): 56-58.
杨慧, 曹锦丹. 2011. 基于关键词分析的叙词表词间等同关系探讨. 图书馆工作与研究, (186): 58-61+65.
杨明芳, 袁曦临. 2009. 云计算环境下的数字图书馆. 图书馆建设, (9): 7-9.
杨培帅. 2015. 公安案件现场照片管理系统的设计与实现. 济南: 山东师范大学硕士学位论文.
杨鑫. 2015. 基于 Android 平台的地铁信息服务应用的研究与实现. 北京: 北京邮电大学硕士学位论文.
杨学义, 霍广军, 战春光, 等. 2008. 百年文丛撷萃纪念沈阳市图书馆 100 周年论文集. 哈尔滨:北方文艺出版社.
杨志波. 2005. 基于 Project2003 的项目管理. 北京:电子工业出版社.
姚冬磊, 赵晓鹏, 卫耀伟. 2010. 同义词挖掘及表示研究. 福建电脑, (3): 44-44.
叶飞, 夏立新, 王俊. 2010. 基于主题图的农村村级电子政务信息门户系统研究. 图书情报工作, (8): 29-32.
叶忠杰. 2007. 基于课程本体的智能 FAQ 系统的设计. 计算机时代, (12): 2-25.
尹航. 2012. 信息推荐系统中的协同过滤技术研究. 沈阳: 东北大学博士学位论文.
游毅, 成全. 2012. 基于关联数据的科研数据资源共享. 情报杂志, (10): 146-151.
游毅, 成全. 2013. 试论基于关联数据的馆藏资源聚合模式. 情报理论与实践, (1): 109-114.
于晓繁. 2012. 基于本体和元数据的语义标注平台模型与系统架构研究. 淄博: 山东理工大学硕士学位论文.
余肖生, 周宁, 张芳芳. 2006. 数字图书馆中个性化服务的用户需求模型研究. 情报杂志, (5): 116-118.
喻昕, 王敬一. 2011. 基于云计算技术的数字图书馆云服务平台架构研究. 情报科学, (7): 1049-1053.
袁维新. 2004. 概念图: 一种促进知识建构的学习策略. 学科教育, (2): 39-44.
袁瑛, 刘晓娟, 高玲. 2011. 跨库集成检索系统 Web 数据源分析策略. 情报杂志, (S1): 135-137.
袁援. 2010. 云计算技术驱动下构建数字图书馆虚拟化环境的探讨. 情报理论与探索, (12): 120-121.
约翰·奈斯比特. 1984. 大趋势——改变我们生活的十个新趋向. 北京:新华出版社.
岳静, 张自力. 2006. 本体表示语言研究综述. 计算机科学, (2): 158-162.
云俊, 王少梅. 2001. 物流系统的多目标预测. 武汉理工大学学报(社会科学版), (3): 243-245.
曾琦. 2012. 基于关联数据的图书馆云服务平台设计. 图书馆学研究, (5): 10.
翟保荣. 2011. 基于关系数据库的 OWL 本体的提取与存储研究. 合肥: 国防科学技术大学硕士学位论文.
翟姗姗. 2014. 基于关联数据的非物质文化遗产资源聚合研究. 武汉: 华中师范大学博士学位论文.
张波, 巫莉莉, 周敏. 2006. 基于 Web 使用挖掘的用户行为分析. 计算机科学, (8): 213-214.
张丹. 2008. 高职院校图书馆数字参考咨询服务研究. 长春: 吉林大学硕士学位论文.
张付志, 巢进波. 2005. 信息集成技术在数字图书馆中的应用研究. 计算机工程, (7): 90-92.
张海玲. 2013. 图书馆书目数据的关联数据化研究——以德国国家图书馆为例. 图书馆论坛, (1): 120-125.
张海涛, 张连峰, 王丹, 等. 2015. 基于自组织神经网络的图书馆关联知识聚合研究. 情报理论与实践, (9): 73-78.
张红丽. 2013. 基于云计算平台的分布式数字图书馆框架模型研究. 情报科学, (3): 40-44+67.
张会平, 周宁. 2008. 基于词共现的概念图自动构建研究. 情报理论与实践, (6): 903,928-930.
张会田. 2004. 分布式数字参考咨询服务系统设计与实现. 现代图书情报技术, (12): 14.
张继东, 许亮, 李力. 2009. 基于语义网格的数字图书馆架构研究. 情报理论与实践, (10): 115-118.

张联峰，刘乃安，钱秀槟. 2003. 对等网(P2P)技术. 计算机工程与应用，(12)：142-145.
张龙立. 2010. 云存储技术探讨. 电信科学，(S1)：71-74.
张露，成颖. 2009. 主题地图研究综述. 情报科学，(2)：305-309.
张守恒. 2013. 虚实结合网络实验室服务端设计与实现. 杭州：浙江大学硕士学位论文.
张思颖. 2013. 西藏加措地区地物光谱特征分析及蚀变信息提取研究. 长沙：中南大学硕士学位论文.
张文修，魏玲，祁建军. 2005. 概念格的属性约简理论与方法. 中国科学:技术科学，(6)：628-639.
张晓林. 2001. 数字化信息组织的结构与技术(二). 大学图书馆学报，(5)：19-24+91.
张晓林. 2002. Semantic Web 与基于语义的网络信息检索. 情报学报，(8)：413-420.
张雪英，侯汉清. 2000. 叙词表词汇转换系统的设计. 情报学报，(5)：451-457.
张岩，周晓梅. 2010. 基于 Grid 技术的虚拟图书馆在网络时代数字图书馆建设中的应用. 智能信息技术应用学会:Proceedings of 2010 International Conference on Management Science and Engineering (MSE 2010) (Volume 5).
张燕. 2013. 关联数据视域下图书馆知识服务的策略. 图书馆学刊，(2)：98-100.
张燕萍. 2008. 国家数字资源整合研究综述. 情报探索，(2)：47-49.
张寅生. 2007. 基于本体的网络科技数字资源定位和导航方法. 现代图书情报技术，(5)：57-61.
张英朝，张维明，肖卫东，等. 2004. 虚拟组织信息共享全局视图构建方法研究. 计算机集成制造系统，(S1)：120-125+143.
张云中，徐宝祥. 2010. 基于形式概念分析的领域本体描述模型研究. 图书情报工作，(54)：111-116.
赵冬梅. 2005. 图书馆数字资源整合. 情报科学，(3)：362-366.
赵华. 2009. 对高校图书馆数字参考咨询服务的探析//广西图书馆学会:广西图书馆学会 2009 年年会暨第 27 次科学讨论会论文集.
赵巾帼. 2008. 基于语义距离的概念语义相似度研究. 长沙：中南大学硕士学位论文.
赵晋巍，真溱. 2009. 本体匹配技术研究概述. 现代图书情报技术，(11)：6-9.
赵卫军. 2013. 基于 SOA 的关联数据的高校图书馆知识服务架构. 图书馆学刊，(6)：103-105.
赵新力. 2003. 电子政务主题词表. http://wenku.baidu.com/view/902b042658fb770bf78a5562.html [2016-9-10].
赵岩. 2015. 基于关联数据的数字图书馆服务研究. 哈尔滨：黑龙江大学硕士学位论文.
赵悦，陈凌晖. 2007. 基于 P2P 技术的信息检索. 情报理论与实践，(6)：847-850.
赵梓彤，谢海先. 2011. 关联数据在网络信息管理中的应用. 图书馆学研究，(12)：47-50.
郑燃，唐义，戴艳清. 2012. 基于关联数据的图书馆、档案馆和博物馆数字资源整合研究. 图书与情报，(1)：71-76.
郑婷. 2012. 用户对微内容的需求模型研究. 武汉：华中科技大学硕士学位论文.
郑伟，王锐. 2007. 文本分类中特征提取方法的比较与研究. 河北北方学院学报(自然科学版)，(6)：33-37.
周建清. 2007. 试论图书馆数字资源整合. 现代情报，(3)：88-89.
朱良兵，纪希禹. 2006. 基于 Topic Maps 的叙词表再工程. 现代图书情报技术，(9)：81-84.
朱学庆. 2002. 概念图的知识及其研究综述. 上海教育科研，(10)：31-34.
祝令强. 2014. 关联数据视角下的数字图书馆资源服务整合研究. 信息技术与信息化，(10)：109-111.
邹本友. 2011. 基于本体的个性化元搜索引擎研究. 青岛：山东科技大学硕士学位论文.
祖芳宏，章丽. 2006. 论高校图书馆层次化参考咨询服务机制. 安庆师范学院学报(社会科学版)，(6)：124-126.

左渭斌. 2012. 用户行为特征库的构建方法研究. 产业与科技论坛，(10)：106-106.

Attiya G，Hamam Y. 2006. Task allocation for maximizing reliability of distributed systems：a simulated annealing approach. Journal of Parallel and Distributed Computing,66(10)：1259-1266.

Aumueller D，Do H H，Massmann S，et al. 2005. Schema and ontology matching with COMA++. In Proceeding s of the 2005 ACM：1291-1310.

Baruzzo A，Casoto P，Challapalli P，et al. 2011. 2011 Toward semantic digital libraries：exploiting web2. 0 and semantic services in cultural heritage. http://journals. tdl. org/jodi/article/view/688/576 [2016-12-6].

BBC. 2011. linked data project report. http://www. bbc. co. uk/blogs/radiolabs/s5/linked-data/s5. html [2016-5-11].

Belhajjame K，Cheney J，Garijo D，et al. 2011. The PROV ontology：model and formal semantics. W3C Working Draft.

Bergamaschi S，Beneventano D，Castano S. 1998. MOMIS：An intelligent system for the integration of semistructured and structured data. Technical report，University of di Modena e Reggio Emilia T3-R08，Pedoa IT.

Bernard Vatant . 2011. Vocabulary of a friend (VOAF). http://lov. okfn. org/vocab/voaf/v2. 1/index. html [2016-5-26].

Berners-Lee T，Hendler J，Lassila O. 2001. The semantic web. scientific american. Lecture Notes in Computer Science，284(10):34-43.

Berners-Lee T，Hendler J. 2001. Publishing on the semantic web. . Nature，410(6832):1023.

Berners-Lee T. 2000. Architecture. http://www. w3. org/2000/Talks/1206-xml2k-tbl/slidel 0-1. html [2016-5-11].

Berners-Lee T. 2006. Linked data – design issues. http://www. w3. org/DesignIssues/LinkedData. html [2016-5-11].

Biezunski M，Newcomb S R，Liu P. 2001. XML topic maps：finding aids for the web. IEEE Multimedia，8(2)：104-108.

Bizer C，Cyganiak R，Heath T. 2007. How to publish linked data on the web. http://wifo5-03. informatik. uni-mannheim. de/bizer/pub/LinkedDataTutorial/ [2016-5-11].

Bizer C,Schultz A. 2010. The R2R framework：publishing and discovering mappings on the web. Proceedings of the first international workshop on consuming linked data(COLD2010)：97-108.

Bizer C. 2011. D2RQ accessing relational databases as virtual RDF graphs. http://d2rq. org/ [2016-5-27].

Bloehdorn S，Cimiano P，Duke A，et al. 2007. Ontology-based question answering for digital libraries. research and advanced technology for digital libraries. Springer Berlin Heidelberg.

Bray T，Paoli J，Spcrberg-McQueen C M，et al. 1997. Extensible markup language (XML). World Wide Web Journal，2(4)：27-66.

Brickley D，Miller L. 2012. FOAF vocabulary specification . Namespace Document.

Brin S，Page L. 1998(04). The anatomy of a large-scale hypertextual web search engine. Proceedings of the Seventh International World Wide Web Conference：107-117.

Buccella A，Cechich A. 2003. An ontology approach to data integration. NR Brisaboa Journal of Computer Science and Technology，3(2)：62-69.

Castañèè G G，Núneñè A，Filgueira R，et al. 2012. Dimensioning scientific computing systems to improve performance of map-reduce based applications. Procedia Computer Science，9：226-235.

Chen A, et al. 1997. Chinese text retrieval without using a dictionary. Proceedings of the 20th Annual International ACM SIGIRConference on Reseach and Development in Information Retrieval4 : 42-49.

Chen H, Martinez J, Ng T D, et al. 1997. A concept space approach to addressing the vocabulary problem in scientific information retrieval: an experiment on the worm community system . Journal of the American Society for Information Science,48(1): 17-31.

Chen, C M. 2009. Ontology - based concept map for planning a personalised learning path. British Journal of Educational Technology, 40(6): 1028-1058.

Chen, X T. 2002. A comparison of two state academic library consortia: Illinois ILCSO and Missouri's MOBIUS, how they and their library catalogs work. Illinois Libraries, 84(4): 8-17.

Cheng Q Z, Zhen X Q, Xiao W Y. 2005. Association- based segmentation for Chinese- crossquery expansion . IEEE Intelligent Informatics Bulletin, 6(1): 18-25.

Choi J H, Kim J S, Cho I H. 2002. A fuzzy retrieval system to facilitate associated learning in problem banks . Software and Applications, 29(3-4): 278-288.

Cyganiak R, Zhao J, Alexander K, et al. 2011. Vocabulary of interlinked datasets (VoID). http://vocab. deri. ie/void [2016-5-20].

Damashek M. 1995. Gauging similarity with n-grams: language-independent categorization of text. Sience, 267: 843-848.

DCMI Usage Board. 2012. DCMI metadata terms. http://dublincore. org/documents/dcmi-terms/ [2016-5-26].

Defensesystems. 2012. Big data poses big challenge for military intelligence. http://defensesystems. com/articles/2012/03/29/big-datamilitary-intelligence-analysis. aspx [2016-3-29].

Deolasee P, Katkar A, Panchbudhe A, et al. 2002. Adaptive push-pull: disseminating dynamic web data. IEEE Transactions on Computers, 51(6):652-668.

Doan A H, Madhavan J, Domingos P, et al. 2007. Ontology matching: a machine learning approach. Ontology matching amachine learning approach. Handbook on Ontologies in Information Systems. Springer-Verlag, Heildelberg.

Doan A, Halevy A. 2005. Sematic-integation research in the database community: a brief Survey. AI Magazine, 26(1) : 83- 94.

Dorner D. 2001. New models of library consortia: implications for New Zealand libraries. New Zealand Libraries, 49(4):115-126.

Ehrig M, Sure Y. 2004. Ontology mapping: an integrated approach. Proceedings of the 1st European Semantic Web Symposium, Heraklion, Greece: 10-12.

Ehrig M. 2007. Ontology alignment bridging the semantic gap . New York: Springer Science Business Media, LLC.

Fayyad U, Piatetsky-Shapiro G, Smyth P. 1996. From data mining to knowledge discovery in databases. AI magazine, 17(3): 37.

Forlizzi J, Ford S. 2000. The building blocks of experience: an early framework for interaction designers. DIS 2000 Conference Proceedings, ACM: 419-423.

Frawley W J, Piatetsky-Shapiro G, Matheus C J. 1992. Knowledge discovery in databases: an overview. AI magazine, 13(3):57.

Gamma E, Helm R, Johnson R, et al. 1995. Design patterns: elements of reusable object-oriented software. Addison Wesley.

Garrett J. 2004. Talking about the elements of user experience: An interview with Jesse James Garrett. http://www. jjg. net/elements/ [2016-9-10].

Gilchrist A D. 1994. Classification and thesauri. Fifty Years of Information Progress: a Jour2 nal of Documentation Review, 85-118.

Github. 2010. prefuse/Prefuse. https: //github. com/prefuse/Prefuse [2016-7-11].

Gruber T R. 1993. A translation approach to portable ontology specifications . Knowledge Acquisition, 5 (2): 199-220.

Guarino N. 1995. Formal ontology, conceptual analysis and knowledge representation. International Journal of Human-Computer Studies, 43(5), 625-640.

Haslhofer B, Schandl B. 2008. The OAI2LOD server: exposing OAI-PMH metadata as linked data. Proceedings of LDOW2008. Beijing, China.

Hassenzahl M. 2001. The effect of perceived hedonic quality on product appealingness. International Journal of Human-Computer Interaction, 04: 481-499.

Heath T, Hausenblas M, Bizer C, et al. 2008. How to publish linked data on the web. Tutorial in the 7th International Semantic Web Conference. Karlsruhe, Germany.

Hu W, Zhao Y Y, Li D. 2007. Falcon-AO: Results for OAEI 2007. http://www. Ditunitnit/ ~p2p/OM – 2007/5-o-Hu. OAEI. 2007. pdf [2016-10-2].

Hu Y X,Guoan G,Ming C. 2005. The future project in China . IEEE Co, nmunicationsMagazine, 43(1): 70-75.

Huber P J. 2004. Robust statistics. Hoboken, New Jersey, NY, Wiley.

Jaccard P. 1901. Distribution de la flore alpine dans le bassin des dranses et dans quelques régions voisines. Bulletin de la Société Vaudoise des Sciences Naturelles. 37: 241-272.

Jing Y, Croft W B. 1994. An association thesaurus for information retrieval. Processing of the Intelligent Multimedia Information Retrieval Systems: 146-160.

Kostoff R N. 1991. Database tomography: multi disciplinary research thrusts from co-word analysis. Proceedings of Portland International Conference on Management of Engineering and Technology: 584-588.

Kruskal J K. 1964. Multidimensional scaling by optimizing goodness of fit to a nonmetric hyphthesis. Psychometrika.

Kuniavsky M. 2003. Observing the user experience-a practitioner's guide to user research. Morgan kaufmann.

Lagus K, Kaski S. 1999(1). Keyword select ion method for characterizing textdocument maps. In Proceedings of ICANN99: 317-377.

Lempel R. 2004. Includes the note that also human brains are used when determining the page rank in Google-page study from Graz University, Austria.

Leymann F, Roller D. 2002. Using flows in information integration. IBM Systems Journal, 41(4): 732-742.

Malmsten M. 2008. Making a library catalogue part of the semantic web. Dublin Core Conference: 146-152.

Maloney K, Bracke P J. 2004. Beyond information architecture: a systems integration approach to web- site design. Information Technology and Libraries, 23(4): 145.

Maslow A. 1954. Motivation and personality. New York, NY: Harper.

Melnik S, Rahm E, Bernstein P A. 2003. Developing metadata-intensive applications with rondo. Journal of Web Semantics, 1(1): 24-26.

Merrienboer V J, Ayres P. 2005. Research on cognitive load theory and its design implications for e-learning. Educational Technology Research and Development, 53(3): 5-13.

Miles A J, Rogers N, Beckett D. 2001. An RDF schema for thesauri(SKOS-Core 1.0 Guide). http://www. w3c. org /2001/sw/Europe/reports/thes/8. 1 [2016-6-27].

Miles A, Matthews B. 2001. Review of RDF thesaurus work. http://www. w3c. rlac. uk/SWAD /deliverables/8. 2. html [2016-6-27].

Ngomo A N, Auer S. 2011. LIMES-A time-efficient approach for large-scale link discovery on the web of data. In: Proceedings of LDOW 2011. Hyderabad, India.

Noy N F, Musen M A. 2003. The PROMPT suite: interactive tools for ontology merging and mapping. International Journal of Human-Computer Studies, 59(6): 983-1024.

Ogawa Y, Morita T, Kobayashi K. 1991. A fuzzy document retrieval system using the keyword connection matrix and a learning method . Fuzzy Sets and Systems, 39(2): 163-179.

openlinke software. 2010. Virtuoso universal server. http://virtuoso. openlinksw. com/ [2016-5-27].

Park S. 2000. Usability, user preferences, efectiveness, and user behaviors when searching individual and integrated full-text databases: implications for digital libraries. Journal of the American Society for Information Science, 51(5): 456-468.

Pepper S, Moore G. 2001. Topic maps. Org. XML topic maps(XTM)1.0. http://www. webreference. com/xml/ eolumn77/2. html [2016-9-16].

Pepper S. 2001. The TAO of topic maps-finding the way in the age of infoglut. http://www. ontopia. net/ topicmaps/materials/tao. html [2016-9-16].

Pinfield S. 2011. Realizing thehybrid library. http://www. dlib. org/dlib/october98//10pinfield. html [2016-12-6].

PLoS. 2011. Progress update. http://www. plos. org/wp-content/uploads/2011/05/Progress- Update-final_with_ links-070210-small. pdf [2016-3-29].

Rahm E, Bernstein P A. 2001. A survey of approaches to automatic schema matching. VLDB Journal: Very Large Data Bases, 10(4): 334-350.

Rajaraman J, Ullman J D. 2011. Mining of massive datasets. Cambridge: Cambridge University Press.

Robertson G, Card S K, Mackinlay J D. 1989. The cognitive coprocessor architecture for interactive user interfaces. ACM Symposium on User Interface Software and Technology, UIST 1989. Williamsburg, West Virginia, Usa, November: 10-18.

Rose T, Wyard P J. 1997. A Similarity-based agent for internet searching. Proceedings of RIAO: 97.

Samuelson P A. 1954. The pure theory of public expenditure. The review of economics and statistics, 36(4): 387-389.

Shachaf P. 2003. Nationwide library consortia life cycle. Libri, 53(2): 94-102.

Sheth A, Ramakrishnan C, Thomas C. 2005. Semantics for the semantic web: the implicit, the formal and the Powerful . Journal on Semantic Web & Information Systems, 1(1): 1-18.

Sims K. 2012. IBM introduces ready-to-use cloud computing collaboration services get clients started with cloud computing. http://www-03. ibm. com/press/us/en/pressrelease/22613. wss, [2016-9-16].

Soergel D. 1995. Data models for an integrated thesaurus database. Comatibility and Integration of Order Systems, 24(3): 47-57.

Sure Y, Bloehdorn S, Haase P, et al. 2005. The SWRC ontology - semantic web for research communities. Portuguese Conference on Artificial Intelligence. Springer Berlin Heidelberg: 218-231.

The World Wide Web Consortium. 2016. Resource description framework (RDF). http://www. w3. org/RDF/

[2016-5-23].

Torgerson W. 1952. Multidimensional scaling: I. Theory and method. Psychometrika, 17: 401-419.

Usehold M. 2005. Where are the semantics in the semantic web?. AI Magazine, 24(3): 25-36.

Van Assem M, Menken M, Schreiber G, et al. 2004. A method for converting thesauri to RDF/OWL. The Semantic Web - ISWC 2004, 17-31.

Volz J, Bizer C, Gaedke M, et al. 2009. Silk-a link discovery framework for the web of data. LDOW, 538.

Whitehouse. 2012. Big Data is a big deal. http://www. whitehouse. gov/blog/2012/03/29/big- data- big- deal [2016-3-29].

Wikipedia. 2016. Uniform resource identifier. http://en. wikipedia. org/wiki/Uniform_resource_identifier[2016-05-23].

Wilkinson N. 2002. Next generation network serviees. WestSussex, England: John Wiley&Sons.

Xu J X, Croft W B. 2000. Improving the effectiveness of information retrieval with local context analysis. ACM Transactions on Information Systems, 18(1): 79-112.

Yan X W, Zhang C Q, Zhang S C. 2005. Identifying interesting association rules with genetic algorithms. Artificial Intelligence, 19: 677-689.

Yang C C, Lin J F, Wei C P. 2010. Retaining knowledge for document management: category-tree integration by exploiting category relationships and hierarchical structures. Journal of the American Society for Information Science and Technology. 61(07): 1313-1331.

Yang C C, Wei C P, Li K W. 2008. Cross-lingual thesaurus for multilingual knowledge management. Decision Support Systems, 45: 596-605.

Zanobini S. 2006. Semantic coordination: the model and an application to schema matching. Italy: University of Trenton.

Zhang J, Wolfram D, Wang P L. 2009. Analysis of query keywords of sports-related queries using visualization and clustering. Journal of the American Society for Information Science, 60(8): 1550-1571.